技術科教育概論

日本産業技術教育学会・技術教育分科会 [編]

九州大学出版会

技術教育の現在と未来を支える皆様へ

　日本のこれからの学校教育や技術教育を考える際，未来の社会がどうなるかを予想する必要がある。私たちが関わる社会は，これからどのように変化するのであろうか。昨今，将来の社会についてこのような提言がされている。

「子どもたちの 65 ％は，大学卒業後，今は存在しない職業に就く」
…米デューク大学，キャシー・デビッドソン博士
「今後 10 〜 20 年程度で，約 47 ％の仕事が自動化される可能性が高い」
…英オックスフォード大学，マイケル・A. オズボーン博士
「2030 年までには週 15 時間働けばすむようになる」
…経済学者，ジョン・メイナード・ケインズ
「日本の労働人口の 49 ％が人工知能やロボットなどで代替可能に」
…野村総合研究所と英オックスフォード大学のマイケル・A. オズボーン氏，カール・ベネディクト・フレイ博士
　との共同研究

　このように多くの研究者・機関が，「現在の職業の多くは今後なくなっていく」と予測している。これらの社会環境の変化を想定し，新しい学習指導要領が 2017 年に告示された。この学習指導要領に基づき，技術教育の現在と未来に関わる私達はどのような教育・研究をすべきであろうか。また，技術教育を通してどのような人材を育てていく必要があるだろうか。それらを考えるうえでの一助となる書籍を目指し「技術科教育概論」を発刊した。

　歴史を振り返ると，人間は常に悲惨な災害や事故を教訓に前に進んできた。それは教育の場においても同様である。例えば，阪神淡路大震災後に教育にどのようなテーマが盛り込まれたかと言えば，「科学技術を主としたイノベーション」を挙げることができる。また，東日本大震災後に注目されたテーマは，「レジリエントな社会づくり」が挙げられる。この「レジリエントな社会づくり」とは，柔軟性があり自然災害や重大事故に強く，回復力のあるコミュニティを作っていくことである。自然災害が重大事故へつながってしまった人間社会の未熟さに目を向け，硬直化しがちな人間の考え方をいかに柔軟にできるかに，レジリエントな社会づくりを学ぶ必要性があるのである。この中で，「想定外」という言葉を安易に使うべきではないことが示されている。

　この書籍を手にする技術教育の関係者の方々は，単に技術教育の専門性を高めるだけではなく，多面的な視点から，技術教育の役割を考え，未来を創り出す子ども達を育てることに関心や責任がある方が多いのではないかと思う。そのような方には，この書籍を通し技術教育の基礎を学び取っていただき，さらにそれぞれの専門書等で見識を深めていただきたい。

　これからは，予測できない社会の中で生き抜く資質の育成が必要になってくる。これらの資質の形成に，技術教育が大きく関与することは間違いないことであり，これらのことを念頭に，各ステージでの実践・研究を推進していただきたい。本書籍は，教員養成系大学・学部の教科書として，また，技術科教師として教壇に立たれる方々の参考書として，活用いただければ幸いである。

2018 年 1 月吉日

技術科教育概論　編集委員

目　次

技術教育の現在と未来を支える皆様へ ……………………………………………………… i

第 1 部　目的・目標編

第 1 章　技術科教育の目的と今日的課題 …………………………………………… 3

1. 技術の位置付け ……………………………………………………………………… 3

　　1.1　技術と技術科教育との関わり　　1.2　技術とは　　1.3　技術と科学

　　1.4　技術と芸術　　1.5　人間と技術　　1.6　技術と技能

2. 技術教育と技術科教育の目的 ……………………………………………………… 6

　　2.1　技術科教育の意義と現状　　2.2　技術科教育によって育成が期待される力

3. ものづくりの意義 …………………………………………………………………… 8

　　3.1　ものづくりを通した学習　　3.2　技術科教育の役割

4. 技術科教育の課題 …………………………………………………………………… 9

　　4.1　技術科教育の教育課程上の課題　　4.2　技術科教育を取り巻く課題

第 2 章　技術科教育の系譜 ………………………………………………………… 11

1. アウトライン ………………………………………………………………………… 11

　　1.1　技術科の教育課程制度の近現代史　　1.2　狭義の技術科の教育課程制度史

　　1.3　歴史的前身諸教科の現代史―新学制―　　1.4　歴史的前身諸教科の近代史―旧学制―

　　1.5　旧学制の勅令主義

2. 技術科の誕生 ………………………………………………………………………… 13

　　2.1　必修制の技術科の成立　　2.2　本流としての職業・家庭科からの経路

　　2.3　図画工作科からの経路　　2.4　知的障害のある中学生への差別　　2.5　「選択技術」
　　の登場

3. 技術科の変容と展開 ………………………………………………………………… 16

　　3.1　概要　　3.2　「生活技術」寄りに舵を切った 1969 年改定　　3.3　標準授業時数の削減
　　と「製図」の「加工」への吸収・併合が始まった 1977 年改定　　3.4　普通教育としての技術
　　教育制度が成立した 1989 年改定　　3.5　情報技術に関する単元・内容を導入した 1989 年改定
　　3.6　「技術分野」と「家庭分野」から構成されるとした 1998 年改定
　　3.7　「科学技術リテラシー」「技術ガバナンス能力」育成にシフトし始めた 2008 年改定
　　3.8　「選択技術」を実質廃止し，技術科教師の挑戦・活躍の場を狭めた 2008 年改定

4. 旧学制下の青年前期の普通教育課程における技術教育の形成と展開 …………… 19

　　4.1　技術科の歴史的前身諸教科の登場と必修制・選択制の組み合わせ　　4.2　図画教育ベース
　　の技術教育の構築　　4.3　第 1 次世界大戦を契機とした技術教育の二重的構造の確立

　　4.4　アジア・太平洋戦争の時代における現代化の進展　　4.5　定時制学校の技術教育の展開

第3章　これからの科学技術教育 ……………………………………………… 24

1. 子どもの発達との関わり ……………………………………………… 24
　　1.1　子どもを取り巻く環境の変化　　1.2　子どものものづくりと発達の関係
　　1.3　ものづくりにおける成功体験と自己効力感　　1.4　子どもの発達を支える言語活動
　　1.5　おわりに

2. 教育課程について ……………………………………………………… 27
　　2.1　教育課程とは　　2.2　カリキュラム・マネジメント　　2.3　教育課程と中学校各教科と
　　教育課程　　2.4　中学校技術・家庭科技術分野の内容　　2.5　教育課程における学習内容の
　　取扱い　　2.6　技術分野の教育課程　　2.7　技術分野の指導計画例

3. 他教科などとの関連 …………………………………………………… 31
　　3.1　資質・能力の3つの柱と他教科などとの関連　　3.2　技術科の見方・考え方と他教科
　　などとの関連　　3.3　他教科との関連と主体的・対話的で深い学び　　3.4　カリキュラム・
　　マネジメントと他教科の関連　　3.5　技術科と小・高等学校他教科などとの関連
　　3.6　技術科と中学校他教科などとの関連　　3.7　第2期STEM教育の隆盛
　　3.8　他教科などとの関連からのSTEM教育の諸課題　　3.9　情報活用能力（情報技術を
　　手段として活用する力を含む）の育成　　3.10　技術科と現代的な諸課題に対応して求め
　　られる資質・能力との関連

4. 比較研究の観点から …………………………………………………… 36
　　4.1　比較研究の意義　　4.2　日本の技術教育の課題　　4.3　技術教育に関する比較教育の
　　方法論　　4.4　比較の内容　　4.5　比較のリソース　　4.6　STEM教育からの技術教育の
　　展望

5. 小学校との連携 ………………………………………………………… 40
　　5.1　小学校におけるものづくり・技術の教育の現状を検討する2つの視点
　　5.2　その他の教科・領域などにおけるものづくり・技術の教育

6. 高等学校との連携 ……………………………………………………… 45
　　6.1　高等学校教育について　　6.2　共通教科情報科について　　6.3　専門教科情報科に
　　ついて　　6.4　工業科について　　6.5　農業科について

7. 技術ガバナンスと技術イノベーション ……………………………… 49
　　7.1　技術教育を学んだ児童生徒の姿　　7.2　技術リテラシーの考え方
　　7.3　技術イノベーションの概念　　7.4　技術ガバナンスの概念　　7.5　技術イノベーション
　　と技術ガバナンスとの関連性　　7.6　技術教育における技術イノベーション力と技術ガバナン
　　ス力の育成　　7.7　実践上の課題

第2部　教育課程編

第1章　教育課程の意義と編成 ………………………………………… 57

1. 教育課程の意義 ………………………………………………………… 57

　　1.1　教育課程とは　　1.2　教育課程の意義　　1.3　教育課程の法的な位置付け

　2. 教育課程の編成 ……………………………………………………………………………… 59

　　2.1　教育課程編成に関わる要素　　2.2　教育課程編成の指針

　　2.3　教育課程編成に関わる背景

第2章　教育課程の展開 ……………………………………………………… 62

　1. 技術分野の目標・内容 …………………………………………………………………… 62

　　1.1　技術分野の目標　　1.2　技術分野の内容

　2. 教育課程の展開 …………………………………………………………………………… 64

　　2.1　教育課程編成のための規定　　2.2　教育課程編成のための配慮すべき事項

　　2.3　教育課程の編成例

第3章　教育課程の評価 ……………………………………………………… 70

　1. 教育課程の評価の目的と意義 …………………………………………………………… 70

　　1.1　教育課程の評価とは　　1.2　学校評価における教育課程の評価

　2. 教育課程の評価の対象 …………………………………………………………………… 71

　3. 教育課程の評価の方法 …………………………………………………………………… 71

　4. 教育課程の評価の観点 …………………………………………………………………… 72

　5. 教育課程の評価資料 ……………………………………………………………………… 73

　6. 教育課程の評価の留意点 ………………………………………………………………… 74

　7. 技術科における教育課程の評価 ………………………………………………………… 74

　　7.1　技術科の教育課程の評価の考え方　　7.2　下位目標の設定　　7.3　評価の観点と資料

第4章　教育課程と行政 ……………………………………………………… 76

　1. 教育法規 …………………………………………………………………………………… 76

　　1.1　憲法から教育基本法まで　　1.2　学習指導要領

　2. 教育課程の編成と行政 …………………………………………………………………… 78

　　2.1　教育課程の編成の主体　　2.2　教育課程の届出　　2.3　教育課程の実施と行政

　　2.4　教育課程の管理・評価と行政　　2.5　学校評価の具体的実施手順

第3部　学習・評価編

第1章　技術科の指導計画 ………………………………………………… 85

　1. 指導計画の分類 …………………………………………………………………………… 85

　2. 指導計画作成のための実態把握 ………………………………………………………… 85

　3. 指導計画の作成 …………………………………………………………………………… 86

　4. 指導計画の実際例 ………………………………………………………………………… 87

　　4.1　3年間を見通した全体的な指導計画の作成　　4.2　題材単位または年間の指導計画

　　4.3　授業単位の指導計画

　5. 指導計画の作成と運用の留意点 ………………………………………………………… 90

第2章　技術科の授業設計 ……………………………………………………… **95**

1. 授業設計の意味 ………………………………………………………………… 95
2. 授業設計と指導案作成の意義 ………………………………………………… 95
3. 授業設計の留意点 ……………………………………………………………… 96
   3.1　学習・教育観と授業観［コンセプト］　3.2　主体的・対話的で深い学び
   3.3　技術科の授業の特質　3.4　学習の主体性を引きだす学習者の内面
4. 授業設計の方法 ………………………………………………………………… 98
   4.1　授業の構造　4.2　教材研究
5. 授業設計の具体例 ……………………………………………………………… 100
   5.1　授業構想に至る経緯　5.2　授業構想　5.3　授業設計の一方法論―メタ認知的活動
   からのアプローチ―

第3章　技術科の授業分析 ……………………………………………………… **103**

1. 授業分析 ………………………………………………………………………… 103
2. 授業観察の視点 ………………………………………………………………… 103
   2.1　授業観察の前提　2.2　教師の学習指導　2.3　学習者の学習活動
   2.4　授業の計画・構成　2.5　チェックリストを使用した授業観察
3. 授業分析の対象 ………………………………………………………………… 105
   3.1　教師の発話　3.2　生徒の学習指導　3.3　生徒の発話　3.4　ICTを用いた授業
   データの収集
4. 学習活動の分析 ………………………………………………………………… 108

第4章　技術科の学習指導 ……………………………………………………… **109**

1. 技術科の学習指導の特徴 ……………………………………………………… 109
2. 技術科の思考の枠組みと学習過程 …………………………………………… 109
   2.1　技術科における思考の枠組み　2.2　技術科の学習過程の在り方
3. 技術科で育成する資質・能力と学習指導 …………………………………… 110
   3.1　「知識・技能」と学習指導　3.2　「思考力・判断力・表現力」と学習指導
   3.3　「学びに向かう力・人間性等」と学習指導
4. 指導前の準備 …………………………………………………………………… 112
   4.1　レディネスの把握　4.2　学習グループの編成　4.3　板書計画・ワークシート
   などの準備
5. 技術科における効果的な指導および支援 …………………………………… 113
   5.1　協同的な学習　5.2　主体的・対話的で深い学び（アクティブ・ラーニング）の実現
   5.3　アクティブ・ラーニングの実際　5.4　体験的な活動　5.5　ICTの効果的な活用
   5.6　つまずきや失敗に対する支援
6. 授業内容・指導方法の改善 …………………………………………………… 116
   6.1　形成的評価　6.2　授業評価アンケート

第5章　技術科における「教材」「教具」「題材」 ································· **117**

1. 技術科における教材・教具 ·· 117
2. 技術科における教材・教具の役割 ·· 117
   2.1　教材の役割　　2.2　教具の役割
3. 技術科における教材・教具の解釈 ·· 118
   3.1　題材の役割　　3.2　技術科における教材，教具，題材の解釈
4. 技術科における教材や教具の効果 ·· 119
5. 題材・製作題材の選択の視点 ··· 120
6. 自作教具の事例 ·· 121
   6.1　作業状況の正確な認識を支援する教具　　6.2　見えない部分を可視化する教具
   6.3　複雑な動作を単純化する教具　　6.4　電気の流れと電圧を学習する教具

第6章　技術科の学習評価 ··· **123**

1. 学習評価とは ·· 123
   1.1　学習評価の役割　　1.2　学習評価の機能　　1.3　目標に準拠した評価の手順
   1.4　評価基準の設定　　1.5　学習評価の妥当性，信頼性，客観性
2. 観点別学習状況による評価 ·· 124
   2.1　観点別学習状況　　2.2　観点の趣旨　　2.3　観点別評価の判断基準
   2.4　評定への総括
3. 問題解決的な学習における学習評価 ·· 127
   3.1　学習活動の過程に応じた評価　　3.2　設計・計画における学習評価
   3.3　製作・制作・育成における学習評価　　3.4　まとめや振り返りにおける学習評価
   3.5　問題解決の難易度と学習評価
4. 学習評価の実際 ·· 128
   4.1　製作品による学習評価　　4.2　作物や生物の育成状況による学習評価
   4.3　プログラムやコンテンツによる学習評価　　4.4　設計図や計画表による学習評価
   4.5　グループ活動における学習評価　　4.6　客観テストを活用した学習評価
   4.7　観察による学習評価　　4.8　ワークシートやレポートによる学習評価
   4.9　パフォーマンス課題による学習評価
5. 技術教育が目指す学習評価 ·· 130

第7章　技術科の安全管理と指導 ··· **131**

1. 技術科教育における安全教育の意義 ·· 131
2. 技術科の安全教育の内容 ··· 131
3. 安全指導 ··· 132
   3.1　指導計画への安全指導の位置付け　　3.2　実習教育を使用する時の安全指導
   3.3　実験，実習に適した服装に関する安全指導　　3.4　工作機械，工具，器具類を使用する時
   の安全指導　　3.5　ガス，薬品，塗料，引火性液体などを使用する時の安全指導
4. 安全管理 ··· 133

4.1 実習教室の安全管理 4.2 工具,用具に関する安全管理 4.3 工作機械に関する安全管理 4.4 コンピュータ室に関する安全管理 4.5 事故が発生した時の対応
4.6 その他の安全管理

第8章 技術科固有の資質と能力 ……………………………………………… 136
1. 21世紀社会に求められる資質・能力 …………………………………………… 136
　1.1 資質・能力の捉え方 1.2 諸外国における資質・能力の動向
　1.3 関連教科における資質・能力育成の特徴
2. 科学技術教育における技術教育の役割 …………………………………………… 138
3. 技術科において求められる資質・能力 …………………………………………… 138
　3.1 技術科教育課程における学力の捉え方 3.2 技術科教育課程における学力の構造
4. 技術教育で育成する資質・能力の動向 …………………………………………… 140
　4.1 技術教育固有の資質・能力 4.2 技術教育における「内容」と「方法」
5. 資質・能力育成における技術の概念と技術の見方・考え方 …………………… 142
　5.1 資質・能力育成における技術の概念形成 5.2 技術の概念と技術的な見方・考え方
6. 技術科で求められる資質・能力の在り方と教育課程編成 ……………………… 142

第4部　内　容　編

第1章　各内容における課題解決学習と,技術と社会との関わり ……… 147
1. 課題解決学習と,技術と社会との関わり ……………………………………… 147
2. 各内容における課題解決学習 …………………………………………………… 148
　2.1 技術科での課題解決学習 2.2 材料と加工の技術における課題解決学習
　2.3 生物育成の技術における課題解決学習 2.4 エネルギー変換の技術における課題解決学習 2.5 情報の技術における課題解決学習

第2章　材料加工技術 …………………………………………………………… 153
1. 木　材 …………………………………………………………………………… 153
　1.1 木材の特長と役割 1.2 木材の種類と性質 1.3 技術教育における木材加工教育の意義 1.4 木材加工教育の適時性 1.5 木材加工教育の効果 1.6 木材加工教育の内容 1.7 これからの木材加工教育
2. 金　属 …………………………………………………………………………… 158
　2.1 生活や社会を支える材料と加工の技術 2.2 生活や社会における問題を,材料と加工の技術によって解決する活動 2.3 社会の発展と技術の在り方
3. プラスチック ………………………………………………………………… 163
　3.1 プラスチックとは 3.2 プラスチックの歴史 3.3 プラスチックの構造
　3.4 プラスチックの種類 3.5 プラスチックの性質 3.6 プラスチックの普及と原料
　3.7 プラスチックの成形加工法 3.8 3Dプリンターの仕組み 3.9 技術科の授業におけるプラスチック加工 3.10 成形を取り入れたプラスチック教材の例

　　3.11　PE の成形加工　　3.12　技術科教育におけるプラスチック

第3章　エネルギー変換技術 ………………………………………………… **169**

1. エネルギーと社会 ……………………………………………………………… 169

　　1.1　エネルギー変換技術と技術教育　　1.2　電力網を例としたシステム思考
　　1.3　LCA や RM などの評価的思考　　1.4　イノベーション的思考

2. 電気に関するエネルギー変換 ………………………………………………… 172

　　2.1　電気エネルギー　　2.2　電気とは　　2.3　電気回路　　2.4　電気回路をつくる要素
　　2.5　部品の製造ばらつきと最大定格

3. 機械（原動機，変換機構）…………………………………………………… 176

　　3.1　「機械」とは　　3.2　「原動機」　　3.3　「変換機構」

4. ロボット製作の基礎・基本………………………………………………… 180

　　4.1　はじめに　　4.2　ロボット製作学習の考え方　　4.3　ロボットの基礎的・基本的内容と
　　学習指導　　4.4　ロボット製作学習の今後の展開

第4章　生物育成技術 ………………………………………………………… **184**

1. 生物育成の定義とその性質…………………………………………………… 184

　　1.1　生物育成とは　　1.2　「生物育成の技術」について　　1.3　生物育成による学び
　　1.4　生物育成にできること

2. 生物を育てる技術の授業実践について ……………………………………… 189

　　2.1　生物を育てる技術の授業を受ける生徒の状況　　2.2　生物を育てる技術の授業実践の
　　ポイント

第5章　情報システム技術 …………………………………………………… **193**

1. 情　報 …………………………………………………………………………… 193

　　1.1　情報教育の概念と学習する意義　　1.2　情報教育の成り立ちと歴史
　　1.3　情報教育の成立過程　　1.4　情報教育の理念と役割

2. ディジタルと情報技術 ………………………………………………………… 197

　　2.1　情報を扱う科学技術の基本原理とテクノロジー　　2.2　ディジタル化の方法とデータの
　　サイズ　　2.3　電子回路とプログラミングによる情報の処理

3. 計測・制御のプログラミング ………………………………………………… 201

　　3.1　学校における計測・制御学習　　3.2　計測・制御の考え方　　3.3　中学校での計測・
　　制御学習事例　　3.4　PIC-GPE による計測・制御学習教材　　3.5　ホームオートメーション
　　教材応用　　3.6　計測・制御のプログラミングのまとめ

4. 情報モラル教育（情報セキュリティ教育も含む）…………………………… 206

　　4.1　情報活用能力　　4.2　学習指導要領における「情報モラル」，「情報セキュリティ」，「サイ
　　バーセキュリティ」の扱い　　4.3　情報モラル，情報セキュリティ，サイバーセキュリティの
　　定義など　　4.4　情報モラルの授業作りについて

第5部　比較教育編

第1章　アメリカ ……………………………………………………………… 215
　　1. アメリカ技術教育の経緯 …………………………………………………… 215
　　2. ジャクソン・ミル産業カリキュラム理論 ……………………………… 216
　　3. 技術教育の概念的枠組み ………………………………………………… 216
　　4. スタンダードの技術教育理論 …………………………………………… 216
　　5. STEM 教育 ………………………………………………………………… 217
　　6. STEAM 教育 ……………………………………………………………… 218
　　7. STEM 教育の影響 ………………………………………………………… 218
　　8. エンジニアリング・バイ・デザイン教育 ……………………………… 219
　　9. EBD 教育の実践 ………………………………………………………… 220
　　10. EBD 教育の特徴 ………………………………………………………… 220

第2章　イギリス ……………………………………………………………… 221
　　1. 初等・中等教育制度 ……………………………………………………… 221
　　2. 普通教育としての技術科教育の目標と内容 …………………………… 222
　　　　2.1　教育課程基準の構成　　2.2　「デザインと技術」科のプログラム
　　　　2.3　「コンピューティング」科の学習プログラム
　　3. 資格試験の評定基準（スタンダード）と評定方法 …………………… 223
　　　　3.1　16 歳時受験の中等教育修了一般資格（GCSE）試験の概要　　3.2　評定基準の概要
　　4. 技術科教育の実際 ………………………………………………………… 225

第3章　中　　国 ……………………………………………………………… 227
　　1. 中国の「労働と技術」教育の歴史的な変遷 …………………………… 227
　　2. 「労働と技術」の教育目的と授業内容 ………………………………… 228
　　3. 教員研修と国際協力 ……………………………………………………… 230
　　4. 学習の成果発表と評価 …………………………………………………… 230
　　5. 新たな取組み ……………………………………………………………… 231

第4章　ド　イ　ツ ……………………………………………………………… 232
　　1. 技術教育の位置付け ……………………………………………………… 232
　　2. 技術教科の設置形態 ……………………………………………………… 233
　　3. 授業テーマ構成 …………………………………………………………… 233
　　　　3.1　「統合教科型」の特徴　　3.2　「教科協同型」の特徴　　3.3　「独立教科型」の特徴

第5章　フィンランド ………………………………………………………… 236
　　1. フィンランドの特徴 ……………………………………………………… 236
　　2. フィンランドの教育制度 ………………………………………………… 236
　　　　2.1　基礎学校　　2.2　高等学校　　2.3　職業学校　　2.4　大学教育

　　　　2.5　専門大学（AMK）・高等職業学校

　3. 成人教育 ……………………………………………………………………… 238

　4. 教員養成 ……………………………………………………………………… 239

　5. フィンランドの技術教育の実際 ………………………………………… 239

　6. 起業家教育 …………………………………………………………………… 241

　7. 我が国の教育への示唆 …………………………………………………… 241

第6章　台　湾 …………………………………………………………………… **242**

　1. 学校教育の概略 ……………………………………………………………… 242

　2. 技術教育の現状 ……………………………………………………………… 243

　　　　2.1　技術教育の構成と内容　　2.2　技術教育の教科書

　3. 技術教育のカリキュラム・フレームワーク ………………………… 244

　4. 生活技術能力コンテスト ………………………………………………… 245

　5. 技術教育教師の努力 ……………………………………………………… 245

　　　　5.1　工業技術教育学会　　5.2　技術教育担当教師　　5.3　教員研修

　6. 技術教育上の課題 …………………………………………………………… 246

　7. 日本の技術教育への示唆 ………………………………………………… 247

用　語　集 ……………………………………………………………………………… 249

文　　献 ………………………………………………………………………………… 257

執筆者一覧 ……………………………………………………………………………… 264

第1部
目的・目標編

第1章　技術科教育の目的と今日的課題

1. 技術の位置付け

1.1　技術と技術科教育との関わり

「Technology」という言葉は17世紀初期に登場した表現であり，語源はギリシア語のtechnología とされる。téchnē テクネー（わざ，技巧）という語と -logia（〜論，〜学）という意味の接尾辞を組み合わせた造語である

技術（Technology）の教育には，普通教育としての技術教育と専門教育としての技術教育がある。職業教育が主体の高等学校及び高等専門学校などにおける技術教育や，企業内教育あるいは職業能力開発校などの教育は専門教育の範囲に入る。

技術に関する素養（技術リテラシー）を扱い，低年齢児から発達段階を踏まえて学習するという普通教育と，専門分野の知識・技能を習得するという専門教育とでは目標が大きく異なる。このように「技術教育」を，前者を「技術科教育」，後者を「工業教育」に分けて扱うことがある。

我が国の普通教育における技術教育（技術科教育）は，主として中学校技術・家庭科の技術分野で行われている。そこでは，「技術の見方・考え方を働かせ，ものづくりなどの技術に関する実践的・体験的な活動を通して，材料と加工，エネルギー変換，生物育成，情報に関する技術の学習」を行う。それは，知・情・意の調和が取れた教育を目指しており，全人教育の一端を担っている。

高等学校における技術教育としては，普通高校の情報科に一部関連した内容が扱われている。また，総合学科で関連した内容を選択できるものもある。それ以外の高等学校で行われている技術教育は，工業高校や農業高校などで分野ごとに設けられている専門教育が多く，その目的や内容は，それぞれの産業に関連したことが主体となっている。

1.2　技術とは

人類は，ものの性質や仕組み，理論の理解，時には経験知をもとに，自然の材料を加工し，情報を活用し，環境を調節して目的とするものを生産・創造・発明してきた。また，創意・工夫を重ねながら機械や道具を操作し目的の働きを実現させてきた。技術とは，生産・創造・発明を実現する活動と，それに関わる素材・材料や方法・操作の知識体系であり，人間の要求と欲求の充足を目的とするものである。したがって，自然界の法則の発見，理論付け，知識の集積と体系化を目的とする自然科学とは大きな違いがある。

技術の活用，発展は社会のさまざまな分野の要求や欲求を満たし，生活を便利に，そして豊かにしてきた。さらに，学問，芸術，宗教，道徳のように，主として精神的活動から直接的に生み出された文化にも影響を与えている。また，技術的な創造・工夫をするという学習経験は，人としての健全な成長を支援してきた。一方で，技術の発展は環境破壊をもたらすことがあったが，自然の保全，安全，健康という視点からの技術も開発されており，環境を回復させ，汚染を抑える面での実績も上がっている。歴史的に見ても，技術を適切に発展させ，公正に評価・活用できるか否かが，国力や国民の豊かさに直結していると言えよう。

これらの技術と人間の活動との関係を示したものが図1.1である。図の中心に技術の利用者である人間を置き，「暮らす」「食べる」「着る」「働く」といった個人の日々の活動を便利で豊かにするために，どのような技術が必要かを表している。技術が対象とする範囲も，中心から「日常の生活」「社会生活」「地球環境／将来世代」と空間的・時間的な軸で示し，

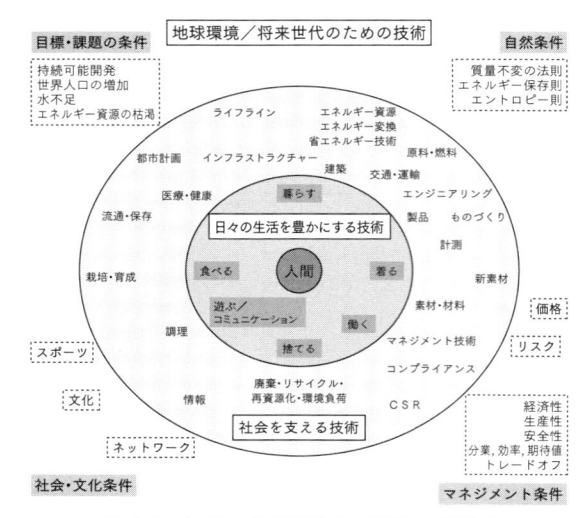

図 1.1　技術と人間活動との関係の俯瞰図
出典：科学技術の智プロジェクト（2008）

それぞれに対応する技術を挙げている。これらは，身近な衣食住や日常生活，仕事に関わるもの，ものづくりやライフライン，医療・健康，情報など社会生活を支えるもの，さらに，水やエネルギー，文化，安全性など地球規模や将来世代に持続可能な生活を保障するためのものからなる。また，これらの技術に影響を与えたり，制約を与える条件について，「目標・課題の条件」「自然条件」「社会・文化条件」「マネジメント条件」の 4 つに分類し，関連性の高い位置に個々の技術の要素を配置している。

　我々は皆，多種多様な技術を日々利用しており，あらゆる技術は，利用者を想定し生み出されている。それゆえ，どのような技術を創り出すのか，すでにある技術をどう発展させていくのか，あるいは制限するのかといった意思決定に際し，利用者が関与することが望ましい。これがすべての国民に，技術のガバナンス能力が求められる所以である。

1.3　技術と科学

　技術が人間の要求と欲求の充足など目的があるのに対して，科学は知識の獲得や集積と体系化である。また，これらからもたらされる解は，技術が与えられる条件のもとでの最適解であるのに対して，科学は真理・法則の発見による唯一解となるものである。また，科学により得られた知識は，それが誤りと証明されない限り不変なもの（真理）であるの

に対し，技術の解は環境や条件により変化し寿命も長かったり短かったりする。例えば，エアコンや冷蔵庫の冷媒として使われるフロンガスは安全な物質とされ 20 世紀中盤に広く使われたが，近年は環境破壊を起こす可能性を指摘され生産は中止され，回収が徹底されている。ある事象にかかわるデメリットが，技術開発によって一気に解決されたり，重大なデメリットが明らかになったり，状況が一転することもある。「技術知識の半減期」という表現もあるほど技術知識，特に先端技術と呼ばれる種類の技術知識は新陳代謝が早く，すぐに陳腐化するものが多い。また，技術で生まれた解は，特許権（発明の保護と利用を図ることにより，発明を奨励し，また産業の発達に寄与することを目的する知的財産権のひとつ）の対象となり，その権利は個人や団体に帰属するのに対して，科学で生まれた解は，特許権の対象外であり，社会で共有される。

　技術は自然との関係で見ると，人工物を自然界に導入し必然的に自然を改変することになるが，科学は自然に対しては観察や観測に留まり，自然を変える意図はない。社会との関係においても技術と社会は互いに影響し合うのに対して，科学は社会に影響を与えることがあるが，社会は科学の研究テーマの選択に影響することはあっても自然科学の結論に影響するものではない。このように，社会は常に技術に影響を与えるものであり，社会を離れて技術を考えることはできない。

表 1.1　技術と科学の特徴

	技　術	科　学
目　的	人間の要求と欲求の充足	知識の集積と体系化
解の性質	創造・工夫・発明による最適解	真理・法則の発見による唯一解
解の寿命	環境条件により変わり寿命も長短	否定されない限り永久
解の保護と利用	特許権の対象となり，個人，団体に帰属	特許権の対象外であり，社会で共有
自然との関係	自然の改変による人工化	自然の観察，観測
社会との関係	技術と社会が互いに影響	科学が社会に一方的に影響

1.4 技術と芸術

「芸術」という言葉は，art の訳語として明治時代に生まれ，語源はラテン語の ars とされる。さらに，ギリシャ語の téchnē テクネー（わざ，技巧）に相当し，現在一般的に使われている「芸術」とは違う意味であった。industrial arts は，教科としての工作や工業技術であるが，industrial arts and home-making は技術・家庭科のことを指している時代もあった。現在，文部科学省では技術・家庭科の名称として Technology and Home Economics を使用している。

このように語源については，近い意味合いを持った言葉であったが，現在はその特徴を表 1.2 のように表すことができる。技術の目的は利便性や効率性の追求，問題解決の過程における機能性や安全性，経済性などの最適解の追求である。それに対して，芸術の目的は美や自己表現などの精神的な要求の追求であり，創造力と意思の表現の発露として遂行される。また，技術は明確な目的を持ち，それを叶えるための行為であるが，そこには時間的な制約や経済的な制約がある。一方，芸術は発想・表現・造形の美を追求することが主要な目的となり，その過程では時間的な制約や経済的な制約は少なく，自由に作成されることが多い。社会との関係については，芸術は作者が表現したものに対して，社会から鑑賞され評価されるという関係にある。また，芸術と社会の関係性の度合いは，時代とともに変化している。芸術は，政治や宗教と密接に関係しており，社会と芸術は一体であった時代もある。さらに，芸術表現の枠組みは，技術（technology）の発展とともに大きく変動する。

表 1.2 技術と芸術の特徴

	技 術	芸 術
目 的	利便性・効率性の追求	精神的な要求の追求
問題解決	最適解の追求	創造力と意思の表現
目的性	合目的的	発想・表現・造形美の重視
時間的制約	大きい	少ない
経済的制約	大きい（標準化・複製・大量生産）	少ない
社会との関係	生活や社会に役立つ利用	表現と鑑賞

1.5 人間と技術

科学の目的は自然を理解し，真理・法則の究明であるため，人の損得・利害は対象になっていない。また，芸術においても目的は美の追求や自己表現であり，社会からの評価や作品に対する対価は対象にしない場合がある。これに対して，技術は人間の肉体的・生理学的な求めである欲求や，精神的・社会学的な求めである要求に対応するために開発・発展してきた。その過程では，経費や労力をできるだけ押さえるという経済的な要因（損得勘定）が存在する。

このように技術は，人間の多様な思惑によって開発されるので評価の基準も多様である。したがって，論理的に導かれた最適解は 1 つであっても，評価の対象は機能性，経済性，安全性，環境への負荷，さらには個人の嗜好（優先順位の違いなど）も含まれるため，絶対的な評価は存在せず多様である。たとえば，評価者が誰であるか（生産者，使用者など），どの範囲を評価の対象とするか（生産時，使用時，廃棄時など），現存する人間を対象とするか数年後や未来の人間のことも対象にするかにより，評価が分かれる場合もある。さらに，想定できない評価項目もあり，予期せぬ出来事が発生した時に，評価の正当性が問われることもある。

1.6 技術と技能

技能（skill）とは，人間が持つ「技」に関する能力であり，それを使って仕事などを行う行為ということができる。能力は人に備わっており，直接見ることができず，見えるのは作業している状態か，作業の結果である。一方，技術（technology）は「技」を記録したり，伝えるように何かに置き換えられたものを指している。時には数式であったり，図面であったり，文章であったりする。

このように，技能と技術を区別し，生産において「技能は主観的・心理的・個人的なもので熟練により獲得される」としている。つまり，これらは「勘」や「コツ」のようなものであり，客観的に法則化されたものではないという意味である。先人の知恵を参考にしながら自らが工夫を重ね感じ取った物の性質に関する知識と，道具や機器を思い通りに使いこ

なす技量を総合したものと言える。これらの獲得した技能は，個人の中にのみ存在し，広く伝承することは難しい。

　一方，技能を広く確実に伝えたい場合や産業として普及させる場合には，科学的に分析し生産のために法則化されたり，規格化・標準化されたりしたものが技術である。そのためには，文字や数字で現す必要があり，長さ，重さ，温度，時間，成分，硬さ，力など，正確に再現させるためには，必要不可欠な情報を提供する必要がある。これらの技術は，引き継ぐだけでなく，工夫が加えられ，さらに高度な技術へと進化することが可能となる。人類の発展は，技術の伝承とさらなる工夫の蓄積による。

　一方，「技術とは知識を伴った技能」という認識があるが，これは一面的な捉え方であり，技能にも知識を要することも事実である。また，可視化され

表 1.3　技術と技能の特徴

	技　術	技　能
定　義	「技」の表現，伝達，置き換え	「技」の動き，働き
	技を記録・伝える方法・手段	人間が持つ技に関する能力・行為
流通・拡散	流通は容易 客観的なモノ・情報により伝播する	流通は困難 人間を通して伝承
存在場所	人間の外なるもの	人間の内なるもの
汎用性・客観性	汎用性があり，流通可能 客観的・記述可能	特殊化され，流通困難 個別的・主体的
科学との関係	方法・手段は科学によって明らかとなる	動きや働きも科学により裏打ちされる

た技術があったとしても，すべてを再現することはできないという現実から，技能の奥深さがあると言える。

---

2. 技術教育と技術科教育の目的

2.1　技術科教育の意義と現状

　工業資源に乏しい日本では，原材料を輸入しそれに付加価値を付け輸出することにより国力を高めてきた。これは付加価値を高めるためのイノベーション力，構想力，技術開発力，製造技術，品質管理力により実現できたと言える。工場や日常生活においても，利便性，物質的な豊かさ，快適さなどの要求を解決してきた結果，技術は重労働や単純作業，過酷な労働環境から人間を解放してきた。しかし，技術により人間個々の活動は身体を動かさない方向，工夫しなくてもよい方向に進んできたという一面もある。生活とものづくりの乖離が進み，「ものは作るものから買うもの」に変わってしまった。さらに，日本の産業構造自体も変化し，製造業の空洞化が進行している。

　このような現状の中，技術教育の必要性の認識が低下している。学校教育，中でも義務教育の目的と技術科教育の役割を挙げると，①その国の最低基準の教養（技術的素養）を身に付けさせること，②我が国の技術に関連する伝統・文化の継承と，新しい文化の創造，③ものづくりなどの実践的，体験的な学習を通した職業観や勤労観の醸成などがある。

2.2　技術科教育によって育成が期待される力

　教育は，人格の完成を目指して行われるものであり，普通教育における技術教育（技術科教育）は，技術リテラシー（技術的素養）を備えた人格を形成するという役割をもって国民の生活と我が国の社会を支えている。ここで言う技術リテラシーとは，技術と社会との関わりについて理解し，技術に関する知識や技能を活用して，種々の技術的課題を適切に解決する能力であり，技術を公正に評価・活用する能力や，新たな技術や製品を創造する能力を含むものである。同様に，平成 29 年公示の学習指導要領においても，技術分野の学習は「生活や社会を支える技術」「技術による問題の解決」「社会の発展と技術」の 3 つの要素で構成された。その中で，技術リテラシーとしての技術ガバナンス力（既存の技術を使いこなす能力）と，技術イノベーション力（新しい技術を生み出す能力）の育成が示された。具体的には，技術ガバナンス力は「技術を評価，選択，管理・運用する力」，技術イノベーション力は「技術を改良，応用する力」と表されている。これらの技術リテラシーは，これからの社会を生きる上で不可欠な人格の一部を形成するものと言える。

一方，日本産業技術教育学会のリーフレットでは，技術教育によって具体的には次のような資質・能力が育成されるとしている。もちろん，これらの中には，生活科，図画工作科，理科，社会科，家庭科などの教育においても習得されるものもあるが，技術教育は，ここに取り上げた資質・能力形成の中核を担う学習を提供していると言える。

（1）技術的な課題解決と価値創造に取り組む自律的な態度

平成29年公示の学習指導要領の解説では，習得した知識及び技能を活用して，生活や社会における技術に関わる問題を解決することで，理解の深化や技能の習熟を図るとともに，技術によって問題を解決できる力や技術を工夫し創造しようとする態度を

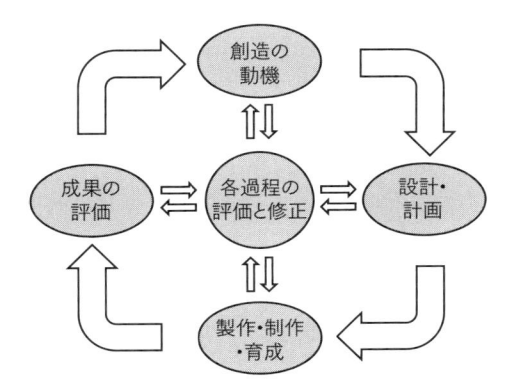

図 1.2　技術的課題解決力の育成

育成するとしている。

図1.2及び表1.4は，技術的課題解決力を育成するための方法と過程を示したものである。学習活動の展開にあたっては，発達段階に適した技術的課題を例題として，創造の動機から始まり設計・計画，製作・制作・育成，成果の評価の4過程を欠落することなく辿らせる必要がある。学習者は，評価と修正を繰り返しながら合理的で最適な解を導くこの方法を連続的に体験することにより，技術的な課題解決力を高めていく。そして，学習した内容を実際の生活で意識的に適用する能力と態度を身に付け，技術社会において求められる「最適な解」の探究方法を獲得するようになる。

（2）技術的な課題を創造・工夫して解決する力

今後の社会を担う子どもたちは，グローバル化，少子高齢化，持続可能な社会の構築などの現代的な諸課題を適切に解決できる能力が求められる。そこで，技術教育においても生活や社会の中から技術に関わる問題を見いだして課題を設定しそれを解決する力や，よりよい生活や持続可能な社会の構築に向けて，適切かつ誠実に技術を工夫し創造しようとする態度などの育成が重要となる。

（3）技術的な活動や成果に対する技術的な評価力

平成28年12月の中央教育審議会の答申において，社会，環境及び経済といった複数の側面から技術を評価し具体的な活用方法を考え出す力の育成について課題があるとの指摘がある。

平成29年公示の学習指導要領では，技術分野の見方・考え方として，「生活や社会における事象を，技術との関わりの視点で捉え，社会からの要求，安全性，環境負荷や経済性等に着目して技術を最適化すること」が示された。そのためものづくりの過程や，その成果としての製作品に対して，「社会からの要求，安全性，環境負荷や経済性等」から評価する能力の育成が求められる。

表 1.4　技術的課題解決力の構成要素

過程	構成要素	各過程で育成が期待される主な能力・態度
創造の動機	①課題の探索 ②課題の分析と調査 ③制約条件の認識	・生活や社会に存在する課題の認識力や分析力，情報収集力など
設計・計画	①解決策の見通し ②構想・設計 ③試行・試作（モデリング） ④製作・制作・育成の計画	・解決策を生み出す創造力，計画力，修正力など ・技術的な課題解決に関する合理的な意思決定力など
製作・制作・育成	①技能の獲得 ②活動の創意工夫 ③安全管理，作業改善 ④計画的，効率的活動	・製作活動に必要な技能，作業管理能力など ・危険予測，事故対応力などの安全管理能力など
成果の評価	①課題，制約条件からの評価 ②製品の価値に関する評価 ③環境影響評価	・技術社会，技術活動の公正な評価力，価値観，倫理観など

（4）生産，利用，消費，廃棄に対する技術的な倫理観

倫理には，人間共通の普遍倫理，家族や地域などで決まった個人倫理の他に職業により課せられる職業倫理などがあり，技術者倫理は，その一つである。

技術の発達により便利で高度な人工物が技術者により生み出され，多くの国民が恩恵を受けている。それと同時に，環境の悪化や科学・技術の発展に伴う事件・事故も発生している。技術者倫理は，「最大多数の最大幸福を実現する行為」であり，技術者は「自分や自分の関係者，発注者だけでなく，国民にとっての最大幸福を考えて技術判断」をすること（態度）が求められる。

また，技術の発達を支え，技術改革を牽引するために必要な資質・能力を育成する視点から，知的財産を創造・保護・活用していこうとする態度や使用者・生産者の安全に配慮して設計・製作したりするなどの倫理観の育成を重視する。

同様に，技術に関わる製品・システムを享受する消費者にとっても，その消費や廃棄に関わる倫理観を身に付けることは重要と言える。

（5）身体と思考を協応する能力，一般的には器用さと言われる巧緻性

平成20年告示の中学校学習指導要領解説の保健体育編の総説において，「知識については，言葉や文章など明確な形で表出することが可能な形式知だけでなく，勘や直感，経験に基づく知恵などの暗黙知を含む概念であり，意欲，思考力，運動の技能などの源となるものである」と示されている。ここで言う暗黙知とは「身体知」であり，「身体と思考を協応する能力」のことである。

技術教育においても，課題解決能力や最適解を見つける能力を育成するにあたり，身体的活動の伴わない学習だけでも知識と判断力は習得できる。しかし，単に知っていること（形式知）と，実際にできること（身体知）には大きな違いがある。頭の中では理解できても，その通りに身体を協応できるとは限らない。

道具や機械を使って設計どおりに作業をするためには，手先の器用さや巧みに指先を使う能力である巧緻性が求められると同時に育成される。

（6）主として技術に関する職業，仕事へのキャリア発達

現代社会では，映像では見ることがあっても，直接物を作ったり修理したりする場を見る機会はほとんどない。しかしその実，社会は農業や工業により生み出された製品によって成り立っており，その製品を作る仕事によって支えられている。その製作の基礎的な学習をすることは，物にはさまざまな労力がかかっているという認識をすることを可能にし，また，その仕事は価値がある労働として理解することができる。実践的・体験的な学習や，課題解決的な学習には，生徒のキャリア発達を支援する要素が多く含まれる。

3. ものづくりの意義

3.1 ものづくりを通した学習

「ものづくり」とは，辞書には「耕作をすること。農作。また，農夫」とある。日本の言葉には農業に由来しているものが多く，「ものづくり」についても例外ではないようである。近年では，鈴木堯士の解釈がより具体的にものづくりの実態を表している。鈴木はものづくりを，①人間が頭・手・足を使って，社会特に人間生活の便利・向上のために役立つ形ある「もの」をつくること，②人間のニーズを満たし，「もの」に付加価値をつけながら，製品を産出する活動様式としている。

つまり，「ものづくり」とは，目的を持って「もの（素材）」に人為的な行為を加え，最初の「もの」より付加価値のついた「もの」に変化させることと言える。この定義に従えば，紙と糊を材料に，切ったり・貼ったりして，最初の紙より有用な小物入れを作ることもものづくりであり，また，木を使った工作や電気工作，料理や裁縫，コンピュータを使って文字や絵・写真という素材を駆使しチラシやCMを作ることもものづくりである。ここで忘れてはならないのは，種を土に埋め，水やりをして，きれいな花やおいしい野菜を作ることもものづくりの一つであるということである。また，日本学術会議の報告書「21世紀ものづくり科学のあり方について」においては，「人間社会の利便性向上を目的に人工

的に「もの」（形のある物体および形のないソフトウェアとの結合を含む）を発想・設計・製造・使用・廃棄・回収・再利用する一連のプロセスおよびその組織的活動であり，結果が社会・経済価値の増加に寄与できるとともに，人間・自然環境に及ぼす影響を最小化できること」としている。

このような視点で見ると，技術科教育で扱う「材料と加工」「生物育成」「エネルギー変換」「情報」の全てが「ものづくり」に含まれることがわかる。国によっては，「食品技術」「繊維技術」「住居と建築」も技術科教育の対象としている。

3.2　技術科教育の役割

技術科教育は，「技術の見方・考え方を働かせ，ものづくりなどの技術に関する実践的・体験的な活動を通して，技術によってよりよい生活や持続可能な社会を構築する資質・能力を育成する」ことを目指す。技術科教育の最終的な目標が，技術によってよりよい生活や持続可能な社会を構築する資質・能力の育成であり，この資質・能力は以下に示す 3 つの柱で構成されている。

具体的には，①生きて働く技術に関する「知識・技能」の習得，技術と生活や社会，環境との関わりについての理解，②未知の状況にも対応できる「思考力・判断力・表現力等」や課題解決力の育成，③適切かつ誠実に技術を工夫し創造しようとする実践的な態度の育成の 3 つである。

これらの資質・能力を育成するためには，講義の中で知識・技能を獲得させるだけでなく，実際にものづくりなどの問題解決的な学習の経験を通して行うことが重要である。ものづくりはあくまでこれらの能力を育成するための手段であると言える。例えば，木材を加工して本立て・マガジンラックなどを製作させるが，作り上げることだけが目的ではない。また，作業の中でのこぎり引きをさせるが，のこぎり引きが上手になることだけが目的でもない。のこぎりの特性を理解し，上手に使いこなせるようになる過程は，他の道具を使用するときの応用能力，さらに，未知の道具に出会ったときそれを使いこなす（その方法をえがく）能力を育成することにつながる。このように，転移可能な能力の育成や自律的な学習者の育成を狙いとしている。

同様に，本立て・マガジンラックの製作を通して，使用目的や使用条件に沿ってアイディアを出すことのできる力，それを具体的な図面に表す力，作り上げるまでの手順を構想できる力，実際に道具を使い素材に合わせた加工ができる力，組み立てる力，そして最後に，でき上がった作品が使用目的や使用条件に合ったものとなったかなどを評価する能力や，さらに良いものを構想する能力の育成を目指している。PDCA（計画・実行・評価・改善）を繰り返す中で培われた能力は，ものを作る場合だけでなく，いろいろな日常生活や社会生活を営む場合にも生かされることから，すべての国民にとって必要な能力であると言える。

4. 技術科教育の課題

4.1　技術科教育の教育課程上の課題

学校教育は，学習指導要領により各学校での教育課程（カリキュラム）を編成する際の基準が定められている。ここで示される目標や内容は，ほぼ 10 年単位で，その時代に対応したものに改変される。技術科教育においても，取り扱う技術の対象や学習内容が大きく変化してきた。

しかし，現状においても将来においても次のような課題意識があれば内容の基本は大きく変わらないものと思われる。

①　生徒の全人教育の一環として，技術的人格形成を図るための目標を見失わない。
②　科学技術立国を支える国民の素養を育成する。
③　技術教育の不変の学習内容を見失わない。
④　適切な学習が保証できる授業時間数や，教員数，設備等の学習環境を確保する。
⑤　小・中・高等学校における一貫教育

上記の内，①〜③は，教育の基本である人間の健全な発達を支援するために技術に関わる素養を身に付けさせることを目的とし，その目的を達成するた

めの発達段階を踏まえた不変（不易）の学習内容を目指すものである。一方，技術の進歩は著しく，時代に対応した「流行」を学習材として取り扱うことが多い。教員にとっては何年経験しても常に研修に追われることになるが，時代の流れに影響される教科の宿命とも言える課題である。

④は，行政上の問題であるので個々が努力するには困難な課題である。技術科と家庭科の教員免許状は別であるにもかかわらず同一教科として扱われているため，教員定数を算定する際の基準は1教科となっている。

これらは，技術科教育の意義が活かされるために継続して取り組まれるべき最大の課題である。

⑤の技術的素養には，小学校段階から習得すべきものもあれば，高等学校段階で習得することが適した内容もある。高等学校進学率が100％に近くなった状況において，国民の素養となるものは他教科と同様に小中高の一貫教育体制が必要である。また，本来，幼児や児童・生徒が持つ，「ものづくりが好き」という気持ちや思いは，貴重な資質として成長段階の中で健全に伸ばされ，基礎的能力として育成されるべきものである。

4.2 技術科教育を取り巻く課題

現行の教育課程では，技術科教育は中学校のみに課されている教科であり，教科の存在様式の大きな弱点となっている。また，教科の年間授業時数が少なく，さらに，家庭科と二分する時数の配当では，他の教科の教員との担当コマ数の差が大きい学校が

出てくる。そのため，全国的に見ても臨時採用・臨時免許の教員が多かったり，正規採用の教員であっても，複数の学校の授業を担当する場合もある。学校現場において正規教員の減少は，教育内容の質の低下，研修や研鑽を行う組織力低下による教員の力量の低下を招きかねない重大事項である。

平成27年8月に出された「教育課程企画特別部会 論点整理」の中に，「グローバル化は我々の社会に多様性をもたらし，また，急速な情報化や技術革新は人間生活を質的にも変化させつつある。こうした社会的変化の影響が，身近な生活も含め社会のあらゆる領域に及んでいる中で，子どもたちの成長を支える教育の在り方も，新たな事態に直面していることは明らかである」という記載が見られる。今後予想される社会における，技術科教育の重要性を現していると取ることができる文言が多く見られる。このように，今後ますます進展する科学技術社会においては，それを支える人材の育成が求められ，理数教育や技術教育がさらに重要となる。そのような背景からアメリカやEUなどにおいてSTEM（Science, Technology, Engineering and Mathematics）教育と呼ばれる，科学，技術，工学，数学それぞれの分野を融合的に育む各種政策的・教育的取組みがなされている。

日本の技術科教育の状況は，諸外国に比べ明らかに軽視されている状況にあり，国民的な技術科教育の重要性の認識向上と，全人的教育の環境整備としての教科の授業時数配分や教員配置などの再考が求められている。

第2章　技術科教育の系譜

1. アウトライン

1.1 技術科の教育課程制度の近現代史

　本章では，技術科の教育課程制度に関する，および１世紀以上の近現代史について，概要を述べる。本章で着目する制度とは，法令や規則などによる法制度のことである。

　技術科とは，今日的に言えば，教科「技術・家庭」（以下，技術・家庭科とする）の「技術分野」のことである。技術科は，必修教科と選択教科の２つが制度上存在する。この技術科は，1958年に中学校の必修教科の１つとして成立した。選択教科としての技術科は，1977年から登場した。

　技術科が中学校の必修教科の１つとして成立してから約60年が経過した。技術科の歴史的な前身教科が具体的な姿を現し始めたのは1881年頃である。それから約130年の間，必修の技術科の系譜に位置づく諸教科の中で最も長期にわたって安定的に存続しているのは，この技術科および技術・家庭科である（後掲表2.1）。

1.2 狭義の技術科の教育課程制度史

　本章が取り扱う技術科の教育課程制度史とは，狭義には，1958年の必修の技術科の成立以降のことである。

　日本では，今日，各学校・教師が教育課程を主体的に編成する際，教育課程に関する国の基準に準拠することになっている。具体的には，技術科を含む各中学校の教育課程は，主に，「学校教育法施行規則」「中学校学習指導要領」「中学校学習指導要領解説」（1989年改定までは「中学校指導書」）の３つの国の基準に基づいて編成されている。これらの国の基準は，ほぼ10年ごとに全面的改定を重ねてきた。

　技術科の教育課程の要である指導・学習過程は，

①目的の設定→②計画の立案→③実行→④判断の４段階を発展的に繰り返すことを標準とするプロジェクト学習が主流となってきた。

1.3 歴史的前身諸教科の現代史──新学制──

　ただし，本章では，技術科が誕生する以前の，技術科の主要な前身諸教科についても，教育課程制度の歴史を概括的に述べる。このことは，技術科が必修と選択の２つから成ることのみならず，それ以外の不可避な諸事情のゆえ，複雑にならざるを得ない。このため，あらかじめ論述の際の主要な観点を以下に整理しておく。

　1958年，必修の技術・家庭科の一部として必修の技術科が成立した。この技術・家庭科は，従来の必修教科「職業・家庭」（以下，職業・家庭科とする）を中心としながら，この教科と，中学校における必修の教科「図画工作」（以下，図画工作科とする）のうちの「生産的技術に関する部分」とを再編・統合して新たに創り出された教科であった。すなわち，必修の技術・家庭科が成立する主要な経路は，大きくは，必修の職業・家庭科からの経路と必修の図画工作科からの経路の２つが存在した。ただし，事実上，このうちの職業・家庭科からの経路の方が本流を成していた。

　他方，選択の技術・家庭科およびその一部としての選択の技術科は，必修教科とは異なるプロセスを経て登場した。すなわち，1977年に中学校の選択教科群「職業に関する教科」が廃止され，それに代わって新たに教科「音楽」などとともに技術・家庭科が選択制のうちに登場することになった。選択教科としての技術・家庭科および技術科の成立である。選択教科群「職業に関する教科」は，選択教科としての職業・家庭科を主要な前身としていた。

技術科および技術・家庭科は，中学校のみに置かれた，中学校に特有の教科である。今日の中学校は，戦後改革を経た 1947 年に，「日本国憲法」「教育基本法」「学校教育法」などに基づいて誕生した，新生日本・新学制を象徴する学校の 1 つであった。新学制とは，1946 年公布の「日本国憲法」と 1947 年公布の「教育基本法」による，いわゆる憲法・教育基本法体制下の学校教育制度のことである。新学制の骨格は，1947 年度から順次発足した 6・3・3・4 制である。

この新学制の中学校は，6 年制の小学校から続く唯一の，3 年制の学校として創設されたものであり，当時，新制中学校と呼ばれた。新制中学校には，教科「職業」（以下，職業科とする）が設けられた。職業科は必修と選択の 2 つが存在し，これらは 1951 年に職業・家庭科に改められた。

図画工作科も新制中学校において，必修と選択の 2 つが設置された。このうち必修の図画工作科は，1958 年に「生産的技術に関する部分」を技術・家庭科へ移し，残る部分は教科「美術」へと改編された（図 2.1）。

1.4 歴史的前身諸教科の近代史──旧学制──

新学制以前の学校教育制度を旧学制と呼ぶ。旧学制は，新学制の 6・3・3 制のように単純ではなく，特に小学校の義務教育後の仕組みと内実は，選抜や男女別学の徹底など，強力な差別的措置により，極めて複雑であった。

かなり大まかに整理すれば，新制中学校制度の直接的な母体は，1941 年以降の国民学校高等科とそれ以前の高等小学校であった。国民学校は，「国民

学校」という名称の小学校である。この高等科は，6 年制の初等科の上部に置かれた 2 年制であった（図 2.1）。1941 年以前は高等小学校と呼ばれ，2 ～ 3 年制とされていた。国民学校初等科の前身は，6 年制の尋常小学校である。

旧学制の義務教育制度は，1907 年に義務教育 6 年制を確立して以降，順次安定した地歩を築き，アジア・太平洋戦争の時代（1931 ～ 1945 年）に入ると，1930 年代末から男子を中心に年限延長が試みられたが，事実上，大きくは小学校の最初の 6 年間とされた。すなわち，旧学制下の全日制の義務教育機関は，1941 年以降の国民学校初等科とそれ以前の尋常小学校である。言い換えれば，1941 年以降の国民学校高等科およびそれ以前の高等小学校は，義務教育機関ではなかったものの，男子を中心に，国民学校初等科・尋常小学校を終えた後の，国民の数多くが通う大衆的な第 2 段階的学校として定着していった（図 2.2）。なお，国民学校高等科は，男女ともに就学義務化が図られたが，戦時非常措置のため実施が見送られた。

国民学校高等科には，後の技術科および技術・家庭科の母体となる教科として，男女必修の教科「芸能科」（以下，芸能科とする）の科目「図画」「工作」「裁縫」「家事」と，同じく男女必修の教科「実業科」（以下，実業科とする）の科目「農業」「工業」「商業」「水産」が設けられていた。ただし，このうち「裁縫」「家事」は，女子のみが学ぶ科目とされた。

国民学校高等科の前身の高等小学校は，前述のように修業年限が 2 ～ 3 年とされたが，大部分は 2 年制であった。この高等小学校は，国民学校初等科・高等科の関係と同様，下部課程である尋常小学

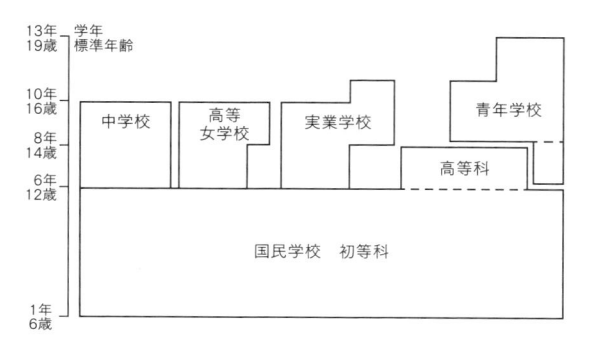

図 2.1 旧学制下の主要な国民教育機関（1944 年）

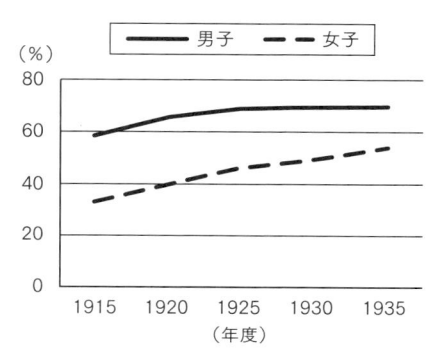

図 2.2 高等小学校進学率

校と校地・校舎・校長を共有する併置制が大部分を占めていた。このため，しばしば尋常高等小学校高等科あるいは小学校高等科と呼ばれた。本章では，こうした事情はあるものの，煩雑なので，単に高等小学校と表記する。

高等小学校には，前述した国民学校高等科の芸能科，実業科の前身として，1926 年以降は，男女必修の教科「図画」「手工」（以下，図画科，手工科とする），女子のみ必修の「裁縫」「家事」（以下，裁縫科，家事科とする），ならびに「農業」「工業」「商業」から成る男女必修の教科「実業」（以下，実業科とする）が置かれていた。1926 年以前の図画科と手工科，裁縫科，家事科，および「農業」「商業」（以下，農業科，商業科とする）は，後述のように位置付けが複雑であった。

1.5　旧学制の勅令主義

ところで，旧学制には，これら国民学校高等科・高等小学校以外にも，同一年齢層の子どもたちが通う学校として，中学校，高等女学校，実業学校，実業補習学校，青年学校などのさまざまな学校が存在した。

このうち，今日の中学校や高等学校のように，小学校後の中等教育（程度）の学校とされていたのは，男子のみの中学校（旧制中学校），女子のみの高等女学校，男女が学ぶ実業学校の 3 つに限られていた。言い換えれば，国民学校高等科・高等小学校は，制度としては，あくまで小学校の枠内に置かれた初等教育機関であった。

また，実業補習学校（1935 年まで）と青年学校（1935 年から）は，小学校後の働く男子・女子が通う大衆的な定時制学校であった。この実業補習学校，青年学校は，校地・校舎・教員を小学校と共有する付設制が大半を占めており，小学校卒業後の働く若者たちの数多くが通っていた。

このような旧学制下の多種多様な学校は，それぞれが固有の目的・役割を持ち，「小学校令」「国民学校令」など，個別の「学校令」により制度化されていた。しかも旧学制では，これらの「学校令」などの基本的な教育法令は，今日のように国会で制定された法律ではなく，天皇の大権により発せられた勅令であった。いわゆる勅令主義である。このため，各学校・教師による教育課程には，国の管理・統制が重層的に強く及び，教育課程編成の権利と自由は著しく制約されていた。各学校・教科で使用する教科書は国（文部省）が著作したもののみとする，1904 年以降の国定教科書制度は，こうした旧学制下における教育課程の国の管理・統制の強さをよく表している。

2. 技術科の誕生

2.1　必修制の技術科の成立

1958 年，「学校教育法施行規則」一部改定と文部省告示となった「中学校学習指導要領」により，中学校の必修教科の 1 つとして技術・家庭科が成立し，1962 年度から全学年で全面実施された。

技術・家庭科は，「中学校学習指導要領」により，内部構造が，大きくは「男子向き」と「女子向き」から構成された。技術・家庭科は，強固な男女別学制を導入して成立・発足したところに大きな特徴の 1 つを示す教科であった。この男女別学制は，約 30 年後の 1989 年まで抜本的な改善が持ち越された。このことについては後述する。

技術・家庭科のうちの「男子向き」は，「設計・製図」「木材加工・金属加工」「機械」「電気」「栽培」「総合実習」の 6 単元から成るとされた。この「男子向き」が技術科である。他方，「女子向き」は，「調理」「被服製作」「保育」「設計・製図」「家庭機械・家庭工作」から構成された。この「女子向き」を（中学校の）家庭科と称した。

なお，単元とは，教え学ぶ内容の有機的なまとまりのことである。技術・家庭科では，「設計・製図」「木材加工・金属加工」などの単元のことを，1977 年以降，しばしば「領域」と呼んできた。

さて，日本では，1952 〜 1953 年を境にして，農業に残る農家の若者たちが 40 万人強から急激に減少し始め，1950 年代後半には半減するに至った。また，1957 年，ソビエト連邦が人類史上最初の人

工衛星スプートニクの打ち上げに立て続けに成功
し，世界中に軍事的優位性を強く誇示した。

　1958 年の必修の技術・家庭科の成立は，教育政
策として見ると，1950 年代半ば以降の「技術革新」
や高度経済成長などを推進力として，科学・技術と
産業の国際競争力を飛躍的に高めるための緊迫した
国策の一環に位置付けられており，より具体的に
は，1957 年の中央教育審議会答申「科学技術教育
の振興方策について」などに示されたように，この
国家政策の実現をめざした「科学技術教育振興」政
策の一部を成していた。

　このような冷戦体制を背景として 1958 年に誕生
した必修の技術・家庭科については，直前の教育課
程審議会の答申「小学校・中学校教育課程の改善に
ついて」（1958 年）により，「男子向き」は「工的内
容を中心とする系列」，「女子向き」は「家庭科的内
容を中心とする系列」と説明されていた。実際に技
術科は「工的内容を中心」として構成された。後述
のように，それ以前の職業・家庭科の「職業」の部
分が実態的には農業中心で構成されていたため，
「工的内容を中心」とした技術科の誕生は，画期的
であった。

　ただし，それゆえに技術科の教育条件，すなわち
施設・設備などの物的条件，教員の資格・配置や生
徒数などの人的条件，それらに関する財政措置を新
たに整えることは，多くの困難を伴った。本章では，
紙幅の都合により，この技術科の教育条件整備の経
緯については全く述べることができない。1 つだけ
言及しておくと，1961 年の「教育職員免許法」一
部改定により，中学校教員免許状の「免許教科」の
うちに，「家庭」とは別に「技術」が新設された。

　1958 年の技術・家庭科の創設に関し，文部省「教
材等調査研究会中学校職業・家庭科小委員会」委員
長などの立場からこの動きを主導した細谷俊夫
（1909 ～ 2005）は，技術科が志向すべき「一般教育
としての技術教育は技術習得のための練習を主とす
べきものではなく，それは問題解決のためのプロ
ジェクトとして課せられるのが建前である。（中略）
ともかくも学習内容をプロジェクトの形で取り上げ
ることが，従来の〈やり方主義〉から脱皮して，考
えさえ見させながら合理的な技術を習得させようと
する技術・家庭科の新生面を拓くものとなる」と主
張し，大きな影響を与えた。

2.2　本流としての職業・家庭科からの経路

　次に，必修の技術・家庭科の成立に至る主要な経
路のうちの本流であった，必修の職業・家庭科から
の経路に注目する。職業・家庭科は，1947 年に新
学制下の中学校が創設されたと同時にこの新制中学
校の固有の教科として新設された職業科を再編し
て，1949 年から 1951 年にかけて段階的に創り出さ
れた教科であった。

　職業科は，1947 年以前の旧学制下における国民
学校高等科の実業科（農・工・商・水）と芸能科の
うちの女子のみとされた裁縫科と家事科を最も直接
的な前身教科として誕生した。職業科の「科目」構
成は，「農業」「工業」「商業」「水産」「家庭」とされ，
各学校にはこのうち 1「科目」以上を選択実施させ
る方式を採った。

　ただし，家庭科（科目「家庭」）は，旧学制時代
の強固な女子専用教科の性格を色濃く残していた。
したがって，職業科は建て前としては男女必修で
あったとはいえ，多くの中学校は女子に家庭科を履
修させたため，旧来の男女別学の差別的構造が残存
した。

　そのうえ，中学校の正式の教科ではない職業指導
について，文部省『学習指導要領　職業指導編（試
案）　昭和二十二年度』（1947 年）が発行されるなど，
本来は中学校全体で担うべき職業指導が，職業科と
いう特定の 1 教科の内部に深く持ち込まれた結果，
職業科の教科構造はより複雑な様相を呈した。

　この後，職業科は早くも 2 年後の 1949 年，「発
学 261 号」（5 月）を経て，「文初職第 242 号」（12 月）
により「職業・家庭科という一つの教科」に再編さ
れ，1950 年の「学校教育法施行規則」一部改定に
よりこのことが確定した。ここでの単一教科化につ
いては，教育学者の海後宗臣（1901 ～ 1987）らに
よる「実生活に役だつ仕事」を中心概念とした「職
業科」改革構想が，文部省『中学校学習指導要領
職業・家庭科編（試案）　昭和 26 年（1951）改訂版』
（1951 年）として結実した。

　この 1951 年の学習指導要領では，「一つの教科」
となった職業・家庭科は，全国の中学生たちに，
彼・彼女たちの多様な「実生活」（「生活の実際」）

に見合う「家庭生活・職業生活に役だつ仕事の学習」を提供する役割を担うとされた。また，この「実生活に役だつ仕事」の「学習」では，「いろいろな分野の仕事を経験」させる「啓発的経験」を与え，「職業や仕事を選ぶ能力」「将来の進路を選択する能力」を養うことが不可欠とされ，事実上，職業指導がこの教科活動の基調的な位置を占めることになった。

しかし，職業・家庭科再編後においても，1953 年に中央産業教育審議会のいわゆる第 1 次建議「中学校職業・家庭科教育の改善について」が出されるなど，「家庭生活」と「職業生活」を「実生活」として統一する論理や職業指導の教科内化などが問題視され，1956 年に文部省『中学校学習指導要領職業・家庭科編　昭和 32 年度改訂版』が刊行されて部分的な改革が試みられた。

職業科と職業・家庭科の実際の教科活動については，職業指導を除くと，大部分の中学校が農業教育と家庭科教育の 2 つを実施していたと推定される。1949 年に文部省が公表したデータによると，1947 年度を基準にした中学校（新制）の「教科別」「所要教員数」は，「農業」10,785 人（37 %），「工業」2,522 人（9 %），「商業」2,255 人（8 %），「水産」1,007 人（3 %），「家庭」12,855 人（44 %），計 29,424 人（100 %）であった。1947 年度から 1949 年度までの 3 年間の中学校数（新制）の平均は 14,827 校である（国立・公立・私立の計）。

1958 年の技術・家庭科の成立により，懸案の職業指導は，特別活動の「進路指導」として教科外に位置付けられた。

なお，1947 年に日本の学校教育界に初登場した学習指導要領には，上述のように「試案」の文字が明記されていた。これは，この当時の学習指導要領が，現在とは異なり，各学校・教師の教育課程編成に関する「現場の研究の手びき」とされていたためである。形式も 1958 年以降の学習指導要領に採用された「文部省告示」「文部科学省告示」という法令ではなく，法的拘束力を持たない冊子体のみであった。

2.3　図画工作科からの経路

1958 年の必修の技術・家庭科の成立に至るもう

1 つの主要な経路であった図画工作科は，新学制下の小学校と中学校に必修教科として新設された教科であった。

前述のように，技術・家庭科は，職業・家庭科と中学校段階の図画工作科のうちの「生産的技術に関する部分」とを再編・統合して成立した。このことは，技術・家庭科成立前の中学校における図画工作科の制度には，「生産的技術に関する部分」が含まれていたことを明らかにしている。

技術・家庭科の新設を含む中学校に関する 1958 年の教育課程基準は，1960 年度から移行措置に入り，学年進行で開始された。このことに関する 1959 年の文部事務次官通達「中学校の教育課程に関する移行措置について」では，職業・家庭科（必修）について，「従前の学習指導要領に定める第二群の内容（引用者注：「製図」「機械」「電気」「建設」）については，特に充実して取り扱うようにすること。この際，男女とも原則として図画工作の内容のうち『図法製図』および『工作』を中学校学習指導要領第二章第八節技術・家庭の趣旨にそって取り扱うこと」と指示された（下線は引用者）。すなわち，図画工作科のうちの「生産的技術に関する部分」とは，主要には「『図法製図』および『工作』」が該当したと理解できる。1958 年以前の図画工作科に関する直近の学習指導要領は，文部省『中学校／高等学校学習指導要領　図画工作編（試案）　昭和 26 年（1951）改訂版』（1952 年）である。この学習指導要領においては，中学校段階の「表現教材」の中に「工作」と「製図」が位置付けられていた。

しばしば，1958 年以前の図画工作科における技術科の前身的部分について，「工作」が該当するという主張もある。しかし，上述のように，「工作」とは別に，「図法製図」「製図」も「生産的技術に関する部分」のうちに含まれ，技術科の前身的部分の 1 つとされていたことに注目する必要がある。

他方，職業・家庭科の「職業」の部分，すなわち「職業生活に役だつ仕事の学習」に関する部分は，前述のように実態としては農業教育が大多数を占めていた。この構造が，技術科の誕生により「工的内容を中心」とする構造へと大きく改められる過程において，図画工作科のうちの「『図法製図』および『工作』」が技術科の「工的内容」と重複することが

問題視されることになり，その解決を図るために図画工作科の「生産的技術に関する部分」を技術・家庭科に移したと考えられる。

2.4 知的障害のある中学生への差別

新学制下の障害のある子どもたちの義務教育は，1948年度から，まずは盲学校と聾学校の義務制として行われるようになった。知的障害や肢体不自由など，視聴覚以外の障害のある者たちへの養護学校の義務制は，かなり遅れて1979年度から実施となった。

これとともに，1979年，「学校教育法施行規則」が一部改定され，また，「盲学校，聾学校及び養護学校学習指導要領」の「小学部・中学部」編と「高等部」編も定められた。

この1979年の「学校教育法施行規則」一部改定では，新たに義務制が実施される養護学校を含む障害者学校（盲・聾・養）の教育課程について，中学部では技術・家庭科も必修教科の1つとされたが，唯一の例外措置として，技術・家庭科は「養護学校の中学部にあっては，精神薄弱者を教育する場合は職業・家庭とする」と定められた。この特殊な規定は，これよりも前，1965年の「学校教育法施行規則」一部改定から登場していた。1979年度からの養護学校中学部の義務制実施は，知的障害のある中学生に対する1965年以降のこの例外的な取扱いを改善する機会となり得たが，見直しは行われず，逆に差別的問題の重大さが強まった。

知的障害のある養護学校中学部・特別支援学校中学部の生徒についてのみ，技術・家庭科ではなく職業・家庭科が必修化されるという差別的な取扱い

は，今日でも克服されることなく残存している。この背景には，社会的自立が容易ではない知的障害者に対する，将来の自立・職業生活を見据えた指導に極度に重点が置かれがちになる，偏った教育観を読み取ることができる。

2.5 「選択技術」の登場

選択教科としての技術・家庭科は，必修教科としてのそれとは異なる経過を経て登場した。

必修の技術・家庭科の主要な前身であった職業・家庭科は，必修と選択の2つが存在した。このうち選択の職業・家庭科は，1958年の「学校教育法施行規則」一部改定により，選択教科としての「農業」「工業」「商業」「水産」「家庭」へと分化し，これら5教科は「職業に関する教科」と総称された。また，1962年の「学校教育法施行規則」と「中学校学習指導要領」の一部改定等により，中学校の選択教科の1つとして新設された「中学校学習指導要領で定めるその他の教科」を「薬業」とし，この「薬業」を「職業に関する教科」に含めることになった。

こうした1958年以降の選択教科群「職業に関する教科」の制度が廃止されたのが1977年の中学校教育課程基準改定であった。すなわち，1977年の「学校教育法施行規則」一部改定により，中学校では新たに「音楽」「美術」「保健体育」とともに技術・家庭科が選択教科のうちに登場し，選択教科としての技術科の成立を見た。したがって，この選択の技術科，いわゆる「選択技術」の前身は，「職業に関する教科」というよりも，むしろ必修の技術・家庭科と見るべきである。

3. 技術科の変容と展開

3.1 概　要

1958年の必修の技術科の成立以降，中学校教育課程基準の全面的改定は，1969年，1977年，1989年，1998年，2008年の計6回行われ，さらに2017年に最新の全面的改定が実施された。本章では，この2017年改定については言及しない。

この技術科の教育課程制度の約60年間における

最大の画期は，1989年改定により，必修の技術科の男女共学化が実現し，日本で唯一の，普通教育としての技術教育制度がほぼ成立したことであった。普通教育とは，性別や出自，経済的環境，障害の有無等に関わらず，すべての人びとに学ぶ機会を保障し，現にその教育機会を提供している教育のことである。義務教育制度は普通教育の中核である。

技術科の教え学ぶ内容等と標準授業時数は，中学

校教育課程基準の全面的改定のたびに変容し，技術教育としては，大きくは弱体化の方向で進んだ。こうした中，1998年改定前後から，日本の学校教育全体の水準をいわゆる先進国の上位に位置付ける強力な教育政策の推進などを受け，必修の技術科では，内容面での一定の改善が認められるようになってきた。ただし，近年の教育政策は，経済のグローバル化と政治の新自由主義化のより一層の強化・拡大を目指しているため，弊害も見過ごせない。

3.2 「生活技術」寄りに舵を切った1969年改定

必修の技術科の成立から約10年を経た1969年の中学校教育課程基準改定は，技術・家庭科の目的規定（「目標」）を早くも大幅に改めるものとなった。

これよりも前，1958年の「中学校学習指導要領」では，技術・家庭科の教育目的は，「生活に必要な基礎的技術を習得させ，創造し生産する喜びを味わわせ，近代技術に関する理解を与え，生活に処する基本的な態度を養う」という規定を筆頭に持つものとされていた。この目的規定のうちの中核的なキーワードは「近代技術」であった。この当時，文部省は，「科学や産業の急速な発展に対処し，科学技術教育の刷新向上を図る」ために「技術・家庭科を新設して近代技術に対処する態度を養うことにした」などと説明していた。

ところが，1969年に全面改定された「中学校学習指導要領」では，技術・家庭科の目的規定の筆頭が，「生活に必要な技術を習得させ，それを通して生活を明るく豊かにするためのくふう創造の能力および実践的な態度を養う」へと抜本的に改められ，「近代技術」の字句は削除された。これとともに，この1969年の「中学校学習指導要領」では，技術・家庭科について新たに策定された教材選定基準（「実習を中心とする題材の選定に当たって」）のうちに「家庭生活の充実発展に役だつもの」が登場した。

技術科の性格は，こうした1969年改定以降，当初の「科学技術教育」から，身近な「生活」を「くふう創造」し改善する「生活技術」教育ないしは家庭科的教育へと転換した。

3.3 標準授業時数の削減と「製図」の「加工」への吸収・併合が始まった1977年改定

1958年と1969年の中学校教育課程基準では，必修の技術・家庭科の年間標準授業時数は，全学年105時間であった。この授業時数が，「ゆとり」教育推進をスローガンとした次の1977年改定の中学校教育課程基準から大幅に削減され始めた。

すなわち，必修の技術・家庭科の年間標準授業時数は，1977年改定により第1～2学年70時間，第3学年105時間とされた後，1989年改定によりこのうちの第3学年が70～105時間に改められ，次の1998年改定から，第1～2学年が70時間に据え置かれたまま，第3学年が35時間にまで減らされて今日に至っている。

また，1977年改定により，技術科の単独単元の1つであった「製図」（1958年版では「設計・製図」）が「木材加工」の中に吸収され，「製図」と「加工」が併合された。この仕組みも今日まで継続されている。

3.4 普通教育としての技術教育制度が成立した1989年改定

1977年改定では，技術・家庭科の教え学ぶ内容を男女別に指定する性別履修指定制を一部緩和し，男子には技術科以外に家庭科の単元（「領域」）から1以上，女子には家庭科以外に技術科の単元から1以上を必ず履修させる方式を採用した。当時，この特別な措置のことを「相互乗り入れ」と呼んだ。なお，このとき，「便宜上」技術科を「技術系列」，家庭科を「家庭系列」と称した。

この約10年後の1989年の「中学校学習指導要領」改定により，技術・家庭科における性別履修指定制というジェンダー差別制度が廃止され，必修の技術科および技術・家庭科の男女共学化がようやく実現した。1958年に技術科が誕生して以来，約30年の年月を経て達成されたこの画期的改革は，日本が1985年に締結した国連の「女子に対するあらゆる形態の差別の撤廃に関する条約」（国連総会での採択は1979年）との整合性を図るという政策的意図の下に行われたものであった。この必修の技術科の男女共学化によって，中学校段階のみではあった

が，日本における普通教育としての技術教育制度がほぼ成立した。「ほぼ」と言うのは，前述のように，知的障害のある子どもが通う特別支援学校中学部では，未だに技術・家庭科が必修化されていないためである。

3.5 情報技術に関する単元・内容を導入した 1989 年改定

1989 年の中学校教育課程基準改定は，技術科にもう1つ新たな動きを刻印した。単元構成について，従来からの「木材加工」「電気」「金属加工」「機械」「栽培」の他に，「情報基礎」を新設したことである。

この「情報基礎」は，教育政策としては，高等学校の現在で言う必履修教科「情報」へと接続する，小・中・高を一貫した「情報教育」の体系の中に位置付けられていた。このため「情報基礎」は，本来の技術教育の一環というよりは，今日的に言えば，むしろ情報リテラシーの育成を目指す面が主旨とされた。

ただしその一方で，技術科における当初は不透明感が強かった情報技術，すなわちコンピュータ化された技術に関する取扱いについては，「情報基礎」の導入以降，技術教育の立場から主体的で積極的な授業づくりに関する研究と運動が推進された。その研究と運動の成果は，特に今日の「プログラムによる計測・制御」として具現化した。

3.6 「技術分野」と「家庭分野」から構成されるとした 1998 年改定

1958 年と 1969 年の中学校教育課程基準では，必修の技術・家庭科は「男子向き」と「女子向き」の2つから構成された。この教科構造は 1977 年改定から変容し始め，このときから「男子向き」「女子向き」の用語は使われなくなった。

技術・家庭科の教科構造が大規模に改められたのは 1998 年改定からである。すなわち，この 1998 年改定から，技術・家庭科は，「技術分野」と「家庭分野」の2つから構成されることになった。これ以降，技術科とは，このうちの「技術分野」のことを言う。

この2「分野」化に伴い，技術・家庭科の検定教科書の構成も様変わりし，従来は上下巻のそれぞれに技術科と家庭科の2科の内容が配置されていたのに対し，1998 年改定に準拠した教科書から，技術科と家庭科で巻を分ける現在の形式となった。

3.7 「科学技術リテラシー」「技術ガバナンス能力」育成にシフトし始めた 2008 年改定

2006 年，「日本国憲法」に内在する教育権・教育理念を発展・明示させたものという意味で「教育（の）憲法」と称されてきた「教育基本法」が全面改定された。また，これに伴い「学校教育法」も一部改定され，小・中・高・特支などにおいては，「生涯にわたり学習する基盤が培われるよう，基礎的な知識及び技能を習得させるとともに，これらを活用して課題を解決するために必要な思考力，判断力，表現力その他の能力をはぐくみ，主体的に学習に取り組む態度を養うことに，特に意を用いなければならない」と定められた（第 30 条第 2 項等，下線は引用者）。すなわち，1990 年代半ばからの「生きる力」の育成のより一層の推進である。

これらの法改定等を受け，2008 年の中学校教育課程基準改定では，技術科および技術・家庭科の教育課程制度についても多面的な変更が加えられた。このうち，技術科に関する重要な変更点は，大きくは次の2つであった。

第1に，技術科の「目標」の要点が，「ものづくりなどの実践的・体験的な学習活動を通して（中略）技術を適切に評価し活用する能力と態度を育てる」ことに改められたことである（下線は引用者）。

第2に，この「目標」の実現のための教育課程の骨格を，すべて必修の4単元「A 材料と加工に関する技術」「B エネルギー変換に関する技術」「C 生物育成に関する技術」「D 情報に関する技術」から構成することに改めたことである。

こうした一連の教育課程制度改革の背景には，大きくは，世界的規模の教育動向，とりわけ先進諸国の教育政策などに広く認められる，「リテラシー」「キー・コンピテンシー」などをキーワードとした，いわゆる新しい学習論・能力論の隆盛が存在した。同様の動きは，日本国内においても「生きる力」（文科省 1996 年）のみならず，「エンプロイヤビリティ」（日経連 1999 年），「人間力」（内閣府 2003 年）など

の育成として現れていた。2008 年改定による技術科の上記 2 つの変更点は，大まかに見れば，このような「コンピテンシー・ベース」とも言われる新しい学習論・能力論の世界的うねりと軸足を同じくしていた。

言い換えれば，2008 年改定による技術科の仕組みは，大きくは，「技術ガバナンス能力」を高次な要素とする「科学技術リテラシー」の育成を初発的に目指していたと見ることができる。一般に「ガバナンス」とは，社会の多様な主体間による公共的な意志決定・合意形成のシステムのことを言う。すなわち，技術科に関する 2008 年改定は，全体として，1999 年の世界科学会議（World Conference on Science）による「科学と科学的知識の利用に関する世界宣言（Declaration on Science and the Use of Scientific Knowledge）」に典型的に認められるような，1990 年代以降のグローバルな「知の大競争」時代における，「科学」の在り方をめぐる世界市民的潮流の一環という意味を有していた。

3.8 「選択技術」を実質廃止し，技術科教師の挑戦・活躍の場を狭めた 2008 年改定

また，2008 年改定では，選択教科の位置付けが大きく変わり，選択教科を実施する場合，「学校教育法施行規則」で定められた「総授業時数」の枠外で授業時数を確保することになった。すなわち，中学校の選択教科は，制度としては維持・存続されたものの，実際上は機能しなくなった。

こうした選択制が事実上廃止されたに等しい状況は，従来から必修の授業時数が少なく抑えられてきた技術科にとって，授業時数がさらに削減されたとも言える重大な影響を与えるなど，痛手になると考える教師は少なくない。特に，こうした技術科の教師にとって，選択教科としての技術科は，新たな授業や教育活動を主体的に創造していくための挑戦の場，創意工夫を凝らす場でもあり，教師としての底力を示すことができる重要な機会であったからである。技術科の教師が津々浦々の協同体制を組み，自主的に全国規模で展開した，いわゆる中学生ロボコンの取組みは，このことをよく物語っている。

4. 旧学制下の青年前期の普通教育課程における技術教育の形成と展開

4.1 技術科の歴史的前身諸教科の登場と必修制・選択制の組み合わせ

第 1 節「アウトライン」において概説したように，今日の技術科は，旧学制の時代から複雑な経過を通って発展してきたが，歴史的には，概ね小学校などの実業科（農・工・商・水），手工科，図画科の系譜を引いている。

技術科の歴史的な前身諸教科が具体的な姿を現し始めたのは，明治政府が「大日本帝国憲法」の立案に本格的に着手し始めた 1880 年代初頭であった。すなわち，1881 年の「小学校教則綱領」により，「土地ノ情況ニ因リ」，「農業ノ初歩」「工業ノ初歩」「商業ノ初歩」の開設が認められた。これらは続く 1886 年の「小学校令」（いわゆる第 1 次）などにより，高等小学校の加設科目としての農業科，手工科，商業科とされた。旧学制下の小学校制度は，1900 年の「小学校令」（いわゆる第 3 次）により原型的な基本構造が確立された。この当時の高等小学校は，4 年制の尋常小学校から続く 2 ～ 4 年制の学校とされ，実際には 4 年制が多数を占めていた。義務教育は，尋常小学校の 4 年間である。

さて，「土地ノ情況ニ因リ」という規定（1881 年）や加設科目という位置付け（1886 年）は，今日で言う学校選択科目のことであり，各学校はそのうちの 1 つ以上を開設・実施でき，開設した場合は，原則として必修として取り扱うという仕組みである。技術科の歴史的前身諸教科は，選択制の枠組みを骨格としながら，それと必修制を組み合わせた複雑な教育課程制度の下に登場したことになる。

この後，これらの歴史的前身諸教科は，次第に必修制の位置付けを強めていく。ただし，実業科→職業科→職業・家庭科の経路においては，教科自体としては必修でありながら，教科内に選択制を位置付けるという，必修制と選択制を組み合わせた仕組みを，旧学制下のみならず，新学制下においても一貫

して採用し続けた。

4.2　図画教育ベースの技術教育の構築

　他方，高等小学校における図画科は，以上の諸教科とは異なる位置付けが与えられており，早くから男女必修の教科とされてきた。たとえば，前述のように「農業ノ初歩」などが学校選択科目として登場した 1881 年の「小学校教則綱領」では，図画科は，小学校の中学年以上の必修教科とされた。

　図画科は，1947 年発足の新学制の時代に入ると，手工科の後身の芸能科工作と統合されて図画工作科になる。この図画工作科の登場に着目するならば，図画科・芸能科図画と手工科・芸能科工作との関係性の歴史が問われるところである。本章では，紙幅の都合上このことについて詳述できないけれども，図画科は，当初より，手工科との緊密な相互関係（「連絡」）の構築が試みられ，しかも図画科の方が早くから必修教科とされていたなど，この相互関係は，図画教育をベースとした，一体的・統一的関係として組み立てられてきたと見受けられる。

　教え学ぶ内容から見ると，図画科は，絵画（「自由画」）ばかりでなく，投影図や展開図などの製図（「用器画」）を疎かにすることはなかった（図 2.3）。他方，手工科・芸能科工作は，図面を見て，そこに描かれた立体を正確に製作する（具体化する）ことができるようになることを課題化していた。こうした両教科における図面・製図の重要視および基盤性が，上記の図画教育ベースという両教科の関係性を作り出していたと考えられる。いずれにしても，技術科の歴史的前身諸教科において，製図・図面に関

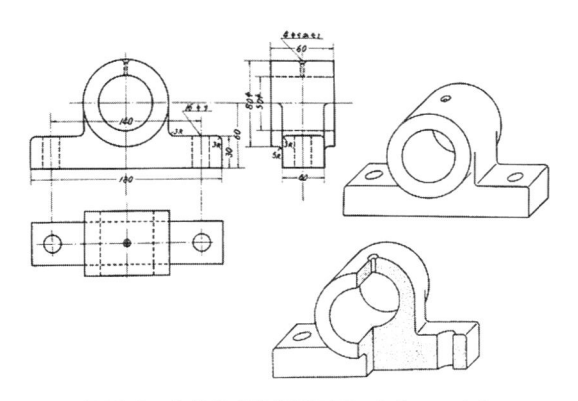

図 2.3　文部省『高等科図画一』（1944 年）

する教え学びが，旧学制の確立当初より一貫して重要視され続けていたことは注目されてよい。

4.3　第 1 次世界大戦を契機とした技術教育の二重的構造の確立

　日清戦争（1894 〜 1895 年）と日露戦争（1904 〜 1905 年）を経た 1907 年，政府は「小学校令中改正」により，義務教育年限を 4 年から 6 年に延長した。これにより，小学校制度は全体として 8 年制をほぼ維持しながら，義務教育課程に相当する尋常小学校が 6 年制に改められ，その上部に 2 〜 3 年制の高等小学校（2 年制が本体）を置く構造が確立した。高等小学校の標準的な入学年齢が 12 歳，標準的な卒業年齢が 14 歳となり，高等小学校は青年前期の子どもたちが学ぶ学校となった。1907 年以降のこうした 6・2 制とも言うべき小学校制度は，基本的に旧学制の時代を通じて維持された。

　義務教育年限 6 年への延長以後，高等小学校における農業科，手工科，商業科の位置付けには，動揺はあったものの，概ね男女ともほぼ必修に近い扱いとなった。特に 1911 年の「小学校令施行規則中改正」により，これらの教科に配当する授業時数が，男子を中心に 2 〜 3 倍に増加し，位置付けが格段に強化された。

　このように小学校制度とそこにおける技術教育に関する諸教科の整備が進み始めた最中の 1914 年，第 1 次世界大戦が開始され，日本も直ちに参戦を取り決めた。1918 年までの 4 年以上にわたったこの世界史上最初の総力戦は，「世界史の大きな転換点」を画するものとなった。

　第 1 次世界大戦は，日本社会・帝国日本にも大きな変化を与えた。総力戦による現代化であり，国が戦争のために自国内のあらゆる資源を全面的に動員する体制の進行を通して，現代社会・戦後日本の原型が形成され始めた。

　学校教育も例外ではなかった。

　高等小学校については，1926 年に「小学校令中改正」などによる教育課程構造の改革，教科担任制の一部導入などの面から高等小学校教育が拡充・強化され，高等小学校は，初等教育の枠組みから一歩抜け出し，中等教育の枠組みに接近した。そして，その一環として，手工科が原則として男女必修とさ

れ，またこれとは別に，男女必修の実業科が新設された。実業科は，従来の農業科と商業科の他に，新たに工業科（「工業」）を加えて設置されたものである。しかも，高等小学校の図画科は，1926年の直前に一時的に必修から外されたものの，1926年に再び男女必修に戻され，以後この位置付けに変化はなかった。

こうした1926年の高等小学校改革によって，第1に，青年前期の普通教育の教育課程において，技術科の歴史的前身諸教科が，すべて男女必修となった。

また第2に，一方で男女必修の手工科と図画科，他方で同じく男女必修の実業科という，青年前期の普通教育の教育課程における技術教育に関する教科の二重的構造が創出された。この二重的構造は，1958年の技術科の誕生まで続くことになる。

ただし，1926年の高等小学校改革により，これらの技術教育に関する教科においては，教え学ぶ内容や場所などを性によって区別する男女別学制が強められた。すなわち，男女必修とされた手工科では，木材や紙などの加工・組立ては男女共通の内容とされたが，女子のみに編物，刺繍，造花などの「手芸」を必ず課す方式を制度化した。なお，女子のみ必修の教科としては，近代学校の発足と同時に裁縫科が登場していたが，1926年の「小学校令中改正」では，高等小学校において，裁縫科の他に家事科についても女子のみ必修とされ，全体として女子教育が拡充・強化された。

4.4 アジア・太平洋戦争の時代における現代化の進展

1931年の満州事変の勃発から1945年のポツダム宣言までの時期をアジア・太平洋戦争の時代と言う。この時期には，1910年代から1920年代にかけて帝国日本による総力戦への準備を通して形成され始めた現代化が本格的に作動した。「国家総動員法」の公布・施行は1938年のことである。

ちなみに，アジア・太平洋戦争の時代，技術の世界では，重化学工業化の進展ばかりでなく，農業部門においても「戦後に連なる注目すべき諸技術が豊富に産み出された」。たとえば，日本の稲作に革新をもたらした保温折衷苗代の開発が1942年，今日

の水稲の代表的品種であるコシヒカリの開発が1944年のことであった。

1941年の「国民学校令」により，従来の小学校における手工科と図画科は芸能科の中の「工作」（芸能科工作）と「図画」（芸能科図画）に改められた。このうち「工作」については，手工科の時代には一貫して児童用教科書の発行が不可とされていたが，教師用教科書の他に初めて児童用の教科書，文部省『初等科工作』『高等科工作』男子用・女子用（国定教科書）が登場した。なお，手工科の教師用教科書としては，1904年に刊行された文部省著作『小学校教師用　手工教科書』（甲・乙・丙・丁）が重要な役割を果たした。

また，国民学校高等科の実業科には，従来の農・工・商の他に「水産」（実業科水産）が設けられ，新制中学校職業・家庭科の「職業」に近い構造が創り出された。この高等科における実業科農業の国定教科書，文部省『高等科農業』（上・下，1944〜1945）は，当時の編纂主任によれば，その内容の「根幹」に「郷土に立脚して展開されるプロジェクト学習」を位置付けていた。

技術教育に関する教科を青年前期の教育課程に位置付ける試みは，旧制中学校にも見られた。すなわち，1931年の「中学校令施行規則改正」により，「園芸」「工作」などを課す「作業」（以下，作業科とする）が，原則として全学年で必修とされた。また，「中学校卒業ノ後実務ニ就ク者」が主に学ぶ「第一種課程」では，作業科の他，実業科（農・工・商）も必修として設けられた。

旧学制下の中学校は，名称は同一であるが，新学制下の中学校とは全く異なり，エリート養成学校の本丸である旧制高等学校・大学進学への唯一の標準的経路に位置付けられた，男子のみが通う正規の中等学校であった（5〜4年制）。旧制中学校における作業科，実業科の設置は，1930年代に入ると，このような特権的でアカデミックな学校にも大衆化の動きが顕在化してきたことを明らかにしている。図画科は，旧制中学校においても，早くから必修として位置付けられていた。

4.5 定時制学校の技術教育の展開

最後にもう1つ，義務教育後の働く若者たちが通

う定時制学校の技術教育について若干述べる。

　旧学制下には，小学校後の働く若者たちが通う大衆的な定時制学校として実業補習学校，青年訓練所，青年学校が存在した。

　青年学校は，1935 年に，従前の実業補習学校と青年訓練所を再編・統合して創設されたものである。学校の構造については，尋常小学校後の，高等小学校と併存する位置付けの普通科（2 年制），およびその上部に置かれた本科（男子 5 年制，女子 3 年制）の 2 段階で構成されていた。また，この青年学校の前身母体の 1 つとなった実業補習学校は，青年学校に再編される直前には，青年学校普通科と同様の位置付けの前期（2 年），その上部に置かれた後期（工・商 2 年制，農・水 3 年制）の 2 段階から成るものとされていた。そして，もう 1 つの母体の青年訓練所は，男子に限り，この実業補習学校後期から続くように，「概ネ十六歳ヨリ二十歳迄」を対象としていた。

　すなわち，男子に焦点を当てて言えば，これらの定時制学校は，小学校と組み合わされて，「『兵役』に至って完成する国民教育制度」を構築するものであった。実際に，これらの定時制学校は，校地・校舎・教員を小学校と共有する付設制が主流となり，歴史的には農村部を中心として，小学校後の多数の若者たちを受け入れた。

　青年学校には，普通科と本科を通して男女必修の「職業科」が設けられた。また，女子については，普通科・本科ともに「家事及裁縫科」が必修とされ，この「家事及裁縫科」は，1939 年に「家庭科」に改められた。

　さて，農村の定時制学校における 1930 年代半ばの実情を，技術教育に関する男子の学びに注目して事例的に見ると，高等小学校と青年学校本科以上を一貫する体系的な農業実習を通して，ノンエリートの義務教育後の若者たちに，将来性が見込まれた現代的な農業を担っていくという公共的困難を克服するための力量形成が図られており，こうした問題解決活動としての農業実習は，農業経営の科学化・合理化の進展が本質的に要請するプロジェクト学習として構成されていた。

表 2.1　技術科の教育課程制度の近現代史略

	年	事　項
旧学制	1881	【小学校教則綱領】小学校の選択教科として「農業ノ初歩」「工業ノ初歩」「商業ノ初歩」が登場。小学校の中学年以上で図画科と裁縫科（女子）が必修。
	1886	【小学校令（第 1 次），小学校ノ学科及其程度】高等小学校の選択教科として農業科，手工科，商業科，必修教科として図画科，裁縫科（女子）の設置。
	1907	【小学校令中改正】義務教育年限が 4 年から 6 年に延長，尋常小学校が 6 年制，高等小学校が 2 ～ 3 年制（2 年制が本体）となる。高等小学校の手工科，農業科，商業科が学校選択必修教科となる。
	1911	【小学校令施行規則中改正】高等小学校の手工科，農業科，商業科の授業時数が大幅に増加され始める（男子週 6 時間，女子週 2 時間）。
	1914-1918	世界史上最初の総力戦となった第 1 次世界大戦が展開される。列強各国で現代化が進行し始める。
	1926	【小学校令中改正】高等小学校で手工科が必修となり，同時に必修の実業科（農・工・商）と家事科（女子）が登場する。高等小学校の図画科も必修。
	1938	「国家総動員法」が公布・施行される。
	1941	【国民学校令，国民学校令施行規則】高等小学校が国民学校高等科となる（2 年制）。高等科の必修教科・科目として実業科（農・工・商・水），芸能科図画，芸能科工作，芸能科裁縫（女子），芸能科家事（女子）の設置。
新学制	1947	【学校教育法，学校教育法施行規則，『学習指導要領 一般編（試案）昭和二十二年度』】中学校（新制）の必修教科及び選択教科として職業科（農・工・商・水・家）と図画工作科の設置。このこととは別に『学習指導要領　職業指導編（試案）昭和二十二年度』も発行される。
	1949-1951	【学校教育法施行規則一部改正等】中学校の職業科が職業・家庭科へ再編され（1950 年確定），『中学校学習指導要領 職業・家庭科編（試案）昭和 26 年（1951）改訂版』が発行される（1951 年）。
	1957	ソビエト連邦が人類史上最初の人工衛星スプートニクの打ち上げに連続して成功（スプートニク・ショック）。
	1958	【学校教育法施行規則一部改正，中学校学習指導要領】必修教科の技術・家庭科が誕生，「男子向き」（技術科）と「女子向き」（家庭科）から構成された。職業指導は進路指導として教科外へ。また，中学校の選択教科として「職業に関する教科」（農・工・商・水・家）の設置。
	1969	【中学校学習指導要領全面改正】技術・家庭科の「目標」から「近代技術」の字句が削除され，「科学技術」教育から「生活技術」教育へと転換。「男子向き」の「内容」は「製図」「木材加工」「金属加工」「機械」「電気」「栽培」の 6 単元構成。
	1977	①【学校教育法施行規則一部改正】選択教科としての技術・家庭科の誕生（選択教科群「職業に関する教科」の廃止）。必修の技術・家庭科の標準授業時数が大幅に削減され始める。②【中学校学習指導要領全面改正】技術科の「製図」が「木材加工」の中に吸収され，「製図」と「加工」の併合開始。「男子向き」「女子向き」の用語が廃止され，技術科と家庭科の「相互乗り入れ」が始まる。
	1979 年度	養護学校中学校部の義務制実施。
	1985	日本，国連の「女子に対するあらゆる形態の差別の撤廃に関する条約」を締結。
	1989	【中学校学習指導要領全面改正】技術・家庭科の性別履修指定制・男女別学制の廃止。技術科に「情報基礎」が新設され，「内容」は「A 木材加工」「B 電気」「C 金属加工」「D 機械」「E 栽培」「F 情報基礎」の 6 単元構成となる。
	1996	中央教育審議会第一次答申により，「生きる力」の育成が提案される。
	1998	【中学校学習指導要領全面改正】技術・家庭科が「技術分野」「家庭分野」の 2「分野」構成となる。また，技術科の「内容」構造が様変わりし，「A 技術とものづくり」「B 情報とコンピュータ」の 2 単元構成となる。
	2008	【学校教育法一部改正，中学校学習指導要領全面改正】技術科の「目標」が改められ，「技術」の「適切」な「評価」「活用」が重視され始める。技術科の「内容」が再び大きく変化し，「A 材料と加工に関する技術」「B エネルギー変換に関する技術」「C 生物育成に関する技術」「D 情報に関する技術」の 4 単元・全必修構成となる。他方，中学校の選択制の抜本的改編により，選択教科としての技術・家庭科が事実上廃止となる。

第3章 これからの科学技術教育

1. 子どもの発達との関わり

1.1 子どもを取り巻く環境の変化

　戦後，社会の変化とともに，子どもを取り巻く環境も随分変わってきた。筆者は 1960 年代初頭に小学校へ入学したが，入学前に鉛筆を自分で削れる必要があった。手回し鉛筆削り器まして電動などなかった時代であり，新 1 年生のいわば通過儀礼（イニシエーション）でもあり，入学前に姉の指導の下で鉛筆を削った。それゆえ，小刀や肥後守は小学校に入学する前から所有しており，女竹や板材を使った工作を自然と覚え，楽しみにもしていた。また，遊びも身近な物を使った手遊びや水雷船長のような仲間遊びを，幼少の頃には年長者から学び，年長になれば年少者を教えながら行っていた。1970 年代になると，「手が虫歯にかかっている」に代表されるような，子どもの発達に関するショッキングな報告が増えてきたが，その原因の一つは，家庭での子どもの労働の減少や世の中の便利さに起因すると考えられた。ちょうどその頃，村松が，「デパートの文房具売場で，『ママ，この鉛筆削り，手で廻すんだよ』と，さも驚いたような子どもの声を耳にして，今度はこちらが驚いた。事態はついにここまで至ったか，……」と書いている。その観点で言えば，エンゲルス（Friedrich Engels）の「猿が人間になるについての労働の役割」は 140 年以上前の文献であり，現時点で社会学的にあるいは生物学的にすべてを受け入れられなくとも，現在の子どもたちの発達についても重要な多くの示唆を含んでいる，と言える。

　現在は情報機器の発達により便利さが加速し，子どもの遊びもバーチャルなものが急速に増えてきている。家庭であれ学校であれ，子どもの全人的な発達を後押しするような活動が増えるどころか，ます

ます減少しているように思われる。男の子が将来就きたい職業，男の子の親が就かせたい職業で以前は上位に位置していた「大工・建築家」が，近年ではやや人気がなくなってきたことと，何か関係があるのだろうか。

　このような状況が好ましく思われない中で，企業が小・中学生向けに職業体験イベントを開いたり，小学校で祖父母が伝承遊びを指導したりすることが行われている。このような取組みが行われること自体は好ましいことではあるが，これはあくまでも地域の教育力が学校教育を支援する活動である。筆者が教員養成系大学 1 年生（小学校サブコース）に調査（2016 年）したところ，74% 以上（32 人 /43 人中）の学生が「工作を好き」と答えたが，小学生の頃にものづくりを教えてくれる年上の人は皆無に近かった。

　子どもが不器用になったと言われて久しいが，これは子どもの責任ではなく，そのような体験を積ますことができなくなった大人の責任と考えられる，生まれながらにして器用な人間などいないのだから。日本中の幼稚園／保育園や小・中学校での授業での取組みを充実させることが大切であり，ものづくり指導が安全に楽しくできる教師の増員や現職講習の実施を，行政には要望したい。ちなみに筆者が実施している教員免許状更新講習（ものづくりを 3 講座）はどれも定員以上の受講希望者があり，教員自身も指導を欲しているのがよく分かる。

1.2 子どものものづくりと発達の関係

　子どものものづくりと発達の関係について約 40 年前に，須藤は技術的能力の構造（図 3.1）を示し，技術教育が目指す固有の学力を技術的認識，技能及び技術観とした。図 3.1 では技術観は学力の一定割

合を占めているが，階梯が上がるほど技術観が学力に占める割合が大きくなると，筆者は考えている。また土井は技術的能力の構成要素の関係モデル図（図3.2）を示し，技術教育における学力相互及び意欲などとの関係を示している。図3.1，3.2ともに技術教育に限定しているが，これらに科学的概念や生活概念が複雑に絡み合った状態で子どもたちは発達するのであろう。さらに土井は，子どもたちの具体的なものづくりについて詳細な調査教究を行っており，図3.3を示し「道具を使って木で何かを作る」意識は小学5年生から急激に低下することを示した。さらに土井は，子どもの器用意識についても学年の進行とともに低下し，中学生の過半数は不器用さを意識しているとした。学研教育総合研究所の好きな教科-嫌いな教科調査結果でも，図画工作科は小学中学年以降徐々に好きな児童の割合が減少する傾向とリンクしているように見受けられる。

　筆者は，このような児童／生徒のものづくりに関する発達や関心の現状を教える側の問題としてとらえることが重要と考え，教える側からのものづくりの方法について述べてみたい。

1.3　ものづくりにおける成功体験と自己効力感

　普通教育の技術教育に携わる者にとって，実践概念である技術そのものを充実させることが問われている。中学校技術分野のみならず，幼稚園／保育園や小学校でのものづくり活動は，ユネスコの「技術教育及び職業教育に関する条約」を待つまでもなく全人的な発達に必要であり，その充実が求められる。そのためには教師自らの工作力が求められるが，工作力を持ちかつ工作の指導ができる小学校の先生方がどれほどの割合か，はなはだ疑問である。以前，小学校4年生以上の児童に図画工作科を指導している先生方に，木工作指導についてa〜sの19項目の調査を行い，男女間あるいは年代間で優位差が出た結果の一部を抜き出したものが表3.1である。質問a〜sにはすべて5件法で回答してもらい，それぞれの質問について，平均や有意差検定を行った。表3.1から，教師は児童のものづくり経験の少なさや巧緻性のなさを認めている（c，e，g）が，この傾向は教師の年代が上がるに従って顕著になるようである。一方で，教師自身が工作力のなさ

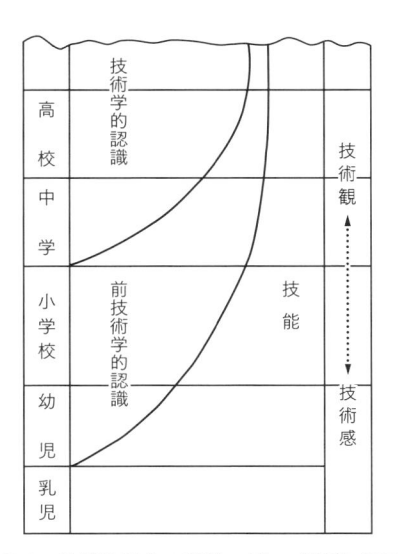

図3.1　技術的能力の発達モデル（須藤 1979）

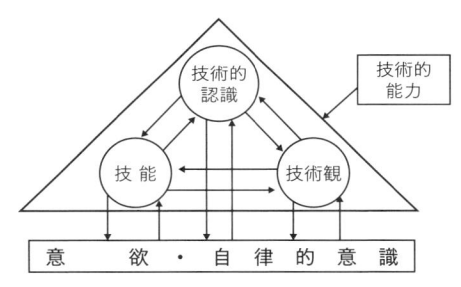

図3.2　技術的能力の構成要素の関係モデル図（土井 2002）

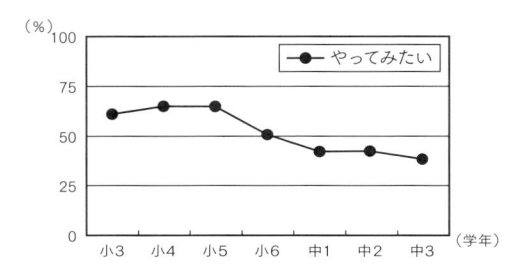

図3.3　道具を使って木で何かを作る（土井 2002）

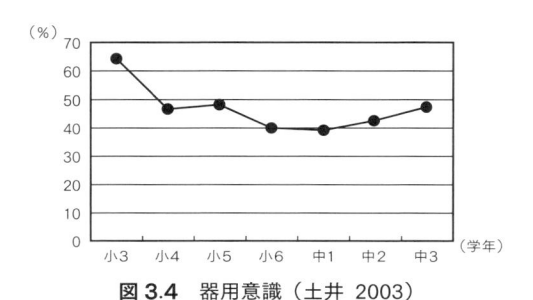

図3.4　器用意識（土井 2003）

表3.1　木工作指導項目に関する男女別，年代別平均値と有意差（χ^2）検定結果

項目	（全平均）（男性平均）（女性平均）	χ^2値	（20代～50代　年代別平均）（20代～50代　男性平均）（20代～50代　女性平均）	χ^2値
b. 技能については男女差よりも個人差が大きいと思う	4.25 4.17 4.33	$\chi^{2(3)}$=10.34 ＊	4.24 4.28 4.22 4.25 4.22 4.22 4.00 4.00 4.27 4.34 4.32 4.32	$\chi^{2(9)}$=8.59
c. 力がなくてのこぎりで正確に切れない児童が多いと思う	3.34 3.25 3.42	$\chi^{2(4)}$=6.70	3.09 3.37 3.42 3.43 3.07 3.37 3.42 3.43 3.13 3.47 3.49 3.40	$\chi^{2(12)}$=30.47 ＊＊
e. 釘をまっすぐに打つことができる児童が少ないように思う	3.63 3.61 3.64	$\chi^{2(4)}$=0.37	3.43 3.62 3.76 3.67 3.41 3.64 3.75 3.79 3.46 3.58 3.76 3.64	$\chi^{2(12)}$=26.61 ＊＊
g. 不器用な子が増えてきたように思う	3.62 3.62 3.62	$\chi^{2(4)}$=2.51	3.48 3.52 3.66 3.98 3.57 3.59 3.68 4.14 3.33 3.57 3.65 3.94	$\chi^{2(9)}$=24.73 ＊＊
m. 自分は工作が得意だと思う	2.88 3.13 2.65	$\chi^{2(4)}$=49.10 ＊＊＊	2.92 2.96 2.73 3.00 3.03 3.24 3.19 3.62 2.63 2.57 2.65 2.85	$\chi^{2(12)}$=15.07
n. 児童にきちんと工具や機械の使い方を指導していると思う	3.16 3.17 3.15	$\chi^{2(4)}$=0.29	2.96 3.06 3.35 3.51 3.02 3.14 3.46 2.93 2.85 2.95 3.30 3.46	$\chi^{2(12)}$=40.14 ＊＊＊
p. 安全面を考慮すると，複数指導体制が望ましいと思う	3.86 3.67 4.04	$\chi^{2(4)}$=30.22 ＊＊＊	3.82 3.84 3.97 3.72 3.81 3.66 3.65 2.92 3.85 4.08 4.12 3.92	$\chi^{2(12)}$=21.26 ＊
r. できることならば，木工作は指導したくないと思う	1.90 1.70 2.08	$\chi^{2(4)}$=36.40 ＊＊＊	1.86 1.86 1.93 2.00 1.77 1.67 1.59 2.15 2.02 2.14 2.09 1.96	$\chi^{2(12)}$=10.20

（＊<.05，　＊＊<.01，　＊＊＊<.001）

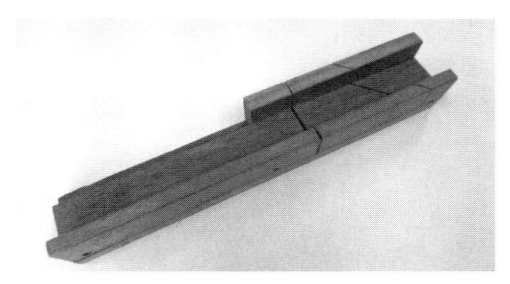

図3.5　箱ジグ

を自覚（m，n，p，r）しており，この傾向は若年教師や女性教師が大きい。この調査結果はおよそ20年前のものであり，当時の20代教師も40代になっている。しかしながら，教師の工作力や工作指導力を向上させる現職教育の状況は以前に増して悪化しているように感じる。「やってみせ，言って聞かせて，させてみて，ほめてやらねば，人は動かじ」は，旧海軍大将山本五十六の言と言われるが，ものづくりの指導では，「やって見せ」つまり演示が大変重要なポイントである。そして実践の後，その子の良いところを褒めることが大切なのは，今も昔も変わらない大切なことである。

　ものづくりにおいては，一度失敗してそのどこが誤りなのかを確認し，もう一度チャレンジすることが大切である。ただし，昨今学習に充分時間が取れないようなときには，成功体験を重ねることが子どもの能力の向上や自己効力感の育成に大切である。例えば，子どもがのこぎり挽きをする際，初心者には「箱ジグ（治具）」（図3.5）や当て定規の使用が有効である。初心者で鋸断に自信がない子どもは，積極的に箱ジグを使用する。筆者の経験では，男子よりも女子がより積極的にジグを使用する傾向があった。箱ジグの使用は，課題の難易度をほどよく下げ，初心者でも使用法に留意すれば，鋸断に成功する。子どもたちは箱ジグをいつまでも使用しな

い。課題が簡単になり，つまらなくなるからである。動機付け理論では，達成動機と失敗回避動機が半々の時に達成動機が最も高くなることで説明でき，箱ジグの選択は達成動機と符合する。視点を変えれば，ヴィゴツキー（L.S. Vygotsky）流の発達の最近接領域が示すような課題設定が大切である。学習者の能力の少し上位の課題の設定こそが，学習者を成長させることにつながるとも言える。また，さらに角度を変えれば，このような達成動機が高まる活動において，学習者は精神と身体が完全に調和し一心不乱に集中している状態いわゆるフロー体験に入っていると考えられる。フロー体験提唱者チクセントミハイ（Mihaly Csikszentmihalyi）は，「フローは，スキルがちょうど処理できる程度のチャレンジを克服することに没頭している時に起こる傾向がある」と述べている。中学生が，材料加工の時間中鼻歌交じりで一心不乱に作業していたり，電気回路を設計中に解答を見つけ大声を出したりした場面に何度も出くわしたことがあるが，このような生徒もフロー活動に入っていると解釈できる。ものづくり活動の時間数が減少する今日，学習者支援のため，前もって指導者がジグや当て定規などの補助具を準備しておき，学習者がそれらを自由に選択できるようにすることによって，ほどよい困難度を伴った課題が提供できると考えている。このような成功体験を重視する指導＝学習の積み重ねによって，学習者は自己効力感を得られ，それを徐々に大きくすることができよう。教員養成系大学生への指導に際しても，手作業で最も重要なことの一つは材料をしっかり固定することであり，ジグなどの使用によってより安全で正確な作業が可能になると，ことあるごとに言い聞かせている。ティームティーチングやハーフクラスによる授業が財政的・制度的に困難な技術科を含む

ものづくり授業にとって，教師が種々の工夫を凝らし，学習者の支援を少しでも確かなものにしたいと考えている。

1.4　子どもの発達を支える言語活動

ものづくり教育では，一般に労働手段（道具，機械など）や労働対象（材料など）の理解を前提とした学習内容が多いので，「物」との対話が必然となる。と同時に，学習を進めるには学習者相互の理解の深まりが大切なことは言うまでもない。すなわち，授業における言語活動は現行指導要領でも重視されているが，それを持ち出すまでもなく言語活動の善し悪しが子どもや子ども同士の思考を深めもするし，反対に思考の停滞につながることがままある。ただし，言語活動による授業構成は，以前は斉藤喜博の「出口論争」に代表されるような名人芸的であり指導者の個性が強く表れていたものである（向山洋一が「教育技術の法則化運動」を開始したのも，指導技術を分かち合えるものにしたいという思いから，と言われている）。現在は個人の巧みな介入から脱して，より科学的に分かち伝えられるような言語活動の充実を深めるための研究・実践が絶え間なく行われている。例えば，授業において言語活動の質を向上させることを目指すため，松友らの教師の介入（インターベンション）に関する国語科における研究／実践がある。これによると教師の介入は，「①学習者の不備・不足の見とりを起点にした介入，②モデル化可能性・価値の高さの見とりを起点とした介入，③学習者の意欲を誘発するための非言語的介入，④支持・価値付けるための非言語的介入，⑤授業の雰囲気をつくるための非言語的介入」の５つに分類できる。そして，それぞれの介入にはその介入に相応しい具体的な働きかけと効果がある。例えば③の働きかけとして，「間合い，話すテンポやトーンの工夫」があり，効果として「学習への参加意欲の誘発，緊張感と競争心，他者と共に学習するという意識の喚起」が示されている。ものづくり教育ではアプリオリ（*a priori*）に具体的な教材・教具が重要であるが，同時に種々の「見とり」とそれによる介入の質を高める訓練が必要と思われる。ものづくり教育では前述のように学習内容の質を向上させるためにも，「者」との対話も同様に求められよう。そこでは，教師-生徒間あるいは生徒-生徒間での言語活動の質が要求されよう。教師の見とりとそれによる介入力の向上は，ものづくり教育担当教師の指導力向上にとっても重要な要素の一つと言える。ものづくり教育担当教師も，他教科の研究／実践成果から学ぶべき事が多くあり，機会があれば他教科の授業を参観すべきである。

1.5　おわりに

子どもの発達について，多くの識者がそれぞれの視点で有益な示唆を与えてくれており，ものづくり教育についても同様である。近年の研究／実践成果をあえて付け加えるならば，注意の集中度の度合いを示す「脳波 P300」の利用による認知面での解析が進んでおり，ものづくりにも近い将来それが応用される日が来るかもしれない。また，ビジョントレーニング（vision training）では思考や技能（motor skill）と視覚の緊密な関係性が注目されており，プロスポーツ選手から特別支援教育に及ぶまで多種多様な実践が行われており，多大な成果が発表されている。このような多方面の研究／実践に積極的に目を向けていく必要が，今後も求められる。

2. 教育課程について

2.1　教育課程とは

教育課程とは，カリキュラムの訳語として用いられ，一般的に教育目標に即して学習活動を指導するために計画的・組織的に編成して課す教育内容と位置付けられる。教育課程の構成として「目標」，「内容の組織」，「教授学習の方法」，「評価」の４要素を備えるとされる。学校において編成する教育課程とは，教育基本法や学校教育法をはじめとする教育課程に関する法令に従い，学校教育の目的や目標を達成するために各学年の授業時数との関連において，学習指導要領に示された内容を総合的に組織した学校の教育計画のことである。つまり，教育課程とは，各学校における教育の中核となる教育計画であり，

法律の定めるところに従い，児童生徒一人ひとりの人間として調和のとれた育成を目指し，地域や学校の実態，児童生徒の心身の発達段階や特性などを十分に考慮した教育を推進していく際のよりどころとなるものである。教育課程に関する法令としては，①教育基本法，②学校教育法，学校教育法施行規則，③学習指導要領，④地方教育行政組織及び運営に関する法律が挙げられる。例えば，③学習指導要領の総則「教育課程の基準」には「学校教育の目的や目標を達成するために，教育の内容を生徒の心身の発達に応じ，授業時数との関連において組織した学校の教育課程である」と示されている。よって，学校ごとに，各教科，道徳，〔外国語活動，〕総合的な学習の時間及び特別活動のそれぞれについて，学年ごととあるいは学級ごとなどに，指導目標，指導内容，指導の順序，指導方法，使用教材，指導の時間配当等を定めたより具体的な指導計画を作成する必要がある。

2.2 カリキュラム・マネジメント

　教育課程を考える上でカリキュラム・マネジメントは重要である。カリキュラム・マネジメントとは，教育課程（カリキュラム）を編成・実施・評価し，改善を図る一連のサイクルを計画的・組織的に推進していくことである。また，そのための条件づくり・環境整備も含まれる。よって，学校経営の営みにおいて中核をなすものである。平成28年12月に幼稚園，小学校，中学校，高等学校及び特別支援学校の学習指導要領等の改善及び必要な方策などについての答申があった。ここで，その一部を抜粋して説明する。「第1部　学習指導要領等改訂の基本的な方向性　第4章　学習指導要領等の枠組みの改善と『社会に開かれた教育課程』2.学習指導要領等の改善の方向性②教育課程を軸に学校教育の改善・充実の好循環を生み出す『カリキュラム・マネジメント』の実現」において「社会に開かれた教育課程」の理念のもと，子どもたちが未来の創り手となるために求められる資質・能力を育んでいくためには，子どもたちが「何ができるようになるか」「何を学ぶか」「どのように学ぶか」など，前項①において掲げた1～6に関わる事項を各学校が組み立て，家庭・地域と連携・協働しながら実施し，目の前の子どもたちの姿を踏まえながら不断の見直しを図ることが求められる。今回の改訂は，各学校が学習指導要領等を手掛かりに，この「カリキュラム・マネジメントを実現し，学校教育の改善・充実の好循環を生み出していくことを目指すものである」とある。ここでは，「子供たちが『何ができるようになるか』『何を学ぶか』『どのように学ぶか』」という点と「家庭・地域と連携・協働しながら実施し」という2点について重要な指摘があった。また，「教育課程全体を通した取組を通じて，教科等横断的な視点から教育活動の改善を行っていくことや，学校全体としての取組を通じて，教科等や学年を越えた組織運営の改善を行っていくことが求められる。各学校が編成する教育課程を軸に，教育活動や学校経営などの学校の全体的な在り方をどのように改善していくのかが重要になる」とあり，カリキュラムを各教科，学年ごとに独立したものとは考えず教科等横断的視点を持ち学校全体として改善していくことが求められている。これらを踏まえ「社会に開かれた教育課程」の実現を通じ児童・生徒たちに必要な資質や能力を育成するという理念からカリキュラム・マネジメントについて以下の3つの捉えが提言されている。①各教科等の教育内容を相互の関係で捉え，学校教育目標を踏まえた教科等横断的な視点で，その目標の達成に必要な教育の内容を組織的に配列していくこと。②教育内容の質の向上に向けて，子どもたちの姿や地域の現状などに関する調査や各種データなどに基づき，教育課程を編成し，実施し，評価して改善を図る一連のPDCAサイクルを確立すること。③教育内容と，教育活動に必要な人的・物的資源などを，地域などの外部の資源も含めて活用しながら効果的に組み合わせること。

　教科等横断的な視点を持つこと，PDCAサイクルとして評価・改善を重視すること，地域との連携を重視することが述べられている。

2.3 教育課程と中学校各教科と教育課程

　中学校における教育課程では，その共通性を高めるため，選択教科の授業を実質的に廃止し，必修教科の授業時数を増加した（選択教科は，総授業数の枠外で学校設置科目とすることができる）。総合的学習の時間については，それまでの3年間で210

～ 335 単位時間であったものを 3 年間で 190 時間に縮減した。この縮減した授業時数は国語，社会，数学，理科，外国語，保健体育の 6 教科の授業時数を実質 10％程度増加することとなった。授業時数が増加した教科は，基礎的・基本的内容の反復学習や実験・観察，レポートの作成論述・話合いなどの学習活動を充実させることとなった。また，これらの学習活動の指導をきめ細かく丁寧に行うために複数指導者によるティームティーチングや少人数学級による指導などを積極的に導入することとした。現行の学習指導要領においての技術・家庭科技術分野，家庭分野は，これまでの授業時数と変化はなく第 1 学年，第 2 学年がそれぞれ 70 時間，第 3 学年が 35 時間と規定された。よって，基本的には，技術分野で担当する授業時数は，その半分である 87.5 時間となる。

2.4　中学校技術・家庭科技術分野の内容

　中学校技術・家庭科技術分野の内容は，平成 5 年の「A 木材加工」「B 電気」「C 金属加工」「D 機械」「E 栽培」「F 情報基礎」，平成 14 年の「A 技術とものづくり（1）〜（6）」「B 情報とコンピュータ（1）〜（6）」，平成 29 年の「A 材料と加工の技術」「B 生物育成の技術」「C エネルギー変換の技術」「D 情報の技術」と変遷しているが教科目標は従前のそれとほぼ同様であり，基本的な考え方での変更はないが，これからの生活を見通し，よりよい生活を創造するとともに社会の変化に主体的に対応する能力を育成するため，それぞれの分野の目標と内容について改善が図られた。現行の学習指導要領では，社会のさまざまな活動の基盤としての技術の重要性が増している状況を踏まえ，現代社会で活用されている多様な技術を学ぶことができる領域とし，選択領域をなくし技術分野の全内容を必修とし，全国どこの中学校においても技術の学習内容は共通したものとなっている。教育課程の作成の取扱いにおいては，「A 材料と加工の技術」「B 生物育成の技術」「C エネルギー変換の技術」「D 情報の技術」のそれぞれに配当する授業時数および履修学年について，地域，環境，学校および生徒の実態などに応じて，各学校において適切に定めることとなり，その主体性が求められることとなった。しかしながらどの内容

をいつ何時間程度実施するかなど自由度が高くなり各学校の特色を反映させることができるとも言える。学習指導要領には，基礎的・基本的な知識及び技術の習得と活用する能力や社会で実践する態度を育む視点から「広く現代社会で活用されている技術」，「技術を活用したものづくり（製作・制作・育成）」，「経験から技術と社会・環境の理解と現代や将来利用される技術を評価・活用する能力と態度」の項目を構成しており，社会の変化への対応として持続可能な社会の構築やものづくりを支える能力の育成が技術分野の学習内容として捉えられる。よって，「A 材料と加工の技術」「B 生物育成の技術」「C エネルギー変換の技術」「D 情報の技術」の各学習内容において，設計・製作，栽培または飼育，及び設計・制作の実践的・体験的な学習活動の位置付けを重視し，A 〜 D に関する技術に対して適切な評価・活用について考えることを位置付けた。また，技術分野に関しては，小学校に教科がないため中学校第 1 学年において，3 年間の見通しを持って体系的に学習内容を概観できるガイダンスを導入することが規定された。

2.5　教育課程における学習内容の取扱い

　技術科の学習の中では，ものづくりなどの実技実習を通して基礎的・基本的な知識や技能を習得させるとともに，これらの技術を活用する能力や評価する能力，社会や生活の中で実践する態度を育成する必要がある。指導の手順を図 3.6 に示す。

　技術分野の授業時数は，3 年間で 87.5 時間であり，「A 材料と加工の技術」「D 情報の技術」は，（1）〜（3）の 3 項目で構成され，「C 生物育成に関する技術」「B エネルギー変換に関する技術」は，（1）（2）の 2 項目で構成されている。A 〜 D のすべての内容が必修であり，A の（1）以外の項目，B 〜 D のすべての項目については，授業時数や履修する学年など特に指定はない。生徒の興味・関心，発達段階，他教科や行事の関連性，地域や学校の実態に応じてカリキュラムが編成できるようになっており，これらの諸条件を十分勘案し，より有効な教育課程や指導計画を作成する必要がある。特に，授業時数の配分や履修する順序，学年の配置など担当教員の考えや特色を全面に出し指導計画を作成するこ

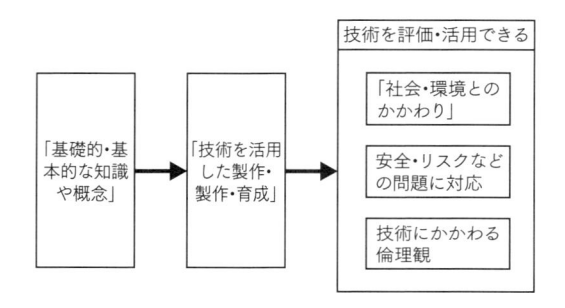

図 3.6　学習指導の手順

とが求められている。

2.6　技術分野の教育課程

　技術分野における教育課程の指導計画を作成する際，A ～ D の学習内容に対して，小学校で履修した学習内容や中学校での他教科，高校での教科の学習内容に横断的かつ縦断的に対応し関連付ける必要がある。具体的には，小学校の理科，社会，図画工作，中学校の理科，社会，高校の教科情報，各校種における総合的学習の時間などの教科との関連付けを想定した教育課程の作成が求められる。以下に技術分野に関連する学習指導要領の記述を示す。小学校理科の「A 物質・エネルギー」においては，2 種類以上のものづくりを行うことを提示している。また，知識理解においても「A 物質・エネルギー」の内容（たとえば，エネルギー，電気の利用など）が技術分野における「B エネルギー変換の技術」との関連性が深い。また，小学校の「B 生物・地球」の内容（動植物に関するもの，生物と環境など）では，動植物の飼育・栽培をするなど技術分野の「C 生物育成に関する技術」の基礎となる内容とも考えられる。また，図画工作では，ものづくりをする中でのこぎりなどの工具を使用することもあり「A 材料と加工に関する技術」との関連性がある。総合的な学習の時間では，ものづくり，生産活動などの学習活動を積極的に取り入れることを明記している。もともと，総合的な学習の時間は，教科横断的な力を育成することが主旨であるため技術分野のA ～ D に関連するものである。高校の教科情報では，「D 情報に関する技術」の内容を発展させた内容であり，指導上の関連が深く，中学校段階における基礎的・基本的な内容の習得が重要となる。以上

のことより，技術分野の学習内容と小学校や高校との連携が必要な教科内容の系統性，総合性，中学校他教科の関連した学習内容の取扱いなどを考慮した教育課程が求められる。

　次に，題材設定については教育課程を基に作成した指導計画をベースに次の点について留意する必要がある。小学校理科，図画工作学習など学習内容について関連性の高い教科や中学校の他教科との関連性を吟味し，教科の狙いを十分達成できる基礎的・基本的な内容を備えたもの。生徒の発達の段階を考慮し，学習意欲や興味・関心を高めるとともに，生徒の主体的な学習活動や個性を生かすことができるもの。生徒の日常生活や社会との関連性があり自らの生活を向上し家庭や地域社会において実践的活動にかかわることができるもの。

　また，技術分野では，ものをつくることだけに主眼を置くのではなく，その背景にある技術や理論，社会問題（エネルギー資源や森林資源の有効利用や環境問題など）を解決する手だてなど技術が社会の中で重要で意義のあるものであることを指導する必要がある。

2.7　技術分野の指導計画例

　中学校技術・家庭科では，3 年間の授業時数が175 時間であるが，その配分の自由度は高く，家庭分野の教員と連携を図り検討する必要がある。ただし，学習内容を考えると技術分野と家庭分野の授業時間数を等分として第 1 学年 35 時間，第 2 学年 35 時間，第 3 学年 17.5 時間が妥当である。次に，A ～ D の 4 つの学習内容に対してその授業時数配分を定め 3 年間を見通し，学年配置を考慮する必要がある。第 1 学年，第 2 学年では，通年で毎週 1 時間実施するパターンと 1 年間を前期，後期に分けて連続して 2 時間実施するパターンが考えられる。前者は，1 年間を通して技術分野の授業があるため通年で技術分野の学習について意識させることができる。これに対して後者は，2 時間連続した授業ができるため実技実習などでは準備や後片付けなど時間的ロスが少なく生徒が作業する時間を確保することができるといったメリットがある。第 3 学年では，技術分野と家庭分野を隔週ごとに 1 時間ずつ授業を実施するパターンと 1 年間を 8 つのブロックに分

割し隔ブロックで授業実施するパターンが一般的である。いずれにしても各学校の状況や生徒の実態などに配慮し授業時間配置を考える必要がある。学習内容の順序としては，第1学年のはじめにAの（1）をガイダンスとして実施することとなっているがそれ以外は，担当教員が考慮し順序を決定することとなる。一般的には，第1学年において「A 材料と加工に関する技術」，第2学年において「B エネルギー変換に関する技術」，「C 生物育成に関する技術」，第3学年に「D 情報に関する技術」の順序で学習することがあるが，例えば，「C 生物育成に関する技術」では，栽培の時期などによりその時に応じて柔軟に対応し，3年間を通じて栽培や飼育をすることも考えられる。「D 情報に関する技術」では，第1学年においてコンピュータなどの基礎的内容を学習し，他教科や行事など校内での活動に対応できるようにし，第3学年でより専門的で高度な内容のプログラミングによる計測・制御を学ぶ。また，1時間の中で一つの内容である必要はないため最初の10分程度「C 生物育成に関する技術」で栽培観察をし，残りの時間に「D 情報に関する技術」でディジタル観察日記を制作する，「B エネルギー変換に関する技術」で機構を学びロボットなどを製作し，そのロボットを利用し「C 情報に関する技術」のプログラミングによる計測・制御を学ぶなど学習内容を複合的に用いる工夫もできる。ここでは，指導計画の一例を紹介したが，計画を立てる上で担当教員がさまざまな条件や環境に配慮し技術分野の学習目標が達成できるよう熟慮することが重要である。

3. 他教科などとの関連

3.1 資質・能力の3つの柱と他教科などとの関連

　2017年3月告示（以下，2017年版）の小学校学習指導要領と中学校学習指導要領は，2016年12月21日の中央教育審議会（中教審）『幼稚園，小学校，中学校，高等学校及び特別支援学校の学習指導要領等の改善及び必要な方策等について（答申）（以下，答申）』に基づいて作成されている。従来の学習指導要領は，各教科の個別知識・技能習得を最優先した内容基盤型の教育課程の基準であった。しかし，今日は知識基盤型社会であり，グローバル化・情報化と，未来の予測が困難かつ不確かであり，複雑化・多様化が進行している。AIやビッグデータをはじめとしたイノベーションの重要性は，一層増している。諸外国の教育改革が進む一方，我が国の教育では，従来から各教科などの連携と，教科等を横断する汎用的な問題解決能力の育成に課題を抱えているという指摘があった。中教審の答申を受けて，文部科学省は，従来の各教科の知識・技能基盤型から，「資質・能力の3つの柱」に基づく枠組みで，教科横断的な育成すべき資質・能力と，各教科の本質に根ざした教科固有の資質・能力，知識・技能の双方を重視する2017年版学習指導要領へと変貌した。

　「資質・能力の3つの柱」の1つは，「何を理解しているか，何ができるか（生きて働く「知識・技能」の習得）」である。2つは，「理解していること・できることをどう使うか（未知の状況にも対応できる「思考力・判断力・表現力など」の育成）」である。3つは，「どのように社会・世界と関わり，よりよい人生を送るか（学びを人生や社会に生かそうとする「学びに向かう力・人間性等」の涵養）」である。3つの柱は，「各教科等において育む資質・能力」，「教科等を超えた全ての学習の基盤として育まれ活用される資質・能力」，「現代的な諸課題に対応して求められる資質・能力」のすべてに共通する要素であるとしている。

　さらに，例えば「言語能力」，「情報活用能力」，「物事を多面的・多角的に吟味し見定めていく力（いわゆるクリティカル・シンキング）」などのように，教科などを超えたすべての学習の基盤として育まれ活用される力や，例えば安全で安心な社会づくりのために必要な力，自然環境の有限性の中で「持続可能な社会をつくるための力」などのように，今後の社会の在り方を踏まえて，子どもたちが現代的な諸課題に対応できるようになるために必要な力の必要性を指摘している（p.27）。

3.2　技術科の見方・考え方と他教科などとの関連

　答申では、「子供たちは、各教科等における習得・活用・探究という学びの過程において、各教科等で習得した概念（知識）を活用したり、身に付けた思考力を発揮させたりしながら知識を相互に関連付けてより深く理解したり、情報を精査して考えを形成したり、問題を見いだして解決策を考えたり、思いや考えを基に創造したりすることに向かう（p.33）」と述べている。学びの過程において、各教科などの特質に応じた物事を捉える視点や考え方を、「各教科等の特質に応じた見方・考え方（p.27）」と命名している。見方・考え方を支えているのは、各教科などの学習で身に付けた「資質・能力の3つの柱」であると指摘している。

　「技術の見方・考え方」とは、「生活や社会における事象を、技術との関わりの視点で捉え、社会からの要求、安全性、環境負荷や経済性等に着目して技術を最適化すること（p.10)」である。

　2017年版中学校学習指導要領解説総則編などでは、中学校全教科などの間の見方・考え方の一覧表を示すなどで、教科等間連携の促進を図っている。

　「見方・考え方」は、各教科などを学ぶ本質的な意義の中核をなすものとして、教科などの教育と社会をつなぐものである。生徒が学習や人生において「見方・考え方」を自在に働かせるようにすることにこそ、教員の専門性が発揮されることが求められると指摘している（p.34)。

3.3　他教科との関連と主体的・対話的で深い学び

（1）「主体的・対話的で深い学び」とは何か

　答申では、教科横断的・汎用的な資質・能力とともに、各教科の本質に根ざした教科固有の資質・能力を育成し、質の高い知識・技能を身に付けるためには、「主体的・対話的で深い学び」の実現が重要であるとしている。また、「主体的・対話的で深い学び」は、特定の指導方法や、学校教育における教員の意図性を否定することでないとしている。「主体的・対話的で深い学び」の実現には、「人間の生涯にわたって働く『学び』という営みの本質を捉えながら、教員が教えることにしっかりと関わり、子供たちに求められる資質・能力を育むために必要な

学びの在り方を絶え間なく考え、授業の工夫・改善を重ねていく（p.49)」必要がある。その上で、各教科などに共通する「主体的・対話的で深い学び」の具体的な内容について、以下のように整理している。

① 学ぶことに興味や関心を持ち、自己のキャリア形成の方向性と関連付けながら、見通しを持って粘り強く取り組み、自己の学習活動を振り返って次につなげる「主体的な学び」が実現できているか。

② 子供同士の協働、教職員や地域の人との対話、先哲の考え方を手掛かりに考えることなどを通じ、自己の考えを広げ深める「対話的な学び」が実現できているか。

③ 習得・活用・探究という学びの過程の中で、各教科等の特質に応じた「見方・考え方」を働かせながら、知識を相互に関連付けてより深く理解したり、情報を精査して考えを形成したり、問題を見いだして解決策を考えたり、思いや考えを基に創造したりすることに向かう「深い学び」が実現できているか。

（2）技術科の「主体的・対話的で深い学び」

①　技術科の「主体的な学び」

　中教審「家庭、技術・家庭ワーキンググループの審議のまとめ」と、「中学校学習指導要領解説　技術・家庭編」では、技術・家庭科技術分野（以下、技術科）の「主体的な学び」を以下のように捉え、その充実を図る必要性を指摘している。

　「主体的な学び」とは、学習に積極的に取り組ませるだけでなく、学習後に自らの学びの成果や過程を振り返ることを通して、次の学びに主体的に取り組む態度を育む学びである。技術分野においては、教員が与えた設計・計画に基づいて画一的に製作・制作・育成に取り組むのではなく、問題発見や課題の設定を重視した設計・計画によって、生徒たちが見通しをもって粘り強く解決活動に取り組むことが大切である。さらに、学習過程の最後の段階である「成果の評価と次の問題の解決の視点」だけでなく、各段階において、学習過程を振り返る活動を充実させ、次の段階の学習や、次の問題の解決につなげることが、生徒が自らの成長を自覚し、主体的に学習

現に必要な教育の内容等を教科横断的な視点で組み立てていくこと、教育課程の実施状況を評価してその改善を図っていくこと、教育課程の実施に必要な人的または物的な体制を確保するとともにその改善を図っていくことなどを通して、教育課程に基づき組織的かつ計画的に各学校の教育活動の質の向上を図っていくこと（p.5）」である。「社会に開かれた教育課程」の実現を通じて子どもたちに必要な資質・能力を育成するという理念を踏まえれば、これらの「カリキュラム・マネジメント」は、以下の三つの側面から捉えることができると指摘している。

① 各教科などの教育内容を相互の関係で捉え、学校教育目標を踏まえた教科など横断的な視点で、その目標の達成に必要な教育の内容を組織的に配列していくこと。

② 教育内容の質の向上に向けて、子どもたちの姿や地域の現状などに関する調査や各種データなどに基づき、教育課程を編成し、実施し、評価して改善を図る一連のPDCAサイクルを確立すること。

③ 教育内容と、教育活動に必要な人的・物的資源などを、地域などの外部の資源も含めて活用しながら効果的に組み合わせること。

3.5 技術科と小・高等学校他教科などとの関連

中教審「家庭、技術・家庭ワーキンググループの審議のまとめ」と、「中学校学習指導要領解説 技術・家庭編」では、以下のように指摘している。

○技術・家庭科技術分野においては、特に、小学校・高等学校における関連する教科・科目などとの縦の連携について、例えば、以下のような事項に配慮することが求められる。

・小学校の図画工作科における道具の操作に関

に取り組む態度を育む学びとなる。

② 技術科における「対話的な学び」

技術科における「対話的な学び」とは、他者との協働や対話などを通じて、自らの考えを広げ深める学びである。技術分野においては、生徒同士の相談活動や学び合い、教員や学校外の人材、関係機関などとの対話や協働的な学びとなる。また、直接、他者との対話を伴わなくとも、既製品の分解や既存の活動を通してその技術の開発者が設計に込めた意図を読み取るといったことなどを自らの考えを広げ深める学びとなる。

③ 技術科における「深い学び」

技術科における「深い学び」とは、生徒が習得・活用・探究を見通した学習過程の中で「技術の見方・考え方」を働かせて思考・判断・表現し、資質・能力を獲得する学びである。技術分野においては、「より便利に」、「より安全に」、「より環境に優しく」、「より安価に」といった視点で社会の中から技術により解決すべき課題を見いだして課題を設定し、「使い手」だけでなく「作り手」の立場で、そして、「作る場面」、「使う場面」、「廃棄する場面」、「万が一のトラブルの場面」など、「材料の形状」や「生物の育成環境の調整方法」「エネルギーの伝達方法」「情報のデジタル化の方法」などの最適化について考え、解決策を具体化し、解決活動（製作・制作・育成）を行い、さらに、その解決結果や過程を振り返って評価していくことなど、深い学びとなる。そして、このような学びが、技術分野の四つの内容において関連付けられ、特定の技術に関する知識や技能の習熟・熟達を図る「対話的な学び」や「主体的な学び」を充実させることで、技術分野が目指す思考力・判断力・表現力などがより豊かなものとなり、より複雑な技術に関わる問題を解決できる力、技術によってよりよい生活や社会を構築していこうとする態度の育成につながる。

3.4 カリキュラム・マネジメントと他教科の関連

カリキュラム・マネジメントとは、「生徒や学校、地域の実態を適切に把握し、教育の目的や目標の実

する技能やさまざまな材料に触れる体験，工夫して製作する力，理科における技術に関係する科学的な原理・法則の知識，すべての教科におけるコンピュータなどの基本的な操作技能，生活科，図画工作科，特別活動，総合的な学習の時間におけるものづくりや作物の栽培経験など，技術分野における問題の解決に必要となる知識・技能の習得状況や生徒の興味・関心の方向性などを考慮し，技術分野で取り上げる題材を検討する。

- 技術分野の各内容における学習が，高等学校の共通教科情報や，職業に関する科目などの学習へとつながることを意識させる指導をする。

各学校の技術科教員には，教科書会社などが作成する技術科と他教科などとの関連表などを活用しながら，カリキュラム・マネジメントを実施し，不断のカリキュラム評価と改善が強く求められる。

3.6　技術科と中学校他教科などとの関連

中教審「家庭，技術・家庭ワーキンググループの審議のまとめ」と，「中学校学習指導要領解説　技術・家庭編」では，技術科と中学校他教科などの関連について，以下のように記述している。

○他教科などとの連携について，例えば，以下のような事項に配慮することが求められる。

- 数学科における投影図と製作図，理科における電気・運動の内容とエネルギー変換における設計など，技術分野における問題の解決に必要となる知識・技能の他教科の指導の状況を踏まえて，技術分野の関係する内容の指導時期などを検討する。
- 持続可能な開発のための教育（ESD）や，環境保全，安全，伝統文化など，教科横断的に取り上げられる教育に関しては，理科，社会，総合的な学習の時間など，関係する教科などとそれぞれの特質に応じた連携の在り方について検討する。

○また，技術分野の内容に応じて，工業試験場や農業試験場，民間企業，博物館や科学館，関連する分野の専門高校などとの連携について検討することが求められる。

○他の教科などの連携に関しては，互いの教科の目標や資質・能力の育成を考慮した上で，近年の科学，技術，工学，数学などの分野を総合的に取り扱った STEM 教育の例のように，科学技術の発達に総合的に対応できる資質・能力を育成する観点から，技術分野で育成された資質・能力を，関連する教科などにおいて活用するといった機会の設定について検討する必要がある。

3.7　第 2 期 STEM 教育の隆盛

STEM は，Science, Technology, Engineering and Mathematics の略である。STEM 教育の定義として，アメリカの著名な科学教育研究者の Bybee（2010）の定義が世界的によく用いられる。氏は，「万人のサイエンス（以下，科学），テクノロジー（以下，技術），エンジニアリング，数学に関連する科学・技術の理解増進，21 世紀の壮大な挑戦を担う万人の科学・技術リテラシーの普及・向上とともに，特に初等教育段階から中等・高等教育段階の継続的・系統的な教育により，豊かなテクニックとスキルを有する STEM 系専門職と卓越人材育成のための教育及び教育運動」と定義する。STEM 教育が隆盛する背景として，国家主導の政策に基づき，初等教育段階から高等教育段階までを一貫した系統的に質の高い国民素養としての STEM リテラシー育成とともに，STEM 系専門職や卓越人材育成の両側面の目的がある。STEM 教育運動の第 1 期は，1957 年の旧ソ連の人工衛星打ち上げによるいわゆる「スプートニク・ショック」がもたらした教育改革運動期である。第 2 期は，1980 年代後半から 1990 年代初頭に生じた。インターネットをはじめとした情報通信や運輸技術の急速な発達と普及に伴うグローバル化・情報化の急激な進行に伴い，国際競争力や産業競争力が一層激化したことに起因する。各国は，経済成長のために，革新的な技術を核としたイノベーションが重要と考えた。加えて，世界的には，国家主導の技術政策が産業競争力を決する重要な鍵と認識され，各国の教育政策競争が激化した。さらに，IT やエンジニアリングをはじめとした STEM 系グローバル人材の不足により，国家政府が主導し，イノベーションによる新たな価値の創造，イノベーションを適切に舵取るための国民全体の科学・技術リテラシー，テクノロジーアセスメント（技術が及

ぼす影響に関する事前評価）などのガバナンス能力の底上げが叫ばれたことによる。アメリカでは，オバマ前大統領が一般教書演説などで，STEM教育分野における新教員10万人の準備の取組みなどを提案し，教員養成モデルのグレードアップと，優秀なSTEM専攻卒業生が教職の道を選択するための支援を行っている。アメリカ・イギリスを中心に勃発した第2期STEM教育運動は，現在では全世界に波及している。

STEM教育は，西欧のみならず，中国，韓国，シンガポールなどのアジア諸国において盛んであるが，日本はSTEM教育後発国と言われている。その理由の一つとして，日本では，国民各層から，初等中等教育におけるテクノロジー（以下，技術）教育やエンジニアリング教育の意義や役割が十分に理解されていない点がある。西欧では，エンジニアの社会的責任や社会安全を強化する方策として，初等教育からのエンジニアリング教育の導入が進んでいる。一方，我が国では，エンジニアリング教育は工学教育と邦訳される。大学段階では工学教育，専門高校段階では工業教育と通常呼称される。エンジニアリング教育は，アカデミックな大学段階で専門教育として実施すると解釈されている。そのため，初等中等教育段階におけるテクノロジーとエンジニアリング教育の一貫性が保たれていない実態がある。さらに，我が国の学校教育では，産業界や経済界からのSTEM系人材育成の期待や要望に対し，人間の心身の発達と教育重視の観点から慎重な立場を取る教育行政関係者が多いことも，我が国のSTEM教育が進まない要因の一つである。

3.8　他教科などとの関連からのSTEM教育の諸課題

3.6で述べたように，我が国における初等中等教育におけるSTEM教育の理解増進と普及が喫緊の課題である。以下の点の克服が課題になっている。

一つは，テクノロジー（技術），テクニック（技法，技量，専門職技，職人技，伝統技法），スキル（技能）の，各固有の意味（概念）の理解促進である。日本の小・中・高校の国語，社会などの教科書では，「技術」が，テクノロジーではなく，テクニックやスキルの意味で使用している場合が多い。

二つは，西欧や東アジアなどでは，母国語，英語，

教科サイエンス（科学），技術などで，STEM教育としてのS, T, E, M各固有領域の用語の本質的な意味と関連性について，実物教材を通して学習する。一方，日本では，初等中等教育段階において，STEM教育各固有領域の意味（概念）と関係性について学習する機会は，従来の教科などにはほとんどない。技術と他教科などとの関連から，2017年版学習指導要領を実施する上での課題である。

3.9　情報活用能力（情報技術を手段として活用する力を含む）の育成

3.1で述べたように，「情報活用能力」は，すべての教科などの基盤となる能力として，2017年版では一層重視されている。答申では，「情報活用能力とは，世の中の様々な事象を情報とその結び付きとして捉えて把握し，情報及び情報技術を適切かつ効果的に活用して，問題を発見・解決したり自分の考えを形成したりしていくために必要な資質・能力のことである（p.37）」と定義し，以下について述べている。

○情報技術の基本的な操作については，インターネットを通じて情報を得たり，文章の作成や編集にアプリケーションを活用したり，メールやSNSを通じて情報を共有することが社会生活の中で当たり前となっている中で，小学校段階から，文字入力やデータ保存などに関する技能の着実な習得を図っていくことが求められる[註1]。

註1：小学生の1分間あたりのキーボードでの文字入力数が平均5.9文字であることなども踏まえながら，着実な習得に向けて，教科などの学習との関連付けや教材の充実などを検討していくことが求められる。

○また，身近なものにコンピュータが内蔵され，プログラミングの働きにより生活の便利さや豊かさがもたらされていることについて理解し，そうしたプログラミングを，自分の意図した活動に活用していけるようにすることもますます重要になっている。将来どのような職業に就くとしても，時代を超えて普遍的に求められる「プログラミング的思考」[註2]などを育むプログラミング教育の実施を，子どもたちの生活や教科などの学習と関連付けつつ，発達の段階に応じて位置付けていくこ

とが求められる^(註3,4,5)。その際，小・中・高等学校を見通した学びの過程の中で，「主体的・対話的で深い学び」の実現に資するプログラミング教育とすることが重要である。

註2：「プログラミング的思考」とは，自分が意図する一連の活動を実現するために，どのような動きの組合せが必要であり，一つ一つの動きに対応した記号を，どのように組み合わせたらいいのか，記号の組合せをどのように改善していけば，より意図した活動に近づくのか，といったことを論理的に考えていく力のことである（文部科学省に設置された「小学校段階における論理的思考力や創造性，問題解決能力等の育成とプログラミング教育に関する有識者会議」が本年6月にまとめた「小学校段階におけるプログラミング教育の在り方について（議論の取りまとめ）」参照）。

註3：（前略），小学校において，教科などにおける学習上の必要性や学習内容と関連付けながらプログラミング教育を行う単元を位置付けること，中学校の技術・家庭科技術分野においてプログラミング教育に関する内容が倍増すること，高等学校における情報科の共通必履修科目の新設を通じて，小・中・高等学校を通じたプログラミング教育の充実を図ることとしている。

註4：「小学校段階におけるプログラミング教育の在り方について（議論の取りまとめ）」では，小学校の段階では，身近な生活でコンピュータが活用されていることや，問題の解決には必要な手順があることに気付くことを重視し，中学校段階で社会におけるコンピュータの役割や影響を理解するとともに，簡単なプログラムを作成できるようにすること，高等学校段階でコンピュータの働きを科学的に理解するとともに，実際の問題解決にコンピュータを活用できるようにすることを目指すことと整理している。

註5：一人で黙々とコンピュータに向かっているだけで授業が終わったり，子ども自身の生活や体験と切り離された抽象的な内容に終始したりすることがないよう，留意が必要である。

3.10 技術科と現代的な諸課題に対応して求められる資質・能力との関連

答申では，現代的な諸課題に対応して求められる資質・能力として，以下を掲げている。

- 健康・安全・食に関する力
- 主権者として求められる力
- 新たな価値を生み出す豊かな創造性
- グローバル化の中で多様性を尊重するとともに，現在まで受け継がれてきた我が国固有の領土や歴史について理解し，伝統や文化を尊重しつつ，多様な他者と協働しながら目標に向かって挑戦する力
- 地域や社会における産業の役割を理解し地域創生などに生かす力
- 自然環境や資源の有限性などの中で持続可能な社会をつくる力
- 豊かなスポーツライフを実現する力

答申（p.41）では，「健康・安全・食に関する資質・能力」の具体的な内容について，教科など横断的な視点で育むことができるよう，教科など間相互の連携を図っていくことが重要であると指摘している。

「主権者として求められる資質・能力」の具体的な内容としては，国家・社会の基本原理となる法やきまりについての理解や，政治，経済などに関する知識を習得させるのみならず，事実を基に多面的・多角的に考察し，公正に判断する力や，課題の解決に向けて，協働的に追究し根拠をもって主張するなどして合意を形成する力，よりよい社会の実現を視野に国家・社会の形成に主体的に参画しようとする力について解説している。

4. 比較研究の観点から

4.1 比較研究の意義

一般的な意味において比較するという行為は，ある A という対象をより良く理解するために B や C と比べて類似点や相違点を検討することになる。本項の場合には，我が国の技術教育をより良く理解するために，諸外国の教育事情を調査分析し，諸外国の技術教育と比較し，我が国の技術教育の特徴や展望を考える。また，比較という行為は，近しい部分を見極める（compare），違いをはっきりさせる（contrast）などに区分される。さらに，何のために比較するのか（cause），比較の結果どうなるのか（effect）など，単に比較対象を例示することでは終わらないように，比較の方向性についても十分に検討する必

要がある。

このような比較するという行為を研究手法として教育の分野に用いた比較教育学という学問がある。比較教育学とは，自国の教育をより良きものとするために，18世紀ごろから他国の教育を研究することから始まった。マーク・ジュリアン（Marc A. Jullian, 1775-1848）は，革命の中荒廃したフランス国家再建を教育にゆだね，ヨーロッパ諸国の教育をさまざまな領域に分類し，総合的に比較しようとした。また，自国を発展させるために19世紀半には，教育の借用が行われた。当時のプロイセンは，ヨーロッパ諸国を国力，科学技術において凌駕した。そこで，他のヨーロッパ諸国はその理由を，すべての階級の子どもが初等教育段階で同一の小学校で学ぶ国家主義的国民教育制度に見いだした。20世紀に入ると，世界各国の教育における普遍性を求めるための研究方法が確立してくる。研究者によって，要因とする内容は異なるものの，自然的要因，宗教的要因，世俗的要因などに分類して，客観的な指標で分析することを試みた。しかし，この要因分析法はマクロ的な分析は可能であるが，抽象的になり，より深く各国の教育を比較するには限界があった。この限界を乗り越えるために，現在に至り実証的な研究が進められている。

同様に，我が国の技術教育をより良きものにするために，諸外国の技術教育について研究する必要がある。また，諸外国の技術教育を研究する目的は借用なのか，普遍性を求めたものなのか，立場を明らかにする必要もある。

以下に，日本の技術教育の課題，技術教育に関する比較研究の方法論について議論し，比較研究の観点から技術教育の展望についてまとめる。

4.2　日本の技術教育の課題

まず，比較研究の観点から我が国の技術教育の課題について取り上げる。国際会議などに出席して，他国の研究者と技術教育に関する議論をするとき，多くの場合我が国の研究者は，いわゆる縦割りの枠組みで技術教育を捉えていることを再認識する。

国によっては，小学校から高校までの技術教育実施の制度を有している場合もあり，選択・必修など細かな確認も必要になる。現時点（2017年）では，

著者も含め多くの技術教育の研究者は，中学校の技術科の認識に関する研究や教員養成を対象としている。そのため，我が国の技術教育の1つの課題として，中学校段階のみでどのように技術教育の目的を実現するのか説明する必要がある。あるいは中学校の技術科と，小学校および工業高校や高等学校の情報科との接続，教育課程を通した技術教育の実現について，国内でも議論を深める必要がある。その手掛かりの1つとして，日本産業技術教育学会がまとめた，21世紀の技術教育は参考になる。

次の課題は，中学校の技術・家庭科技術分野の学習内容が国内外に認知されていないことである。学際的な研究会やシンポジウムに参加して，技術教育関係の発表をすると，他分野の研究者から今の技術教育はこのようなことをやっているのかと驚かれるとともに，この内容は理科や社会であるとの指摘を受けることもある。技術教育関係の研究者は，国内外に向けて他分野の研究者と情報共有や議論の積み重ねが必要であると思われる。また，教育現場の教員の方々も可能な限り，技術教育の意義や必要性を他へ発信することが期待される。

このような縦割りによる枠組みについて問題提起するムーブメントが後述するSTEM教育であると言える。

4.3　技術教育に関する比較教育の方法論

日本産業技術教育学会のとりまとめた9ヵ国の技術教育の教育内容を見ると，多くの国が生産技術と情報技術を取り扱っていることが分かる。ただし，学校教育での実施状況は，各国によって異なり，日本は中学校の技術分野のみであることに対して，他国は小学校から高校まで実施されている場合も多い。我が国の技術教育の将来の展望を考えるとき，一般的には，イギリスやアメリカの技術教育を調査し，先進事例を取り入れるための研究が多く認められる。国際貢献という視点では，アフリカやアジアなどの技術教育の発展に，日本の技術教育研究者が支援するといった活動も認められる。また，比較研究の調査方法として，個別の一地域あるいは一国の事例を調査する「地域研究」，複数の国を一度に調査し分析する「比較研究」という表現もある。

我が国の技術教育の特徴や展望を検討するため

に，諸外国の教育事情を調査することが比較研究の方法論になる。ただし，諸外国の教育事情といえども学校の機能は大きく異なる。たとえば，「教育課程」と「生徒指導体制」という2軸で比較分析すると3類型に分類されることが分かっている。第1の類型は，生徒指導および課外活動のない教科中心の教育課程で整備されたドイツ，デンマーク，フランスなどのヨーロッパ大陸に見られる。第2の類型は，社会主義型学校モデルであり，国家建設のために労働教育が充実されたことが特徴である。第3の類型は，生徒指導制度も充実し，教育課程には教科以外の課外活動も含まれ，イギリスやアメリカによって発展し，日本やアジアにも強い影響を及ぼしている。このような学校の機能の違いも考慮し，どの国をどのような観点で調査するのか一定の方向性を持つ必要がある。

4.4 比較の内容

次に何を比較すればよいであろうか。技術教育の研究者であれば，諸外国の技術教育に関するカリキュラムや教育制度などに興味があるだろう。現場の教員にとっては生徒指導体制や学級規模，生徒／教員比率などの現場が直面する統計量についても興味深いと思われる。たとえば，中学校における教員1人あたりの生徒数を調べると，日本15人，アメリカ合衆国15名，韓国20名，フィンランド10人，メキシコ33人などの資料が示されている。

教育内容については，先に示した学会のまとめでは生産技術が多くの国で実施されているが，たとえば，木材加工を取り上げても，道具や使い方も異なる。日本の平がんなは引いて削り，西洋がんなは押して削る。かんな台の材質も異なるが，刃物は材質や製造過程なども異なる（図3.7）。このような比

図3.7 平がんな（右）と西洋がんな（左）

較の観点は，違いを明確にする（contrast）である。また，このような違いは，どのような背景から形成されたのか分析することも有意義であると思われる。

4.5 比較のリソース

比較研究の方法としては，これまでは現地調査や文献調査が基本であった。本書においてもアメリカ（北米），イギリス（欧州），中国，ドイツ，フィンランド，台湾の国々が紹介されている。

しかし，近年インターネット環境の拡大とコンテンツの充実から，現地に行かなくても，有益な情報を収集することが可能となった。海外の教科書を，インターネットで購入することもできる。必要であれば，オンラインで海外の大学の講義を受講することもできる。そのため，有益な情報にたどり着くために，あるいは何が重要な情報であるのか理解できる能力も必要となる。また，有益な一次情報にたどり着くためには，最低限の外国語の習得も必要となる。欧米の先進事例を調べるためには，英語は必修であろうし，現状では比較研究を進める上では，英語を身に付けるだけでも十分な情報量が得られる。

教材についても，海外製品のものを利用できる。特に，プログラミング教材やICT関連の教材は，海外においても技術革新は進み，必要に応じて選択することができる。たとえば，swift playgrounds は，Apple 社が小学生向けに開発した swift というプログラミング言語を学習するための導入教材アプリであるが，使用されている言語も小学生向けの英語であるため，英語学習との併用にも利用できる。その他にも，Sphero，LEGO，Little Bits など多くの選択肢があるが，技術教育推進の観点から，このような海外のメーカーが，世界中で活躍していることを取り上げることもできる。中には，LEGO を用いたWRO（World Robot Olympiad）のように世界大会なども実施されているようなプロジェクトも認められ，日本の子どもたちが世界の子どもたちと学び合う機会も存在している。

しかし，インターネットが普及した現在でも，調査のために現地を訪れ，自分の問題意識を持って対象を観察することや，国際会議などで共有できる課題について議論することも重要である。国際会議で

は，複数の研究者や学生と知り合う機会となり，問題意識の拡大にもつながる。現地の物価や生活を知ることは，その土地の文化や歴史を知るきっかけにもなりうる。特に，若い研究者や教員は機会が許せば，海外へ出かけ日本の現状を振り返ることも必要である。おそらく，日本はすでにアジアの経済大国ではなくなっていることを感じることができる。

4.6　STEM 教育からの技術教育の展望

現在，世界各国では 21 世紀の科学技術社会を支えるために，理工系人材の育成を国家戦略として捉え，初等中等教育段階における理数教育の充実が科学技術政策の重要課題の 1 つに位置付けられている。

日本政府も理工系人材の育成の重要性を認識し，文部科学省の「理工系人材育成戦略」の中で，理工系人材は国際競争力の維持・向上，活力のある地域経済社会の構築，医療・介護サービスの持続的・効率的提供などの重要課題に取り組むためには必要不可欠な存在であるとしている。技術教育が，この理工系人材育成戦略にどの程度関わることができるかが重要である。

アメリカでは，より優れた工業製品の開発や，より良いヘルスケアの実現，エネルギー供給，環境保全，安全保養，経済の発展などの分野で，アメリカが持つこれらの優位性を維持するために，科学教育改革が国家規模で展開されている。人材育成とは，国力を支える根幹部分であり，これらの優位性を維持するためにも STEM 教育をより発展的に進めていく必要があると考え，アメリカ政府は STEM 教育に関して以下の目標を掲げている（表 3.2）。

このような社会の風潮と産業界のニーズに応えるために，世界で STEM 教育と呼ばれる教育・人材育成分野が大きな注目を集めている。STEM 教育とは，科学，技術，工学，数学（Science, Technology, Engineering, Mathematics）の各教科を統合して，教科横断的なカリキュラムの下にそれらの学問領域を一括して扱うものである。しかし，科学，技術，工

表 3.2　アメリカ政府の STEM 教育戦略

① 初等中等教育の優れた STEM 分野の教員を 10 万人養成する。あわせて現在の STEM 教員も支援する。

② 初年次から高校卒業までの間で STEM 分野経験を持つ若者を毎年 50％増加させる。

③ 大学生については，今後 10 年間で STEM 分野の卒業生を 100 万人増加させる。

④ 今後 10 年間でこれまで STEM と関係していなかった層から STEM に関する学位を習得する学生を増加させる。また女性の参加を推進する。

⑤ 大学卒業生に STEM の専門知識や応用研究を学ぶ訓練制度を提供する。

学，数学のそれぞれの領域を横断する STEM 教育の概念上，日本のように科目の独自性が強い教育システムでは実践が難しいとされている。その上，教員自身も系統ごとの教育を受けてきたため，教科横断的な指導をする力量が教員養成の中で十分に養成されているとは言えない現状がある。この原因の一端には学習指導要領において各教科・科目の指導内容が細かく決められていることに加え，教員免許を取得する際に，異分野連携や教科横断的な授業実践を想定していないことにある。

また，科学的な考え方を日常生活に活用する機会が少なく，中学生や高校生は数学や理科の有用性を認識できていないことも指摘されている。そのため，数学や理科の授業での学習成果を，日常生活の中にある身近な問題に転用することで，数学や理科の授業で学ぶ内容が私たちの生活をより良くするための問題解決手法になり得ることを意識させる必要がある。この役割には，技術教育の問題解決学習やプロジェクト型の学習方法が最適であると考えられる。

このような分野間を統合した STEM 教育の推進は，我が国の技術教育に大きな影響を及ぼすことになる。その際に，技術教育の課題として先に挙げた教育課程間の連携や国内外への技術教育の発信，さらに我が国の技術教育の特徴と教育的価値を適切に表現する必要がある。これらの課題の解決は，我が国の技術教育の発展には欠かせないものとなる。

5. 小学校との連携

5.1　小学校におけるものづくり・技術の教育の現状を検討する２つの視点

現在の日本の小学校には，技術の教育を主として担う教科は存在しない。だからといって，小学校で，ものづくり・技術の教育が行われていないというわけではない。小学校では，さまざまな教科，領域，特別活動などにおいてものづくり・技術の教育が行われている。本項では，小学校で行われているものづくり・技術の教育について①中央教育審議会答申，学習指導要領並びに学習指導要領解説の記述では，ものづくり・技術の教育について，どのように記載されているか，②検定教科書や教育実践に示された教材において，ものづくり・技術の教育がどのように展開されているかという２つの点から現状と課題を示す。

（1）小学校・図画工作科とものづくり・技術の教育

小学校において，ものをつくることを扱う教科としては図画工作科が挙げられる。図画工作科はその名称が示すように，戦前にあった図画科と工作科が一つになってできたものである。現在では，図画工作科は主に芸術的な内容を扱う教科とされているが，図画工作科設立の経緯から見れば必ずしも芸術的な内容に特化されるものではない。とりわけ「工作」という名称には，技術的な内容が含まれるべきであるという見解もある。このことについて，平成20年度版の学習指導要領解説では「指導計画の作成と内容の取り扱い」の「（2）「A　表現」（2）の指導に配当する授業時数に関する事項」において，「なお，工作に表す内容については，小学校図画工作科が中学校・技術家庭科の技術分野と関連する教科であることに配慮する必要がある」と図画工作科がものづくり・技術の教育を担っていることが明記されるようになった。さらに，学習指導要領解説図画工作編において「なお，工作に表す活動において育成を目指す資質・能力は，中学校技術・家庭科技術分野の内容「A　材料と加工の技術」において育成を目指す「知識及び技能」ともつながるものであること

に配慮する必要がある」とされた。これまで両者の関連について，「知識及び技能」においてつながることが明記された。

次に検定教科書の内容から，具体的な「つながり」に相当する部分について検討する。図画工作科の検定教科書には，技術に関する内容として，第１に道具の使い方という内容が記載されている。例えば，ある図画工作科の教科書ではすべての巻末に「道具箱」という見開きのページがあり，ここで道具の使い方についての記述がある。そこでは，ひとつの道具を取り上げ，その道具の基本的な使い方が図と説明で示されている。さらに，その道具を使って行うさまざまな作業について示されている。また，針金の種類，紙やすりの種類や使い方など，材料と道具との関連，材料や道具の種類についても示されている。このように，技能習得に必要な道具に関して，使い方といった技能だけに留まらず基礎的な知識とともに示されている。そのことによって，子どもに習得させたい技能と道具の用途が関連を持って示されている。第２には，単元として技術的な内容が扱われているものがある。図画工作5・6下「ゆめを広げて」には「動き出すストーリー」という単元が記載されている。これは「かんたんなしくみを使った動くおもちゃをくふうする」ことを通して，形や色，方法や材料を工夫する力を培うことをねらいとしている。教科書では，リンク装置，クランク装置やカム装置の説明がされ，こうした装置を使って思いついた形や色を組み合わせ動くおもちゃをつくらせている。ここでは，動きとその動きを創出する仕組みを関連付ける技術的な内容が扱われている。また，図画工作3・4上「できたらいいな」では「ひらめきコーナー」という応用的な記述部分で「紙や紙でできた身近なものでやってみよう，つくってみよう」という活動が提起されている。ここでは紙についての材料としての性質が力学的な観点から扱われている。例えば，「紙の弾力を生かして」では「紙には，おりやすい方向や，まきやすい方向がある。いろいろためして，見つけてみよう」というように紙の構造による力学的性質を知った上で制作させる

展開となっている。

このように，検定教科書といった教材から見ていくと，図画工作科では，技能に関する内容だけではなく，作品の制作に必要な知識や材料の力学的性質までが扱われている。一方で，その扱い方から見れば，道具の使用方法に関する技能や作業と仕組み，材料の性質に関する知識について，中学校技術科のどの学習とどのような「つながり」があるのかといった系統性は見られない。技術は材料，道具，知識や感性などが相互に関連したシステムとして存在している。そのため，技術を理解するためには，システムとしての技術といった捉え方が必要になる。

今後は，図画工作科における道具の使用法に関する指導及び技術的な内容と関連がある教材について，中学校技術科とのつながりを意識した授業をどのように展開していくのかといった「つながり」を示す授業実践の開発が課題となる。

（2）小学校・理科とものづくり・技術の教育

小学校理科においては，かねてから「理科工作」という分野があり，ものづくりが行われてきた。すでに，平成10年度版の小学校学習指導要領において，各学年の目標にものづくりが登場し，内容の取扱いにおいて，「内容の『B 物質とエネルギー』の指導に当たっては，3種類程度のものづくりを行うものとする」と記載されていた。さらに，平成20年1月に提出された中央教育審議会答申では，小学校理科の改善の具体的事項6項目のうち2項目にものづくりについての記載が登場した。一つは「「物質・エネルギー」については，児童が物質の性質やはたらき，状態の変化について観察・実験を通して探究したり，物質の性質などを活用してものづくりをしたりすることについての指導に重点を置いて内容を構成する。」であり，もう一つは「生活科との関連を考慮し，ものづくりなどの科学的な体験や身近な自然を対象とした自然体験の充実を図るようにする。」と記載されている。この答申を受け，平成20年度版小学校学習指導要領・理科では，各学年の「A 物質・エネルギー」に関する目標に「ものづくり」が位置付けられ，内容の取扱いで「〇種類以上のものづくりを行うものとする」と記載されるようになった。このことを受けて，小学校理科にお

いて，科学的体験としてのものづくり活動がより一層重視されるようになったという評価がある。

平成29年度版の小学校学習指導要領・理科にはものづくりについて，各学年の内容項目において次のように取り扱うよう記載されている。第3学年の「3　内容の取扱い」では「(1) 内容の「A 物質・エネルギー」の指導に当たって，3種類以上のものづくりを行うものとする」と記載されている。第3学年の「A 物質・エネルギー」の内容としては「(1) 物と重さ，(2) 風とゴムの力の働き，(3) 光と音の性質，(4) 磁石の性質，(5) 電気の通り道」があげられている。同様に，第4学年の「3　内容の取扱い」では「(2) 内容の「A 物質・エネルギー」の指導に当たっては，2種類以上のものづくりを行うものとする」と記載されている。第4学年の「A 物質・エネルギー」の内容としては，「(1) 空気と水の性質，(2) 金属，水，空気と温度，(3) 電流の働き」が挙げられている。第5学年の「3　内容の取扱い」では「(1) 内容の「A 物質・エネルギー」の指導に当たっては，2種類以上のものづくりを行うものとする」と記載されている。第5学年の内容としては，「(1) 物の溶け方，(2) 振り子の運動，(3) 電流がつくる磁力」が挙げられている。第6学年の「3　内容の取扱い」では「(1) 内容の「A 物質・エネルギー」の指導に当たっては，2種類以上のものづくりを行うものとする」と記載されている。第6学年の内容としては「(1) 燃焼の仕組み，(2) 水溶液の性質，(3) てこの規則性，(4) 電気の利用」が挙げられている。このように小学校理科では主に「A 物質・エネルギー」の分野で「ものづくり」が種類を示した上で必修事項として明記されている。このことについて検定教科書に沿ってさらに詳しく見ていこう。

検定教科書には，次のようなものづくりの製作例が示されている。第3学年の「光で遊ぼう」では「かがみスタンド」，「ゴムの働き」では「ゴムの力で動く車」「発しゃ台」，「風のはたらき」では「風車」，「明かりをつけよう」では「電気を通すものをさがす検電器やおもちゃ（ミニスタンド，ピカピカホタル，くぐりぬけゲーム，じゃんけんゲーム）」，「じしゃくのひみつ」では「おもちゃ（パックンヘビ）」，「ゆらゆらユーフォー」が示されている。この中で，

とりわけ技術の教育とつながる課題設定がされている単元「ゴムの力で動く車」に注目したい。この単元では「どうすれば，車をもっと遠くまで走らせることができるでしょうか」という問いが設定され，課題解決学習の方法を基にした展開が示されている。検定教科書ではこの課題を解決する方法として，「わごむをもっと長く引いたら，もっと遠くまで走ると思うよ」「わごむを太くして調べたらどうかな」「わごむを 2 本使ったら，もっと遠くまで走ると思うよ」といった機能を高めるための改造を促す記述が例示されている。さらに，同単元における活用の項目では「ゴムの力をコントロールしよう」という課題が提示されている。このような機能を高めるための調整や改造をする中には，技術における課題解決と共通する学びがある。石谷清幹は「利用目的と独立に知識それ自身に価値を認めて研究する自然科学を純粋科学と表現することは自然であり，純粋科学に対して応用科学という用語を対置させることも自然である」としている。すなわち，目的性の有無によって工学と自然科学は区別される。そして，子どもが有目的性を意識しやすいのは，具体的にものをつくったり，調整・改造することであったりする。この検定教科書で展開されているように，ゴムで走る車の機能を調整・制御する課題を解決するためには技術的な工夫が必要となる。そこには，技術に関する学びが成立する可能性がある。つまり，検定教科書から見れば，小学校理科におけるものづくりには，技術に関する学びを展開する可能性があると言えるだろう。

　さらに，実際の授業展開では，こうしたものづくりを含む単元では，教材キットによる学習が行われている場合が多くある。そこで教材キットについても検討する。3 年生の「ゴムや風で動く車」の単元では教材キットとして，風やゴムで動く車そのものがキット化されて販売されているものもあれば，車輪，台車，車軸が部品として販売されていたり，部品がワンセットになって販売されていたりする。さらに，検定教科書の展開に合わせて 3 種の風やゴムで動く車のキットも用意されている。検定教科書に記載されている内容に対して，教師のさまざまな授業展開に応じた教材キットが販売されている。

　では，こうした小学校理科におけるものづくりは

表 3.3　検定教科書に現れたものづくり教材

学年	単元名	製作教材
3 年	ひかりであそぼう	ゴムの力で動く車，発射台
	風のはたらき	風車
	明かりをつけよう	検電器，おもちゃ（ミニスタンド，ピカピカホタル，くぐりぬけゲーム，じゃんけんゲーム）
	じしゃくのひみつ	おもちゃ（パックンヘビ，ゆらゆらユーフォー）
4 年	空気と水	空気でっぽう，水でっぽう
	電気のはたらき	かん電池で動く車，光電池自動車
5 年	ふりこの運動	ふりこ（1 往復する時間を調べる）
	電流の働き	電磁石を作ってクレーンゲーム
6 年	てこの仕組みと働き	さおばかり
	電気の利用	風力発電機（手回し発電機の利用）

中学校の技術科とどのような連携があると言えるのだろうか。小学校理科の「A　物質・エネルギー」の指導内容は，中学校技術科においては「C　エネルギー変換の技術」において扱われている。そこでは，学習指導要領を見る限り，小学校の理科との連携についての記述は見あたらない。また，中学校技術科では「生活や社会，環境との関わりを踏まえて，技術の概念を理解すること」というように技術をシステムとして扱っているが，小学校理科では体験的活動のひとつとして扱われている。このように位置付けが大きく異なっており，両者の間に何らかの連絡を見いだすことは難しい。今後，小学校理科でのものづくりの体験を踏まえた中学校技術科での授業実践の取組みや小学校理科に技術をシステムとして見る見方を取り入れたものづくりの授業実践が展開されることが期待される。

　第 3 学年以上の学年での理科の検定教科書に現れたものづくり教材については表 3.3 に示すようになっている。

（3）小学校・生活科とものづくり・技術の教育

　生活科では，平成 29 年度版学習指導要領において「2　内容」の（6）に「身近な自然を利用したり，身近にある物を使ったりするなどして遊ぶ活動を通して，遊びや遊びに使う物を工夫してつくることができ，その面白さや自然の不思議さに気付くとともに，みんなと楽しみながら遊びを創り出そうとする」という記載がある。この部分については，平成 10 年度版学習指導要領では「遊びを工夫し」と記述され，同平成 20 年度版では「遊びに使う物を工夫してつくり」へ，そして同平成 29 年度版では「遊

びや遊びに使う物を工夫してつくることができ」へと変更されてきた。こうした学習指導要領における記載の変遷を見ると，平成20年度版から「工夫してつくる」というものをつくる活動が取り上げられてきたことが分かる。平成20年度版の記載においては，ものをつくる活動が取り上げられていたが，ものをつくる活動によって身に付く資質・能力には触れられていなかった。そのため，生活科でものをつくる活動に取り組まれることは多くなったのだが，そこで子どもが学んだ内容にまで深く切り込む教育実践が十分に行われてこなかった。そのため平成28年の答申に「活動あって学びなし」との批判があるように，「具体的な活動を通して，どのような思考力等が発揮されるか十分に検討する必要がある」という指摘がなされた。この指摘を受けて，平成29年度版学習指導要領にある記載のように子どもに何が身に付いたのかという点にまで踏み込んだ記載がされるに至った。このことにより，今後生活科においては，ものをつくる活動の中で，子どもたちが活動における工夫をどのように行っているかが問われることになるだろう。このことをものづくり・技術の教育の立場から見れば，生活科におけるものづくりでは工夫の中にどのような学びがあるのか，その学びにはどのような技術的な意味合いを持つ内容が含まれるのか，といったことが実践的にも研究的にも課題となる。この点について，これまで産業技術教育学会・小学校委員会が積み上げてきた成果が活かされることが期待される。

　さらに，29年度版学習指導要領の生活科の内容の（7）には，「動物を飼ったり植物を育てたりする活動を通して，それらの育つ場所，変化や成長の様子に関心をもって働きかけることができ，それらは生命をもっていることや成長していることに気付くとともに，生き物への親しみをもち，大切にしようとする」という記載がある。これは中学校技術科の内容「B　生物育成の技術」と関連がある内容である。ものづくりについてはこれまでもある程度の関連が意識されていたが，生物育成に関しては中学校技術科と小学校での飼育・栽培の関連が取りあげられることがほとんどなかった。この点については，今後どのように両者の関連を図っていくかが，現状ではほとんど未着手の状態である。また，生活科に

おいては飼育・栽培の学習内容が，体験的な活動に留まっており，社会との関連や生産性の向上といった観点からの授業づくりはほとんど行われてこなかった。今後，両者の関連を意識した授業開発が望まれる。

（4）小学校における総合的な学習の時間と　　ものづくり・技術の教育

　総合的な学習の時間においては，平成29年度版学習指導要領の第3指導計画の作成と内容の取扱いに以下のような記載がある。「（3）探究的な学習の過程においては，コンピュータや情報通信ネットワークなどを適切かつ効果的に活用して，情報を収集・整理・発信するなどの学習活動が行われるよう工夫すること。その際，コンピュータで文字を入力するなどの学習の基盤として必要となる情報手段の基本的な操作を習得し，情報や情報手段を主体的に選択し活用できるよう配慮すること。（4）自然体験やボランティア活動などの社会体験，ものづくり，生産活動などの体験活動，観察・実験，見学や調査，発表や討論などの学習活動を積極的に取り入れること」。

　（3）については平成29年度版学習指導要領から取り入れられた内容である。中学校技術・家庭科の技術分野と直接関わる内容であると言える。このことに関しては，総則に書かれている「ア　児童がコンピュータで文字を入力するなどの学習の基盤として必要となる情報手段の基本的な操作を習得するための学習活動」並びに「イ　児童がプログラミングを体験しながら，コンピュータに意図した処理を行わせるために必要な論理的思考力を身に付けるための学習活動」との関連を意識しながら展開される必要がある。このことについては，日本産業技術教育学会では多くの実践的な研究がされている。これらを参考にした授業実践が展開されていくことが期待される。同学習指導要領解説に記載されていないが，中学校技術科における「D　情報の技術」とつながる部分であり，今後の実践の展開が中学校技術科を意識して取り組まれることが大いに期待される。

　（4）については，これまでの学習指導要領解説などで述べられてきた。「平成20年版学習指導要領

解説・総合的な学習の時間編」によれば，「児童は，人々や社会，自然とかかわる体験活動を通して，自分と向き合い，他者に共感することや社会の一員であることを実感する。また，自然の偉大さや美しさに出会ったり，文化・芸術に触れたり，社会事象への関心を高め問題を発見したり，友達との信頼関係を築いて物事を考えたりなどして，喜びや充実感を実感する」ことを実現させる手立ての一つとして「ものづくりや生産，文化や芸術に関わる体験活動」が示されてきた。これまで同学習指導要領解説では社会性や協働による共感を得て，信頼関係を築くことを狙いとしたものづくりや生産活動が示されていた。さらに，平成29年度版学習指導要領解説・総合的な学習の時間編では，「地域について学ぶ過程においてものづくりや生産」に関わる体験活動を行うとして，「ものづくりや生産」の対象が限定された。これらのことから，総合的な学習の時間では，技術的な内容を扱うといった陶冶的な側面よりも，ものづくりを通して態度を育成するといった訓育的な機能に重点が置かれてきたと言える。一方で，総合的な学習の時間においては「事象を精緻に観察すること，科学的な見方で仮説を立て，実験し，検証すること」といった学習活動の展開も期待されている。すなわち，生産的な活動を通した教育だけではなく，教育の内容として生産的な活動を扱う授業を展開する余地があると言える。総合的な学習の時間の展開については各学校に委ねられている部分が多いので，具体的な展開については各学校の教育実践を検討する必要がある。

例えば，千葉大学教育学部附属小学校では，平成28年度より，4年生の総合的な学習の時間において「ロボットコンテスト」が取り組まれている。

この実践では，ザリガニロボットが教材として用いられた。競技はペットボトルのキャップを一定時間内により多くゴールに運び込んだものの勝ちというものであった。この授業実践では，マシンの改造が学習の中心的な活動として位置付けられた。子ども達には，マシンの動作をiPadによって撮影・再生して不具合を検討させ，改良点を見いだし，作りかえる活動を繰り返させた。子どもが改造した過程については「ラーニングジャーナル」に記録させた。第1段階では1人で1台のマシンを製作させたが，

第2段階ではグループで1台のマシンを製作させた。第2段階では，第1段階での失敗を基に子どもたちが自ら話し合いをはじめ，それぞれのアイデアを活かしたマシンの製作を始めた。マシンを改造した点について見ていくと，そこに技術的な学びがあることを読み取ることができた。例えば，ちりとりのようにアームを大きくしてキャップを取ろうとすると摩擦が大きくなりマシンが動かなくなる。そこで，摩擦を軽減するためにちりとり型アームの接地部分にプラスチックのように摩擦が軽減される部品を貼り付けていた。子どもはこうしたトラブルシューティングを繰り返し，より正確で速いマシンをつくり上げていった。子どもはものづくりを通じて技術的な改良に向けてのアイデアを創出して，アイデアの実現に向けて知識や技能を獲得していった。

このように，総合的な学習の時間においては，課題の設定や教材の工夫によって，子どもが技術的な知識や技能を自身の主体的な学習活動に組み入れる授業を展開することが可能であろう。

5.2 その他の教科・領域などにおけるものづくり・技術の教育

以上検討してきた教科など以外には学習指導要領上の記載がないもののものづくりの教育が展開されているものがある。例えば，国語の検定教科書においては2年生の説明文教材として，ものづくりが取り上げられている。また，社会科における産業学習での労働についての扱い，家庭科における被服でのものづくりや保育でのおもちゃづくり，音楽における音や楽器づくり，算数における「算数的活動」におけるものづくりや特別活動における作品の製作などでも，ものづくり活動が行われている。これらの教科の中では，算数における「ハンズオン」にものづくりとの関係の典型を見いだすことができる。とりわけ「算数的活動」では「ハンズオン・マス」がものづくりと密接な関係を持っている。「ハンズオン（hands-on）」は「手を使って」ないしは「体験的な」という意味で使われている。博物館などの展示物をただ展示するだけではなく，手で触ったり，作ったりする活動を通して理解させる工夫から始まった。ハンズオンを用いて算数に取り組んでいる

ハンズオン・マス研究会の坪田らは次のように述べている。「算数の世界は，本来，抽象的なイメージが子どもの頭の中に描かれないとなかなか理解が伴わない。第一，毎日ノートと鉛筆だけの学習では「創造性」や発展性がない。いつも受け身の学習に終始してしまう。」ハンズオンに見られるように，ものをつくることを直接の目的としないが，ものをつくる活動によって子どもの主体性や創造性を喚起させる授業づくりが行われている。

さらに，教科だけではなく，特別活動では文化祭などの行事におけるものづくり，社会科見学でものづくりの現場の見学が行われるなど，小学校の教育課程にはさまざまな場面でものづくり・技術の教育を散見することができる。とりわけ，社会科見学では，ものづくりの現場として工場見学に出かけることが多い。実際に工場見学に行くことはものづくり・技術の教育として学ぶ意義が大きい。ところが，社会科見学では生産の方法や仕組みなどはパンフレットで示される程度の学習に留まっている。ものづくり・技術の教育の機会として社会科見学を位置付けるため，事前・事後に実際にものをつくる活動を取り入れた社会科見学のテキストや授業実践の展開が望まれる。

小学校で実施されているものづくり・技術の教育では，当該教科・領域などの目標を達成する手段としてものづくりが位置付けられているにすぎない。そのため，ものをつくることそのもの，すなわちものづくりや技術を教育内容とした授業が行われているとは言い難い。それでは中学校の技術科に示されたような，技術に対する評価やシステムとして技術を捉えるといった技術観を育てることは難しい。ものづくりや技術が教育内容として位置付けられるためには，手段的・散発的な取組みではなく，技術に関する系統的で科学的な教育内容を習得させることを目標として，小学校の教育課程に技術教育が位置付けられる必要がある。

6. 高等学校との連携

6.1 高等学校教育について

高等学校では，生徒の個性，能力や進路が多様化するので，社会人として求められる基礎的，基本的な事項を共通に履修した後は，多様な選択教科・科目の学習を通して一人ひとりの生徒の能力，適性などの伸長を十分に図る必要がある。

学校教育法第 50 条には「高等学校は，中学校における教育の基礎の上に，心身の発達及び進路に応じて，高度な普通教育及び専門教育を施すことを目的とする」とある。このように，高等学校では，高度な普通教育や専門教育を施すことが求められている。

ここでは，中学校技術科の教育に関連の深い高等学校の教育について取り上げる。普通教育に関しては，共通教科情報科などが，専門教育に関しては，専門教科情報科，工業科，農業科などが挙げられる。

始めに共通教科情報科を取り上げるが，その前に，学習指導要領における情報教育の取扱いを述べることにする。

（1）学習指導要領などにおける情報教育

1985 年 6 月（昭和 60 年）の臨時教育審議会第一次答申の中で学校教育における情報科への対応について提言され，1989 年 3 月（平成元年）に改訂された学習指導要領において，各学校種の情報教育の取扱いは次の①〜④のように示された。

① 小学校では，教具としての教育機器の活用を通して，コンピュータなどに慣れ親しませることを基本とし，教科の内容としては設定されていない。

② 中学校では，技術・家庭科の新たな選択領域として「情報基礎」が設置され，社会科，数学科，理科，保健体育科においてもコンピュータなどの効果的な活用の推進が示された。

③ 高等学校普通科では，数学科，理科，家庭科などにコンピュータなどに関する内容が示された。また，設置者の判断で情報に関する教科・科目の設置が可能となった。

④ 高等学校専門教科では，「農業情報処理」，「情報技術基礎」，「情報処理」，「水産情報技術」，「家庭情報処理」，「看護情報処理」，「福祉情報

処理」が設置された。普通科においても，地域や学校の実態などに応じ，これらの科目の履修が認められた。

また，1991年には「情報教育に関する手引き」（文部省）が発行され，初等中等教育における情報教育は「情報活用能力を育成するための教育」とされた。

（2）普通教科「情報」の設置

1999年3月（平成11年）の高等学校学習指導要領の改訂によって普通教科「情報」が必履修教科として新設され，科目構成は「情報A」，「情報B」，「情報C」であった。ここでは，普通教科「情報」が設置された経緯を述べることにする。共通教科情報科と言われるのは次期学習指導要領からである。

1990年代は，マルチメディアやインターネットなどの普及が加速し，インターネットや携帯情報端末などの新たなコミュニケーション手段の利用や，ネットワークを活用したオンラインショッピング，各種証明書のWeb発行処理など，我々のライフスタイルの利便性の向上が顕著になった。しかし，これら情報通信社会の発展は，「情報化の陰の部分」であるネットワークセキュリティの脆弱性を標的としたサイバー犯罪などの機会も増大することから，諸刃の剣にもなっている。このような21世紀を見据えた高度情報通信社会の進展に対応するため，情報教育の必要性に言及する機運が高まった。

こうして，1997年7月（平成8年）の中央教育審議会第一次答申「21世紀を展望した我が国の教育の在り方について」の中で「普通科については，学校や生徒の実態に応じて情報に関する教科・科目が履修できるように配慮することが必要である」と述べられた。また，中央教育審議会第一次答申を受けた「情報化の進展に対応した初等中等教育における情報教育の推進等に関する調査研究協力者会議」は，平成9年10月の第1次報告「体系的な情報教育の実施に向けて」において，情報教育の目標の観点を「情報活用の実践力」，「情報の科学的な理解」，「情報社会に参画する態度」の3観点として整理しているので，定義を示すことにする。

①「情報活用の実践力」の定義

「課題や目的に応じて情報手段を適切に活用することを含めて，必要な情報を主体的に収集・判断・表現・処理・創造し，受け手の状況などを踏まえて発信・伝達できる能力」

②「情報の科学的な理解」の定義

「情報活用の基礎となる情報手段の特性の理解と，情報を適切に扱ったり，自らの情報活用を評価・改善するための基礎的な理論や方法の理解」

③「情報社会に参画する態度」の定義

「社会生活の中で情報や情報技術が果たしている役割や及ぼしている影響を理解し，情報モラルの必要性や情報に対する責任について考え，望ましい情報社会の創造に参画しようとする態度」

6.2　共通教科情報科について

2009年3月（平成21年）の高等学校学習指導要領の改訂により，高等学校の必履修教科である共通教科情報科は，「社会と情報」及び「情報の科学」の2科目に再編され，生徒の能力・適性，多様な興味・関心，進路希望などに応じて1科目を必履修科目として選択する。また，情報教育の目標の観点として引き続き前述の3観点を位置付けている。

（1）共通教科情報科の目標

共通教科情報科の目標を示す。

「情報及び情報技術を活用するための知識と技能を習得させ，情報に関する科学的な見方や考え方を養うとともに，社会の中で情報及び情報技術が果たしている役割や影響を理解させ，社会の情報化の進展に主体的に対応できる能力と態度を育てる。」

（2）共通教科情報科の科目構成

学習指導要領の改訂に際し，義務教育段階において情報手段の活用経験が浅い生徒の履修を想定して設置された「情報A」については，すでに各教科や総合的な学習の時間において取り上げられていることから発展的に解消されることになった。そして，主に情報社会に参画する態度を育成する学習を重視した「情報C」の内容を柱とした「社会と情報」，主に情報の科学的な理解を深める学習を重視した「情報B」の内容を柱とした「情報の科学」が新設

された。

　①「社会と情報」の目標

「社会と情報」の目標を示す。

「情報の特徴と情報化が社会に及ぼす影響を理解させ，情報機器や情報通信ネットワークなどを適切に活用して情報を収集，処理，表現するとともに効果的にコミュニケーションを行う能力を養い，情報社会に積極的に参画する態度を育てる。」

　この科目は，共通教科情報科が育成することを目指す社会の情報化の進展に主体的に対応できる能力と態度を「情報社会に積極的に参画する能力と態度」ととらえている。この「情報社会に参画する態度」とは，情報社会に参加し，よりよい情報社会にするための活動に積極的に加わろうとする意欲的な態度のことである。

　②「情報の科学」の目標

「情報の科学」の目標を示す。

「情報社会を支える情報技術の役割や影響を理解させるとともに，情報と情報技術を問題の発見と解決に効果的に活用するための科学的な考え方を習得させ，情報社会の発展に主体的に寄与する能力と態度を育てる。」

　この科目は，共通教科情報科が育成することを目指す社会の情報化の進展に主体的に対応できる能力と態度を「情報社会の発展に主体的に寄与する能力と態度」ととらえている。この「情報社会の発展に寄与する能力と態度」とは，情報社会の発展に役立つことを自ら進んで行い，よりよい情報社会にするために貢献できる能力・態度のことである。

（3）中学校技術・家庭科との関係への配慮

　共通教科情報科の学習内容と中学校技術・家庭科技術分野「D 情報の技術」の学習内容とは，連続性を持っている。「D 情報の技術」の（1）から（4）までの内容はすべて必修項目である。中学校における情報教育の成果を踏まえて共通教科情報科の指導を行うには，これらの中学校技術・家庭科技術分野の内容をよく理解することが極めて重要である。という趣旨の記述が高等学校学習指導要領解説情報編にあり，配慮が促されている。

6.3　専門教科情報科について

　専門教科情報科の目標を示す。

「情報の各分野に関する基礎的・基本的な知識と技術を習得させ，現代社会における情報の意義や役割を理解させるとともに，情報社会の諸課題を主体的，合理的に，かつ倫理観をもって解決し，情報産業と社会の発展を図る創造的な能力と実践的な態度を育てる。」

　専門教科情報科は，情報産業の構造の変化や情報産業が求める人材の多様化，細分化，高度化に対応する観点から，情報の各分野における専門性にかかわる基礎的な知識と技術の習得や職業倫理などを育成する教育を重視している。

　教科「情報」の科目は，図 3.8 に示すように，共通教科情報科 2 科目と専門教科情報科 13 科目から構成される。「情報産業と社会」，「情報の表現と管理」，「情報と問題解決」，「情報テクノロジー」は，専門教科情報科の基礎的な科目であり，各分野に共通の科目となる。「課題研究」は，他の専門科目の内容と関連付けて実践的な内容を取り扱う総合的な科目である。後の科目は，進路希望などに応じて分野別に編成した応用選択的科目である。

6.4　工業科について

　工業科の目標を示す。

「工業の各分野に関する基礎的・基本的な知識と技術を習得させ，現代社会における工業の意義や役割を理解させるとともに，環境及びエネルギーに配慮しつつ，工業技術の諸問題を主体的，合理的に，かつ倫理観をもって解決し，工業と社会の発展を図

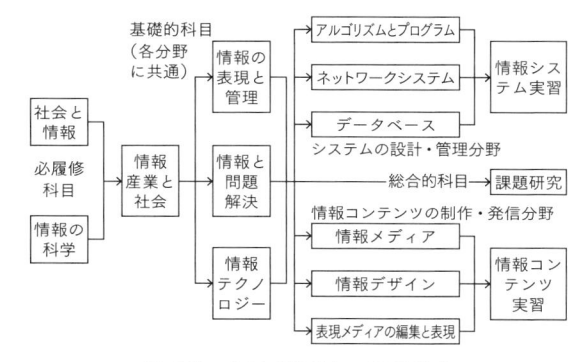

図 3.8　教科「情報」の科目構成

る創造的な能力と実践的な態度を育てる。」

工業科は，今日的な課題に対応するため，次の内容のように改訂された。

① 現代社会における工業の意義や役割を学ぶに当たっては，地球規模の課題である環境問題やエネルギー制約の一層の深刻化などについて考える必要があり，工業製品について，資源の節約やリサイクルを踏まえ，原材料の選定から加工，組立，廃棄するまでの過程において環境やエネルギーに配慮する。

② 将来の工業技術者としての倫理観を養うことが強く求められていることから，安全な製品や構造物などのものづくりをするために必要な基礎的・基本的な知識・技術を確実に身に付けさせ，技術者としての倫理観に基づいて課題の解決に取り組む態度を身に付けさせる。

③ 社会の発展は，工業の発展と相互に関係しており，より広い視野をもち，安全・安心な新しいものづくりを創造する能力を身に付け，実践的な技能を併せ持った工業技術者を育成する。

（1）工業科の科目構成

工業に関する科目は「工業技術基礎」をはじめとする61科目で構成される。61科目は，「各学科において原則としてすべての生徒に履修させる科目（原則履修科目）」，「工業の各分野における基礎科目」，「工業の各分野に関する科目」の３つに大別される。

① 原則履修科目

「工業技術基礎」と「課題研究」の２科目となる。「工業技術基礎」は，各学科における共通で基礎的・基本的な内容で構成され，より専門的な学習への動機付けや卒業後の進路について生徒の意識を高めることを狙いとした科目であり，「課題研究」は，習得した知識・技術の深化を図る学習を通じて，問題解決の能力や自発的，創造的な学習態度を育てることを狙いとした科目である。

② 基礎科目

「実習」，「製図」，「工業数理基礎」，「情報技術基礎」，「材料技術基礎」，「生産システム技術」，「工業技術英語」，「工業管理技術」，「環境工学基礎」の９科目となる。これらのうち，「実習」，「製図」，「工

業数理基礎」，「情報技術基礎」の４科目は，各学科における共通的な内容で，かつ基礎的・基本的な内容で構成された科目である。また，「材料技術基礎」，「生産システム技術」，「工業技術英語」，「工業管理技術」，「環境工学基礎」の５科目は，各学科の特色や生徒の進路希望により選択して履修する基礎科目である。

③ 工業の各分野に関する科目

機械系，電子機械系，自動車系，電気系，電子系，情報技術系，建築系，設備工業系，土木系，工業化学系，工業材料系，セラミック系，インテリア系，デザイン系の各専門分野ごとに２〜５科目あり，合計50科目となる。

（2）「工業技術基礎」の目標

「工業技術基礎」の目標を示す。

「工業に関する基礎的技術を実験・実習によって体験させ，各専門分野における技術への興味・関心を高め，工業の意義や役割を理解させるとともに，工業に関する広い視野と倫理観をもって工業の発展を図る意欲的な態度を育てる。」

この科目は，中学校までの学習との関連を図りつつ，生徒が工業に関する専門の学習に円滑に進むことができるようにするため，工業に関する各種の基礎的な技術を実験・実習によって体験させ，工業の持つ社会的な意義や役割，人と技術とのかかわりなどについて理解させることにある。

6.5　農業科について

農業科の目標を示す。

「農業の各分野に関する基礎的・基本的な知識と技術を習得させ，農業の社会的な意義や役割について理解させるとともに，農業に関する諸課題を主体的，合理的に，かつ倫理観をもって解決し，持続的かつ安定的な農業と社会の発展を図る創造的な能力と実践的な態度を育てる。」

農業科は，農業に関する各科目の学習により，系統的・体系的な知識，技術を身に付け，地域農業や地域社会の発展に貢献し，持続可能な社会の形成と発展に寄与する人材の育成を狙いとしている。

農業に関する科目は，各分野に共通する科目などと４つの分野における30科目で構成される。

① 各分野に共通する基礎的な科目：「農業と環境（原則履修科目）」，「総合実習」の 2 科目。

② 各分野に共通する科目：「課題研究（原則履修科目）」，「農業情報処理」の 2 科目。

③ （1）主として農業の経営と食品産業に関する分野，（2）主としてバイオテクノロジーに関連する分野，（3）主として環境創造と素材生産に関する分野，（4）主としてヒューマンサービスに関連する分野，の 4 分野 26 科目である。

7. 技術ガバナンスと技術イノベーション

7.1 技術教育を学んだ児童生徒の姿

　普通教育として技術教育を学んだ児童生徒の姿とはどのようなものであろうか？　家庭にある製品を修理できることや日曜大工ができることが技術教育の「出口」として果たして適切な姿であろうか？　教育の内容と方向を考える時，教育課程の「出口」としてその教科を学んだ児童生徒の姿のイメージを持つことは大切である。特に，技術教育においてこの答えを考えるとき，普通教育として全ての児童生徒が，将来の職業にかかわらず履修することの重要性に着目する必要がある。現在，このような教育課程の「出口」として，技術ガバナンス力，技術イノベーション力を軸とした技術リテラシーが重要な概念となっている。

7.2 技術リテラシーの考え方

（1）ITEA による定義

　技術リテラシーとは，Technological Literacy として ITEA（International Technology Education Association）が 2000 年に書籍 Standards for Technological Literacy（以下，STL）の中で提唱した考え方である。技術リテラシー概念の定義自体は，STL の刊行に至る一連のプロジェクト TfAAP: Technology for All Americans Project の中で 1996 年に行われている。なお，ITEA はその後，2011 年に International Technology and Engineering Educators Association（ITEEA）に改名している。

　ITEA によると，技術リテラシーとは，「技術を理解し，活用し，管理する能力」である。言うまでもなく，現代の社会は，高度な技術に支えられている。そのような社会に参画するためには，すべての市民が技術について理解し，それらを適切に活用する力を持つことが必要となる。さらに，技術の発展に関わる社会的な課題に対して問題意識を持ち，その意思決定に関わることで未来の技術の方向性に影響を与えることができる。技術リテラシーとはこのように，民主主義のもとで現在及び未来の技術の方向性に関する意思決定に参画できる市民としての資質・能力を意味している。

（2）日本産業技術教育学会による定義

　技術リテラシーの考え方が ITEA によって提唱された後，そのムーブメントに呼応するように我が国においても技術リテラシーの概念が取り上げられるようになった。日本産業技術教育学会は，1999 年に刊行した「21 世紀の技術教育」，2012 年に改訂した「21 世紀の技術教育（改訂版）」において技術リテラシーを技術的素養と表現し，その重要性を指摘している。同学会は，技術的素養を「技術と社会との関わりについて理解し，ものづくりを通して，技術に関する知識や技能を活用し，技術的課題を適切に解決する能力，および技術を公正に評価・活用する能力」と定義している。その上で，普通教育としての技術教育で育成する資質・能力として，次の 6 点を挙げている。

① 技術的な課題解決と価値創造に取り組む自律的な態度

② 技術的な課題を創造・工夫して解決する力

③ 技術的な活動や成果に対する技術的な評価力

④ 生産，利用，消費，廃棄に対する技術的な倫理観

⑤ 身体と思考を協応する能力，一般的には器用さと言われる巧緻性

⑥ 主として技術に関する職業，仕事へのキャリア発達

これらの資質・能力を育成するための教育内容の構成としては，①材料と加工技術，②エネルギー変

換技術，③情報・システム・制御技術，④生物育成技術という4つの内容と，これらを貫く「発明・知的財産とイノベーション」，「社会安全と技術ガバナンス」という2つの軸を示している。日本産業技術教育学会の考え方は，ITEA の考え方を踏まえつつも，技術リテラシーの具体を，技術イノベーション力と技術ガバナンス力の育成という大きな2つの「出口」で整理している点に特徴がある。言い換えれば，我が国の普通教育における技術教育の方向性は，技術イノベーション力と技術ガバナンス力の育成を通した技術リテラシーの形成にあると考えることができる。

7.3　技術イノベーションの概念

そもそも，イノベーションという語は，様々な分野において「新しい価値を創造すること，革新」の意味で用いられている。イノベーション（innovation）の語源は，ラテン語の innovare（リニューアルすること =in+new）と言われており，新しい切り口や新機軸を持って何かを改良，改善することである。社会科学においてイノベーションは，1911 年にシュンペータによって，「経済活動の中で生産手段や資源，労働力などをそれまでとは異なる仕方で新結合すること」と定義されている。この定義から分かるように，イノベーションという語は経済活動と密接に関連しており，必ずしも技術に関わる事柄に限定されているわけではない。そこで，経済活動全般に関わるイノベーションと技術に関わるイノベーションとを区別するため，後者を特に技術イノベーション（technological innovation）と呼ぶ。日本産業技術教育学会は，技術イノベーションを「科学の発見や技術の発明による新たな知的・文化的価値を創造すること，それらの知識を発展させて，経済的・社会的・公共的価値の創造に結びつける革新」と説明している。

技術イノベーションは人間の創造性を基盤とするため，そのプロセスを一般化することは難しい。しかし，企業にとって技術イノベーションの創出は死活問題であり，システマティックにイノベーションの創出を図るプロジェクトの推進手法，思考ツールなどを用いた問題解決手法などが数多く検討されてきている。

例えば，経営学の父と呼ばれるドラッカーは，イノベーションの創出は，①はじめに顧客に及ぼしたい影響度の目標を定める，②次にそのような影響を実現するための目標を設定する，という目標志向的なプロセスで進めることが重要だと指摘している。その上で，イノベーション創出の機会として次の7つを挙げている。

① 予期せぬ成功や失敗を利用
② ギャップを探す
③ ニーズを把握する
④ 産業構造の変化を知る
⑤ 人口構造の変化に着目する
⑥ 人々の認識の変化をとらえる
⑦ 新しい知識を活用する

また，カールソンは，イノベーションにおける価値提案に必要な要素として，次に示す NABC という枠組みを示している。

（Needs）市場・顧客のニーズ
（Approach）ニーズを満たすための独自のアプローチ
（Benefit per cost）もたらされる便益と必要なコスト，費用対効果
（Competition）競合案や代替案との差異，優位性

さらに，シルバースタインは，イノベーションの基本的なステップとして，次の D4 モデルを提唱している。

（Define）機会の定義
（Discover）アイディア創出
（Develop）開発
（Demonstrate）実現性検証

これらの考え方からは，イノベーションが単なる思いつきや自由な発想だけから生み出されるものではなく，使用者から見た視点（ユーザ視点）と，開発・生産に関わる諸条件とのバランスを取りながら，より優位性の高いアプローチを選択し，その実現可能性を検証しながら螺旋的に創出されていくものと理解できる。とりわけ，技術イノベーションの場合は，技術開発，技術革新という知的財産の創出と，それをいかにしてユーザの手元まで届けるかというビジネスモデルの創出が両輪となっている。そして，その成果が広く人々に受け入れられて初めて技術イノベーションは実現するのである。このよう

に考えると，技術イノベーションの推進は，創造性豊かに発明や技術革新を牽引する卓越した人材（イノベーション・チャンピオン）だけでなく，多様な専門性を生かしてそれをプロジェクトとして支える人材，ユーザにその成果を送り届けるビジネスモデルの実現に関わる人材，そして，より豊かな生活を願い，新しい価値を求めるすべての市民との顕在的・潜在的な協働作業によって成し遂げられるものと考えることができる。

7.4　技術ガバナンスの概念

　一方，ガバナンス（governance）という語は，辞書的には「管理」，「制御」，「統治」などの意味を持つ。ガバナンスはガバメント（government）と対をなす語である。ガバナンスもガバメントもともに語源は，ラテン語の「船の舵を操ること」（gubernare）であり，転じて政治的な統治をさす言葉として使われるようになった。しかし，ガバナンスとガバメントとでは，その方向性が異なっている。ガバメントは，政治権力を持つものが市民をトップダウンに統治する組織形態を指し，国家レベルの政府や地方公共団体などの行政機関，あるいは統治者と訳される。これに対して，ガバナンスは，このようなヒエラルキーを基礎とせず，多様な立場の人々や組織の水平的関係性を基礎とし，多様かつ包括的な参加と協議による自律的な合意形成，自治的でボトムアップな統治の組織形態を意味する。このようにガバナンスの語は政治的な意味で用いられてきたが，近年，技術が社会にもたらす影響の増大に伴い，技術に関わるガバナンスの重要性が指摘されるようになってきた。城山は，「科学技術は多様な社会的含意を持つ。そのため，（中略）社会と科学技術との境界には，様々な問題や考慮事項が存在し，それらを踏まえて，社会的判断を行わなければならない」と述べている。このような社会的判断の仕組みや営みは，科学技術ガバナンス，あるいは，技術ガバナンス（technology governance，または technological governance）と呼ばれる。日本産業技術教育学会は，技術ガバナンスを「立場の違いや利害関係を有する人たちがお互いに協働し，問題解決のための討議に主体的に参画し，意思決定に関与するシステム」と説明している。

　城山は，技術ガバナンスの機能として，①リスク管理，②価値問題に対する判断，③知識生産の促進の３点を挙げている。リスクとは，危害要因による被害程度とその発生確率との積である。しかし，被害程度も発生確率も，社会の状況によって変化する要素を持つとともに，発生以前の想定としてこれらを的確に見積もることは容易ではない。リスク管理とは，このような不確実性を持つ多様なリスクと便益をなんとか見定め，トレードオフを踏まえた総合的な判断を行い，できるだけリスクを回避し，便益を享受できるよう技術を管理することである。価値問題に対する判断とは，技術の影響が社会の価値観に関わる問題が生じる場合の判断である。技術の影響は，リスクや便益だけにとどまらず，人権や人間の尊厳，生命倫理など，人々の価値観と関連する場合がある。便益があってもそれが価値観や社会通念などに合致しにくい場合もまた，技術の在り方に対する議論と社会的判断が必要となる。これらの機能が技術のもたらす社会的な影響の評価であるのに対して，知識生産の促進とは，社会としてどのように知識を生産し，技術イノベーションを創出するかという機能である。これには例えば，研究の自由や専門家の養成，専門家や多様な分野間のネットワーク構築などの問題が含まれる。また，知識生産による社会的な便益と，安全保障に関わる軍事技術開発のように，必ずしも研究の自由と成果の公開が容認できない場合とのトレードオフ判断などがある。

　技術ガバナンスのプロセスは，技術と社会との境界にある様々な問題や影響を評価することから始まる。このような評価を技術評価（technology assessment: TA）と呼ぶ。森谷は，技術評価のプロセスとして，①事実認識，②評価，③コントロールという３つのステップを示している。事実認識とは，対象となる技術の効果や影響を多角的，客観的（科学的）に把握することである。評価とは，事実認識の結果に基づいて，技術の効果や影響の意味や重大性を判断することである。コントロールとは，評価の結果に基づいて，技術のプラス面を高め，マイナス面を抑制するように技術の開発や管理運用の在り方を制御することである。

　技術ガバナンスでは，このような技術評価のプロセスを社会的な合意形成の中で進めていく必要があ

る。その一つの取組みとして，コンセンサス会議が挙げられる。コンセンサス会議は，社会的な論争を持つ技術について，専門的な知識を持たない一般市民が，専門家から適宜，情報を得つつも，専門家によるバイアスのない形での合意形成を図る手法である。1980年代半ばに，デンマークで生まれたとされる。欧米諸国では，コンセンサス会議の結果を政策に反映しようとする動きもある。コンセンサス会議では，①一般市民からの市民パネルの選出，②テーマに関する情報の収集，学習，質問準備，③専門家パネルと市民パネルとの質疑応答，④コンセンサスの決定，⑤コンセンサス文書の公開といったプロセスで実施される。

このように技術ガバナンスは，社会における技術の在り方について，一般市民と専門家が討論や協働によって合意を形成し，秩序を形成する営みである。そこでは，既存の技術の在り方の問題はもちろんのこと，未来の技術イノベーションの展望や人材育成についても検討がなされる。

7.5 技術イノベーションと技術ガバナンスとの関連性

以上に整理したように，技術イノベーションと技術ガバナンスは，それぞれ個別の概念であるが，同時に，両者の間には密接な関わりがある（図3.9）。

技術イノベーションでは，社会に及ぼしたい影響の目標，それを実現するアプローチの目標が設定され，具体的な開発・改良作業が展開される。このよ

うな開発・改良作業を推進できる人材の育成や技術革新のシーズとなる新しい知識の生産をどのように支えるか（あるいは，場合によっては，どのように制御するか）という問題への対処は，技術ガバナンスの機能の一つである。また，技術イノベーションの出発点となるユーザ側の顕在的，潜在的なニーズは，個人の嗜好性だけでなく，技術ガバナンスの観点からも十分に吟味されたものである必要がある。当然，技術イノベーションの成果として創出される技術には，リスク管理や価値問題に対する判断といった水平的な合意形成を伴って社会に受け入れられることになる。このように，技術イノベーションと技術ガバナンスは，市場経済を有する民主主義国家において，未来の技術社会を形作る螺旋的なプロセスを形成していると考えられる。技術イノベーションを社会・文化の発展の駆動力とするならば，技術ガバナンスはその方向を舵取り，時には安全装置として働く制御システムと考えることができる。このような両者の健全な相互作用が適切に機能することが，不確実性の高い現代の技術社会を持続可能な未来へと導く重要なキーになると考えられる。

7.6 技術教育における技術イノベーション力と技術ガバナンス力の育成

技術イノベーションと技術ガバナンスが社会的な相互作用の中で健全に機能するためには，それを支えるすべての人々に技術イノベーションと技術ガバナンスに関わる資質・能力が必要となる。それは，①技術イノベーションを推進する企業やコンセンサス会議を推進する団体などの組織において求められる専門性の高い資質・能力，②すべての市民が社会における技術の発達を主体的に支えられるようになるための素養としての資質・能力に大別できる。すべての生徒が履修する普通教育としての技術教育では，後者の育成を中心に据え，前者の資質・能力を自己のキャリアデザインとの関連で捉えさせ，興味・関心を持たせ，方向付けることが重要である。

森山は，普通教育として技術教育を学んだ児童生徒の姿として，次の8つを挙げている。

① 社会を支える技術への興味・関心の高まり
② 社会を支える技術的な製品やシステムの仕組みが分かる。

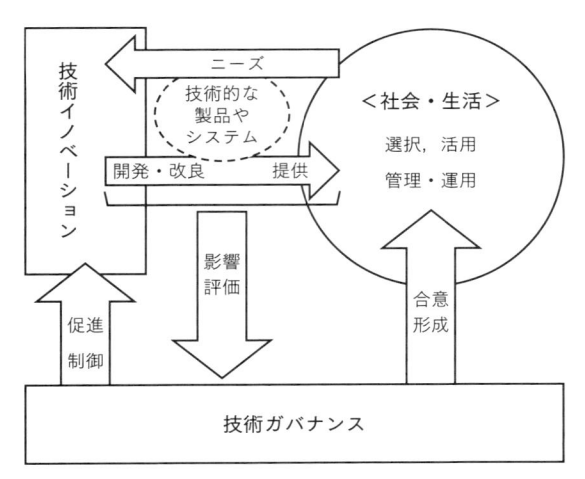

図3.9 技術イノベーションと技術ガバナンスとの関連性

③　生活に必要な技能を身につけ，「技能の学び方」が分かる。

④　技術的な製品やシステムを開発し，それを支える「人」や「仕事」に気づき，興味・関心を持つ。

⑤　生活を豊かにする技術的な問題解決の力を持ち，工夫・創造できる。

⑥　身の回りの技術的な製品やシステムを適切に評価・選択し，活用・管理できる。

⑦　新しい技術的な製品やシステムのアイディアを発想し，提案できる。

⑧　技術に関わる社会的課題に対して問題意識を持ち，公正な意思決定ができる。

①～③は技術に関わる基礎的・基本的な知識と技能，及びそれらを学び続ける力を身に付けた状態を指している。また，④は技術に関わるキャリア発達支援の観点を示している。技術教育の「出口」として最も重要なことは，①～④を礎として，⑤～⑧の力を育成することである。ここで，⑤と⑦が技術イノベーション力，⑥と⑧が技術ガバナンス力に相当する。

本来，学校教育には，個人の自己実現を図ることと，あるべき社会・文化の創造を図ることという2つの目的がある。学校現場では，これら2つの目的が同時に実現できるよう，すべての教科において様々な教育活動が組織されている。森山は，教育の持つこれら2つの目的と，技術の持つ所産とプロセスという2つの側面とを掛け合わせて，技術教育の持つ学びの構成を表3.4のように示している。表中の上段が技術の所産を学ぶ観点から位置付けられる技術ガバナンス力の育成であり，左側が自己実現の視点（前述の⑥），右側が社会・文化創造の視点（前述の⑧）である。また，下段が技術のプロセスを学ぶ観点から位置付けられる技術イノベーション力の育成であり，左側が自己実現の視点（前述の⑤），右側が社会・文化創造の視点（前述の⑦）である。このように，技術教育においては，技術イノベーション力と技術ガバナンス力を，身近な問題に焦点を当てた学習指導，社会的な問題に焦点を当てた学習指導の両者を関連付けながら体系的に育成し，技術の発達を主体的に支えられる技術リテラシーを児童生徒に授けていくことが大切である。

しかし，言うまでもなく，社会にとって新機軸となるような技術イノベーションを創出する力を初等中等教育のレベルで育成することは困難である。また，児童生徒は，技術ガバナンスに関わる政策決定に直接的に参与しうる参政権を有しているわけではない。技術教育では，児童生徒が社会における技術イノベーションに興味関心を持つとともに，教室の中で疑似的に製品やシステムを開発するプロセスを体験し，創造的問題解決の難しさと楽しさを味わうことを通して，社会における技術イノベーションの意味と重要性を認識することが重要である。また，生活を豊かにするための製品やシステムの活用に関わって技術の評価，選択，管理・運用について考えるとともに，社会的に評価が定まっていない新しい技術のリスクや価値問題について自分なりの考えを持ち，技術ガバナンスに関わる市民としての責任を自覚することが重要である。

7.7　実践上の課題

技術教育における技術イノベーション力育成や技術ガバナンス力育成の議論は近年，始まったばかりであり，これらの力を効果的に育成しうる学習指導方法，題材，カリキュラム構成については，まだ十分な研究が蓄積されているとは言えない。現段階に

表3.4　技術教育における技術イノベーション力と技術ガバナンス力育成の位置付け

技術の側面	認識の対象	自己実現の視点	社会創造の視点
技術の所産	社会や生活を支える技術の文脈，仕組み，役割や影響の理解	技術を適切につかいこなす力の獲得	現代の社会を支える技術のコントロールに参画する力の獲得
		技術の評価，選択，活用，管理・運用	
技術のプロセス	開発や生産に関するシステム，プロセス，技術科学（工学や農学など）の理解	製品やシステムを自分でつくりだす力の獲得	未来の社会に向けた技術の発想・提案に参画する力の獲得
		技術的な構想・設計，製作（制作・育成），評価	

おいては例えば，少なくとも次のような実践上の課題が考えられる。

（1）技術イノベーション力育成に関わる課題

　擬似的に技術イノベーションを体験できるような工夫・創造重視の題材設定では，構想・設計の学習が不可欠となる。しかし，すべての内容において児童生徒が自律的に妥当な構想・設計を行うことは，限られた授業時間ではかなりの困難が伴う。また，児童生徒が一人ひとり異なる構想・設計を行う学習や新しい技術のアイディアを発想する学習においては，学習の成果を技術イノベーション力育成という観点から適切に評価する方法が定かではない。

（2）技術ガバナンス力育成に関わる課題

　技術ガバナンスの重要性を認識させる学習では，児童生徒が技術に関わる社会的な問題に対して主体的に判断したり，意思決定したりする学習活動が不可欠である。しかし，このような学習では，児童生徒の下した判断や意思決定を尊重する必要があるため，オープンエンドにならざるを得ず，学習を方向付けることが困難である。また，学習の成果を技術ガバナンス力育成という観点から適切に評価する方法が定かではない。

（3）両者に関わる課題

　技術イノベーション力や技術ガバナンス力に関わる認知的な能力の構成要素や児童生徒の発達段階的な特徴がほとんど把握されていない。また，工学，農学をはじめとする各専門分野から見た初等中等教育に必要な技術イノベーションや技術ガバナンスに関する教育内容の構成要件が定かではない。そのため，これらの資質・能力の育成を標榜する学習指導の妥当性を担保するエビデンスが乏しく，体系的な教育課程の設計原理が定まっていない。

　今後は，これらの課題に対処し，児童生徒の実態に即した実践ストラテジーの構築に向けて，理論的・実践的な研究の蓄積が求められる。

第 2 部
教育課程編

第1章　教育課程の意義と編成

教育課程の意義と編成に関しては，学校種に関係なく共通する内容と，小学校や中学校などの学校種ごとに異なる内容があり，それぞれ関連する法令で規定されている。そこで，ここでは，中学校を対象にした教育課程の意義と編成について取り扱うものとし，取り上げる法令なども，中学校での解説に必要な共通内容と，中学校に関わる内容に限定することとする。

1. 教育課程の意義

1.1　教育課程とは

教育課程の定義は，学習指導要領解説の総則編にまとめられている。現行の学習指導要領解説総則編によると，「学校において編成する教育課程とは，学校教育の目的や目標を達成するために，教育の内容を生徒の心身の発達に応じ，授業時数との関連において総合的に組織した学校の教育計画である」と規定されている。なお，次期学習指導要領解説総則編では，「学校において編成する教育課程については，学校教育の目的や目標を達成するために，教育の内容を生徒の心身の発達に応じ，授業時数との関連において総合的に組織した各学校の教育計画である」と規定されている。現行のものと若干の表現の差はあるものの同義と考えてよい。

この規定から分かるように，教育課程とは，①「教育の内容を……組織した学校の教育計画」であり，②「学校において編成するもの」であること，そして目的としては，③「学校教育の目的や目標を達成する」ためのものであり，④「生徒の心身の発達に応じ，授業時数との関連において総合的に」検討する必要があるものである。③の学校教育の目的や目標は，教育基本法及び学校教育法に規定されており，それぞれの目的や目標を達成するのに必要な教育課程を編成することになる。なお，教育課程の編成に当たっては，④の生徒の発達段階や授業時数を考慮することが求められている。また，教育課程編成の一般方針や授業時数などの取扱いなどについては，学習指導要領の総則に示されている。

新・教育心理学事典によると，教育課程という語は「カリキュラム」の語で説明されており，ほとんど同義と考えてよい。この文献のカリキュラムの定義によると，カリキュラムという語はもともとラテン語の競走路（*cursum*, race course）から転じた言葉とのことであり，学習していくコース（道筋）が語義と考えられる。またこの文献によると，「わが国では戦後，これを文部省の学習指導要領に当てているので，異なったもののように使用されている。しかし，その指導要領（1951年）で『児童や生徒が，どの学年でどのような教科の学習や教科以外の活動に従事するのが適当であるかを定め，その教科や教科以外の活動の内容や種類を学年的に配当づけたものを教育課程といっている』と定義している」との記述があり，カリキュラム＝教育課程と捉えて問題ない。我が国におけるカリキュラムという語の使用は，1930年代から教育界で用いられていたとのことで，戦後の教育改革の前後から広く使われるようになったとのことである。

1.2　教育課程の意義

公教育の性格上，すべての学校が行う教育活動は，学校教育の目的や地域や学校の実態に即した目標などに従って，意図的にかつ組織的に行われる必要がある。学校教育は，人類の繁栄と未来社会の創造に必要な国民の育成が主眼であり，人格の形成と学術的，文化的価値の継承を意図して行われる国の存亡にかかわる極めて重要な制度である。その制度の成立は，国が意図する学校教育の目的に沿って目

標が達成されることが前提であり，そのために，我が国における教育課程の基準として位置付けられている学習指導要領が告示されている。学校は，教育基本法をはじめとする教育関連法令の枠組みや，生徒の心身の発達，授業時数，地域や学校の実態などに基づき，適切に計画された教育課程を編成し，それに沿った教育を行うことになる。現行の学習指導要領においても，教育関連法令の枠組みに従った教育課程の記述がなされており，その重要性から冒頭である第1章の総則において，「第1　教育課程編成の一般方針」「第2　内容等の取扱いに関する共通的事項」「第3　授業時数等の取扱い」「第4　指導計画の作成等に当たって配慮すべき事項」が記述されている。

なお，平成29年3月（2017年）に公示された次期学習指導要領3）の総則においては，「第1　中学校教育の基本と教育課程の役割」「第2　教育課程の編成」「第3　教育課程の実施と学習評価」「第4　生徒の発達の支援」「第5　学校運営上の留意事項」「第6　道徳教育に関する配慮事項」の記述となっており，教育課程に関わる内容の記述が大幅に増え，教育課程のより適切な編成と実施が求められていることが分かる。

1.3　教育課程の法的な位置付け

これまで述べてきたように，教育課程は教育関連法令の枠組みに従った記述がされている。ここでは，教育基本法をはじめとする教育関連法令において教育課程やその編成に関係するものを列挙し，法的な位置付けと内容の確認が容易にできるようにした。

① 教育基本法
　教育の目的…1条
　教育の目標…2条
　生涯学習の理念…3条
　教育の機会均等…4条
　義務教育…5条
　学校教育…6条
　私立学校…8条
　教員…9条
　幼児期の教育…11条
　学校，家庭及び地域住民等の相互の連携協力…13条
　政治教育…14条
　宗教教育…15条
　教育行政…16条
　教育振興基本計画…17条

② 学校教育法，学校教育法施行規則
　義務教育の目標…21条
　中学校の目的…45条
　中学校教育の目標…46条
　教育課程の基準…48条
　中学校の教育課程の編成…72条（施行規則）
　年間の標準授業時数…73条別表第2（施行規則）
　学習指導要領の基準としての位置付け…74条（施行規則）

③ 学習指導要領
文部科学大臣は，学校教育法48条及び学校教育法施行規則74条の規定に基づいて，学習指導要領を告示している。すなわち，学習指導要領は教育水準を確保するために国が定めた教育課程の基準であり，各学校はこれに従って教育課程の編成と実施にあたる必要がある。

④ 地方教育行政の組織及び運営に関する法律
　教育委員会が学校の教育課程に関する事務を管理，執行すること…23条5号
　必要な教育委員会規則を定めること…33条1項

私立の学校に関しては，学校教育法44条及び私立学校法4条の規定により，都道府県知事が所轄庁であり，教育課程改訂の際は知事に対して変更の届け出を行うこととなっている（学校教育法施行令27条2）。

2. 教育課程の編成

2.1　教育課程編成に関わる要素

学校における教育課程の編成に関わる要素としては，①教育目標の設定，②指導内容の編成，③授業時数の配当が考えられる。①教育目標の設定に関しては，教育基本法に示されている教育の目的や目標をはじめとする教育関連法令で規定されている各種の目的や目標などを基盤としながら，地域や学校の実態に即して設定する必要がある。②指導内容の編成に関しては，学校教育法施行規則 72 条によると，中学校の教育課程は，国語，社会，数学，理科，音楽，美術，保健体育，技術・家庭及び外国語の各教科，道徳，総合的な学習の時間並びに特別活動によって編成することとされている。ここで道徳以降に記述された内容（道徳，総合的な学習の時間，特別活動）については，便宜上，教科以外の内容（あるいは，教科以外の活動）と呼ばれている。なお，各教科等（各教科及び教科以外の内容）の指導内容については，学習指導要領において学年段階に即して示されているものや，学問的分野や内容などに基づいて示されているものがある。学校は，これらの基準に従うとともに，地域や学校の実態及び生徒の発達段階などを考慮して，指導内容を組織する必要がある。③授業時数の配当に関しては，学校教育法施行規則 73 条の別表第 2 に定められている年間の標準授業時数や年間の標準総授業時数に基づいて，適切に設定される必要がある。

公立の学校においては，前述の教育課程編成に関わる規定に加えて，地方教育行政の組織及び運営に関する法律による規定がある。すなわち，教育委員会は学校の教育課程編成に関する事務を管理，執行する必要（23 条 5 号）があるし，法令などに違反しない範囲で教育課程に必要な教育委員会規則を定める（33 条 1 項）ことができる。このような教育委員会規則がある場合，学校はその規則にも従って教育課程を編成しなければならない。

私立の学校においては，「1.3 教育課程の法的な位置付け」で述べたように，教育課程を変更する際には都道府県知事に対して学則変更の届出を提出す

る必要がある。

2.2　教育課程編成の指針

（1）現行学習指導要領

教育課程の編成に当たっては，その基準である学習指導要領の方針を把握する必要がある。現行学習指導要領においては，第 1 章総則に編成などに関わる記述がある。「第 1　教育課程編成の一般方針」としては，教育基本法などの教育関連各種法令に従って適切な教育課程を編成し目標を達成する教育を行うことや，教育活動を学校で行うに当たっての留意点（生きる力，創意工夫を生かした特色ある教育活動，基礎・基本，思考力・判断力・表現力，主体的な学習，言語活動ほか）についてと，道徳教育に関する留意点と，体育・健康に関する留意点の 3 項目が示されている。「第 2　内容等の取扱いに関する共通的事項」としては，第 2 章以降に示される各教科，道徳及び特別活動の内容の取扱いに関することや，特に必要がある場合の第 2 章以降に示していない内容の追加が可能なこと，第 2 章以降に示す内容の順序に関すること，複式学級での各教科の目標及び内容の順序に関すること，選択教科の開設に関すること，選択教科の内容の取扱いに関すること，そして第 2 章以降に示される各教科以外に必要な教科を選択教科として開設できることの 7 項目が示されている。「第 3　授業時数等の取扱い」としては，各教科等（各教科，道徳，総合的な学習の時間及び特別活動）の授業は年間 35 週以上計画することや休業日の期間での授業日の設定に関すること，特別活動のうちの生徒会活動や学校行事における授業時数の充て方に関すること，各教科等の授業の 1 単位時間などに関すること，地域や学校などの実態に応じた弾力的な時間割編成ができること，総合的な学習の時間における学習活動の取扱いに関することの 5 項目が示されている。「第 4　指導計画の作成等に当たって配慮すべき事項」としては，各教科等や学年相互間の関連性への配慮に関することと，その他各教科等の指導や障害のある生徒への援助，コンピュータなどの教育機器の活用などに関す

る14項目の小項目について示されている。

（2）次期学習指導要領

　次期学習指導要領では，この第1章総則に盛り込まれている教育課程の編成等に関する記述が倍増（現行5ページ，次期11ページ）している。これは，次期学習指導要領が意図する「社会に開かれた教育課程」の理念を実現するために，総則を抜本的に改善したことによる。すなわち，次期学習指導要領では，次の6点に沿って改善事項がまとめられ，総則に盛り込まれている。

① 「何ができるようになるか」（育成を目指す資質・能力）
② 「何を学ぶか」（教科等を学ぶ意義と，教科等間・学校段階間のつながりを踏まえた教育課程の編成）
③ 「どのように学ぶか」（各教科等の指導計画の作成と実施，学習・指導の改善・充実）
④ 「子ども一人ひとりの発達をどのように支援するか」（子どもの発達を踏まえた指導）
⑤ 「何が身に付いたか」（学習評価の充実）
⑥ 「実施するために何が必要か」（学習指導要領などの理念を実現するために必要な方策）

　結局，学校が，この6点について問いかけながら教育課程を編成し，実施による評価を踏まえて教育課程そのものを改善していくという取組みを繰り返すことが，学校教育そのものの改善につながるとの考えによる。

　総則の「第1　中学校教育の基本と教育課程の役割」としては，1項として教育基本法などの教育関連各種法令に従って適切な教育課程を編成し目標を達成する教育を行うこと，2項として主体的・対話的で深い学びの実現と①基礎的・基本的な知識及び技能の習得と思考力・判断力・表現力などの育成など，②道徳教育や体験活動などについて，③体育・健康に関する指導について，の内容に関すること，3項として教育課程全体を通して育成を目指す資質・能力を明確にしつつ，①知識及び技能の習得，②思考力・判断力・表現力などの育成，③学びに向かう力の実現を目指すこと，4項として教育課程の実施状況を評価して改善を図るなど，カリキュラム・マネジメントに努めること，がまとめられてい

る。「第2　教育課程の編成」としては，1項として「各学校の教育目標と教育課程の編成」，2項として「教科等横断的な視点に立った資質・能力の育成」，3項として「教育課程の編成における共通的事項」①内容などの取扱い，②授業時数などの取扱い，③指導計画の作成などに当たっての配慮事項，4項として「学校段階間の接続」，がまとめられている。「第3　教育課程の実施と学習評価」としては，1項として「主体的・対話的で深い学びの実現に向けた授業改善」，2項として「学習評価の充実」，がまとめられている。「第4　生徒の発達の支援」としては，1項として「生徒の発達を支える指導の充実」，2項として「特別な配慮を必要とする生徒への指導」，がまとめられている。「第5　学校運営上の留意事項」としては，1項として「教育課程の改善と学校評価，教育課程外の活動との連携等」，2項として「家庭や地域社会との連携及び協働と学校間の連携」，がまとめられている。「第6　道徳教育に関する配慮事項」としては，1項として道徳教育の展開などに関すること，2項として生徒の発達段階などを踏まえた指導内容の重点化を図る際の留意事項，3項として職場体験活動などの体験活動を充実すること，4項として学校の道徳教育に関する情報公開や地域社会などとの連携を図ることなどがまとめられている。

　なお，学校におけるカリキュラム・マネジメントでは，前述の6点の改善事項に沿って，①教育目的や目標を適切に設定し，②各教科間での関連性や接続性を意識した教育課程を編成し，③各教科等での指導計画の作成を行い，④子どもの発達段階を踏まえて指導するとともに，⑤何が身に付いたかを評価し，⑥実施に必要な方策などを見いだして教育課程の改善につなげるとともに，この行程を繰り返すことで，学校教育そのものの変革が進展することが期待されている。また，適切なカリキュラム・マネジメントの実現に向けた留意点として，次の3点が盛り込まれている。

① 各教科等の教育内容を相互の関係で捉え，学校教育目標を踏まえた教科等横断的な視点で，その目標の達成に必要な教育の内容を組織的に配列していくこと。
② 教育内容の質の向上に向けて，子どもたちの

姿や地球の現状などに関する調査や各種データなどに基づき，教育課程を編成し，実施し，評価して改善を図る一連の PDCA サイクルを確立すること。

③　教育内容と，教育活動に必要な人的・物的資源などを，地域などの外部の資源も含めて活用しながら効果的に組み合わせること。

教育課程の編成に際して，カリキュラム・マネジメントの視点を取り入れた学校経営が求められることになるとともに，教育課程の実施に当たっては主体的で対話的な深い学びを実現するための授業改善として，アクティブ・ラーニングの視点を取り入れることが示されている。

2.3　教育課程編成に関わる背景

（1）教科と教科以外の内容

我が国の教育関連法令の枠組みでは，中学校の教育課程編成の対象となる指導内容は，国語，社会，数学，理科，音楽，美術，保健体育，技術・家庭及び外国語の各教科と，道徳，総合的な学習の時間並びに特別活動の教科以外の内容に分けられる。教育課程編成の対象となる指導内容を考える場合，各教科は次世代に引き継ぐべき人類の学術的な文化遺産の体系として，それを学校教育の指導内容とすることに異論を待たない。通常，教科と呼ばれるこれらの指導内容は，教科の枠組みとしての紆余曲折はあるにしろ，それぞれ学術的に体系化された学問分野を背景としており，欠かせないものである。一方，教科以外の内容である道徳，総合的な学習の時間，特別活動については，教科の学問体系とは異なり，道徳的価値観の形成や，教科等の学びの総合化，学級会や学校行事などの特に必要な体験的活動など，子どもの人格形成や集団での生活力育成などに欠かせないことから，指導内容として取り上げられているものである。なお，次期学習指導要領では，道徳は「特別の教科　道徳」という表現に変わっており，指導要領内での表現も「道徳科」の語が使われている。

（2）編成の範囲と配列

そもそも，教育課程の編成については，取り扱う指導内容の範囲やどのような順序で指導をするかという指導内容の配列に関する考え方（編成の理念）により，多様な教育課程が考えられる。この，取り扱う指導内容の範囲や深さをスコープ（scope）と呼び，指導内容の時間的，系統的な指導順序をシーケンス（sequence）と呼ぶ。

スコープとシーケンスについて，学問的な知識のつながりに力点を置き，科学技術の進展に伴う知識や概念の急速な拡大を意識して，それらの効率良い学習を意図する系統的な教育課程と，子どもの成長に必要な経験に力点を置き，経験を通した多様な学習を意図する経験的な教育課程との，両方の類型が考えられる。我が国の学習指導要領は，系統的な側面と経験的な側面のバランスを考慮して考えられた教育課程の基準である。しかし，第2次世界大戦後の学習指導要領の変遷を見ると，その時々の社会の状況や課題などの時代背景により，系統的な側面と経験的な側面の出方が微妙に揺れ動いているように見える。

第2章 教育課程の展開

1. 技術分野の目標・内容

平成29年3月に公示された中学校学習指導要領の前文に「教育課程を通して、これからの時代に求められる教育を実現していくためには、よりよい学校教育を通してよりよい社会を創るという理念を学校と社会とが共有し、それぞれの学校において、必要な学習内容をどのように学び、どのような資質・能力を身に付けられるようにするのかを教育課程において明確にしながら、社会との連携及び協働によりその実現を図っていくという、社会に開かれた教育課程の実現が重要となる」とあるように、今回の学習指導要領改訂の最も重要な理念は「社会に開かれた教育課程の実現」である。そして、この理念を実現するための教育課程を編成する基準を大綱的に定めたものが学習指導要領であることから、まず改訂された中学校技術・家庭科技術分野（以下、「技術分野」）の目標・内容について確認する。

1.1 技術分野の目標

高度化した技術に支えられ、そして、今後もさまざまな技術の開発が予想される社会を生きる国民には、技術が生活や社会、環境などに与える影響を評価し、活用の仕方を考えるなど、適切な技術の発達を主体的に支えることのできる力の習得が必要である。また、ますますグローバル化し激化する国際競争の中で、我が国が科学技術創造立国として世界の産業をリードするためには、技術革新を牽引する素地となる力の育成も必要である

そこで、義務教育段階において唯一技術を学習の対象の中心としている技術分野では、技術の発達を主体的に支え、技術革新を牽引することができるよう、技術を評価し、適切に選択、管理・運用したり、新たな発想に基づいて改良、応用したりすることによってよりよい生活や持続可能な社会を構築する資質・能力の育成を目標とすることとなった。

なお、今回の改訂で教科等の目標は、目指す資質・能力がより明確となるよう、学校教育法第30条第2項の規定などを踏まえ、①知識及び技能、②思考力、判断力、表現力等、③学びに向かう力、人間性等の3つの柱に分けて示すこととなっており、従前の目標と比較すると表2.1のようになる。

目標に示された「技術の見方・考え方」とは技術分野の特質に応じた物事を捉える視点や考え方であ

表 2.1　技術分野の目標の新・旧の比較

分類	新（平成 29 年告示）	旧（平成 20 年告示）
学習活動等	技術の見方・考え方を働かせ、ものづくりなどの技術に関する実践的・体験的な活動を通して、技術によってよりよい生活や持続可能な社会を構築する資質・能力を次のとおり育成することを目指す。	ものづくりなどの実践的・体験的な学習活動を通して、
知識及び技能	(1) 生活や社会で利用されている材料、加工、生物育成、エネルギー変換及び情報の技術についての基礎的な理解を図るとともに、それらに係る技能を身に付け、技術と生活や社会、環境との関わりについて理解を深める。	材料と加工、エネルギー変換、生物育成及び情報に関する基礎的・基本的な知識及び技術を習得するとともに、技術と社会や環境とのかかわりについて理解を深め、
思考力、判断力、表現力等	(2) 生活や社会の中から技術に関わる問題を見いだして課題を設定し、解決策を構想し、製作図等に表現し、試作等を通じて具体化し、実践を評価・改善するなど、課題を解決する力を養う。	技術を適切に評価し活用する能力と
学びに向かう力、人間性等	(3) よりよい生活の実現や持続可能な社会の構築に向けて、適切かつ誠実に技術を工夫し創造しようとする実践的な態度を養う。	（技術を適切に評価し活用する）態度を育てる。

る。そして，これを働かせながら知識を相互に関連付けてより深く理解したり，問題を見いだして解決策を考えたりするという，技術分野の特質に応じた学びの中で，この「技術の見方・考え方」は鍛えられ，将来においても働かせることのできるものとなる。

つまり，「技術の見方・考え方」とは，技術分野を学ぶ本質的な意義の中核であるとともに，技術分野の学びと社会をつなぐものとも言える。

なお，技術の開発・利用の場面では「生活や社会における事象を，技術との関わりの視点で捉え，社会からの要求，安全性，環境負荷や経済性などに着目して技術を最適化すること」という視点や考え方が多く用いられていることから，「中央教育審議会 幼稚園，小学校，中学校，高等学校及び特別支援学校の学習指導要領等の改善及び必要な方策等について（答申）」（以下，「答申」）では，これを「技術の見方・考え方」として整理している。

1.2　技術分野の内容

現代社会で活用されている多様な技術を「A 材料と加工の技術」「B 生物育成の技術」「C エネルギー変換の技術」「D 情報の技術」の４つに整理し，すべての生徒に履修させることについては，変更はない。なお，小学校における学習との接続を重視する視点から，生物育成の内容とエネルギー変換の内容の順序が入れ替えられているが，各内容を示す順序は，各学校における指導学年などを規定するものではないことに変更はない。

また，これまで各内容は「基礎的な知識，重要な概念等」，「技術を活用した製作・制作・育成」，「社会・環境とのかかわり」という「習得・活用・探究」に相当する内容で構成されていた。今回の改訂では，学習過程とそこで育成する資質・能力との関連をより明確にする視点で検討されている。具体的には，技術分野が目標とする資質・能力は，単に何かをつくるという活動ではなく，「既存の技術を調べることなどを通して技術に関連した原理や法則，基礎的な技術の仕組みを理解」した上で，「技術ならではの視点や思考の枠組みを用いて生活や社会における技術に関わる問題を見いだして課題を設定し，解決方策が最適なものとなるよう設計・計画し，製作・制作・育成を行い，その解決結果や解決過程を評価・改善」し，さらに，これらの経験を元に，「今後の社会における技術の在り方について考える」という活動の中で効果的に育成できることから，この活動に対応して各内容を，「生活や社会を支える技術」，「技術による問題の解決」，「社会の発展と技術」の３つの要素で構成している。

学習活動と３つの要素に相当する項目及び，そこで目指す資質・能力を表にまとめると，表2.2のようになる。

表2.2　学習活動と項目，及び目指す資質・能力

要素	学習過程	対応する項目	想定される学習活動	目指す資質・能力		
				知識及び技能	思考力，判断力，表現力等	学びに向かう力，人間性等
生活や社会を支える技術	既存の技術の理解	A～D(1)	生活や社会を支える技術について調べる活動	・技術に用いられている科学的な原理・法則の理解 ・基礎的な技術の仕組みの理解	・技術に込められた問題解決の工夫を読み取る力 ・技術の見方・考え方への気付き	・進んで技術と関わり，主体的に技術を理解し，技能を身に付けようとする態度
技術による問題の解決	課題の設定	A～C(2)，D(2)(3)	生活や社会における問題を，技術によって解決する活動	・設定した課題を解決するために，安全・適切に製作・制作・育成や検査・点検等ができる技能	・生活や社会の中から技術に関わる問題を見いだして課題を設定する力	・自分なりの新しい考え方や捉え方によって，解決策を構想しようとする態度 ・自らの問題解決とその過程を振り返り，よりよいものとなるよう改善・修正しようとする態度 ・知的財産を創造，保護及び活用しようとする態度 ・技術に関わる倫理観 ・他者と協働して粘り強く物事を前に進める態度
	技術に関する科学的な理解に基づいた設計・計画 課題解決に向けた製作・制作・育成				・課題の解決策を条件を踏まえて構想し，製作図等に表す力 ・試作等を通じて解決策を具体化する力・設計に基づく合理的な解決作業について考える力	
	成果の評価				・課題の解決結果及び解決過程を評価し改善・修正する力	
社会の発展と技術	次の問題の解決の視点	A～C(3)，D(4)	これからの社会の発展と技術の在り方を考える活動	・技術と生活や社会，環境との関わりの理解・技術の概念の理解	・よりよい生活や持続可能な社会の構築に向けて，技術を評価し，適切に選択，管理・運用したり，新たな発想に基づいて改良，応用したりする力	・技術を工夫し創造していこうとする態度

なお，各項目で目指す資質・能力について，知識及び技能については指導事項「ア」で，思考力，判断力，表現力等については「イ」に示している。学びに向かう力，人間性等については，学習指導要領には示されていない。表2.2に示したものは，分野目標の（3）に示した目標の育成のために，各内容，各項目でどのようなものを育成するかという視点で検討した例である。

このように学習活動に応じて学習指導要領の内容が構造化されている教科は少ない。学習指導要領総則には「各教科，道徳科及び特別活動の内容に掲げる事項の順序は，特に示す場合を除き，指導の順序を示すものではない」との記述があるが，技術分野の各内容の項目及び指導事項は指導の順序に合わせて示されていることとなる。

---

2. 教育課程の展開

先に説明した技術分野の内容について実際に指導するためには，さまざまな規定を踏まえ教育課程を編成する必要がある。ここでは，規定などとそれに基づいた教育課程の編成例について説明する。

2.1 教育課程編成のための規定

（1）学校教育法施行規則

今回の学習指導要領の改定では中学校の授業時数に関する学校教育法施行規則の改正は行われず，表2.3に示す通りである。

なお，平成31年4月1日には教育課程における「道徳」が「特別の教科である道徳」に改正される。

（2）学習指導要領第1章総則

学習指導要領の総則には教育課程の編成に関して以下のような規定が示されている。

> 第1章総則　第2教育課程の編成
> 3　教育課程の編成における共通的事項
> （2）授業時数等の取扱い
> ア　各教科等の授業は，年間35週以上にわたって行うよう計画し，週当たりの授業時数が生徒の負担過重にならないようにするものとする。ただし，各教科等や学習活動の特質に応じ効果的な場合には，夏季，冬季，学年末等の休業日の期間に授業日を設定する場合を含め，これらの授業を特定の期間に行うことができる。
> イ　＜略＞
> ウ　各学校の時間割については，次の事項を踏まえ適切に編成するものとする。
> 　（ア）各教科等のそれぞれの授業の1単位時間は，各学校において，各教科等の年間授業時数を確保しつつ，生徒の発達の段階及び各教科等や学習活動の特質を考慮して適切に定めること。
> 　（イ）各教科等の特質に応じ，10分から15分程度の短

> い時間を活用して特定の教科等の指導を行う場合において，当該教科等を担当する教師が，単元や題材など内容や時間のまとまりを見通した中で，その指導内容の決定や指導の成果の把握と活用等を責任を持って行う体制が整備されているときは，その時間を当該教科等の年間授業時数に含めることができること。
> （ウ）＜略＞
> （エ）各学校において，生徒や学校，地域の実態，各教科等や学習活動の特質等に応じて，創意工夫を生かした時間割を弾力的に編成できること。
> ＜以下略＞

示された内容の変更はほとんどないが，各教科等の授業を特定の期間に行うことについて，夏季，冬季，学年末などの休業日の期間に授業日を設定する場合を含めること，生徒の発達の段階及び各教科等の特質を考慮して単位時間を各学校において定めることが示されている。つまり，技術分野を年間の特定の時期に集中して実施したり，実践的・体験的な活動を行いやすいよう，50分を超えた授業を設定したりすることも可能となっている。

なお，前回の学習指導要領から，教科担任制であ

表2.3　学校教育法施行規則　別表第2（第73条関係）

区　分	必修教科の授業時数									道徳の授業時数	総合的な学習の時間の授業時数	特別活動の授業時数	総授業時数
	国語	社会	数学	理科	音楽	美術	保健体育	技術・家庭	外国語				
第1学年	140	105	140	105	45	45	105	70	140	35	50	35	1015
第2学年	140	105	105	140	35	35	105	70	140	35	70	35	1015
第3学年	105	140	140	140	35	35	105	35	140	35	70	35	1015

授業時数の1単位時間は50分とする。

る中学校について，例えば学級担任などが「短い時間を単位として特定の教科の指導を行う場合」もその時間を当該教科の年間授業時数に含めることができることとなったが，技術分野については，その学習活動の特質を考えればこのような形では実施はしにくいと思われる。

(3) 学習指導要領第2章第8節技術・家庭

技術・家庭の教育課程については「学習指導要領　第8節技術・家庭　第3指導計画の作成と内容の取扱い」に「1　指導計画の作成に当たっては，次の事項に配慮するものとする」として次のような配慮事項が示されている。

> (2) 技術分野及び家庭分野の授業時数については，3学年間を見通した全体的な指導計画に基づき，いずれかの分野に偏ることなく配当して履修させること。その際，各学年において，技術分野及び家庭分野のいずれも履修させること。＜以下略＞

技術分野の時間数は3年間で87.5時間が基本となるが，各学年における技術分野と家庭分野の時間数に対する規定はない。技術分野及び家庭分野の時間数を各学年で等しく配当することはもちろん，例えば，第1学年では技術分野の時間数を多くしても，第2学年で少なくし，3学年間でほぼ等しい時間とすれば問題はない。

なお，学習の連続性ということで考えれば，ある学年は一方の分野の指導しかしないということは問題があることから，下線部の規定が今回追加されている。

> (3) 技術分野の内容の「A 材料と加工の技術」から「D 情報の技術」まで＜略＞の各項目に配当する授業時数及び各項目の履修学年については，生徒や学校，地域の実態等に応じて，各学校において適切に定めること。

前回の改訂から，すべての内容が必修となり，生徒の興味・関心などに応じて内容を各学校で選択するといった自由度はなくなった。しかし，各項目に配当する授業時数及び履修学年は各学校で定めることができることから，3年間を見通して，生徒の実態などに応じた指導計画を作成する必要がある。

その際，すべての内容が必修となっていることの意味を踏まえ，各内容の目標の達成を目指して適切

な時間を配当するようにすることが大切である。

> (4) 各項目及び各項目に示す事項については，相互に有機的な関連を図り，総合的に展開されるよう適切な題材を設定して計画を作成すること。その際，生徒や学校，地域の実態を的確に捉え，指導の効果を高めるようにすること。＜以下略＞

技術・家庭科における題材とは，「教科の目標及び各分野の目標の実現を目指して，各項目に示される指導内容を指導単位にまとめて組織したもの」と定義されている。

そして，各内容を独立して指導するとの規定はない。例えば，内容Cで製作した機器を内容Dで制御したり，内容Bにおける作物の栽培で使用する散水器を内容Cで製作したりするなど，指導の効果を高めることを目指して複数の内容を1つの題材で指導するといった工夫も考えられる。

2.2　教育課程編成のための配慮すべき事項

今回の学習指導要領などの改善の方向性としては「(1) 学習指導要領等の枠組みの見直し」，「(2) 教育課程を軸に学校教育の改善・充実の好循環を生み出す『カリキュラム・マネジメント』の実現」，「(3) 『主体的・対話的で深い学び』の実現」の3つが挙げられている。そして，この中の(2)と(3)は，教育課程を編成する際にも配慮する必要があることから，その考え方の概要と，具体的な配慮事項について整理する。

(1) 「カリキュラム・マネジメント」の実現

学習指導要領総則では「カリキュラム・マネジメント」に関して，以下のように説明している。

> 第1章総則
> 第1中学校教育の基本と教育課程の役割
> 4　各学校においては，生徒や学校，地域の実態を適切に把握し，教育の目的や目標の実現に必要な教育の内容等を教科等横断的な視点で組み立てていく①こと，教育課程の実施状況を評価してその改善を図っていく②こと，教育課程の実施に必要な人的又は物的な体制を確保するとともにその改善を図っていくこと③などを通して，教育課程に基づき組織的かつ計画的に各学校の教育活動の質の向上を図っていくこと（以下「カリキュラム・マネジメント」という。）に努めるものとする。

ここに示された下線部①～③が，カリキュラム・マネジメントの３つの側面であり，特に①に示された事項については，「答申」に以下のように説明されるなど，教育課程の編成に強く影響する。

> ＜略＞これからの時代に求められる資質・能力を育むためには，各教科等の学習とともに，教科等横断的な視点に立った学習が重要であり，各教科等における学習の充実はもとより，教科等間のつながりを捉えた学習を進める必要がある。そのため，<u>教科等の内容について，「カリキュラム・マネジメント」を通じて相互の関連付けや横断を図り，必要な教育内容を組織的に配列し，各教科等の内容と教育課程全体とを往還させる＜略＞ことが求められる。</u>

これを受け，総則にも以下のように各教科等のみならず学年相互の関連についての規定が示されている。

> 第１章総則
> 第２教育課程の編成
> ３　教育課程の編成における共通的事項
> （3）指導計画の作成等に当たっての配慮事項
> 　　各学校においては，次の事項に配慮しながら，学校の創意工夫を生かし，全体として，調和のとれた具体的な指導計画を作成するものとする。
> 　ア　＜略＞
> 　イ　<u>各教科等及び各学年相互間の関連を図り</u>，系統的，発展的な指導ができるようにすること。

技術分野においても以下のように同様の規定が示されている。

> （4）＜略＞また，小学校における学習を踏まえるとともに，高等学校における学習を見据え，<u>他教科等との関連を明確にして系統的・発展的に指導ができるようにすること</u>。さらに，持続可能な開発のための教育を推進する視点から他教科等との連携も図ること。

ここでは，従前からの小学校に加えて高等学校との系統性についても規定するとともに，特に「他教科等との関連の明確化」を求めていることに配慮が必要である。なお，具体的な他教科等との関連について「内容の取扱い」に以下のように示されている。

> ３　内容の取扱い
> （5）各内容における（1）については，次のとおり取り扱うものとする。
> 　ア　<u>アで取り上げる原理や法則に関しては，関係する教科との連携を図る</u>こと。
> （6）各内容における（2）及び内容の「D　情報の技術」の

> （3）については，次のとおり取り扱うものとする。
> 　エ　製作・制作・育成場面で使用する<u>工具・機器や材料等については，図画工作科等の学習経験を踏まえる</u>とともに，安全や健康に十分に配慮して選択すること。

図画工作科が例示されているのは，工具などを使用する技能については，その習得の困難さから図画工作科の工作に関する指導と関連について特に配慮が必要であるためである。

なお，ここには知識及び技能に関する事項が示されている。しかし，例えば，エネルギー変換の技術において，発電などを取り上げる場合，発電の原理・法則については理科と連携が必要であるが，発電方法がどのように選ばれているのかを経済的な視点などから考える際には，社会科で育成する思考力等との連携にも配慮する必要があるなど，思考力，判断力，表現力等の連携についても検討することが必要である。

このような連携について検討する際には，関係する教科の「見方・考え方」を確認することが必要である。それぞれの教科等を学ぶ本質的な意義を大切にしつつ，教科等間の相互の連携を図ることによってこそ，単独では生み出し得ない教育効果をもたらす教育課程となるということを意識し，教育課程の編成に取り組むことが大切である。

（2）「主体的・対話的で深い学び」の実現

学習指導要領の総則には「主体的・対話的で深い学び」に関して，以下のように説明している。

> 第１章総則
> 第２教育課程の編成
> ３　教育課程の編成における共通的事項
> （3）指導計画の作成等に当たっての配慮事項
> 　　各学校においては，次の事項に配慮しながら，学校の創意工夫を生かし，全体として，調和のとれた具体的な指導計画を作成するものとする。
> 　ア　各教科等の指導内容については，＜略＞単元や題材など内容や時間のまとまりを見通しながら，そのまとめ方や重点の置き方に適切な工夫を加え，第３の１に示す<u>主体的・対話的で深い学びの実現に向けた授業改善を通して資質・能力を育む効果的な指導ができる</u>ようにすること。
> ＜以下略＞

> 第3 教育課程の実施と学習評価
> 1 主体的・対話的で深い学びの実現に向けた授業改善
> 　各教科等の指導に当たっては，次の事項に配慮するものとする。
> (1) 第１の３の（１）から（３）までに示すことが偏りなく実現されるよう，単元や題材など内容や時間のまとまりを見通しながら，生徒の主体的・対話的で深い学びの実現に向けた授業改善を行うこと。
> 　　特に，各教科等において身に付けた知識及び技能を活用したり，思考力，判断力，表現力等や学びに向かう力，人間性等を発揮させたりして，学習の対象となる物事を捉え思考することにより，各教科等の特質に応じた物事を捉える視点や考え方（以下「見方・考え方」という。）が鍛えられていくことに留意し，生徒が各教科等の特質に応じた見方・考え方を働かせながら，知識を相互に関連付けてより深く理解したり，情報を精査して考えを形成したり，問題を見いだして解決策を考えたり，思いや考えを基に創造したりすることに向かう過程を重視した学習の充実を図ること。

　これを受け，技術・家庭科においても，以下のように「主体的・対話的で深い学び」の実現を求めている。

> 第3 指導計画の作成と内容の取扱い
> 1 　指導計画の作成に当たっては，次の事項に配慮するものとする。
> (1) 題材など内容や時間のまとまりを見通して，その中で育む資質・能力の育成に向けて，生徒の主体的・対話的で深い学びの実現を図るようにすること。
> 　　その際，生活の営みに係る見方・考え方や技術の見方・考え方を働かせ，知識を相互に関連付けてより深く理解するとともに，生活や社会の中から問題を見いだして解決策を構想し，実践を評価・改善して，新たな課題の解決に向かう過程を重視した学習の充実を図ること。

　従前から技術・家庭科では，問題解決的な学習を重視してきた。また，思考力，判断力，表現力等を育むための言語活動の充実も求めており，それは今回の学習指導要領でも変わってはいない。ただし，今回の改訂ではこれまでの取組みを踏まえつつ各教科固有の「見方・考え方」を意識した授業改善を求めている。参考までに，「中央教育審議会教育課程部会　家庭，技術・家庭ワーキンググループにおける審議の取りまとめ」に示された技術分野の主体的・対話的で深い学びについての説明を以下に示す。

・「主体的な学び」とは，学習に積極的に取り組ませるだけでなく，学習後に自らの学びの成果や過程を振り返ることを通して，次の学びに主体的に取り組む態度を育む学びである。技術分野においては，教員が与えた設計・計画に基づいて画一的に製作・制作・育成に取り組むのではなく，問題発見や課題の設定を重視した設計・計画によって，生徒たちが見通しをもって粘り強く解決活動に取り組むことが大切である。さらに，学習過程の最後の段階である「成果の評価と次の問題の解決の視点」だけでなく，各段階において，学習過程を振り返る活動を充実させ，次の段階の学習や，次の問題の解決につなげることが，生徒が自らの成長を自覚し，主体的に学習に取り組む態度を育む学びとなる。

・「対話的な学び」とは，他者との協働や対話などを通じて，自らの考えを広げ深める学びである。技術分野においては，生徒同士の相談活動や学び合い，教員や学校外の人材，関係機関などとの対話や協働などが対話的な学びとなる。また，直接，他者との対話を伴わなくとも，既製品の分解等の活動を通してその技術の開発者が設計に込めた意図を読み取るといったことなども自らの考えを広げ深める学びとなる。

・「深い学び」とは，生徒が習得・活用・探究を見通した学習過程の中で「技術の見方・考え方」を働かせて思考・判断・表現し，資質・能力を獲得する学びである。技術分野においては，「より便利に」，「より安全に」，「より環境に優しく」，「より安価に」といった視点で生活や社会の中から技術により解決すべき問題を見出して課題を設定し，「使い手」だけでなく「作り手」の立場で，そして「作る場面」，「使う場面」，「廃棄する場面」，「万が一のトラブルの場面」等を想定しつつ，「材料の形状」や「生物の育成環境の調整方法」「エネルギーの伝達方法」「情報のディジタル化の方法」等の最適化について考え，解決策を具体化し，解決活動（製作・制作・育成）を行い，さらに，その解決結果や過程を振り返って評価していくことなどが，深い学びとなる。

　そして，以下の説明にあるように，この「主体的・対話的で深い学び」を意識して３年間を見通した教育課程を編成することが大切なのである。

> 　そして，このような（深い）学びを，技術分野の四つの内容において繰り返していく中で，特定の技術に関する知識が他と関連付けられ定着し，理解の深化や技能の習熟・熟達が図られる。また，このような学びの中で先に示した「主体的な学び」や「対話的な学び」を充実させることで，技術分野が目指す思考力・判断力・表現力等が豊かなものとなり，より，複雑な技術に関わる問題を解決できる力，技術によってよりよい生活や持続可能な社会を構築していこうとする態度の育成にも繋がるのである。

（3）その他の配慮すべき事項

これまで述べてきたものに加えて，今回の学習指導要領において教育課程を編成する上で配慮すべき事項には以下のようなものがある。

> 3　内容の取扱い
> (5) 各内容における（1）については，次のとおり取り扱うものとする。
> 　ウ　第1学年の最初に扱う内容では，3年間の技術分野の学習の見通しを立てさせるために，内容の「A 材料と加工の技術」から「D 情報の技術」までに示す技術について触れること。

従前の学習指導要領では，内容Aに，「(1) 生活や産業の中で利用されている技術」という項目があったが，今回はそれを削除し，代わりにこのような規定が示されている。これは，技術分野のガイダンス的な内容を内容Aに設定したことで生じる可能性のある技術分野は内容Aから学習をするといった誤解を避けるためである。独立した項目はなくなったが，中学校で初めて「技術分野」について学習する生徒に対して，現代社会で利用されている技術について関心を持たせるとともに，3年間の学習の見通しを持たせることの重要性は変わっていないことに注意が必要である。

> 3　内容の取扱い
> (6) 各内容における（2）及び内容の「D 情報の技術」の（3）については，次のとおり取り扱うものとする。
> 　ウ　第3学年で取り上げる内容では，これまでの学習を踏まえた統合的な問題について扱うこと。

これは現代社会で活用されている多くの技術が，システム化されている実態に対応するために，第3学年で扱う「技術による問題の解決」では，これまでの学習を踏まえた統合的な問題，言い換えれば複数の技術によって解決できる問題について取り扱うことを規定したものである。

> 第3指導計画の作成と内容の取扱い
> 1　指導計画の作成に当たっては，次の事項に配慮するものとする。
> (6) 第1章総則の第1の2の（2）に示す道徳教育の目標に基づき，道徳科などとの関連を考慮しながら，第3章特別の教科道徳の第2に示す内容について，技術・家庭科の特質に応じて適切な指導をすること。

これは，学校の教育活動全体を通じて行う道徳教育の重要性を強調したものである。具体的に技術分野の学習と道徳教育との連携は次の3つが考えられる。

① 技術分野の指導内容が道徳教育の内容を含んでいる。

② 技術分野における学習活動の中で，道徳教育の目標の達成が期待される。

③ 生徒と接している教員の態度が生徒に伝わる。

①については情報モラルなどとともに，道具の仕組みを学ぶことが先人への尊敬と感謝の念を深めることにつながるといったことが考えられる。また，②は他の生徒と協力しながら学習したり，製作したりする活動の中で，友情の尊さなどを実感できるといったことが考えられる。道具を大切にする教師の姿を通した道徳教育としての③は当然として，指導計画を検討する際に，①②についても意識することが大切である。

2.3 教育課程の編成例

先に述べた規定を踏まえ，生徒の実態や教室環境等の条件に応じた技術分野の履修形態の例と配慮事項について述べる。

（1）第3学年が週1時間の例

技術・家庭科を年間35週にわたって第1・2学年週2単位時間，第3学年週1単位時間履修する場合にもいくつかの履修方法がある。

① 前後期型

これは，例えば1組が4月〜9月まで技術分野を履修している際に，2組は家庭分野を履修し，10月からは，技術分野と家庭分野を入れ替えるというものである。

この方法は，技術分野の学習が連続して行え，第1・2学年では毎週2単位時間あるために実習なども行いやすい方法である。ただし，3学期制をとっている学校では，1学期の通信票には技術分野だけの評価結果が示されるなど，評価の総括などに配慮が必要となる。

② 隔週型

これは前期後期型の評価の総括の問題点を解消す

るために，技術分野と家庭分野を隔週で履修する例
である。ただし，祝祭日などの関係で授業が実施で
きない場合，授業が数週間空くこともある。そこで，
学習の連続性の維持についての配慮が必要となる。

　③　1時間型

　これは，評価の総括及び学習の連続性の問題を解
消するために，第1・2学年において技術分野と家
庭分野を週1時間ずつ履修する例である。なお，特
に連続した作業時間が必要な場合は，家庭分野担当
と調整の上，その週のみ2時間連続した授業とする
ことも考えられる。

(2) 第3学年の履修方法を変更した例

　第3学年において週1単位時間履修する場合連
続した作業時間を十分確保できないといった問題が
ある。この解消のために，第3学年の履修方法を変
更することも考えられる。

　①　集中型

　これは，他の教科と組み合わせて技術・家庭科を
特定の時期に集中して履修する方法である。これに
より第3学年でも，1・2年と同様の履修方法を取
ることができる。

　例えば，第3学年の4月〜9月まで技術・家庭
科を，10月〜3月は別の教科などを履修し，さら
に4月〜9月を前期後期に分けて技術分野と家庭
分野を履修させるという方法が考えられる。また，
4月〜9月の中で隔週型や1時間型としたり，第1・
2学年においてもこのような方法を取ったりするこ
ともできる。さらに，内容Bで取り上げる生物の生

育に適した時期に集中させることも考えられる。

　②　交互型

　これは，技術・家庭科と他の教科を交互に2単位
時間ずつ履修させるという方法である。そして前期
に技術分野，後期に家庭分野を履修させることによ
り，第3学年でも連続2単位時間を確保できるよ
うになる。

(3) その他の例

　先に述べてきた履修方法はすべて各学年における
技術分野と家庭分野の時間数がほぼ同数になってい
る例である。このほか，指導内容に応じて，技術分
野と家庭分野の時間数を学年で変えることも考えら
れる。

　いずれにしても，技術・家庭科は，指導計画の作
成における自由度の高い教科であることを十分に理
解することが大切である。そして，生徒や学校，地
域の実態及び他教科の指導計画，さらに指導者数な
どの条件に配慮し，例えば，各内容における「技術
による問題の解決」において生徒が見いだし解決す
る問題は，生徒が解決できたという満足感・成就感
を味わい，次の学びへと主体的に取り組む態度を育
めるよう，既存の技術を評価，選択，管理・運用す
ることで解決できる問題から，改良，応用しなけれ
ば解決できない問題へと，3年間を見通して計画的
に設定するなど，各内容の履修の順序や配当する授
業時数，及び具体的な指導内容などについて，各学
校において適切に定め教育課程を編成することが大
切である。

第3章　教育課程の評価

1. 教育課程の評価の目的と意義

1.1　教育課程の評価とは

　教育活動においては，その目的を達成するためにいくつかの目標が立てられる。そして，それらの目標に即した教育内容，教材，教授・学習の活動及び評価の仕方などが組織的・計画的に編成される。ここではこのような学習者に与えられる学習経験の総体を教育課程と規定する。

　教育課程を展開する上でまず重要なことは，目標にどの程度近づきつつあるのか，その進捗状況を時間的，内容的なまとまりごとに，客観的に把握すること，そして展開上の問題点を見つけ，その解決のために内容や方法を変更したり，目標を修正したりするなど，生徒の実態に応じて改善を加えながら進めることである。また，すべてを終えた時点では，目標の達成度を把握し，次の年度に向けて改善策を検討するとともに教育課程全体の見直しを図ることである。すなわち，教育課程を継続的，段階的，総合的に評価し，常に改善しながら展開することが求められる。

　このような，教育課程の評価は，学校教育の改善・充実の循環を促す重要な営みと言える。

1.2　学校評価における教育課程の評価

　平成14年（2002年）4月，学校教育法に基づく小学校設置基準などにおいて，各学校は自己評価の実施とその結果の公表に努めることと規定された。その後，平成19年（2007年）6月に学校教育法が改正された。ここでは，教育活動，その他学校運営の状況に関する評価に基づき，学校運営の改善を図るために必要な措置を講ずることで，教育水準の向上に努めることが規定された。これを受けて，同年

10月に学校教育法施行規則によって各学校の実情に応じて評価項目を設定し，学校教職員が行う自己評価と，その自己評価の結果を踏まえた保護者や地域住民など，学校関係者による評価の結果を学校設置者に報告することが規定された。文部科学省はこのような学校評価の取組みの参考に資する目的で「学校評価ガイドライン」を作成した。このガイドラインでは，法令に規定された自己評価，学校関係者による評価に加え，教育学を専門とする研究者や校長経験者，学校運営に関連する知見を有する民間研究機関などを評価者とする第三者評価も推奨している。このような法律的根拠に基づく学校評価の推進は，行政が教育の管理・監督をしやすくするためというよりはむしろ，変化の激しい社会にある学校教育を，家庭，地域，社会全体で担うための一手段と位置付けているためと考えられる。一方，学習指導要領においては，これまでにも指導の改善と生徒の学習意欲の喚起を目的として，指導の成果に対する評価の必要性が謳われてきた。しかし，平成29年（2017年）公示の学習指導要領においては，教育課程を軸とした学校教育の改善・充実を目指す「カリキュラム・マネジメント」の視点を反映した評価の在り方が示された。ここでは，評価の視点を，各教科等内における教育目標の実現状況のみに絞るのではなく，各教科等間で連携しながら学校全体の目標の実現に迫れているかという見方，すなわち，教科横断的な視点で評価することの必要性を示している。また，各教科等の枠組みを超え，教育課程の実施に必要な人的・物的環境，地域の社会資源の活用状況など，教育活動全体との連携を含めた総合的な視点での評価の必要性が謳われている。

2. 教育課程の評価の対象

　学習者に与えられる学習経験の総体である教育課程は，教育目標の達成を目的として編成されることから，評価の対象として第1に挙げられるのは，目標の達成状況ということになる。例えば，「工夫創造力の育成」のような教育目標が掲げられていた場合，工夫創造力を示す指標を定め，それに即して資料を収集，分析する。その結果，大方の生徒が高い水準を示せば，教育目標が十分達成されたと見なされ，そこで編成された教育課程は教育効果が高いものだったという評価が下される。しかし，さらに目標に近づくためには，より効果的な教育課程に向け

た改善策を講じなければならない。そのためには，目標の達成状況だけではなく，教育課程の構成要素を対象とした評価も実施し，目標達成状況と各構成要素との因果関係の把握に努めることが重要である。また，目標や構成要素の評価を実施する際に用いた指標や項目が，評価したいものを適切に評価できているのか，すなわち，評価の方法及び内容の妥当性と結果に対する信頼性を検討することも必要である。したがって，これら評価の方法，内容の設定そのものも評価の対象となる。

3. 教育課程の評価の方法

　教育課程の評価（Check）は，教育課程の質的向上を目的として行われる，いわゆる PDCA サイクル（Plan → Do → Check → Action）の一過程として位置付くものである。このようなサイクルに即した教育課程の編成から展開，評価，改善の過程として，

図 3.1 に示すような例が考えられる。
　まず，Plan の過程においては，①教育の目的について全職員が十分に共通理解を図った上で，その目的達成のための②学校教育目標を設定する。この学校教育目標の設定は，各学校の実態（生徒，家庭，

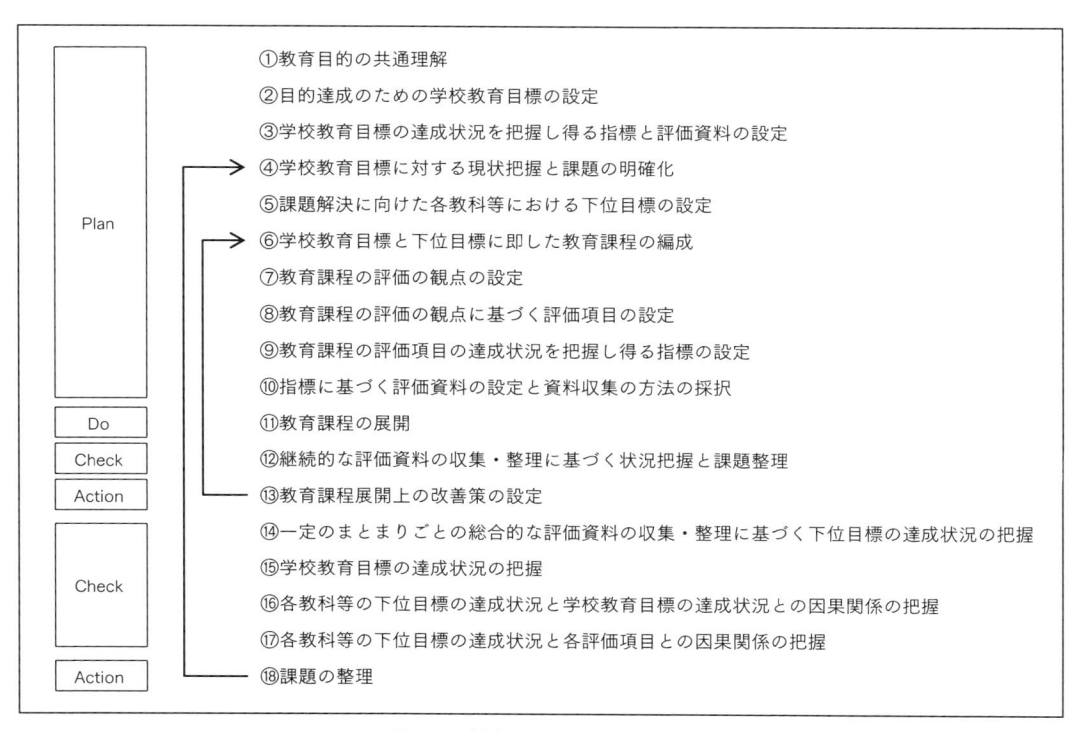

図 3.1　教育課程の評価過程の例

地域）に即して立てられるが，あくまでもそれまでの経験，関連する知見を基に仮説として立てられるものである。この目標設定は学校長のリーダーシップの下に進められるが，教育に直接携わる全職員の理解を伴って設定されることが重要である。また，ここでの目標設定は新設の学校以外は，必ず，それまでの教育活動の上に成り立つものであるから，純粋な Plan の過程というよりは，Action の過程を包含するものと考えることができる。したがって，③の目標達成状況，すなわち，現状把握のための指標や評価資料はすでに準備されている場合もあるが，新たな目標が設定された場合は，その目標に適した指標，評価資料の準備が必要である。いずれにしても，④目標と現状を比較し，目標に到達するために解決すべき課題を明確にしなければならない。続いて，⑤各教科等はそれぞれの特性に基づいて下位目標を設定し，その達成のために具体的な⑥教育課程の編成にあたることになる。ここで重要なことは，これら目標達成に向けた⑦教育課程を評価するための観点，それに基づく⑧評価項目と，その⑨評価項目を測定するための指標とともに，評価の基準も合わせて設定しておくことである。言わば，どの方向から，どの部分を，どのような物差しを当てて測り，どの程度までできていればよいとするのか，方向と方法及び量を定めておくことである。そうすることによって，各教科等で設定された下位目標よりも，さらに下位の到達点が明確になる。また，到達基準を設定することで⑩評価資料の種類や評価時期，評価場面の設定がしやすくなる。このような Check のための評価の観点，項目，基準などを Plan の過程において設定しておくことは，教育課程の編成と展開に具体性と方向性を与える上で重要である。

次に，Do の過程となる⑪教育課程の展開となるが，それと同時に，⑫評価資料を収集，整理，分析しながら課題を見つける Check の過程も踏むこと

となる。そして必要に応じて⑬改善策を立て，即時に実行可能な策は⑥教育課程の編成に反映させる Action の過程に進む。これら⑥～⑬→⑥のサイクルは各教科等の授業ごとや，小さな単元ごとなどで繰り返される。以上のような継続的な評価の後，⑭一定のまとまりごとに総合的な評価資料の収集による状況把握を実施する。ここでの一定のまとまりとは，学習や特別活動などの内容的なまとまり，例えば，学習単元ごと，体育大会や職業体験実習など長期的な取組みを必要する行事ごとなどが考えられる。または，ある程度の教育効果が期待できる期間，一般的には学期ごと，年度ごとなどの時間的なまとまりが考えられる。なお，学校教育目標は，3年，5年など中長期的な視野で立てられることが多い。したがって，一定のまとまりを5年としたような場合は，5年間の大きな PDCA サイクルの中に，いくつものサイクルが設定され，入れ子構造のように評価の時期，場面は増えていくこととなる。したがって，このような中長期的な目標設定の場合は，⑬で行う改善を，状況に応じて②学校教育目標や，⑤下位目標の設定にまで戻すことも考えられる。

以上のような下位目標の達成状況の把握とともに，③と同様，⑮学校教育目標の達成状況を把握し，④の時点での状況と比較することで評価が下されることになる。

加えて，評価活動で重要なことは，学校教育目標の達成状況と，目標達成のために設定した⑯下位目標との因果関係，さらに⑰各教科等の具体的な取組みとの因果関係を把握することである。つまり，学校教育目標の達成のためには，どのような取組みが効果的であったかを明らかにしておくことである。このことによって，次期の教育課程の編成に向けた⑱課題の整理がより精緻になるとともに，教育活動の重点が明確になる。

4. 教育課程の評価の観点

評価は，その観点を明らかにして，より具体的で評価者にとって解りやすいものでなくてはならない。教育課程の編成は，授業で扱う内容はもとより，学習形態や教師の指導意図，学習単元や題材の枠組

み，また，学習評価の在り方までも含むものである。そのため，評価の観点は，授業における学習指導に係るものから，編成の計画全体に係るものまでの広範なものとなる。「学校評価ガイドライン」におい

ては「評価の項目・指標の設定に検討すべき視点」を基に，次のような観点が示されている。ただし，これらの観点を網羅的に設定するのではなく，各学校の課題に応じて重点を設定し，それらに即した観点に絞る必要がある。

① 授業の内容に係る観点
- 説明，板書，発問など，各教員の授業の実施方法
- 視聴覚教材や教育機器などの教材・教具の活用
- 体験的な学習や問題解決的な学習，生徒の興味・関心を生かした自主的・自発的な学習
- 個別指導やグループ別指導，習熟度に応じた指導，生徒の興味・関心などに応じた課題学習，補充的な学習や発展的な学習などの個に応じた指導の方法
- ティームティーチング指導などにおける教員間の協力的な指導
- 学級内における生徒の様子や，学習に適した環境の整備など，学級経営の状況
- コンピュータや情報通信ネットワークを効果的に活用した授業
- 学習指導要領や各教育委員会が定める基準に則った，生徒の発達段階に即した指導
- 授業や教材の開発における地域の人材など外部人材の活用

② 教育課程の編成の計画全体に係る観点
- 学校の教育課程の編成・実施の考え方についての教職員間の共通理解
- 生徒の学力・体力の状況を把握した取組み
- 生徒の学習についての観点別学習状況の評価や評定
- 学校図書館の計画的利用や，読書活動推進の取組み
- 体験活動，学校行事などの管理・実施体制
- 教科等の指導体制の整備，授業時数の配当
- 学習指導要領や各教育委員会が定める基準に則った，生徒の発達段階に即した指導
- 教育課程の実施に必要な，各教科等ごとの年間指導計画，週案などの適切な作成
- 生徒の実態を踏まえた，個別指導やグループ別指導，習熟度に応じた指導，補充的な学習や発展的な学習など，個に応じた指導の計画
- 小中連携，中高連携など学校間の円滑な接続に関する工夫

これらに加えて，アクティブ・ラーニングの視点，カリキュラム・マネジメントの視点を基に次のような観点が考えられる。

③ アクティブ・ラーニングの視点に係る観点
- 各教科等の特質に応じた見方・考え方を働かせながら思考を深める指導
- 国語科を要とした各教科等の特質に応じた言語活動
- 生徒が学習の見通しを立てたり学習したことを振り返ったりする活動
- 家庭や地域社会との連携を重視した各教科等の特質に応じた体験活動
- 図書館や博物館，美術館，劇場，音楽堂などの施設を活用した情報の収集や鑑賞などの学習活動

④ カリキュラム・マネジメントの視点に係る観点
- 各教科等が連携した教育活動
- 教育課程の実施状況の評価活動
- 教育課程の実施に必要な人的又は物的な体制
- 教育課程に基づいた組織的かつ計画的な教育活動

5. 教育課程の評価資料

仮説検証的な調査分析などに用いられる資料（データ）には，大きく分けて定量的なものと定性的なものの2種類がある。教育課程の評価においてもこれら2種類の資料を基に進めることが望ましい。

定量的資料とは，数量的とも呼ばれ，例えば，観点項目に対する評価を1，2，3，4などの数値で回答させ，それらを集計した資料などを指す。教育課程の評価場面に即せば，「仲間と協力して学習を進めることができましたか」のような質問文を用いて，回答を得るなどが挙げられる。また，知識や技能の習得状況を把握するための各教科の観点別評価

及び評定，学力調査の結果，体力測定の結果なども定量的な資料となる。これらの資料は時系列や他集団との比較など，統計的処理が容易で扱いやすい。しかし，そこで得られる数値は絶対的なものであるとは限らない。そのため，それらに基づく考察が断定的にならないよう，慎重を期する必要がある。一方，定性的資料は，質的データとも呼ばれ，主に文書様式で記録された資料を指す。教育課程の評価場面に即せば，「あなたが学習を進める上で大切にしていたことは何ですか，自由に書いてください」のような質問に対して得られた感想文や意見文，授業や特別活動，日常の学校生活における生徒の観察記録や授業等で活用するワークシートの記述内容，また，面接記録など，評価者の思考や判断が客体化されたものである。このような資料をできるだけ多く集め，それらを帰納的に分類・整理することによって，資料に一定の客観性を持たせることができる。そして，そこで得られた結果は，定量的な資料の結果を裏付けるものになったり，逆に，定量的な資料から得られた結果の解釈に，新たな視点を与えたりすることにつながる。しかし，分類・整理の作業は，資料が主観的な視点で分類されることがないよう，複数人で行うなどの配慮が大切である。

6. 教育課程の評価の留意点

　教育課程の評価を行う上で留意したいこととして，次の3点が挙げられる。

　第1に，評価すること自体が目的にならないようにすることである。教育課程の評価は，教育の質的向上を目指したPDCAサイクルの一過程に位置付くものである。評価活動そのものが目的化しないためには，全教職員による目的の共通理解と組織的な取組みによる具体的な評価計画を立てることが重要である。

　第2に，評価の観点が網羅的にならないようにすることである。そのためには，各学校の目標やそれに即した下位目標をできるだけ明確にし，解決すべきいくつかの課題に重みと順位を付けるなどして，評価の観点を絞ることが重要である。

　第3に，評価結果に対する客観性，妥当性を担保できるような手立てを打つことである。すなわち，教職員が設定した観点，項目は，測定したいものを適切に測定できているかについて確認するということである。例えば，生徒の教科学習に対する意欲は実際には高いものの，教師との人間関係の悪さが阻害要因として働いてしまい，調査の結果としては意欲が高まっていないという結論に至るということがある。このようなことを防ぐには，評価の内容，方法も含めて，その結果が妥当なものかどうかについて，第三者の評価を受けることが望ましい。

7. 技術科における教育課程の評価

7.1　技術科の教育課程の評価の考え方

　技術科における教育課程の評価は，学校全体の評価の枠組みの中で行われ，図3.1に示した過程における⑥から⑬に位置付く。したがってその方法，観点の設定などは原則として，学校全体の評価に準拠することになる。しかし，技術科は独立した教科ではなく，技術・家庭科技術分野として規定されていることから，教科目標と分野目標の2つの目標を有している。これら目標の構造は当然，教科目標が上位で分野目標が下位となる。そのため，技術科の教育課程の展開におけるPDCAサイクルは，教科目標のサイクルの中に分野目標のサイクルをはめ込んだ，入れ子構造となることに留意した評価計画が必要である。

　技術科の教科としての最終目標は，よりよい生活の実現や持続可能な社会の構築に向けて，生活を工夫し創造する資質・能力を育成することである。したがって，技術科での学びが生かされ，資質・能力が発揮される場面は，生徒の日常生活の中にある。技術科の教育課程の評価は，授業の範囲内の評価資料だけではなく，生徒の授業以外の生活における行

動をも加味した評価資料を用いることで，より目標に即した評価となる。また，この評価の結果と授業内における生徒の学習評価との関連を見ることで，技術科の教育課程の改善の視点を増やすことができる。たとえば，授業内における観点別評価及び評定が高い生徒であっても，日常の生活における技術的活動がほとんどない状況や，逆に，学習評価が芳しくない生徒であっても，日常生活では，技術に対する興味関心が高く，技術的な活動が活発という状況が考えられる。このような場合は，どちらかの評価に問題がある場合と，日常生活における技術的活動を促すための学習活動に改善の余地がある場合とが考えられ，それぞれについての改善の視点を持つことができる。

7.2　下位目標の設定

　教科及び分野の目標は３年間を通して到達を目指すものである。したがって，下位目標の設定の仕方としては，生徒の発達を考慮して，学年単位の教育課程レベル，そこで設定される題材レベル，次いで，その題材における授業レベルのように段階的に設定する。そして，各段階において，生徒が生活の中で，「何がどれくらいできるようになるのか」，教師の立場から言えば，「何をどれくらいできるようにさせたいのか」を明確にして下位目標を設定する。このように授業，題材，教育課程全体ごとのレベルの目標を具体的，体系的に組み立てることが大切である。

7.3　評価の観点と資料

　授業内における評価の観点は，先述のように，目標設定を具体的，体系的に行うことで設定できる。さらに，それらに合わせて，評価の基準も設定することができる。資料としては，技術科以外の各教科等で用いる資料に準拠して収集することができる。

　しかし，技術科の教科目標に即せば，それらに加えて，授業以外での生活場面における活動状況も対象とした評価の観点を設定し，それらに関する評価資料の収集が必要である。

　技術科の学習に基づいた，生徒の生活場面におけ

る技術的活動を構成する要因には，①技術志向性，②技術活用力，③技術評価・判断力の３つがあり，これらの要因に基づくと，以下のような評価の観点を設定することができる。

　①は，生徒の意識や行動の志向が，技術的なものの見方や考え方に方向付けられているかという観点である。その具体的な姿としては，日常使う製品の不具合の原因を技術的視点で探求しようとしたり，日常のものづくりなどの作業では，その作業全体を見通して段取りを考えながら，計画的に進めたりするような姿が考えられる。

　②は，授業で習得した知識や技能を生活の中に直接，活用しているかという観点である。例えば，家庭で花や野菜を栽培できるようになったり，授業を受ける以前よりも精度よくものづくりができるようになったりする姿が考えられる。

　③は，生活の中のさまざまな状況に対して，授業で習得した情報収集の知識や技術を適用しつつ，技術評価の視点から判断を下しているかという観点である。この観点からは，価格だけにとらわれないで機能や構造，耐久性などを踏まえた消費行動がとれるようなったり，現在使われている技術に対して，技術の仕組み，効率，安全，持続可能性などの視点から評価し，その活用の可否を自ら判断できるようになったりする姿が考えられる。

　以上のような要因に基づく観点の定性的評価資料としては，「技術の授業で学んだことや経験したことを日常生活でどのように活かしているか」を自由記述によるアンケートで収集する方法などが考えられる。または，定量的な資料を収集するのであれば，これらの観点に基づいて，「日常生活でこのように活用して欲しい」「学びを活かしてこんな行動を取って欲しい」という教師の願いを具体化した姿，行動を，「……ができるようになりましたか」「……をするようになりましたか」などの質問項目に対して数値回答させる方法などが考えられる。

　しかし，これら収集した資料はあくまでも教育課程の評価のためのものである。生徒の学習評価に加味されることがないよう留意しなければならない。

第4章 教育課程と行政

1. 教 育 法 規

義務教育である中学校教育は「教育基本法」をはじめとして，多くの法の下に成り立っている。学校教育の制度的発展を支える基盤として，また，教育事象におけるさまざまな問題を解決するシステムとして機能しているのである。

たとえば，学校教育の目的は，教育基本法に明確に示されている。技術科教育は学校教育法の一翼を担うものであるから，常に教育法規を視野に入れておく必要がある。

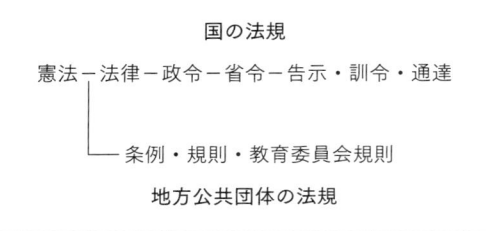

国の法規

憲法－法律－政令－省令－告示・訓令・通達

└── 条例・規則・教育委員会規則

地方公共団体の法規

図 4.1　法規の関係

1.1　憲法から教育基本法まで

①　憲法

国の最高法規である。国民の教育を受ける権利（第 26 条）などの規定がある。

②　法律

国会によって制定される。

[教育の基本に関する法律]

教育基本法

[学校教育に関する法律]

学校教育法，公立義務教育諸学校の学校編成及び教職員定数の基準に関する法律，学校図書館法，学校保健法，学校給食法など

[教育行政に関する法律]

地方教育行政の組織及び運営に関する法律など

[教育財政に関する法律]

義務教育費国庫負担法，市町村立学校職員給与負担法，義務教育諸学校施設費国庫負担法など

[教育職員に関する法律]

教育公務員特例法，教育職員免許法など

③　政令

内閣が制定するのが政令である。（例）学校教育法施行令

④　省令

各省大臣が法律もしくは政令の特別の委任に基づいてそれぞれの機関の命令として発するのが省令である。（例）学校教育法施行規則，教科用図書検定規則など

⑤　告示・訓令・通達

各省大臣，各委員会及び各庁の長官が広く国民に公示するのが告示，所管の諸機関や職員に対して命令などする形式が訓令と通達である。（例）学習指導要領（告示）

⑥　地方公共団体の教育法規

普通地方公共団体は，法令に違反しない限りにおいて（中略）条例を制定することができる（地方自治法第 14 条）。（例）学校職員の定数・勤務等に関する条例など

普通地方公共団体の長は，法令に違反しない限りにおいて（中略）規則を制定することができる（地方自治法第 15 条）。

教育委員会は，法令又は条例に違反しない限りにおいて（中略）教育委員会規則を制定することができる（地方教育行政の組織及び運営に関する法律第 14 条）。（例）学校管理規則など

次に，教育課程を編成する上で重要な「教育基本法」と「学習指導要領」について述べる。

⑦　教育基本法（平成 18 年 12 月 22 日法律第

120 号）（抜粋）

　我々日本国民は，たゆまぬ努力によって築いてきた民主的で文化的な国家を更に発展させるとともに，世界の平和と人類の福祉の向上に貢献することを願うものである。

　我々は，この理想を実現するため，個人の尊厳を重んじ，真理と正義を希求し，公共の精神を尊び，豊かな人間性と創造性を備えた人間の育成を期するとともに，伝統を継承し，新しい文化の創造を目指す教育を推進する。

　ここに，我々は，日本国憲法の精神にのっとり，我が国の未来を切り拓く教育の基本を確立し，その振興を図るため，この法律を制定する。（前文）

［教育の目的］（第 1 条）

　教育は，人格の完成を目指し，平和で民主的な国家及び社会の形成者として必要な資質を備えた心身ともに健康な国民の育成を期して行われなければならない。

［教育の目標］（第 2 条）

　教育は，その目的を実現するため，学問の自由を尊重しつつ，次に掲げる目標を達成するよう行われるものとする。

一　幅広い知識と教養を身に付け，真理を求める態度を養い，豊かな情操と道徳心を培うとともに，健やかな身体を養うこと。

二　個人の価値を尊重して，その能力を伸ばし，創造性を培い，自主及び自律の精神を養うとともに，職業及び生活との関連を重視し，勤労を重んずる態度を養うこと。

三　正義と責任，男女の平等，自他の敬愛と協力を重んずるとともに，公共の精神に基づき，主体的に社会の形成に参画し，その発展に寄与する態度を養うこと。

四　生命を尊び，自然を大切にし，環境の保全に寄与する態度を養うこと。

五　伝統と文化を尊重し，それらをはぐくんできた我が国と郷土を愛するとともに，他国を尊重し，国際社会の平和と発展に寄与する態度を養うこと。

［学校教育］（第 6 条）

　法律に定める学校は，公の性質を有するものであって，国，地方公共団体及び法律に定める法人のみが，これを設置することができる。

2 前項の学校においては，教育の目標が達成されるよう，教育を受ける者の心身の発達に応じて，体系的な教育が組織的に行われなければならない。この場合において，教育を受ける者が，学校生活を営む上で必要な規律を重んずるとともに，自ら進んで学習に取り組む意欲を高めることを重視して行われなければならない。

［教員］（第 9 条）

　法律に定める学校の教員は，自己の崇高な使命を深く自覚し，絶えず研究と修養に励み，その職責の遂行に努めなければならない。

2 前項の教員については，その使命と職責の重要性にかんがみ，その身分は尊重され，待遇の適正が期せられるとともに，養成と研修の充実が図られなければならない。

［幼児期の教育］（第 11 条）

　幼児期の教育は，生涯にわたる人格形成の基礎を培う重要なものであることにかんがみ，国及び地方公共団体は，幼児の健やかな成長に資する良好な環境の整備その他適当な方法によって，その振興に努めなければならない。

［教育行政］（第 16 条）

　教育は，不当な支配に服することなく，この法律及び他の法律の定めるところにより行われるべきものであり，教育行政は，国と地方公共団体との適切な役割分担及び相互の協力の下，公正かつ適正に行われなければならない。

2 国は，全国的な教育の機会均等と教育水準の維持向上を図るため，教育に関する施策を総合的に策定し，実施しなければならない。

3 地方公共団体は，その地域における教育の振興を図るため，その実情に応じた教育に関する施策を策定し，実施しなければならない。

4 国及び地方公共団体は，教育が円滑かつ継続的に実施されるよう，必要な財政上の措置を講じなければならない。

［教育振興基本計画］（第 17 条）

　政府は，教育の振興に関する施策の総合的かつ計画的な推進を図るため，教育の振興に関する施策についての基本的な方針及び講ずべき施策その他必要な事項について，基本的な計画を定め，これを国会に報告するとともに，公表しなければならない。

2 地方公共団体は，前項の計画を参酌し，その地域の実情に応じ，当該地方公共団体における教育の振興のための施策に関する基本的な計画を定めるよう努めなければならない。

1.2　学習指導要領

　最初の学習指導要領は 1947 年（昭和 22 年）3 月に当時の文部省が刊行した「学習指導要領・一般編（試案）」である。当時は「教師各位はこれを参考にされて，もっと適切な方法を工夫して指導をいっそう効果あるようにする資料とされたい」「この書は不完全ではあってもこのようなことについての現場の研究の手引きになることを志したのであって

（略）」（序論）とされ，教師に対する指導助言的性格であった。法的な拘束力が言われるようになるのは 1955 年（昭和 33 年）の学校教育法施行規則第 52 条で「小学校の教育課程についてはこの説に定めるもののほか，教育課程の基準として文部大臣が別に公示する小学校学習指導要領によるものとする」と表記が改められ，「文部省告示」としてその全文が官報に掲載されるようになったことによる。

2.　教育課程の編成と行政

2.1　教育課程の編成の主体

　教育課程は「学校教育の目的や目標を達成するために，教育の内容を生徒の心身の発達に応じ，授業時数との関連において総合的に組織した各学校の教育計画である」（中学校学習指導要領解説―総則編―第 2 章　教育課程の基準―第 1 節教育課程の意義）。

　また，学校教育法第 48 条には「中学校の教育課程に関する事項は，（中略）文部科学大臣が定める」とあり，この法令にしたがって，文部科学大臣は学校教育法施行規則第 72 条において，「中学校の教育課程は，国語，社会，数学，理科，音楽，美術，保健体育，技術・家庭及び外国語の各教科，道徳，総合的な学習の時間並びに特別活動によって編成するものとする」と定めている。続く第 73 条で各教科，道徳，総合的な学習の時間並びに特別活動の授業時数等を別表第 2 に定めるとし，74 条で「中学校の教育課程については，この章に定めるもののほか，教育課程の基準として文部科学大臣が別に公示する中学校学習指導要領によるものとする」としている。

　さらに，この学習指導要領の第 1 章総則に「各学校においては，教育基本法及び学校教育法その他の法令並びにこの章以下に示すところに従い，生徒の人間として調和のとれた育成を目指し，生徒の心身の発達の段階や特性及び学校や地域の実態を十分考慮して，適切な教育課程を編成する」と教育課程の編成は各学校がするものであることが明記されている。

　すなわち，教育課程の編成は，教育基本法その他

の法令並びに学習指導要領にしたがって各学校が主体的に編成することが規定されている。

2.2　教育課程の届出

　実際の各学校における教育課程の編成は，学校の設置と管理者である各区市町村の教育委員会が定めている「学校管理規則」と「学習指導要領」に基づき各学校があらかじめ決められた書式に従って作成し，各区市町村教育委員会に届け出る。これによって，行政が各学校の編成した教育課程が法令に基づき適切に編成されているかの判断をするのである。

　届出の項目は，概ね次のようである。

1．教育目標
　(1)　学校の教育目標
　(2)　学校の教育目標を達成するための基本方針
2．指導の重点
　(1)　各教科，道徳科，特別活動，総合的な学習の時間
　　ア　各教科
　　イ　道徳科
　　ウ　特別活動
　　エ　総合的な学習の時間
　(2)　特色ある教育活動
　(3)　生活指導・進路指導
　　ア　生活指導
　　イ　進路指導
3．学年別授業日数及び授業時数の配当
　(1)　年間授業日数配当表
　(2)　各教科，道徳科，特別活動，総合的な学習の時間の年間授業時数配当表
4．年間指導計画

　この他に，総合的な学習の時間の指導計画，日課表などとともに，必要な資料を添付する。

○教育目標

(1)　学校の教育目標

学校の教育目標を定めるためには以下のような配慮が必要である。

①　学習指導要領の趣旨を生かしているか。

②　都道府県教育委員会，区市町村教育委員会の教育目標，各区市町村独自の教育ビジョンなどとの関連を図っているか。

③　生徒，学校，地域社会の実態に即したものになっているか。

④　学校評価に基づいて設定されているか。

(2)　学校の教育目標を達成するための基本方針

学校の教育目標を達成するための基本方針を立てる際には以下のような配慮が必要である。

①　学習指導要領総則の第１「中学校教育の基本と教育課程の役割」などの規定を踏まえ，その趣旨の実現を図っているか。

②　学校教育全体や各教科等における指導を通して育成を目指す資質・能力を踏まえつつ，教育課程の編成についての基本的な方針が家庭や地域とも共有されるよう努めているか。

③　各学校の特色を生かし，学習の基盤となる資質・能力（言語能力，情報活用能力（情報モラルを含む），問題発見・解決能力など）や現代的な諸課題に対応して求められる資質・能力（豊かな人生の実現や災害などを乗り越えて次代の社会を形成すること）を教科等横断的な視点で育成する方針になっているか。

④　小学校教育までの学習の成果や高等学校教育及びその後の教育学校段階間の接続に配慮した方針になっているか。

⑤　学校保健計画，学校安全計画，食に関する指導の全体計画，いじめの防止などのための対策に関する基本的な方針など，各分野における学校の全体計画などとの関連に留意した方針になっているか。

⑥　学校評価や学校評議員の活用など学校を開くための基本方針が示されているか。

○指導の重点

(1)　教科，道徳科，特別活動，総合的な学習の時間

ア　各教科

①　各教科等の目標及び学校の教育目標を達成するための基本方針に基づいて指導の重点が記入されているか。

②　授業時数等及び指導計画が学習指導要領総則の第１「中学校教育の基本と教育課程の役割」，第２「教育課程の編成」及び第３「教育課程の実施と学習評価」の規定に基づいているか。

③　主体的・対話的で深い学びの実現に向けた授業改善を目指す指導の重点が明確に示されているか。

④　妥当性や信頼性を高め，学年や学校段階を越えて生徒の学習の成果が円滑に接続されるような学習評価の工夫が示されているか。

イ　道徳科

①　よりよく生きるための基盤となる道徳性を養うため，学校の教育活動全体を通じて行う道徳教育の重点が実態に即して示されているか。

②　道徳科の充実を図る指導の重点は示されているか。

ウ　特別活動

①　各教科及び道徳との関連や特別活動の各内容の関連が図られているか。

②　「望ましい集団生活」「個性の伸長」「人間としての生き方」などの狙いが，学校の実態に即し，自主的，実践的な活動として示されているか。

エ　総合的な学習の時間

①　学校における狙い，名称，内容，指導体制の工夫などが具体的に示されているか。

②　「課題解決学習」であることを押さえ，特別活動との違いを明確にしているか。

(2)　特色ある教育活動

生徒，学校，地域社会の実態に即した創意を生かした教育活動の重点が示される。

(3)　生活指導・進路指導

ア　生活指導

学校の教育目標を達成するための基本方針に基づき，生徒，学校及び地域の実態に即して，生活指導において特に重点的に指導する内容，方法について記述されているか。

イ　進路指導

生徒が，社会的・職業的自立に向けて必要な基盤となる資質・能力を身に付けるよう，キャリア教育

の充実を図る中で，生徒が自らの生き方を考え主体的に進路を選択することができるよう，組織的かつ計画的な進路指導の重点が記述されているか。

　○学年別授業日数及び授業時数の配当

(1)　年間授業日数配当表

　授業日数が学年によって異なる場合の理由（3学年の卒業式後の処置などや開校記念日など）が記入されているか。

(2)　各教科，道徳，特別活動，総合的な学習の時間の年間授業時数配当表

　①　1単位時間が記入されているか（中学校の1単位時間は50分である。）

　②　弾力的な運用（各教科等の特質に応じ，10分から15分程度の短い時間を活用して特定の教科等の指導を行った場合など）

　○年間行事計画

　ここには，特別活動の学校行事として行う儀式的行事，文化的行事，健康安全・体育的行事，旅行・集団宿泊的行事，勤労生産・奉仕的行事及びこれに準ずるものを月日ごとに記入する。

　＊他にも留意事項として細かな書き方の注意があるが文言の定義に関するものが多い。
　　（例）「振替休業日」：代休，振休とは書かない。
　　　「開校記念日」：創立記念日などと書かない。
　　避難訓練，安全指導は原則として月一回以上実施する。また，避難訓練と安全指導は同一日には実施しないこと。3月の避難訓練は卒業式前に実施するなど。

2.3　教育課程の実施と行政

　各学校で編成された教育課程は，各市町村の教育委員会で受理され，各学校での実施となる。実施のための教職員の配置と教育予算の令達は行政（教育委員会）の重要な仕事である。

(1) 教職員定数と学級編制

　教育課程の実施は校長をはじめとして各学校の教員が担当する。学校教育法第7条には，「学校には，校長及び相当数の教員をおかなければならない」とある。配置すべき教員及び職員の総数である教職員定数は，「公立義務教育諸学校の学級編成及び教職

員定数の標準に関する法律（以下，「義務標準法」）」で規定されており，基礎定数と加配定数から成る。

　基礎定数は，教職員定数のうち，学級数，学校数，児童・生徒数などに応じて機械的に算定される。これに対し，加配定数は，いじめ対応など，特別な配慮が必要な政策課題に応じて，毎年の予算折衝の中で措置され，教職員定数に加算される。

　基礎定数の大部分は，学級数に応じて算定されるが，1学級における児童・生徒の人数の目安となる「学級編制の標準」を基にして決定される（義務標準法第3条）。現在，公立小・中学校では学級編制の標準は40人（小学校第1学年の学級は35人）である。この学級編制の標準に基づき，学級数が決定される。この標準については従来，文部科学省は，法定の40人という標準を厳格に守るように都道府県に指導してきたが，平成13年の義務標準法改正により，都道府県が，児童・生徒の実態を考慮して特に必要があると認める場合に，法定の学級編制の標準を下回る学級編制の「基準」を定めることができるようになった（例：国の標準を下回る35人を県内の学級編制の基準とするといった弾力的な運用が可能）。小・中学校などの設置者である市町村教育委員会は，この都道府県の「基準」に基づいて，具体的な学級編制を行っている。

　教職員定数と学級編制は密接に関連しており，国は7次にわたる「公立義務教育諸学校の教職員定数改善計画」により改善を図ってきた。平成13～17年度の第7次改善計画では，少人数指導のための定数加配，教頭の複数配置の拡充などを図ったが，その後は，児童・生徒数の減少などを背景に計画は策定されておらず，教職員定数の改善は複数年の計画ではなく単年度措置によって実施されている。

(2) 教育予算

　教育課程を実施するためには，相当の予算が必要となる。教育基本法第16条第4項に「国及び地方公共団体は，教育が円滑かつ継続的に実施されるよう，必要な財政上の措置を講じなければならない」とある。表4.1は全国と4つの都道府県（a～d，埼玉県，千葉県，東京都，長野県）の教育費である。

表 4.1　教育費（都道府県負担分）

都道府県	学校教育予算総額（円）	総予算額に対する教育費の比率（％）	中学生1人あたりの経費（円）
全国	10,598,294	21.2	1,043,471
a	493,555	30.2	897,066
b	443,491	27.5	993,073
c	935,406	15.1	1,212,504
d	189,138	22.8	1,061,720

出典：歳出総額と教育費（平成25年度決算額）－都道府県別－全国都道府県教育委員会連合会

2.4　教育課程の管理・評価と行政

　各学校で編成された教育課程は，校長の学校経営という形で具現化され各学校において実施されるが，その実施者は教職員である。教職員の任命権者である教育委員会はこうした実践を公正に評価し，任用，給与，分限その他の人事管理の基礎として活用することが平成28年4月に施行された地方公務員法第23条で規定されている。

（1）人事評価制度

　人事評価制度は，意欲や資質の向上，能力開発といった人材育成や適材適所の配置などの適正な人事管理を実現し，学校が活力ある組織としての総合力を発揮することなどが目的であり，①評価方法として「能力評価」と「業績評価」の両方で実施，②評価項目，基準，実施方法などの明示，③自己申告，面談，結果の開示というプロセスで実施，④各評価者への研修など評価者訓練を実施，⑤評価に関する苦情に対応する仕組みを整備，といった基本的な仕組みで構成される。

　「能力評価」は，職員の職務上の行動などを通じて企画立案，専門知識，協調性，判断力など顕在化した能力を評価するものである。また，「業績評価」は，年度初めに具体的な業務の目標を設定し期末に職員が果たすべき職務をどの程度達成したかを把握しその達成度を評価するものである。

（2）学校評価

　各学校は，学校運営や教育活動をどのように果たしているのか学校評価を通じて可能な限り客観的，総合的に把握し，分析を行い，その結果に基づいて

改善策を講じ，自校の教育内容の一層の充実に資する必要がある。

　平成10年，中央教育審議会は答申，「今後の地方教育行政の在り方について」の中で，学校が公教育の機関として家庭や地域社会の要請を踏まえ，自主的，自律的に特色ある教育活動を展開できるようにするため，学校裁量権の拡大，学校運営組織の見直し，地域住民の学校運営への参画などを提言した。

　平成14年4月，学校設置基準が施行され，学校の自己評価の実施と結果の公表についての努力規定及び積極的な情報提供についての規定が設けられ，文部科学省は同年度から「公立学校における学校評価及び情報提供の実施状況」の調査を開始し，平成18年3月には，学校評価の目的，実施方法，結果の公表などについてまとめた「義務教育諸学校における学校評価ガイドライン」を公表した。また，平成19年10月には，学校教育法施行規則を一部改正し明確な規定を行った。これを受けて平成20年には，従前のガイドラインについて，記述を全面的に見直すとともに，従前は含まれていなかった高等学校を対象に追加，平成22年には学校の第三者評価の在り方に関する記述を充実，平成28年には，義務教育学校並びに小中一貫型小学校及び小中一貫型中学校が発足することを踏まえ，小中一貫教育を実施する学校における学校評価の留意点を示したガイドラインを公表している。

> （第66条）小学校は，当該小学校の教育活動その他の学校運営の状況について，自ら評価を行い，その結果を公表するものとする。
> （第67条）小学校は，前条第1項の規定による評価の結果を踏まえた当該小学校の児童の保護者その他の当該小学校の関係者（当該小学校の職員を除く。）による評価を行い，その結果を公表するよう努めるものとする。
> （第68条）小学校は，第66条第1項の規定による評価の結果及び前条の規定により評価を行つた場合はその結果を，当該小学校の設置者に報告するものとする。

　これらの規定は，同第79条によって，中学校にも準用され，各中学校は，同第68条の規定により教育課程の実施状況と密接に関連する自己評価を教育委員会に報告することが義務付けられている。

2.5　学校評価の具体的実施手順

①　自己評価

学校評価の最も基本となるものであり，校長のリーダーシップの下で，当該学校の全教職員が参加し，設定した目標や具体的計画などに照らして，その達成状況や達成に向けた取組みの適切さなどについて評価を行う。

②　学校関係者評価

保護者，学校評議員，地域住民，青少年健全育成関係団体の関係者，接続する学校（小学校など）の教職員その他の学校関係者などにより構成された委員会などが，その学校の教育活動の観察や意見交換などを通じて，自己評価の結果について評価することを基本として行う。

③　第三者評価

学校と教育委員会などが実施者となり，学校運営に関する外部の専門家を中心とした評価者により，自己評価や学校関係者評価の実施状況も踏まえつつ，教育活動その他の学校運営の状況について，専門的視点から評価を行う。

第3部
学習・評価編

第1章　技術科の指導計画

1. 指導計画の分類

「指導計画」とは，各教科，学年，単元，個々の授業ごとの活動計画である。それに対して，「教育課程」は，学校における教育内容の全体計画と規定し，両者を区別している。

この「指導計画」は，指導単位の期間により大別すると，次の3種類がある。

① 3年間を見通した全体的な指導計画
② 題材単位または年間の指導計画
③ 授業単位の指導計画

①の「3年間を見通した全体的な指導計画」は，学校の教育目標や教科の目標を達成するために，地域，学校および生徒の実態などを考慮し，学習内容，授業時数，指導項目の学年配置などを定めて作成する。

②の「題材単位または年間の指導計画」は，「3年間を見通した全体的な指導計画」に基づき，学習活動・内容，指導上の留意点，評価の観点や規準，評価の方法や時期などを定め作成する。題材単位の他に1年間を単位とした年間指導計画を作成する場合もある。

③の「授業単位の指導計画」は，授業案や学習指導案とも呼ばれ，各授業単位の具体的な指導計画のことである。指導する各学級の生徒の実態および社会や教科の系統上の要求を踏まえ，授業の目標を定め，指導時間ごとの生徒の学習活動や教師の指導・支援活動，評価活動など，細かい内容まで考慮して作成する。

2. 指導計画作成のための実態把握

各学校で，地域，学校および生徒の実態に応じた指導計画を作成するためには，技術・家庭科に関連する実態の把握が重要である。

(1) 地域の実態

① 地域の産業の特徴（伝統産業，文化財などの地域の特徴など）
② 地域や校区の産業状況（農業地域，水産地域，工業地域，商業地域，住宅地域など）
③ 連携可能な施設の有無（博物館，工芸館，農業高校，高等専門学校，各種試験場，養殖場など）
④ 連携可能な人材の有無（ゲストティーチャーや専門的な指導助言者など）
⑤ 題材として活用できる地域素材の有無
⑥ 実習材料の地域での入手の難易

⑦ 技術科教育に対する関心度
⑧ 地域の気候風土，景観，民俗学的な伝統文化など

(2) 学校の実態

① 施設・設備（技術科教室，コンピュータ室の数と面積，インターネットの通信速度，工作機械・工具の種類と管理状況，生物育成施設の有無）
② 生徒数（学校規模，学級数，学級の生徒数）
③ 指導体制（技術分野と家庭分野の指導教員数，免許外担当者の状況，技術・家庭科の教師の教科外授業時数や校務分掌，複数校の兼務の有無など）
④ 学校の教育課程（総合的な学習の時間，情報教育，環境教育，消費者教育，キャリア教育な

ど）

⑤　家庭分野や他教科（理科や美術など），小中
または中高の一貫教育や連携の有無

（3）生徒の実態

①　小学校での体験（小学校家庭科や図画工作
科，総合的な学習の時間における製作体験や情
報機器の操作体験，プログラミング教育の実
態，具体的な使用工具の種類，コンピュータ操
作技能など）

②　学校外での体験（地域のものづくり教室やプ
ログラミング教室などへの参加状況，家庭での
活動状況）

③　生徒の興味・関心（生徒の各学習内容に対す
る興味・関心，注意力や集中力の持続性）

④　前年度の教科の学力評価（学力の傾向や問題
点，重点指導内容）

⑤　家庭での生活習慣や生活環境

⑥　特別な支援を要する生徒の状況

3. 指導計画の作成

指導計画の作成にあたっては，法令や学習指導要
領「総則」および教科の目標・分野の目標を踏まえ，
「指導計画の作成と内容の取り扱い」に従い作成す
る。なお，平成20年3月に告示された学習指導要
領（以下，「現行の学習指導要領」と言う）及び平成
29年3月に告示された学習指導要領（以下，「新学
習指導要領」と言う）では，「指導計画の作成に当たっ
て次の事項に配慮する」として表1.2（別頁）に示
す通り指導計画作成上の配慮事項が決められてい
る。現行の学習指導要領より，新学習指導要領の配
慮事項が多岐で詳細なものとなった。「各学校にお
いては，これらの趣旨を踏まえ，これまで以上に地
域や学校および生徒の実態などを考慮し，創意工夫
を生かしつつ，全体として調和のとれた具体的な指
導計画を作成する」ことが重要である。なお，新学
習指導要領は，中学校では平成33年度から全面実
施される。このため，平成30〜32年度が移行期
間として先行実施される。

図1.1は，各学校が作成した教育課程をもとに，
技術・家庭科の指導計画を作成する手順を示してい
る。教育課程で決められた，各教科に割り当てられ
た授業時数や総合的な学習の時間の内容について確
認し，それらに対応した指導計画を検討する必要が
ある。指導計画の作成は，教科主任を中心に，技術・
家庭科を担当する教師により組織された構成員で行
う。3年間を見通した全体的な指導計画の原案作成
時期は，前年度が望ましい。前年度末までに，次年
度に入学する学年を対象とする，3年間を見通して

指導計画を立案した後，新年度を迎え，新しい指導
体制になった当初に点検や見直しを行い決定する。
この場合，上級学年との関連を考慮し，3学年全体
での指導に支障がないかどうかなどを検討すること
が必要となる。

---

①　指導計画作成の基本的な考え方の確認
• 法令や中学校学習指導要領の「総則」，技術・家庭科
の目標，各学校の教育目標などを確認

⇩

②　技術・家庭科に関する生徒の実態などの把握
• 地域，各学校の実態の把握
• 生徒の発達段階や生活経験などの実態の把握

⇩

③　教科の指導方針の確認
• 技術・家庭科の指導を通して育てたい生徒像や指導方
針の確認

⇩

④　各学校の教育課程の確認
• 技術分野・家庭分野の授業時数の確認
• 総合的な学習の時間の内容の確認

⇩

⑤　3年間を見通した全体的な指導計画の構想
• 技術分野・家庭分野の指導項目，題材の決定
• 題材の授業時数，学年配置の決定

⇩

⑥　3年間を見通した全体的な指導計画の作成

⇩

⑦　題材単位または年間の指導計画の作成

⇩

⑧　授業単位の指導計画の作成

図 1.1　指導計画作成手順の一例

4. 指導計画の実際例

新学習指導要領による「3 年間を見通した全体的な指導計画の例」を表 1.1 に示す。本章は，これらの指導計画を作成するにあたっての検討事項や留意事項である。

表 1.1　各学年で取り扱う各内容の要素例

学年	材料と加工	生物育成	エネルギー変換	情報
1 年	(1)(2)(3)			(1)(2)
2 年		(1)(2)(3)	(1)(2)	
3 年			(3)	(3)(4)

4.1　3 年間を見通した全体的な指導計画の作成

(1) 家庭分野との時数配分

技術分野と家庭分野を，3 年間で偏りのない時数配分にするには，どの学年も等しく配当する場合や，学年により比重を変え，3 年間を通すとほぼ等しい配当になる場合が考えられる。各学年とも同じ割合で配当している事例が多いが，たとえば技術分野を第 1 学年で 45 時間，第 2 学年で 25 時間履修させることも可能である。この場合，同一学年に集中的に時間が確保できるため，時間をかけたい題材に取り組ませることができる。技術分野と家庭分野の時数配分は同程度としても，特に，第 3 学年については，評価を実施する時期や時点までに両分野をバランスよく履修するように配当する配慮しなければならない。第 3 学年については，高校の入学試験に必要となる各学年の成績のためにいったんその時までに第 3 学年の評価を行うことがある。その時点までで，どちらかの分野に大きな偏りがあると評価にも偏りが影響する可能性がある。このため，事前に評価の時期を見越して指導計画を検討する必要がある。なお，第 3 学年については，改めて再度学年末の評価を行うことは言うまでもない。

(2) 各学年の指導内容

新学習指導要領では，「その際，各学年において，技術分野及び家庭分野のいずれも履修させること」となり，3 年間を通した，技術分野と家庭分野のバランスの他に，どの学年においても，必ず両方の分野を指導するよう定められた。

(3) 実施の順序と時期

現行の学習指導要領の場合，技術分野の内容の「A 材料と加工に関する技術」の（1）については，小学校図画工作科などの学習を踏まえ，中学校における学習の見通しを立てさせるために，第 1 学年の最初（技術分野の最初）に履修させることとなっていた。新学習指導要領では，「第 1 学年の最初に扱う内容では，3 年間の技術分野の学習の見通しを立てさせるために，内容の「A 材料と加工の技術」から「D 情報の技術」までに示す技術について触れること」となり，いわゆる現行の学習指導要領のガイダンスにあたる取扱いを廃止し，第 1 学年の最初に指導する内容 A ～ D いずれかの「生活や社会を支える技術」において同様の内容を行うよう変更された。

さらに，内容 A，B，C の（2）および D の（3）について，「第 3 学年で取り上げる内容では，これまでの学習を踏まえた統合的な問題について扱うこと」と示され，第 3 学年で履修する内容の「技術による問題解決」は，生活や社会における総合的な問題を解決するためのものづくりなど，他の内容の技術も含めた統合的な問題を取り扱うことが追加されている。つまり，第 3 学年で取り扱う内容においては，技術を活用した製作・制作・育成の活動が，他の内容も含めた統合的な問題を解決する問題解決となった。

その他の履修学年については，各内容の「技術による問題解決」における資質・能力の質的変化を踏まえ決定する必要がある。すなわち，問題の解決は，既存の技術を評価，選択，管理・運用することで解決できる問題から，改良，応用しなければ解決できない問題へと，解決に必要となる資質・能力の発達などを考慮することである。その他，地域や学校の実態，生徒の発達段階や興味・関心，分野間および他教科などとの関連を考慮し，3 年間にわたる全体的な指導計画に基づき各学校で適切に定めるようにするとしている。また，各分野の内容 A から D の

項目については，生徒の発達段階や各項目の系統性や発展性を考慮して，「適切な時期に分散して履修」，「特定の時期に集中して履修」，「3年間を通して分散して履修」させる場合がある。たとえば，「B 生物育成の技術」について，理科などの関連する教科などとの連携を考慮して，適切な時期に分散して履修させる場合，特定の時期に集中して履修させる場合，3年間を通して履修させる場合などがあった。同様に，「D 情報の技術」については，表1.1に示すように小学校で行われるプログラミング教育との系統性を踏まえ，「生活や社会を支える技術」や「ネットワークを利用した双方向性のあるコンテンツのプログラミング」による問題解決を第1学年で実施し，「生活や社会における問題を，計測・制御のプログラミングによって解決する活動」をこれまでの学習を踏まえた統合的な問題として最終学年に実施するなど分散して履修させることが有効な場合もあろう。ただし，「項目に示す事項」は分散させず，学習のまとまりとして履修させることが望ましい。

（4）同一学年内の学習内容の配置

　学習内容の学年配置には，大きく分けて3つのタイプがある。1つは1学年に1学習内容を配置する単独型，2つ目は1学年に複数の学習内容を配置する複合型，そして1学年に複数の学習内容を関連づけながら授業を進める融合型である。しかし，現行の学習指導要領では，中学校の3年間で4つの内容を指導するため，必ずいずれかの学年に複合型または融合型が含まれていた。

　新学習指導要領の場合も，4つの学習内容を3年間で学習するため，すべての学年を単独型で実施することは不可能である。そのため，表1.1に示すように1つの学年に複数の学習内容が配置されるとともに，いくつかの学習内容は2学年以上に分散されることになる。このことから，現行の学習指導要領に引き続き，複合的，融合的な題材設定が求められると言える。たとえば「C エネルギー変換の技術」で，（2）生活や社会における問題を，エネルギー変換の技術によって解決する製作題材として，ロボットの製作を履修する場合，「A 材料と加工の技術」の（2）生活や社会における問題を，材料と加工の技術によって解決する活動や，「D 情報の技術」の（3）生活や社会における問題を，計測・制御のプログラミングによって解決する活動との関連を図り題材を設定することが考えられる。このように，複合型や融合型の指導計画は，指導項目を相互により有機的・総合的に展開できるため，系統的な学習の実現と効率的な授業展開（授業時数の短縮）が可能となる。これは，「第3学年で取り上げる内容では，これまでの学習を踏まえた統合的な問題について扱うこと」にもつながる。

（5）1単位時間の配分

　通常は，1単位時間の授業は，1つまたは当該内容に関連した2つ程度の指導目標に基づき行われる。しかし，50分間の標準時間を2つに分け，2つの内容を指導することも可能である。さらに，2時間連続の授業を設定し，そのはじめの部分と，後半の部分で別の内容を指導することが考えられる。たとえば，授業の最初の数分間に「B 生物育成の技術」の内容を指導し，残りの時間つまり，50分（あるいは2時間連続の場合は100分間）から「B 生物育成の技術」の内容に費やした時間（分）を減じた時間（分）をA，C，Dのいずれかの内容を指導することが考えられる。具体的には，「B 生物育成の技術」について，栽培活動の実習などにおいて1単位時間すべてをその作業に当てるより，短時間を繰り返し継続した方が，学習効果が得られる場合に用いられる。この場合，「B 生物育成の技術」に要する時数は，10分×5回=50分で1単位時間を指導したこととして計算する。このことについて，「新学習指導要領総則第2 教育課程の編成 3 教育課程の編成における共通的事項」には，「ウ　各学校の時間割については，次の事項を踏まえ適切に編成するものとする」として，その中に，「(イ)　各教科等の特質に応じ，10分から15分程度の短い時間を活用して特定の教科等の指導を行う場合において当該教科等を担当する教師が単元や題材など内容や時間のまとまりを見通した中で，その指導内容の決定や指導の成果の把握と活用等を責任を持って行う体制が整備されているときは，その時間を当該教科等の年間授業時数に含めることができること」と明示してあることに留意する。

（6）各内容の構成要素と配列

　現行の学習指導要領学習指導要領解説技術・家庭編には，技術分野の内容 A 〜 D それぞれの冒頭部分に，「この学習内容は，……」に続く 2 文目から「(1) では，……(2) のア，イでは……」とした指導の順序を想定した記載があったため，基本的にはその想定された指導順序を指導計画作成の参考にすべきであった。新学習指導要領では，各内容に，「授業時数と履修学年については，生徒の発達の段階や興味・関心，地域や学校の実態，他教科等との関連を考慮し，分野目標の実現を目指した 3 学年間にわたる全体的な指導計画に基づき各学校で適切に定めるようにする」とされた。また，各内容を図 1.2 に示すとおり，「生活や社会を支える技術」，「技術による問題の解決」，「社会の発展と技術」の 3 つの要素で構成し，技術分野の学習段階を整理している。技術分野が育成を目指す資質・能力を身につけるために，各内容は，この 3 つの構成要素による学習過程をたどるが，各要素が有機的なつながりを有していることから，生徒の学習状況に応じて，各構成要素間を往来する場合もあろう。なお，これまで「技術を活用した製作・制作・育成」の呼称が「技術による問題解決」と変更され，単なるものづくりとは異なることが強調された。

　ところで，表 1.3 に示す通り，新学習指導要領解説技術・家庭編には，前述した内容ごとの各要素について，学習活動が例示されている。特に，情報の技術について，第 3 学年で取り扱う内容の「技術の問題解決」にはこれまでの学習を踏まえた統合的な問題の学習活動が例示として示されている。この例示を踏まえて，表 1.1 の年間指導計画例は，内容「D 情報の技術」における「技術のものづくり」の(3) を第 3 学年に配置したものである。このように，新学習指導要領解説にある例示（表 1.3）を指導計画立案の参考とすることもできる。

4.2　題材単位または年間の指導計画

　「3 年間の全体的な指導計画」の作成後，表 1.4 に示すような，「題材単位の指導計画」または「年間の指導計画」を作成する。具体的には，指導目標，指導項目，指導順序，配当時間，指導方法，製作題材，評価規準，評価計画，評価方法，教材・教具，使用する工作機械や道具，工具，治具などを定めて作成する。

　学習指導要領に示された「教科の指導目標および指導項目」から指導する項目を選定し，次にその指導の順序を決定する。この場合，理論的な学習と実践的な学習の順序を生徒の実態などを考慮して決定する。さらに，実践的・体験的な学習活動を中心とした題材を設定することや，問題解決的な学習を授業に導入することも重要である。「3. 指導計画の作成」の冒頭にも示したように，技術・家庭科という

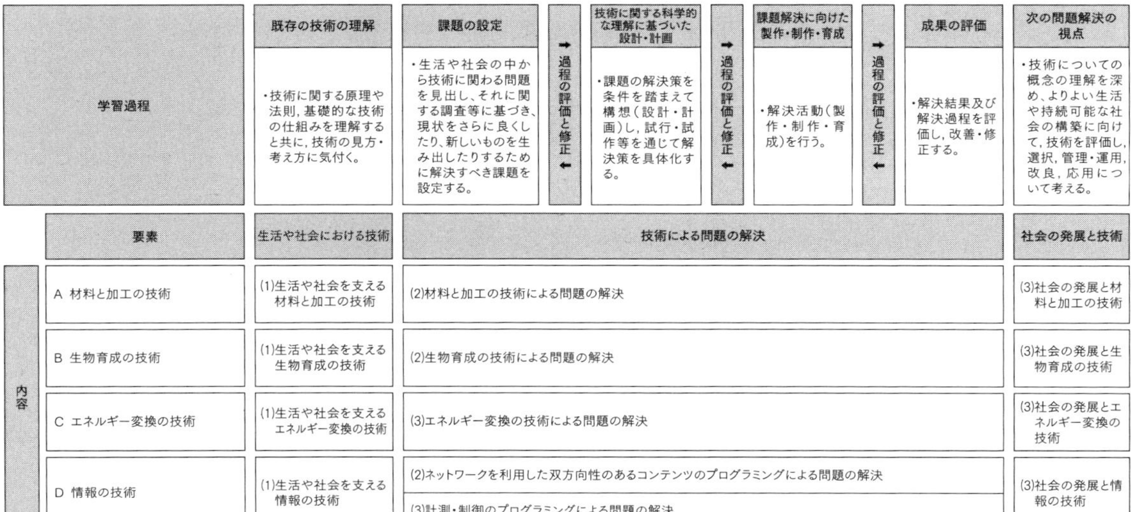

図 1.2　技術分野の学習過程と，各内容の 3 つの要素及び項目の関係（改変）

教科だけでなく教育活動全体を通じて，学校教育法30条2項に示された学力の3要素を意識し，さらに，主体的・対話的で深い学びの実現に向けた授業改善など学習指導要領総則にある事項などを実現しなければならない。したがって，指導計画の段階から，これらの内容を含んだ指導目標を立て内容や方法，順序などを決定しなければならない。本教科の指導項目は，情報教育，環境教育，消費者教育，キャリア教育，安全教育など，学校全体の教育課程と深く関わっている。そのため，指導項目を決定する場合，他教科や総合的な学習の時間での履修内容を考慮した選定が求められる。

　新学習指導要領の場合，すべての内容・項目が必修であるため，3年間を通した学習の中ですべての項目を履修させることが求められる。この時，どの題材でどの項目を履修させるか確認する必要がある。チェックリストなどを作成し，学習項目の履修漏れや大きな重複がないように留意する。

　各内容に配当する授業時数については，新学習指導要領には明記していないが，それぞれの内容に示された項目数，全体の授業時数などから判断すると，「A 材料と加工の技術」は20〜30時間程度，「B 生物育成の技術」は10〜15時間程度，「C エネルギー変換の技術」は20〜25時間程度，「D 情報の技術」は25〜30時間程度が妥当であると考えられる。さらに，第1学年の最初に扱う内容の「(1) 生活や社会を支える技術」には，現行のガイダンス同様，内容Aから内容Dまでに示す技術に触れながら指導を行うことが規定された。また，第

3学年で取り上げる内容の「(2) 及びD(3) 技術による問題解決」では，これまでの学習を踏まえた統合的な問題について扱うことが規定された。

4.3　授業単位の指導計画

　先にも述べたが，授業単位の指導計画（本節では，「学習指導案」と言う）は，授業案や学習指導案とも呼ばれる各授業単位の具体的な指導計画のことである。指導する各学級の生徒の実態および社会や教科の系統上の要求を踏まえ，授業の目標を定め，題材を選択して，指導時間ごとの教師の指導・支援活動や生徒の学習活動，評価活動など，細かい内容まで考慮して作成する。

　1単位時間の学習指導案の例を図1.3（別頁）に示す。学習指導案は，年間の指導計画の一部であるため，まず，題材全体の計画と本時がどのような関係にあるかを示す。次に，指導者が題材をどのように捉えているのか（題材観），より詳しい生徒の実態（生徒観），1時間の指導をどのように進めるか（指導観）などを記載する。さらに，評価計画などを盛り込んだうえで，本時の目標および指導内容が示されなければならない。学習内容は，本時の目標を達成するため，論理的・系統的に進めなければならない。また，指導上の留意点として，教師の働きかけに対し予想される生徒の反応，その反応に応じた教師の指導・支援が計画されていることが望ましい。学習指導案にこれらの事項が盛り込まれていれば，実際の授業を計画通り進めることができるであろう。

5. 指導計画の作成と運用の留意点

　学習指導要領の大綱化，柔軟化により，各学校が創意工夫して指導計画を作成することが可能である。学習指導要領などで示された基準を踏まえながら，各学校の実態に応じた指導計画の作成が重要である。しかし，学校に作成の裁量権がある分，立案に対する責任もある。教師には，「地域，学校および生徒の実態をどのように捉えて，生徒にどのような力を育成するために計画を立てたのか」という結果も問われている。教師個人の，教育観や教科観，指導観，生徒観だけで作成することなく，生徒や学

校の状況などを多面的，総括的に把握して，「教育の専門家」としての自覚と責任を持ち「指導計画」を作成する必要がある。

　一方，種々の要因を考慮した後に作成された指導計画は，ややもするとそれが絶対的なものとして，固定的な見方で取り扱われることがある。しかし，生徒の学習の状況が当初の見通しと異なってきた場合には，指導の効果を上げるために学習内容を一部修正したり，配当時間を変更したりするなど，弾力的に実施できる幅を持った指導計画の作成と運用が

大切である。この場合，当初の計画と実際の運用との相違については，次年度以降の指導のため，実施記録を残すなどして，計画と実際の指導内容の違い

を明確にしておく必要がある。また，どういう事情によって変更や修正を行ったのかを検証し，次年度以降の計画に生かすことが求められる。

表 1.2　現行および新学習指導要領の「指導計画の作成と内容の取扱い」

現行学習指導要領	新学習指導要領
（1）技術分野及び家庭分野の授業時数については，3学年間を見通した全体的な指導計画に基づき，いずれかの分野に偏ることなく配当して履修させること。その際，家庭分野の内容の「A 家族・家庭と子どもの成長」の（3）のエ，「B 食生活と自立」の（3）のウ及び「C 衣生活・住生活と自立」の（3）のイについては，これら3事項のうち1又は2事項を選択して履修させること。 （2）技術分野の内容の「A 材料と加工に関する技術」から「D 情報に関する技術」並びに家庭分野の内容の「A 家族・家庭と子どもの成長」から「D 身近な消費生活と環境」の各項目に配当する授業時数及び履修学年については，地域，学校及び生徒の実態等に応じて，各学校において適切に定めること。その際，技術分野の内容の「A 材料と加工に関する技術」の（1）及び家庭分野の内容の「A 家族・家庭と子どもの成長」の（1）については，それぞれ小学校図画工作科，家庭科などの学習を踏まえ，中学校における学習の見通しを立てさせるために，第1学年の最初に履修させること。 （3）各項目及び各項目に示す事項については，相互に有機的な関連を図り，総合的に展開されるよう適切な題材を設定して計画を作成すること。その際，小学校における学習を踏まえ，他教科等との関連を明確にして，系統的・発展的に指導ができるよう配慮すること。 （4）第1章総則の第1の2及び第3章道徳の第1に示す道徳教育の目標に基づき，道徳の時間などとの関連を考慮しながら，第3章道徳の第2に示す内容について，技術・家庭科の特質に応じて適切な指導をすること。	（1）題材など内容や時間のまとまりを見通して，その中で育む資質・能力の育成に向けて，生徒の主体的・対話的で深い学びの実現を図るようにすること。その際，生活の営みに係る見方・考え方や技術の見方・考え方を働かせ，知識を相互に関連付けてより深く理解するとともに，生活や社会の中から問題を見いだして解決策を構想し，実践を評価・改善して，新たな課題の解決に向かう過程を重視した学習の充実を図ること。 （2）技術分野及び家庭分野の授業時数については，3学年間を見通した全体的な指導計画に基づき，いずれかの分野に偏ることなく配当して履修させること。その際，各学年において，技術分野及び家庭分野のいずれも履修させること。家庭分野の内容の「A 家族・家庭生活」の（4），「B 衣食住の生活」の（7）及び「C 消費生活・環境」の（3）については，これら3項目のうち，1以上を選択し履修させること。その際，他の内容と関連を図り，実践的な活動を家庭や地域などで行うことができるよう配慮すること。 （3）技術分野の内容の「A 材料と加工の技術」から「D 情報の技術」まで，及び家庭分野の内容の「A 家族・家庭生活」から「C 消費生活・環境」までの各項目に配当する授業時数及び各項目の履修学年については，生徒や学校，地域の実態等に応じて，各学校において適切に定めること。その際，家庭分野の内容の「A 家族・家庭生活」の（1）については，小学校家庭科の学習を踏まえ，中学校における学習の見通しを立てさせるために，第1学年の最初に履修させること。 （4）各項目及び各項目に示す事項については，相互に有機的な関連を図り，総合的に展開されるよう適切な題材を設定して計画を作成すること。その際，生徒や学校，地域の実態を的確に捉え，指導の効果を高めるようにすること。また，小学校における学習を踏まえるとともに，高等学校における学習を見据え，他教科等との関連を明確にして系統的・発展的に指導ができるようにすること。さらに，持続可能な開発のための教育を推進する視点から他教科等との連携も図ること。 （5）障害のある生徒などについては，学習活動を行う場合に生じる困難さに応じた指導内容や指導方法の工夫を計画的，組織的に行うこと。 （6）第1章総則の第1の2の（2）に示す道徳教育の目標に基づき，道徳科などとの関連を考慮しながら，第3章特別の教科道徳の第2に示す内容について，技術・家庭科の特質に応じて適切な指導をすること。

表1.3　新学習指導要領技術・家庭編にある，技術分野の内容ごとの各要素に関する学習活動の例示

内容A　材料と加工の技術	(1)	机などの家具や，アルミ缶・ペットボトルなどの飲料用容器，衣料などの身の回りの製品に利用されている材料の製造技術や加工技術，世界最古の木造建築である法隆寺などの建築技術やたたら製鉄といった日本古来の製鉄技術，現代の住宅や高層建築物における耐震・制震・免震構造や防災の技術について，それが用いられた製品を観察したり，開発の経緯などを調べたりすることを通して，製品や構造物の目的に合わせて材料を改良したり，材料の形状や材料同士の構造の組み合わせを変えたりするなどの，開発者が設計に込めた意図を読み取らせること。
	(2)	家庭生活や学校生活における材料に関わる身近な不便さについて考えたり，既存の製品の改善の余地を考えたり，自然環境の保全や防災などに関わる社会的な問題について考えたりして，利便性，環境負荷，安全性などに関する問題を見いだし，必要となる機能をもった製品の設計・製作や既存の製品の強度の向上などの課題を設定し，その解決に取り組ませること。
	(3)	その上で，新素材や新たな加工技術が用いられた製品を，生活における必要性，価格，製造・使用・廃棄の各場面における環境に対する負荷，耐久性等の視点から調査したり，木材などの再生産可能な材料の利用を増やすことが社会や環境に与える影響について検討したりするなど，研究開発が進められている新しい材料と加工の技術の優れた点や問題点を整理し，よりよい生活や持続可能な社会の構築という観点から，適切な選択，管理・運用の在り方について話し合わせ，利用者と開発者の両方の立場から技術の将来展望について意思決定させて発表させたり，提言をまとめさせたりする活動。
内容B　生物育成の技術	(1)	野生生物と育成生物の品種，生態，体の姿・形を比較したり，有機質肥料と化成肥料の働きや効果を比較したりすることや，季節を問わず販売される野菜や肉，魚などの生産過程で用いられている育成環境の調節方法を調べたりすること。
	(2)	作物の栽培では，家庭生活や学校生活における環境の整備について考えたり，現在の栽培の改善の余地を考えたり，健康や食料生産，自然環境の保全等に関わる問題について考えたりして，利便性，環境負荷，安全性などに関する問題を見いだし，花卉の開花時期の調節や，野菜の収穫時期と品質・収量の向上，地球温暖化を防止するための作物の選択と利用といった課題を設定し，その解決に取り組ませること。 また，動物の飼育や水産生物の栽培では，食料生産や品質管理，環境負荷などに関わる問題について考え，家畜の出荷時期に合わるための飼育や，魚類の品質や付加価値を高めるための栽培といった課題を設定し，その解決に取り組ませること。
	(3)	その上で，作業の効率，安全性と価格の視点から，生産する作物の種類や利用する加工品を検討したり，生物育成に関する技術を用いた燃料の生産が，社会や環境に与える影響について調査したりするなど，研究開発が進められている新しい生物育成の技術の優れた点や問題点を整理し，よりよい生活や持続可能な社会の構築という観点から，適切な選択，管理・運用の在り方について話し合わせ，消費者と，生産者や開発者の両方の立場から技術の将来展望について意思決定させて発表させたり，提言をまとめさせたりする活動。
内容C　エネルギー変換の技術	(1)	石油などの化石燃料，原子力，水力，風力，太陽光など，自然界のエネルギー資源を利用している発電システム，電気エネルギーを熱，光，動力などに変換して利用している掃除機や洗濯機，力学的な機構が用いられた自動車などの身近なエネルギー変換の技術が用いられた製品について各種資料を用いて開発の経緯を調べたり，懐中電灯や自転車など生活で使用する簡単な製品を観察，分解・組立てしたりすること。 この活動の中で，製品に用いられている電気，運動，熱の特性等の原理・法則について調べさせ，仕組みをモデル化し，実験・観察を通して動作を確かめさせ，電気回路や力学的な機構の要素や構成を変えることで動作や出力に違いが生じることを捉えさせる。その上で，製品等の目的に合わせて，これらの要素や構成を変えるなど，開発者が設計に込めた意図を読み取らせること。
	(2)	家庭生活や学校生活におけるエネルギーの利用に関わる身近な不便さについて考えたり，既存の電気製品や機械製品の改善の余地を考えたり，自然環境の保全や防災等に関わる社会的な問題について考えたりして，利便性，環境負荷，安全性などに関する問題を見いだし，必要となる機能をもった製品の設計・製作や既存の製品への付加的な機能の追加などの課題を設定し，その解決に取り組ませること。
	(3)	その上で，最新の電気機器について，性能や価格だけでなく，機器の製造，輸送，販売，使用，廃棄，再利用の全ての段階における環境負荷を総合して評価し，環境に配慮した生活について検討するなど，研究開発が進められている新しいエネルギー変換の技術の優れた点や問題点を整理し，よりよい生活や持続可能な社会の構築という観点から，未来に向けた新たな改良，応用について話し合わせ，利用者と開発者の両方の立場から技術の将来展望について意思決定させて発表させたり，提言をまとめさせたりする活動。
内容D　情報の技術	(1)	気象情報サイトなどの情報提供サービス，コンビニエンスストアや銀行等の情報処理サービス，ネットワーク対応機能をもつデジタル家庭電化製品などの情報の技術の仕組み，開発の経緯や意図，機能や特徴などを調べたり比較したりすること。
	(2)	学校紹介のWebページにQ＆A方式のクイズといった双方向性のあるコンテンツを追加したり，互いにコメントなどを送受信できる簡易なチャットを教室内で再現し，さらに利便性や安全性を高めるための機能を追加したりするなど，家庭生活や学校生活における情報の表現や交流に関わる身近な不便さについて考えたり，既存のコンテンツの改善の余地を考えたりして，利便性，安全性などに関する問題を見いだし，必要な機能をもつコンテンツのプログラムの設計・制作などの課題を設定し，その解決に取り組ませること。
	(3)	気温や湿度の計測結果に基づき，灌水などの管理作業を自動的に行う栽培ロボットのモデルや，買物の際に，高齢者の方を目的の売り場に誘導しながら荷物を運搬したり，障害物や路面状況などをセンサで確認し，危険な状況となった場合には注意を促したりする生活サポートロボットのモデルを開発するなど，家庭生活や学校生活における計測・制御に関わる身近な不便さについて考えたり，既存の計測・制御システムの改善の余地を考えたり，自然環境の保全や防災等に関わる社会的な問題について考えたりして，利便性，環境負荷，安全性などに関する問題を見いだし，必要な機能をもつ計測・制御システムの設計・製作などの課題を設定し，その解決に取り組ませること。

(4)	その上で，生活や社会における人工知能の活用について，人間の労働環境や安全性，経済性の視点から，その利用方法を検討するなど，研究開発が進められている新しい情報の技術の優れた点や問題点を整理し，よりよい生活や持続可能な社会の構築という観点から，未来に向けた新たな改良，応用について話し合わせ，利用者と開発者の両方の立場から技術の将来展望について意思決定させて発表させたり，提言をまとめさせたりする活動。 また，今後開発される様々な技術は，他の内容の技術を，情報の技術によってシステム化したり制御したりすることで，様々な問題を解決できる可能性があることに触れ，技術の在り方について統合的に考えさせ，提言させる活動。

（注1）各内容における「社会の発展と技術」では，まず，以下の活動を例示し，その上で上記の活動を行うよう例示されている。
　　　「(2)［内容Dは（2）や（3）］の学習活動を振り返らせ，自らの問題解決の工夫を材料と加工［等各内容］の技術の見方・考え方に照らして捉えさせ，それらと（1）で取り上げた既存の技術に込められた工夫との共通点を見いださせることで，材料と加工［等各内容］の技術の概念の理解を深める活動。［ ］内は著者加筆。」
（注2）第1学年の最初に取り扱う内容の「生活や社会を支える技術」では，内容AからDまでの技術について触れる。
（注3）第3学年で取り扱う内容の「技術による問題解決」では，これまでの学習を踏まえた統合的な問題を扱う。

表 1.4　題材単位の指導計画

第 1 学年	材料と加工の技術	題材名	「身の回りの小物を整理するものをつくろう」	指導時間	24 時間
目標	・生活や社会で利用されている材料と加工の技術についての基礎的な理解を図るとともに，それらに係る技能を身に付け，技術と生活や社会，環境との関わりについて理解している。 ・生活や社会の中から技術に関わる問題を見いだして課題を設定し，解決策を構想し，製作図等に表現し，試作等を通じて具体化し，実践を評価・改善するなど，課題を解決する力を養う。 ・よりよい生活の実現や持続可能な社会の構築に向けて，適切かつ誠実に技術を工夫し創造しようとする実践的な態度を養う。				

配時	要素	指導項目	指導要領	学習活動・内容	指導上の留意点
2	生活や社会を支える技術	生活や社会を支える材料，加工	（1）ア　イ	材料や加工の特性と，材料の構造・加工方法等の基礎的な仕組みの理解 技術に込められた問題解決の工夫を考える	伝統的な技術を取り扱い，我が国の伝統文化に気付かせる 技術が最適化されてきたことに気付かせる
7	技術による問題解決	問題を解決する製作品の設計	（2）ア	等角図及び第三角法によって製作に必要な図をかく 安全・適切な製作や検査・点検	技術の見方・考え方で問題を見いだす
10		問題を解決する製作品の製作	（2）イ	問題を見いだし，課題を設定した設計の具体化 製作の過程や結果の評価，改善，修正について考える	使用する工具・機械や材料等は学習経験を踏まえ，安全や健康に十分配慮する
2	社会の発展と技術	技術の評価や管理，改善と応用	（3）ア　イ	生活や社会，環境との関わりを踏まえた技術の概念の理解 技術の評価，選択と管理・運用，新たな発想に基づく改良と応用について考える	技術が生活の向上や産業の継承と発展，資源やエネルギーの有効利用，自然環境の保全に貢献していることを取り扱う

第○学年○組　技術・家庭科技術分野学習指導案

期　日：　年　　月　　日
場　所：○○○○
指導者：職名　○○　○○

1　題材　○○○○

2　題材設定理由
(1)　題材観
○○

(2)　生徒観
　○○○

(3)　指導観
　○○○

3　題材の目標
・○○○○○○○○○○○○○○○○○○○○○○○をしようとしている。（語尾自由）
・○○○○○○○○○○○○○○○○○○○○○○ができる。（語尾自由）
・○○○○○○○○○○○○○○○○○○○○○○をしている。（語尾自由）
・○○○○○○○○○○○○○○○○○○○○○○を理解している。（語尾自由）

4　題材の指導計画（表として書く，本時が分かるように示す，様式自由）

次	時	内　容	評　価
1	1		○○そうとしている（関）
2	3 本時 2/3		○○している（工）
3	5		○○できる（技） ○○が分かる（知）

5　題材の評価規準（4観点を指導要録の順で表に示す，規準がない観点の箇所は空欄）

生活や技術への関 心・意欲・態度	生活を工夫し創造す る能力	生活の技能	生活や技術について の知識・理解
○○○○○○	○○○○○○		○○○○○○

6　本時の学習
(1)　本時の目標
　○○（工・創）
語尾は，到達目標として「○○ができる」「○○が分かる」などと生徒の立場で書く。

(2)　本時の展開

	学習活動	時	指導上の留意点	備考
1	○○○○○○	5'	・○○○○○○○○	
2	本時の目当てを確認する	5'	・○○○○○○○○	
	【めあて】○○○○○○○○○○○○○○○○○○しよう。			
3	○○○○○○	10'	・○○○○○○○○	
4	○○○○○○○	15'	・○○○○○○○○	
	・		・	
8	○○○○○○	8'	・○○○○○○○	
	【評価など】 十分満足：○○○○○○○○している おおむね満足：○○○○○○○している （　　）：○○○○○○○○○○ 他の場所に書いてもかまいません			

1　学習指導案に盛り込む項目について
　学習指導案に盛り込む項目は以下を標準とする。

> 1 題材
> 2 題材設定理由　(1)題材観，(2)生徒観，(3)指導観
> 3 題材の目標
> 4 題材の指導計画
> 5 題材の評価規準
> 6 本時の学習　(1)本時の目標，(2)本時の展開

2　項目の内容について
　項目には，以下の留意点を反映させる。

	項　目	留意点
①	1 題材につて	（略）
②	2 題材設定理由(1)題材観	題材の分析を行う
③	2 題材設定理由(2)生徒観	学習内容についての生徒の客観的実態を盛り込む
④	2 題材設定理由(3)指導観	「○○であるため，○○する」とした表現に努める 箇条書き可
⑤	3 題材の目標	評価の観点ごとの目標を示す
⑥	4 題材の指導計画	表の形式で書く 本時が分かるように示す
⑦	5 題材の評価規準	4観点を指導要録の順で表に示す （規準がない観点の箇所は空欄とする）
⑧	6 本時の学習(1)本時の目標	目標ごとに評価の観点を示す
⑨	6 本時の学習(2)本時の展開	学習活動，時間，指導上の留意点，備考を設けることを標準とする 指導上の留意点には，教師の働きかけ，それに対する予想される生徒の反応，さらに生徒の反応への教師の対応などを示す いずれかの部分に目標に対応した評価規準などを示す （評価規準などは本時の展開以外の場所でも可）
⑩	本時の展開中の「時」	時間を分単位で記入する

図1.3　指導案の書き方例

第2章 技術科の授業設計

1. 授業設計の意味

　授業設計とは，教師が授業を実施する前に，学習者の実態に即して，授業目標・評価計画，授業過程，具体的な学習指導法（発問・板書も含む）の計画を構想・立案することを言う。

　授業設計という言葉を，広義に解釈すれば，指導のまとまりである「題材全体を通しての指導計画」，さらには「3年間を通した指導計画」の構想・立案であり，狭義に解釈すれば「1単位時間の指導計画」の構想・立案である。また，一般的に学習指導案とは，「題材全体を通しての指導計画」を題材設定の理由，題材の目標，教材研究，題材展開，評価計画として記したものと，「1単位時間の指導計画」を本時案（日案）として記したものを合わせた全体を指している。一方，学習指導案のことを単に指導案という場合や，本時案（日案）のみを指導案という場合もある。このように，授業設計，学習指導案，

指導案という言葉の解釈や用い方は多様である。

　そこで，本章では基本的に授業設計を「1単位時間の指導計画の構想・立案」，これが具現化された本時案（日案）のことを指導案という言葉を用いて説明する。ここで，「基本的」という言葉を用いたのは，授業設計は「題材全体を通しての指導計画・3年間を通した指導計画の構想・立案」，さらには「学校教育目標」，「地域の教育目標」などを具現するものであり，授業設計をする場合には，当然これらの事項と関連付けて実施しなければならないという考えからである。本章はこのような考え方に立脚し「題材全体を通しての指導計画の構想・立案」などが的確に成されているとの前提で，授業設計のみに特化したミクロレベルの具体的な内容，特に授業設計の方法論を具体的な事例を交えて展開する。

2. 授業設計と指導案作成の意義

　日本の哲学・教育者であった森信三は，「教育とは流水に文字を書くような果ない業である。だがそれを巌壁に刻むような真剣さで取り組まねばならぬ」という有名な言葉を残している。

　技術科が学習の対象としている学習の素材は「物質」・「エネルギー」・「情報」に関する技術であり，これらは文明社会を動かしているダイナミックなものである。これらを「対象」として，教師（外部講師も含めた指導者）と学習者，学習者相互の関係性において授業を成立させるためには，柔軟な構想と緻密な立案が必要となる。

　柔軟な構想と緻密な立案という授業設計のプロセスにおいて創り出される指導案は，教師個人の頭の中にある実務などで得られた経験知も含むさまざま

な知識という主観的な状態（暗黙知）のものを，ある形式にて文字・表・図という客観的な状態（形式知）にしたものである。この変換プロセスは，知識基盤社会における組織的知識創造の観点からは，「暗黙知を明確なコンセプトに表すプロセスである。これは，暗黙知がメタファー，アナロジー，コンセプト，仮説，モデルなどの形を取りながらしだいに形式知として明示的になっていくという点で，知識創造プロセスの真髄（エッセンス）である」と言われ，授業設計においても重要なプロセスとなっている。また，形式知化された指導案を個人のみならず他の教師と練り上げるという組織的なプロセス［形式知→形式知への変換］も，技術科を含めた日本の義務教育諸学校では頻繁に行われており，学習者に

よい授業を提供するという本質的な目的と合わせて，教師自身の授業設計力を高める上で有効なプロセスとなっている。なお，このような指導案の検討を実施した上で，授業を公開・改善していく一連の授業研究は，日本の義務教育の質向上という観点から，国際的にも高い評価を受けている。

授業そのものは実践であり，その善し悪しは学習者の姿で判断されるべきものであるから，授業設計だけで優れた授業となり得るかどうかは，一概に判断できない。一方，授業設計が適切にできない，つまり指導案を適切に作成できない教師が優れた授業実践をすることができないことは，自明の理である。よって，指導案作成は，まさに厳壁に刻み込むごとく真剣にかつ緻密に取り組まなければならない。

3. 授業設計の留意点

3.1　学習・教育観と授業観［コンセプト］

時代に関係なく学校教育における授業の主役は学習者である一方，近年の教師の役割は，単なる知識・技能の伝達者ではなく，学習のファシリテーター（facilitator）であるべきという考え方が定着している。しかし，これは教師が知識・技能を伝達することを否定しているわけではない。その方法が問われていると理解すべきである。

教師が持っている学習観や教育観は，授業設計に大きな影響を与える。この点について，例えば高垣（2010）は，心理学史的に行動主義，認知的（個人的）構成主義，社会的構成主義という異なった理論的立場をもって広がってきたことを示している。その上で，一概に優劣をつけることは不可能としつつも，近年の教育研究で重視されている考え方は，認知的および社会的構成主義であると指摘する。認知的構成主義とは「対象へのはたらきかけをとおして学習者自身が認知過程を生み出すという考え方」，社会的構成主義とは「認知過程は複数の人の相互的な行為のなかで達成されるという考え方」とされている。これらをもとに心理学的に近年重視されている考え方を，授業観として表現するならば，授業は，学習者が主体的に対象へはたらきかけつつ，複数の人の相互的な行為のなかで個人の認知過程を生み出したり構成したりする営みということになるであろう。近年クローズアップされた「アクティブ・ラーニング（能動的学修）」とも関連する。

3.2　主体的・対話的で深い学び

中央教育審議会答申（平成28年12月）では，いわゆる「アクティブ・ラーニング（能動的学修）」については，「主体的・対話的で深い学び」を実現するために共有すべき授業改善の視点としている。授業設計をする際には，この「主体的な学び」・「対話的な学び」・「深い学び」の3点について留意しておく必要がある。以下，同答申にて示された3点について確認する。

（1）主体的な学び

学ぶことに興味や関心を持ち，自己のキャリア形成の方向性と関連付けながら，見通しを持って粘り強く取り組み，自己の学習活動を振り返って次につなげる学び。この学びの実現には，子ども自身が興味を持って積極的に取り組むとともに，学習活動を自ら振り返り意味付けたり，身に付いた資質・能力を自覚したり，共有したりすることが重要である。

（2）対話的な学び

子ども同士の協働，教職員や地域の人との対話，先哲の考え方を手掛かりに考えることなどを通じ，自己の考えを広げ深める学び。この学びの実現には，身に付けた知識や技能を定着させるとともに，物事の多面的で深い理解に至るためには，多様な表現を通じて，教職員と子どもや，子ども同士が対話し，それによって思考を広げ深めていくことが求められる。

（3）深い学び

習得・活用・探究という学びの過程の中で，各教科等の特質に応じた「見方・考え方」を働かせながら，知識を相互に関連付けてより深く理解したり，

情報を精査して考えを形成したり，問題を見いだして解決策を考えたり，思いや考えを基に創造したりすることに向かう学び。この学びの実現には，子どもたちが，各教科等の学びの過程の中で，身に付けた資質・能力の 3 つの柱（教科固有の知識・技能，思考力・判断力・表現力など，学びに向かう力や人間性など）を活用・発揮しながら物事を捉え思考することを通じて，資質・能力がさらに伸ばされたり，新たな資質・能力が育まれたりしていくことが重要である。教員はこの中で，教える場面と，子どもたちに思考・判断・表現させる場面を効果的に設計し関連させながら指導していくことが求められる。

3.3　技術科の授業の特質

（1）実践的・体験的な学習活動の重視

　技術科の授業は，教科創設以来，一貫して生活（広義）に必要な基礎・基本的な知識や技術は，手や身体を使って実習したり，体験したりする活動を通して学習者が習得するものであるという考え方に立脚しており，実践的・体験的な学習活動を重視している。このことは，技術科の目標にも「実践的・体験的な学習を通して」と明記されており，学習者が直接実践・体験することにより，よりよい行動の仕方を身に付けるとともに，知識・理解を確かなものにすることが示されている。

（2）問題解決的な学習の重視

　技術科は，実践的・体験的な学習を通して，生活に必要な知識と技術を身に付けさせることによって，現在及び将来にわたる実際の生活の場で，学習したことが生きて働く力（実践力）を身に付けさせることを狙いとしている。特に，将来にわたって変化し続ける社会に主体的に対応していくためには，生活を営む上で生じる問題に対して，自分なりの判断をして問題を解決することができる能力，すなわち問題解決的能力を持つことが必要である。これは，3.2(3)「深い学び」で示された内容と密接に関わっており，技術科の特性に応じながら，技術的な問題を解決していく授業設計を行うことの重要性を意味している。これらを踏まえ，学習指導要領には，技術科の資質・能力の柱の一つとして，「生活や社会の中から問題を見いだして課題を設定し，解決策を構想し，実践を評価・改善し，表現するなど，課題を解決する力を養う」として明記されている。

3.4　学習の主体性を引きだす学習者の内面

　「3.3　技術科の授業の特質」で述べた留意すべき 2 点は，学習者に育むべき資質・能力の 3 つの柱における「教科固有の知識・技能」，「思考力・判断力・表現力など」と密接に関わっていた。学習者に育むべき資質・能力の 3 つの柱の一つには，いわゆる態度の形成がある。技術科の場合は，「よりよい生活の実現や持続可能な社会の構築に向けて，生活を工夫し創造しようとする実践的な態度を養う」とされている。このような，新たな問題（学びも含む）に向かう力や人間性など（どのように社会・世界と関わり，よりよい人生を送るか）という態度の形成のためには，「教科固有の知識・技能」，「思考力・判断力・表現力」を駆動させようとするエネルギーが必要となる。このエネルギーの中心に位置付くものの一つに動機付けとしての学習意欲の問題がある。将来にわたって変化し続ける社会に主体的に対応していくためには，日々の授業実践から技術に対する学習意欲を高めていく授業設計をしておかなければならない。

　例えば，学習者が抱く技術に対するイメージは，技術科の学習意欲に正の影響を及ぼしており，技術に対する能力的イメージは，技術に対する活動的イメージや社会的イメージと比較して相対的に強い影響を与えていることが知られている。ここで言う，技術に対する能力的イメージは，学習者個人内の技術的な能力に対するイメージであることから，技術科の授業を通して学習者の内面に形成される自己肯定感（自分はこのようなことができる）の一側面と捉えることもできる。

　このように，動機付けとしての学習意欲を技術という対象に照らし合わせ，多面的に捉え，授業設計に活かすようにしていく。また，学習意欲のみならず，主体的・対話的で深い学びを実現するため，学習者のさまざまな内面に留意した授業設計を常に心がける必要がある。

4. 授業設計の方法

4.1 授業の構造

（1）形式的な構造

　通常１単位時間の授業は，「導入」－「展開」－「終末」，「はじめ」－「なか」－「おわり」というように３段階で構成される。ただし，このようなある種形式的な構造を示す３段階の表記は，教科や実施する授業の特性に応じて変化させる場合もあり，一律に統一されているものではない。例えば，実践的・体験的な学習や問題解決的な学習を重視するという技術科の授業では，その特性を活かした形式的な構造の表記として「課題把握」―「追究・実践（究明・実践）」―「整理・発展」とする場合も多い。さらに，このような授業の形式的な構造については，教科や授業の特性のみならず，地域で培ってきたいわば文化的な側面もあるので，次に述べる授業の本質的な構造を理解した上で授業設計を進めていくことが肝要である。

（2）本質的な構造

　教科などに関係なく，教師は１単位時間の授業を成立させるためには，少なくとも下記の５点について明確にしておかなければならない。下記の５点は教師の立場から記したものである。

　特に１単位時間の直接的な授業設計では，②〜⑤までの内容と関連性を明確にしておく必要がある。例えば，順序性という観点から見ると，②→③→④→⑤と進む授業が一般的であるが，②→④→③→⑤と進む授業もある。この順序性について，けがきを終えた学習者がのこぎりびきに入る場面を取り上げて例示する。けがきを終えた学習者がのこぎりを用

いて木材を切る場面では，「けがき線に沿ってまっすぐに切りたい」という素朴なねがいを持つことが経験的に知られている。この場合，学習者の主体的な意志を活用して学習問題として位置付ける（②）ことが可能となる。次に，教師の示範，外部講師を活用するなどして，実践的・体験的な学習活動（④）における着目点をあらかじめ学習者に把握（③）させてから進み，授業目標（⑤）へ迫る場合もあれば，②の後安全指導等を実施した上で，練習材等を活用して試行的に実践的・体験的な学習活動（④）を実施して，けがき線に沿ってまっすぐに切るための着目点を見いださせつつ（③），これを整理して知見を得ることを授業目標（⑤）とする授業設計も考えられる。

　特に，②〜⑤までの観点を明確化してその関連付けを文章として表現することができれば，教師の頭の中において明確な授業設計ができていることになる。そして，このような授業の本質的な構造を明確にしていくための実践的な方法として，いわゆる「教材研究」と呼ばれるものがある。

4.2 教材研究

　教材研究とは，教科の目標や指導内容を踏まえ，「学習者の実態の研究（以下，「学習者の実態把握」）」，「素材の研究」を基に，指導方法の具体を構想・設計する「教材化の研究」をまとめたものを言う。

　日本の場合，法的根拠を持つとされる学習指導要領によって，教科の目標や指導内容は明確に定められている。一方，近年の学習指導要領に示される内容についてはミニマムという考え方であることを踏まえつつ，文部科学省から刊行される解説書に基づき技術科の目標や指導内容については，よく理解しておく必要がある。その上で，技術科の目標や指導内容に関する「学習者の実態把握」と「素材の研究」を通して設定した題材の目標を具現化するために，製作・制作・育成題材（以下，製作題材）や取り上げる教材を決め，１単位時間の展開から題材全体までを見通した教材化を図る必要がある。

---

①どのような状況の学習者を対象として授業を実施するのか。
②どのような学習場面なのか。
③どのようなことに着目できるようにするのか。
④どのような活動を通して学ぶことができるようにするのか。
⑤どのようなことをわかるようにしたり，できるようにしたり（例）すればよいのか。

（1）学習者の実態把握

　主体的・対話的で深い学びが行われるためには，取り上げる学習の素材や学習場面が学習者の心身の発達段階に適合し，学習者が無理なく学習に取り組めるようにすることが必要である。また，一人ひとりの学習者にとって，学習活動が必然性のあるものとして展開されなければならない。そのためには，設定した題材に関わる学習者の生活体験，知識・技能などの素地力，興味・関心，意欲，技術に対する学び方の傾向性などを把握して，製作題材や教材を決めだしたり，題材設定や授業設計を工夫したりすることが大切である。特に，学習過程における学習者一人ひとりの問題解決の仕方（課題追究の仕方）については，学習者の知識・技能や学習に寄せる願いなどの情意面のみならず，社会的構成主義の授業観に基づき，友達・教師との関わり方も把握することが大切である。このように，多面的かつ継続的に学習者の実態を把握し，累積していくことが，一人ひとりの学習者に寄せた効果的な指導につながる。一方，ここで留意しなければならないことは，学習者の実態は流動的で変化している部分もあるということである。

（2）素材の研究

　学習者にとって，学習の対象となる可能性を持つものが学習の素材（以下，素材）である。社会事象，自然事象，製作品や技能等が素材の具体的な例として挙げられる。素材自体に含まれる価値は幅広く奥の深い面があり，素材そのものの専門的な理解が必要になってくる。「素材の研究」とは，このような素材の持つ教育的価値を明らかにするのものである。教師は用意した素材を授業の場に持ち込む前に，専門的・学問的に分析・検討を加え，素材の特性や教材性（特に素材で何を教えるのかの「何」）を洗いだすことが大切である。

　技術科の教員免許状を取得するための教科専門科目は，「素材の研究」を専門的・学問的に分析・検討する礎とも言える位置付けである。よって，魅力ある題材・教材開発，授業設計には，専門的・学問的知見（関連するスキルも含む）は欠くことのできないものであり，徹底的に取り組んでおく必要がある。こうすることで，単に学習指導要領に記述され

ているから取り上げるという浅い認識のもとで授業設計が成されるのではなく，学習者にとって真に大切な事は何であるのかという素材に対する本質的で深い認識に基づいた授業設計へつなげることができるようになる。

　ただし，教材研究（「素材の研究」）を行う際には，大学における教科専門科目の多くが，技術（technology）に関する最近接の学問領域である工学（engineering）であることに留意しておく必要がある。

（3）教材化の研究

　「学習者の実態把握」と「素材の研究」の充実はよりよい授業設計の前提になる一方，これらはよりよい授業設計を行う上での前提に過ぎない。

　授業設計を行う際には，教科の目標や指導内容に基づき設定した題材展開の中において，取り上げる素材を具体的に学習者に適応する学習となるように「教材化する」ことが必要となる。この一連の営みが「教材化の研究」である。どんなに詳細に「学習者の実態の把握」をしても，どんなに深く「素材の研究」を行っても，「教材化の研究」がなければ，よりよい授業設計とはならない。よって，学習者の実態を踏まえ，素材の価値を学習活動で獲得させるため，具体的な指導内容を絞り込み指導過程を構想して授業設計を実施する。そのために，「教材化の研究」では，「学習者の実態把握」と「素材の研究」に基づき，大きくは次の3観点から実施する。

　①「つける力」を決め出す

　1単位時間の中で，対象となる学習者に製作題材・教材を用いた学習で「つける力」（授業の目標）は何か。一人ひとりの学習者の実態に応じて決めだしておく。特に，授業設計の基本的単位となる1単位時間（技術科の場合には，2単位時間続きで実施する場合も多い）においては，指導できる内容は自ずと物理的（時間的）な制約があるので，基礎的・基本的な学習内容の中でも，特にその時間で大切にしたいものを原則1点に絞り込む。これを多数設けてしまうと，次に述べる「行わせたい学習活動」の目的が焦点化されにくくなることや，評価規準による評価活動を授業時間内に複数回実施しなければならなくなり，指導と評価の一体化が困難となる可能性がある。

②「行わせたい学習活動」を設定する

「つける力」を学習者に獲得させるための学習活動としては何が適切なのかを決めだす必要がある。3.3（97p）にて述べた技術科の授業の特質である実践的・体験的な学習活動や問題解決的な学習，さらには認知的構成主義，社会的構成主義を踏まえた授業観に基づき設定する。例えば，学習活動の形態として個人・ペア・グループ・全体から一つ選択したり，複数選択して組み合わせたりして，学習活動を構成することが考えられる。この際，学習者の主体性を引きだす学習活動となるように，「学習者の実態把握」と「素材の研究」を通して得られた知見を中心に適切に設定する。

③「つまずきの予想と手だて」を考える

技術科の学習指導上における学習者のつまずきについては，他教科同様これまでにも重大な関心が寄せられてきており，多数の研究者が基礎的知見を示している。例えば，技術科の授業については，次のような具体的な基礎的知見がある。

> ① つまずきを回避するために生徒は，「先生の話を良く聞くこと」，「友達と作業の内容を確認しあうこと」，「友達の作業を良く観察すること」，「できるだけ丁寧に作業を行うこと」，「学習プリントや説明書を良く読むこと」等に配慮する傾向が認められること。
> ② 技術的な活動に対する多経験群，高意欲群では，つまずきを解決するプロセスを適切に展開できるとともに，自律的・積極的に対処しようとする傾向が強いのに対して，少経験群，低意欲群では解決のプロセスを適切に展開することができず，「誰かに代わりにやってもらう」など，他律的・消極的な反応が生じやすい傾向が認められること。

このような基礎的知見も踏まえつつ，実際には「どの学習者が，どのような場面で，どのようなつまずきをするか」，それに対して「どのような指導の手だてを実施すればよいか」を具体的に考えておくことが大切である。また同時に，「追究の進んでいる学習者」をさらに伸ばす指導の手だても考えておくことも忘れないようにする。

---

5. 授業設計の具体例

これまで述べてきた事柄を踏まえて，具体的に作成した指導案（一部）を示す（102p）。紙面の関係もあるので，ここでは，技術科の授業の特質で述べた「実践的・体験的な学習」，「問題解決的な学習」に着目した授業設計を取り上げる。なお，授業設計の基本はこれまで述べてきた通りであるが，具現化する実際の授業については，その指導案の形式も含めて多様である。よって，以下に記す内容については，あくまで授業設計の具体な方法論を示す一例として提示するものである。

5.1 授業構想に至る経緯

① 製作題材：スロットゲームアプリ

絵柄がそろうと得点が入るゲームアプリ

② 前時までの指導の概要

学習者はプログラムの順次・分岐・反復処理の基本，変数の概念と使い方，製作題材となるアプリをつくる上で最低限必要となる固有事項を，取り上げたプログラミング環境下で学んできた。

③ 前時までに全員が完成したプロトタイプアプリ

2ヵ所でハートとスペードの絵柄がそれぞれ1秒ごとに切り替わり，ストップボタンを押して絵柄を合わせ，ハートでそろうと100点加算されるという単純なゲームアプリ（図2.1）。

ただし，前時までのプロトタイプアプリづくりでは，学習内容を複雑にしないため，ユーザの操作は，左のストップボタンを押してから，右のストップボタンを押してくれる［つまりこの段階で絵柄がそろったかどうかを判断する］ことを前提（以下，遊び方の制限）に進めていた。

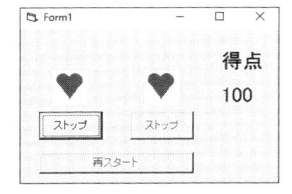

図 2.1 授業前の状態 　　図 2.2 授業後の状態

5.2　授業構想

　本時の評価の観点は，「生活を工夫し創造する能力」（思考力・判断力・表現力など）であり，本時の具体的な目標は指導案（表2.2，102p）の授業の狙いに示している。

　学習者は，「遊び方の制限」を含めて条件設定されたプロトタイプアプリ（図2.1）を完成した状態で本時に臨む。すでに，数名の学習者は，前時の段階で「右のストップボタンで絵柄の動きを止めた後で，再度右ストップボタンを押されてしまうと，得点が入ってしまう状況（As is）」に気が付いている。そこで本時は，まず前時までの確認（指導案：ア，表2.2）と学習者全員にこの状況を気付かせることから始まる。この状況に気が付くと学習者は「これではゲームにならないので改善したい（To be）」という願いを持つことになる（指導案：イ）。この学習者が置かれた現状と願いとのギャップが「解決すべきこと＝問題」であり，「絵柄の動きが止まった状態でも，右ストップボタンを押すと得点が入ってしまうという不具合をどのようにしたらよいだろうか」という学級全体の「学習問題」が，ここで成立する。

　この状態ですぐに「追究・実践」に入ると，まったく具体的な追究・実践は入れない学習者，方法を複雑に考えすぎてしまう学習者が出てくることが予想される。そこで，学習問題を解決するための着目点「ボタンの機能を有効・無効にする」方法（既習事項）について，グループ・学級での意見交換活動を通して，あらかじめ明らかにする（指導案：ウ・エ・オ）。その上で，学習課題「ボタンの働きを有効・無効にする命令をどこに記述すればよいのか考えて改善しよう」を設定して，課題［問題を解決するために追究する具体的な Action］を学習者が把握できるようにする。

　このプロトタイプアプリでは，繰り返してゲームを楽しめるようにすることになっているので，右ボタンを押せなくする一方，再スタートボタンでゲームを再開した際には，再び右ボタンを押せる状態（有効）に戻さなければならない。学習者はこのような追究を実践的に行っていく（指導案：カ・キ・ク）。ここまでできれば，本時の授業目標が達成さ

表2.1　技術科の授業設計とメタ認知的活動
（三宮のモデルを基に作成）

段階	具体的なメタ認知的活動	反応
課題把握	M：問題の状況・困難点の認識 C：目標・方略・計画設定	イ ウ・オ
追究・実践	M：達成予想，状況の再評価，点検 C：目標・計画修正，方略変更	カ・キ ク・ケ
整理・発展	M：達成の評価，成功失敗の分析 C：目標・方略・計画再（新）設定	コ サ

れた状態とする（［おおむね満足できる状況］）。さらに進んでいる学習者に対しては，着目点を活用して「遊び方の制限」を解除したプロトタイプアプリ（図2.2）とするよう指示する（指導案：ケ［十分満足できる状況］）。

　最後に，自分の学びを振り返る（指導案：コ）ように促して自己効力感を高め，次時への学習の動機付けを図る（指導案：サ）。

5.3　授業設計の一方法論
——メタ認知的活動からのアプローチ——

　これまで示した具体的な技術科の授業設計について，学習者のメタ認知的活動という理論と照らし合わせ，学習者主体の授業設計についての一汎用的方法論を確認する。三宮（2008）は，「学習活動」の事前段階・遂行段階・事後段階のそれぞれに，学習者のメタ認知的モニタリング（自分の状況を認知的に把握する活動）とメタ認知的コントロール（目標の設定，計画，修正を認知的に行う活動）を位置付けたモデルを示している。その上で，「学習活動」が成立するためには，各段階のメタ認知的モニタリングとメタ認知的コントロールの適切性と両者の循環性が大切であると指摘する。この考え方に立てば，授業の「課題把握」―「追究・実践」―「整理・発展」の各段階における学習者のメタ認知的モニタリング（M）とメタ認知的コントロール（C）という活動を拠り所とした授業設計ができる（表2.1）。

　学習におけるメタ認知活動は，学習者の主体的な学習に大きな影響を与えることから，このような考え方で，授業設計，特に指導案作成を具体的に進めていくことができる。

表2.2 学習者の意識の流れを記した授業設計［指導案］の例

1．授業のねらい ［授業の「本質的な構造」②〜⑤の関連性を文章表記したもの：学習者の立場で記入している］
　　絵柄がそろい得点が加算された後も右のボタンを押すことで得点が入ってしまう不具合を解決する場面で，ボタンの有効・無効とする働きをコードでコントロールできることに着目し，ゲームを行う人間の操作とコンピュータの処理手順を関連付けながら考え，実際にプログラムを修正することを通して，プロトタイプアプリを完成することができる。

2．本時の位置　全○時間中○時間
　　前時：変数を活用して絵柄がそろうと得点が加算される機能をアプリに追加した。
　　次時：プロトタイプアプリを基にして，自分なりにゲームの機能を追加していく構想を練る。

3．展開

段階	学習活動	予想される生徒の反応	◇教師の指導・援助　◎評価	時間
課題把握	1　本時の学習問題を設定する	ア　前時では得点の累積とゲームの再スタートができるようになった。 イ　得点が加算された後も右のボタンを押すとさらに得点が加算されてしまう。これではゲームにならない。どうしたらよいのだろう。 学習問題：絵柄の動きが止まった状態でも，右ストップボタンを押すと得点が入ってしまうという不具合をどのようにしたらよいだろうか。	◇前時の成果について，プロジェクタを使用して確認する。 ◇不具合に気付いている生徒に問題点を発表するよう促し，問題点を全体に位置付ける。	12分
	2　プログラムの不具合を解決する方法を考え，グループ・学級で意見交換を行い学習課題を設定する。	ウ　得点が入った後ボタンを押すことができないようにすればよいのではないか。 エ　どのように進めればよいのか自信がない。みんなはどのように考えているのだろう。 オ　グループで情報交換したら，ボタンコントロールのEnabledプロパティでボタンの有効・無効を設定でき，これをコードで操作すれば，今回の問題は解決できそうだ。 学習課題：ボタンの働きを有効・無効にする命令をどこに記述すればよいのか考えて改善しよう。	◇これまでの既習事項を基に個人で解決方法を考えさせる。 ◇エの意識が高まったところで，意見交換の活動へ切り替える。 ◇右のボタンの働きを無効とする方法に着目させ，問題解決の見通しがもてたところで，具体的に追究する学習課題を設定する。	／
追究・実践	3　ゲームを行う人間の操作と処理手順を考えて，プログラムを記述・修正する。	カ　得点の入るところの処理手順を考えると，得点が加算された後にボタンを押せないようにすればよい。だから，右のストップボタンの動作を記述する領域にボタンの働きを無効にする命令を追加すればよいのではないか。やってみよう。 キ　得点が入り続ける不具合は解消できた。でも，今度は再スタートした後，右のストップボタンが無効になったままだ。これを解決しないとゲームを続けることができない。 ク　再スタートボタンを押したら，右のストップボタンを有効にする命令を記述すればよさそうだ。 ケ　ボタンの有効・無効を利用する考え方を使えば，このゲームの「遊び方の制限」をなくすことができそうだ。やってみよう。	◇問題が解決できた生徒は，続けて遊び方の制限事項を解除するようなプログラムの改善をするよう，追究活動に入る前に指示しておく。 ◇机間指導を次の観点で行う。 ・プログラミングのためのソフトウェアを正しく操作できているか。 ・文法エラーで追究活動が停滞していることはないか。 ・関係のない場所に命令を記述しようとしていないか。 ◎学習問題に示した不具合を改善したプログラムを作成している。 ◇追究が行き詰まっている生徒には，完成モデルを提示して，具体的な動きをイメージできるようにする。	28分
整理・発展	4　本時の学習を振り返り，ワークシートへまとめをする。	コ　始めはボタンを押せなくする命令をどこに記述すればよいのか分からなかったが，ボタンを押す動作とプログラムの手順を，ゲームをする立場でよく考えたら，記述する場所が分かり，実際にやってみたらうまくできた。 サ　次からは，自分でいろいろ機能を工夫していくことが始まる。みんなが楽しめるゲームづくりをしたい。	◇プロトタイプアプリ（ゲーム）を完成させることができたことを賞賛した後，本時の追究を振り返らせるため，ワークシートへまとめをするように促す。 ◇次時からのオリジナルゲームづくりへの自信と願いを持てるようにする。	／10分

第3章　技術科の授業分析

1. 授 業 分 析

「授業分析」は，「授業研究の一手法であり，教育実践の事実，すなわち授業における教師と児童生徒の発言，活動，その他，授業を構成している諸現象を，できるだけ詳細に観察・記録し，その記録に基づいて授業を構成している諸要因の関連，学習者の思考過程，あるいは教師の意思決定など授業の諸現象の背後にある規則や意味を，実証科学的方法，社会科学的方法あるいは解釈科学的方法などによって多様に明らかにしようとする」ものとされている。

その信念は，日々の学校で教師と児童生徒によって行われている授業の実態をありのままに捉え，共通に解釈できるデータ・情報として表し，よりよい授業や指導法の在り方について科学的に分析・検討を進めようとするところにある。すなわち，既存の理論や枠組みを通して授業を観察・検討するのではなく，あくまで客観的な授業の事実を重視し，授業者や観察者の立場に関係なく，事実を踏まえたデータを平等に読み解くことを志向している。そのためのデータには，観察，録画に基づく教師や児童生徒の発言や行動を含む授業記録，児童生徒が記述したノート，文章，作品などの成果物が用いられる。

実践的な授業分析には，公開授業や教育実習などで行われる授業後の授業検討会が該当する。ここでは授業観察者が，授業の「事実」と「事実の解釈」の意見を交換することで，教師の指導や児童生徒の学習に関する「潜在的事実の推測」が行われ，主によりよい授業の創出や指導法の改善について検討や指摘がなされる。このように，ひとつの授業について多様な視点から解釈・検討を行い，授業の事実の指摘とその解釈を繰り返して共有することは，教師の実践的な知識を高めるための重要な機会となる。

研究的な授業分析には，教師や児童生徒の発話，思考，活動，成果物をシステムや調査などにより収集・分析する手法が当てはまり，その結果は報告書や論文などによって公表される。ここでは，得られたデータを「事実」として，統計解析的手法などによる「事実の解釈」を経て，「授業論的な概念化」を行い，理論や仮説を構築することが主に志向される。このように生成された理論は，授業や学習に関する科学的で整合性のある知見やモデルとして，学習指導・評価を計画・実施・改善するための拠り所となることが期待される。

2. 授業観察の視点

2.1 授業観察の前提

授業を観察するにあたっては，視点や目的を持って行う必要がある。その視点には，教師や児童生徒の発話や行動，題材，教材，教具の準備や活用，教室環境，時間などがある。技術科においては，生徒の実践的・体験的な学習活動を中核として実施する授業が多いため，独特の視点を設定することも重要である。目的には，授業者へのフィードバック，観察者が授業を行うことを想定した学び，他者との授業理解の共有などがある。特に，教育実習などでの授業観察は，その後の授業検討会を経て授業記録を書き起こすことで，観察者が授業者の立場になり授業を振り返る機会となる。そのため，学習指導案の構想・作成に類似した経験をすることができる。

また，先入観にとらわれすぎるのはよくないが，技術科の教科目標や教科内容に対する基礎的な理解を深めて観察を行うべきである。さらに，観察の事

前に学習指導案が配布されるのであれば目を通し，授業の目標，題材，評価観点，用いられる教具や指導方法，生徒の実態について先行情報を得ておくのが望ましい。このように授業観察にあたっては，教師の意図などを把握した上で，授業で展開される指導や学習の事実を観察により確認し，印象や感情に基づく授業の観察や分析にならないよう留意する必要がある。

2.2 教師の学習指導

通常の授業では授業者となる教師は単独であり，観察の対象としやすい。教師の発問や指示などは，明確に記録することが可能な観察対象となる。技術科では，授業における生徒の学習活動に直結する工具や機器などの使用方法を演示する場面がある。ここでは，使用方法の順序，使用法を裏付ける原理・法則，安全や環境への配慮などが指導内容として扱われるため，これらをどのように整理して，生徒に伝えようとしているかを観察することができる。また，生徒が工具や機器を使用して製作・制作などの活動をする場面では，教師はその過程を逐次評価・判断して指導する必要がある。この際に，どのような判断基準や意思決定に基づいて生徒の学習活動を促進しようとしているのかを観察することができる。

また，教師が授業で取り上げている題材や教材も，授業における重要な観察対象となる。説明や指示に用いる ICT 機器や板書などがどう扱われているかについては，観察により記録することが可能である。技術科においては，生徒の実践的・体験的な学習活動に大きく関わる題材や，製作・制作などの学習活動を安全・円滑にするための教材・教具の準備や使用状況などを観察することが肝要である。特に，多人数の学習活動を滞りなく実践・管理することができる学習環境の整備，学習規律，集団作りの方法などは観察により捉えることができる。

他にも，技術科では実践的・体験的な学習活動における進度の差が生じやすい。また，活動へ取り組む生徒の意欲や態度の違いが大きい場合がある。このような個人差に対して教師がどのように捉え，指導・評価をしようとしているのかについて，観察の対象とすることも可能であると考えられる。

2.3 学習者の学習活動

技術科では，生徒の多様な学習活動も重要な観察対象である。教師の指導に対する発言，反応，活動などを観察することは，生徒の理解度や授業への態度などを検討する重要な鍵となる。特に，製作活動などに関連するつまずきは，生徒の学習の成否に関連する観察のポイントとなる。生徒の知識・理解，技能，関心・意欲・態度などを起因とするつまずきを観察により把握し，学習活動が停滞する原因を検討することで，学習活動を活性化させるための学習指導への示唆を得ることが期待される。

また，生徒が学習や活動の対象として扱う題材や教材への反応も重要な観察のポイントとなる。生徒が題材に対してどのような問題意識を持ち，学習活動によってどう解決しようとしているか，どのような学習意欲を有しているか，などを観察により把握することが期待される。また，ワークシートなどの記入などから，学習活動に付随する思考，理解，推論の過程を検討することも重要である。さらに，生徒が製作活動などの際に，教科書・資料をどう参照しているか，教師のはたらきかけにどう反応しているか，なども観察の対象となる。

2.4 授業の計画・構成

教師と生徒の相互作用により展開される授業の目標・内容・方法・評価などの整合性が観察・分析の対象となる。特に，教師の意図した授業展開や授業時間と学習活動の相違点について観察し，その要因などについて考察することは，次の授業計画・実践のための示唆を得るために重要である。また，教師が授業の展開に即してどのように意思決定をしているのか，生徒の反応や状況とともに観察を進めることも重要であり，授業や生徒に対する教師の意図や信念を推察することができる。さらに，設定された授業目標や授業内容と，生徒の経験や学力との適合性について観察することで，既習事項や技能，発達段階の側面から検討を進めることができる。学習授業案などに示された授業目標や評価規準に沿って，教師がどのような資質・能力の育成を試みているかを観察により捉え，知識・理解や技能の定着や活用などの指向性を踏まえた学習指導や学習過程の工夫

がなされているのかを確認することが重要である。

2.5　チェックリストを使用した授業観察

　上記した授業の計画や目標，教材，評価などの構成，教師や生徒の活動とその関連性などの視点は，授業の学習指導や学習評価に対する理論的知見や実践的知見が少なからず必要となる。そのため，教員養成段階の学生などが的確な観点を持つことが難しいことも予想される。このことを踏まえ，教育実習などで初学者が授業観察後の検討会を行うに当たって，共通した観点から議論を深めるために，事前にチェックリストなどの様式を与える方法が考えられている。

　一般的には，以下の項目などが授業観察の事前に与える観点として考えられる。

- 学習の動機づけ（興味・関心・意欲）
- 本時のめあてや目標の理解
- 思考の広がりや深まりを引き出す発問
- 説明や指示の明確さや一貫性
- 本時の目標を達成するための授業展開
- 学習内容に関連する教材
- 学習活動を促進する教具
- 課題（問題）解決型，生徒主体の学習展開
- 黒板や機器など提示教具の使用意図
- 学習の振り返りや学び，成長の自己認識
- 学びやすい学習環境

　技術科の授業観察においては，これらの一般的な授業観察の視点から授業の要素を把握した上で，技術科特有の視点として安全への配慮，製作活動等の円滑さや効率性，工具・機器の準備や片付け，社会や生活との結びつき，製作活動などを通した知識・理解の関連性などについて議論を深めていくことも手法のひとつとして考えられる。

3.　授業分析の対象

　授業は，教師と児童生徒を主体として，目標とする資質・能力やその評価観点，評価方法，授業の内容に関する教材，授業の方法に関連する学習環境，教員，ICT機器など，多様な要素が複雑的に関係して実施されている。顕在化する授業を図 3.1 のように簡易的に表すと，教師の働きかけに対する生徒児童の反応や活動があり，相互の循環を媒介するための教材が用いられる。そのため，授業の事実に基づく研究的な授業分析では，教師や児童生徒の発話や活動を対象として行われることが多い。

　一般的な授業の様子には，一人の教師が学級の全員を対象に，同一内容を同一時間に指導する授業形態である一斉授業が想定される。この授業形態における授業分析を行うために様々な方法やシステムが開発されてきた。例えば，教師や生徒の発話に関するカテゴリーを作成し，逐語記録からカテゴリーの相互関係を分析したマトリックスを作成することで授業の展開を数値化・可視化するシステムや，録画した授業を教師に視聴させ，授業の状況認識や意思決定の場面を振り返らせる方法などがある。これらの方法は，分析に用いる機器の操作，逐語記録の解釈やカテゴリー化，結果の分析や解釈に専門的知識・技能が必要な場合があるが，授業のデータを明確に表示・分析できるため，研究的な手法として発展してきた。

　一方で技術科における授業は，クラスの生徒全員に向けての一斉指導や講義だけでなく，生徒が製作や機器の操作などを行う実習場面などが大きな比重

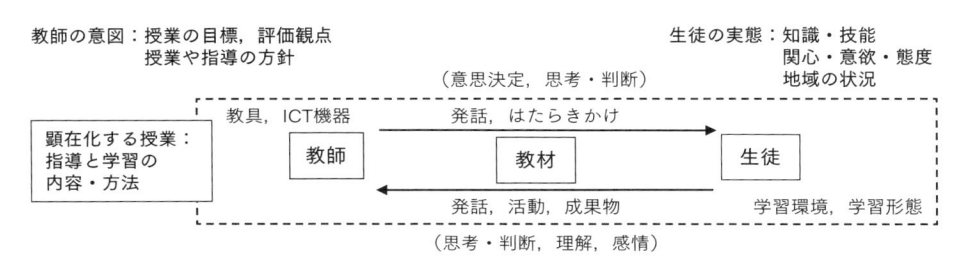

図 3.1　技術科授業における授業観察，授業分析の視点

を占めている。例えば，技術科におけるロボットの設計・製作の授業における，教師・生徒間で発話には以下のようなものがある。これらの発話は，教師の指導・評価の意図を推察することで，「生徒の意図や設計を確認する発話」，「生徒の意図や設計を修正する発話」及び「生徒の知識や理解を促す発話」などに分類できる。

【生徒の意図や設計を確認する発話1】
S: まず，アームがこう出ます。
T: 出ますね。
S: それで方向転換して出ます。それで取るんですよ。
T: うん。なるほどね。
【生徒の意図や設計を確認する発話2】
T: 大丈夫。
S: 斜めにしているので。
T: どれを。ああ横にこうなるの。どちらを通っていくの。
S: 進行方向はこっち。
T: そのときがれきはどっちに寄せるの。
【生徒の意図や設計を修正する発話1】
S: これはどうやったら外れるの。
T: これは横にずらしたら取れるよ。でも，ここ1ヵ所じゃガタガタするよ。2ヵ所で止めないと。
S: ここ。
T: ここが浮いてしまう。しっかり押さえておかないと。
【生徒の意図や設計を修正する発話2】
T: ここ。今ここが支点になってる。これをもう少しこっち側に寄せておかないと。これだけしか接してないから。
S: 地面に接するのを多くする。
T: うん。そこをちょっと調整して。
【生徒の知識や理解を促す発話1】
T: こっちのがよく削れるよ。たくさん削るならこっちだ。ちょっとだけならこっち。
S: じゃあこっちにしよう。
T: うん。じゃあいいよ。
【生徒の知識や理解を促す発話2】
T: 回す力より押す力が強くないと入らないよ。押す力が7，回す力が3ね。
S: 押さないといけないの。
T: うん，押す力の方が強いんだよ。外すときも。でないとねじ山がつぶれてしまう。

このような実習場面における個別化された学習状況に対する教師の指導・評価は，授業者が一人の生徒の状況に注目し，学習活動を支援・促進する形成的評価の機能を有している。ここでの指導・評価は，製作活動の多様な文脈・状況や，生徒一人ひと

りの進度差に対応して行われるため，教師の状況認知と意思決定に基づくダイナミックな行為であると予想される。すなわち，授業者にとっては，一斉指導の内容を補完するとともに，学習活動の進度や深度を調整して授業を効果的に運営するための重要な役割を担っている。

また，実習場面において生徒は，それぞれの知識・技能を用いて授業における課題に対峙し学習活動を行うことになる。ここでは，技術科の標榜する実践的・体験的な学習活動を推進することになり，これを通して知識・技能の深化や態度の形成が行われる。また，生徒は逐次進む活動状況の中で，思考・判断して学習活動をコントロールし，進行・修正・改善するメタ認知を働かせる必要がある。さらに，教師などの他者や資料から学習活動の推進・改善に関わる情報を得ることなど，多様な学習活動を含んでいる。このことから，実習場面における教師の指導・評価や生徒の学習活動は，技術科の授業分析を行うにあたって重要な対象になると考えることができる。

3.1 教師の発話

授業記録などから，教師の発話を分析するために利用されるカテゴリーには，例えば「説明」「指示」「発問」「指名」「繰り返し」「賞賛」「提案」「同意」「強調」「連結」などが用いられ，その頻度や順序などが検討の対象となる。これらのカテゴリーは主に一斉講義用であり，技術科の実習場面では例えば，表3.1のようなカテゴリーが利用できる。

このカテゴリーは，製作の実習場面における教師の指導・評価のはたらきかけと生徒の反応を分析できるカテゴリーになっている。教師にICレコーダを携帯させ，製作の実習場面における机間指導の発話を収集・分析することで，教師の指導の方針や傾向などを検討することができる。このようなカテゴリーを用いて教師や生徒の発話を分析することによって，学習指導・評価の特徴をつかむことや授業の振り返りをすることに役立つと考えられる。

3.2 生徒の学習活動

授業記録などから生徒の活動を分析するために利用されるカテゴリーには，例えば，「聞く」「話す」

「まとめる」「発表する」「話し合う」「見る」「調べる」「演習」「実験・作業」などが用いられ，その頻度や順序などが検討の対象となる。これらのカテゴリーは主に一斉講義用であり，技術科の実習場面では例えば，表 3.2 のようなカテゴリーが利用できる。

対象となる生徒を設定し，ビデオカメラなどを用いて学習活動を録画・分析することで，カテゴリーの出現傾向や各生徒による活動の違いなどを検討することができる。このようなカテゴリーを用いて，生徒の学習活動の傾向を把握することによって，学習活動のつまずき，製作活動の意欲・態度の傾向，教師が意図した学習活動との相違などの検討に役立つと考えられる。

3.3　生徒の発話

技術科の授業で，技術の評価や活用などをテーマとして扱う際には，技術に関する様々な要因を検討することや，意見の異なる他者との相互作用を通し て，複数の観点から技術の評価を深めていくことが重要になる。このような授業では，教師－生徒間や生徒間相互における対話に基づいて情報や意見を交換する学習場面が計画でき，小集団での思考過程や知識の伝達などが検討の対象となることが予想される。

このような相互作用のある対話はトランザクション（Transactive Discussion）と定義され，その意味を分類する枠組みが提案されている。枠組みには，相手の考えを取り出したり，確認・表現するための「表象的トランザクション」と，自身や相手の考えを変化・発展させる機能を有する「操作的トランザクション」の 2 種類がある。人型ロボットの技術を評価・判断する対話の分析で用いられた分類カテゴリーを表 3.3 に示す。

これらのカテゴリーを用いて発話を分析することで，技術を評価する意見や理由に対する変化と他者や情報からの影響などを検討することができ，学習

表 3.1　技術科の実習場面における発話の分類カテゴリー

カテゴリー	意味・定義（工具などを用いた製作活動の場合）
①基本使用の指示	生徒に工具や道具の使い方を説明する。指導的な表現を用いる。
②基本使用の指摘	生徒に工具や道具の使い方を説明する。提案的な表現を用いている。
③基本使用の質問	教師や生徒が，工具や道具の使い方について質問する。
④基本使用の確認・評価	工具や道具の使い方について確認し，評価する。
⑤製作活動の指示	指示的な表現を用いている。
⑥製作活動の指摘	製作活動について指摘をする。提案的な表現を用いている。
⑦製作活動の質問	製作活動について質問をする言語行動。
⑧製作活動の確認・評価	製作活動について確認や評価を行う言語行動。
⑨肯定的反応	指示・質問などに対して肯定的な反応をした時。
⑩否定的反応	指示・質問に対して否定的な反応をした時。
⑪パフォーマンス	カテゴリーとカテゴリーの間に工具や道具の使用をする。

表 3.2　技術科における生徒の活動カテゴリー

カテゴリー群		カテゴリー	活動単位（木材を材料とした製作活動の場合）
A 製作に関する活動	a 製作活動	1．けがき	1. 図面をかく。2. 印をつけ，線引きをする。
		2．部品加工	3. のこぎりびきをする。4. かんながけをする。5. やすりやサンダを使う。6. きりやボール盤を使う。7. 木工機械を使う。
		3．接合・組立	8. 組み合わせる。9. 釘打ちやネジどめをする。
		4．仕上げ（調整）	10. 下地を作る（修正を含む）。11. はけ塗りをする。
	b 製作の援助活動	5．評価（判断）	12. 調べる，観察する。13. 確かめる。14. くらべる。15. はかる，測定する。
		6．工具，材料の取扱い	16. 工具や材料を出入れする。17. 準備する，取り付ける。18. 調整する，修理する。
B 製作に対する情報活動		7．収集	19. 教科書や黒板等を見る。20. 説明を聞く。21. 示範や作業を見る。22. ノートに記録する。
		8．処理	23. 一人で考える。24. 聞く，相談する。25. 手伝ってもらう。
		9．伝達	26. 他人に教える。27. してみせる。28. 手伝う，補助する。
C その他	a 有意味活動	10．移動	29. 教師の指示で動く。30. 見えやすい所へ動く。31. 教師や友達の所へ行く。32. 材料や工具を運ぶ。33. 機械作業へ行く（戻る）。
		11．美化・整頓	34. 見繕する，手を洗う。35. 掃除する。36. 挨拶する。
	b 無意味活動	12．待機	37. 休む。38. 待つ。
		13．遊び	39. 遊ぶ，うろうろする。40. よそ見する。41. 私語をする。

表3.3 トランザクションの分類カテゴリーと例

分類カテゴリー	例（人型ロボットの技術を評価する発話の場合）
●表象的トランザクション	
1. 話題の提示：テーマや論点を提示する。	「反対に〇〇の考え方もあるが，それを踏まえてどうですか」「他に意見はありますか」
2. 質問：疑問や不明な点などを問いかける。	「その理由を教えて下さい」「そうなってもいいのですか」「それはいいことですか」
3. 言い換え：同じ内容を繰り返して確認しようとする。	「〇〇するということですか」「イメージ的に言うと〇〇みたいなことですか」
4. 主張：自分の意見や解釈を提示する。	「あくまでも反対だと思ってるんですけど」「それ自体は賛成です」「いいと思います」
5. 同調：相手の意見に賛成する。	「なるほど」「たしかにそのようなことは起こると思うんですよ」「そうですね」
●操作的トランザクション	
6. 統合：自分の主張に取り込み説明し直す。	「最低限それは必要ではないかと思います」「そこだけに注目すればそうでしょうね」
7. 批判：矛盾や反対意見を指摘する。	「普及しないと思います」「知識労働はできないはず」「いいことばかりではよくない」
8. 拡張化：理由を拡張させて意見を明確にする。	「可能性が考えられるのでいいと思う」「産業を考えたときにロボットは盛んなので」
9. 詳細化：理由を提示して意見を詳細にする。	「そのような理由で普及したのなら問題ない」「人間が使うという前提ではよいと思います」
10. 提案：提案により，意見を強化する。	「ロボットと組み合わせてできたらいい」「別の方法を設ければ解決できると思う」
●非トランザクション	
11. 却下：ルールであり，そうでないと困ると主張する。	「ロボットはロボットだから」「ロボットだからといって反対する理由はない」
12. 応答不能：応答できない，意見に取り込めない。	「わからないので何も言えないです」「難しいですね」「想像がつかない」

指導や学習評価に資することが可能になると思われる。

3.4 ICTを用いた授業データの収集

　これまでに，授業の活動や発話を分類するためのさまざまなカテゴリーなどが開発され，授業分析の精緻化が目指されているが，研究的側面が強く，授業の検討会や教師の意思決定などに即時に反映させることは容易ではないように思われる。近年では，ICTを用いて記録を行うことで，授業での教師や児童生徒の活動をより正確に記録し，授業中のリアルタイムにおいて教師の学習指導・評価に反映することを志向したシステムが開発されている。

　教師の活動に関しては，机間巡視行動などの空間的な教授行動に着目し，教室内における教師の座標とそこで生起している活動主体を把握し，授業過程を記録するシステムが開発されている。また，タブレット端末を用いた学習評価システムが開発され，生徒の技能などを授業中に記録する学習評価とその評価活動を時系列で閲覧できるようになっている。さらに，スマートフォンを用いて工具操作技能の詳細をデータ化し，授業中に教師にフィードバックすることができるアプリケーションが開発されている。

　これらのシステムは，逐語記録や授業録画などを用いて授業後に授業分析を行うことを前提とするのとは異なり，教師が授業中にリアルタイムで学習活動や指導・評価の傾向を把握することができる。すなわち，逐次進行する授業中に教師の指導・評価の実態や生徒の学習に関わる諸情報を知ることができ，状況に応じた適切な指導や生徒へフィードバックを与えるための意思決定をすることが可能となる。

4. 学習活動の分析

　技術科授業での学習活動を通して得られる資質・能力などを，開発した調査票に基づいて検証する研究が行われている。この調査票は，意欲，態度，思考，自己評価などに関するものがある。

　これらの調査票を授業の前後などに用い，その結果を検討することにより，授業で行われた学習の効果を推測することができる。また指導法や教材の異なる授業において調査結果を比較することにより，生徒の学習に対する影響度を検討することができる。これらの調査票を用いることで，生徒の状況を診断的に把握することができるとともに，総括的な学習活動の成果を検討することができる。そのため，他者の視点からの授業観察や，詳細な授業分析を行うことが困難な場合には，一つの方法として用いることが有用ではないかと思われる。

第4章　技術科の学習指導

1. 技術科の学習指導の特徴

　技術科の学習では，古くからプロジェクト法が用いられてきた。プロジェクト法は，W.H. キルパトリックが 20 世紀初めに提唱した指導法で，ものづくりなどの作業を中心に，生徒たちが自ら計画を立案し問題を解決する実践的な活動を重視するものである。日本の技術科教育は，プロジェクト法の理念のもと，時代における位置付けや内容の変遷を経ながら教授法が深められてきた。現在の技術科においても，製作品の設計・製作などを中心題材とし，その前後に構成される学習全体を通じて知識・技能の習得や思考力・判断力・表現力などの育成を目指しており，その理念や指導法が受け継がれている。

　さて，一言に，知識・技能の習得や思考力・判断力・表現力の育成と言っても，技術科は他教科，特に座学の教科とはその形態が大きく異なる。技術科には，理論と実践が存在し，その実践は目に見える形で具現化される。したがって，得られた知識や理解も観念的な次元に留まらず，実感・実態を伴ったものとなり，身に付いた思考力・判断力・表現力は日常生活や社会生活で生きて働く真正性の高い資質・能力となり得る。

　本章では，それらの技術科の特徴や可能性を生かした指導を実現させるため，技術科で求められる思考の枠組みや，育成すべき資質・能力を確認するとともに，それらに即した技術科の学習指導の基礎的な概念や具体的な指導事例を紹介する。

2. 技術科の思考の枠組みと学習過程

2.1　技術科における思考の枠組み

　中央教育審議会の答申（平成 28 年 12 月）では，技術の開発・利用の場面において用いられている「技術ならではの思考の枠組み」を，「生活や社会における事象を，技術との関わりの視点で捉え，社会からの要求，安全性，環境負荷や経済性等に着目して技術を最適化すること」とし，これを「技術の見方・考え方」としている。そして，学習指導要領（平成 29 年 3 月公示）においても，技術科の目標の中で「技術の見方・考え方」を働かせるように求めている。技術科の学習指導では，技術科における思考の枠組み，つまり上記に示す「技術の見方・考え方」を通して題材（単元）や本時の目標が達成できるよう，計画・実行することが求められる。

2.2　技術科の学習過程の在り方

　ここでは，中央教育審議会の答申及び学習指導要領を参考に，技術科の各内容における学習過程の在

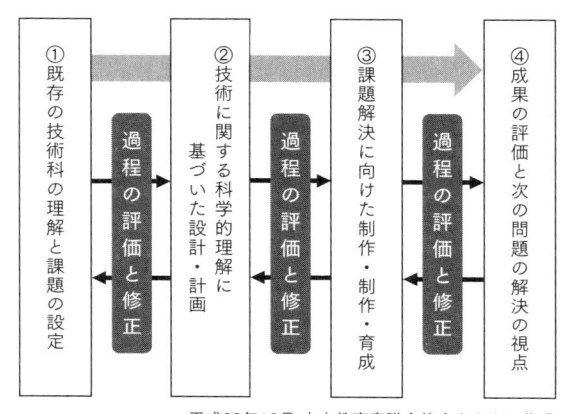

平成28年12月 中央教育審議会答申をもとに作成

図 4.1　技術科の学習過程のイメージ

り方を整理する。

図4.1に，技術科の学習過程のイメージを示す。図中の「①既存の技術の理解と課題の設定」では，既存の技術を理解した上で，生活や社会の中から技術に関わる問題を見いだし，それに関する調査などに基づき，現状をさらに良くしたり，新しいものを生み出したりするために解決すべき課題を設定する。次に，「②技術に関する科学的な理解に基づいた設計・計画」では，課題の解決策を条件を踏まえて構想（設計・計画）し，試行・試作などを通じて解決策を具体化する。そして，「③課題解決に向け

た製作・制作・育成」では，解決活動（製作・制作・育成）を行う。最後に，「④成果の評価と次の問題の解決の視点」では，解決結果及び解決過程を評価し，改善・修正する。そして，さらなる改良点を検討し，新たな技術的な問題を見いだす。なお，評価と修正については，それぞれの過程の終末で行われる。

このような学習過程により，技術科は単なるものづくりの教科ではなく，ものづくりを通じて技術的な資質・能力を高め，生きる力の形成に資する教科としての性質が担保されている。

3. 技術科で育成する資質・能力と学習指導

学習指導要領（平成29年公示）では，各教科で育成を目指すべき資質・能力として，「知識・技能」，「思考力・判断力・表現力」，「学びに向かう力・人間性等」の3つの柱を偏りなく実現することとしている。ここでは，上記のそれぞれについて技術科ではどのように捉えられるか，また，学校現場においてどのような指導が求められているかについて，学習指導要領及び中央教育審議会の答申を手掛かりに，それぞれの要点を示す。

3.1 「知識・技能」と学習指導

技術科で求められる知識・技能は，生活や社会で利用されている技術についての基礎的な理解と技能であり，それらに基づく技術と生活や社会との関わりの理解である。具体的には，「技術に用いられている科学的な原理・法則の理解」，「技術を安全・適切に管理・運用できる技能」，「技術の概念の理解」，「技術の役割と生活や社会に与える影響についての理解」である。したがって，技術科で求める知識・技能は，単に何かの用語を「知っている」ということや，与えられた作業が「できる」ということに留まらない。例えば，両刃のこぎりの刃先を見て「横引き用の刃」であるか「縦引き用の刃」であるかが答えられ，実践的な場面で使い分けることができても，それらが根拠のある理解に基づいたものでないなら，技術的な知識・技能とは言えない。「なぜ，横引き用の刃はそのような形状をしているのか」について，木材の材料特性と刃先の関わりから，科学

的な原理・法則に基づいて説明できることが重要である。そして，それらの科学的な理解に基づき，製作の場面やプロジェクト全体を通じて，安全・適切に管理・運用できる技能が求められる。

ここでの指導で重要なことは，教師側の一方的な教示ではなく，生徒自らが既存の知識や他の技能と関連付けられる場面を設定したり，様々な状況の中で主体的に活用できるような課題を設定したりするなどの工夫が必要である。そして，個別の知識・技能の習得に留まらず，技術科で求められる思考の枠組み，つまり「技術の見方・考え方」に気付かせ，課題解決に必要な基盤を育成することが重要である。

3.2 「思考力・判断力・表現力」と学習指導

技術科で求められる思考力・判断力・表現力は，技術に関わる問題解決に必要な力と考えられる。具体的には，「生活の中から技術に関わる問題を見いだし課題を設定する力」，「課題の解決策を条件を踏まえて構想（設計・計画）する力」，「課題の解決策を製作図，流れ図，作業計画表等に表す力」，「試行・試作等を通じて解決策を具体化する力」，「課題の解決結果及び解決過程を評価し改善・修正する力」などと考えられる。

技術科において，上記の能力が最も発揮される学習場面の一つが，製作品などを設計・計画する活動である。そこで求められる製作品などは，すでに設計された木製品を設計図通り製作させたり，あらか

じめ回路が設計された電気回路を回路図通り組み立てさせたりするような画一的なものでは，上記の能力の育成は望めない。また，自分の好きなもの，作りたいものを選ばせたりする程度の設計でも不十分であると考えられる。設計の出発点として重要なことは，生活の中から技術に関わる問題を見いださせることである。たとえば，「材料と加工に関する技術」の設計場面では，生徒自身の生活の中で，それらの技術を用いて解決できる課題を発見させることが出発点となる。その上で，材料の選択や成形の方法などを構想して設計を具体化させることが重要である。その際，使用する材料を限定したり，使用工具や，作業時間などの条件を制限したりするなど，ある程度の制約条件を与えるとよい。そうすることで，学校の設備や生徒の発達段階に応じた課題の設定が可能になるとともに，生徒にとっては，与えられた条件の中で解決策を最適なものにしようとする「技術の見方・考え方」を働かせる学習展開が可能となる。図4.2に，設計における思考過程のイメージを示す。同図は，思考力・判断力・表現力を育むための設計の流れでもある。

　なお，図4.2に示す思考過程や工夫・創造の視点は，あくまでも一例である。学習指導要領解説や国立教育政策研究所の参考資料，生徒の実態に即して各教員が工夫し設定する。

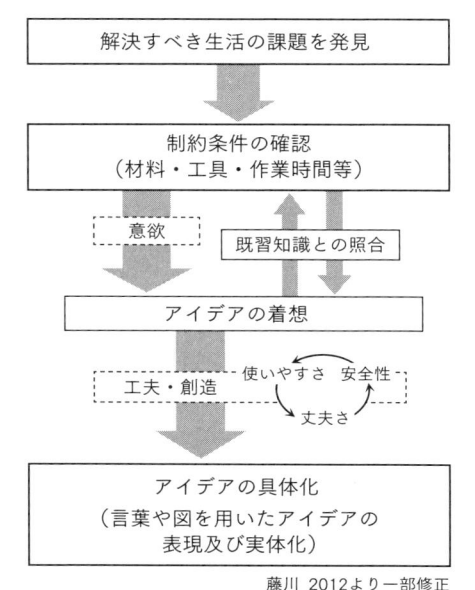

図4.2 の図中テキスト：

解決すべき生活の課題を発見

制約条件の確認
（材料・工具・作業時間等）

意欲　　既習知識との照合

アイデアの着想

工夫・創造　使いやすさ　安全性
丈夫さ

アイデアの具体化
（言葉や図を用いたアイデアの
表現及び実体化）

藤川 2012より一部修正

図4.2　設計における思考過程のイメージ

3.3 「学びに向かう力・人間性等」と学習指導

　学びに向かう力・人間性等とは，いわゆる学力の3要素（「知識・技能」，「思考力・判断力・表現力」，「主体的に学習に取り組む態度」）のうち，主体的に学習に取り組む態度（学習意欲）を含めた学びに向かう力や，自己の行動や感情を統制する能力，自己の思考を客観的に捉える力などである。技術科で求められる学びに向かう力・人間性等は，よりよい生活や持続可能な社会の構築に向けて，適切かつ誠実に技術を工夫し創造しようとする実践的な態度と考えられる。具体的には，「進んで技術と関わり，主体的に技術を理解し，技能を身に付けようとする態度」，「自分なりの新しい考え方やとらえ方によって，解決策を構想しようとする態度」，「自らの問題解決とその過程を振り返り，改善・修正しようとする態度」，「知的財産を創造・保護・活用しようとする態度」，「技術に関わる倫理観，他者と協働して粘り強く物事を前に進める態度」などと考えられる。

　次に，学びに向かう力・人間性等を育成するための指導の工夫として，以下の3点を例示する。

　1点目は，主体的な学びを成立させるため，常に「自分事」として学習対象と関わりを持たせることである。たとえば，前項（3.2）の設計場面において示した「生活の中から技術に関わる問題を見いださせる」という過程がそれに当たる。これは，設計や製作のような知識・技能の活用場面に限らず，学習活動全体を通して意識させたい視点である。「この技術は自分とどのように繋がっているのか」「生活や社会の中でどのように役立っているのか」などを常に意識させ，「自分事」として学習対象に関われるような指導の流れにすることが重要である。

　2点目は，問いの継続，つまり，授業の中で「なぜだろう」「どうすればよいのだろう」といった思考に至らせるような課題提示や発問の工夫が必要である。たとえば，「白熱電球」，「蛍光灯」，「LED電球」の3種類のランプの特徴と適した用途を理解させたいとする。その際，教師が板書などで説明することで理解させることは可能であるが，そのような指導では問いは生まれず，主体的な学習にはなりにくい。問いを生むための工夫例として，3種類のランプの特徴が書かれたカードを配布し，それらの特

徴から，どのような場所でどのような使い方が適しているかについてグループで考えさせる方法がある。そうすれば「どうすればよいだろう」という問いが生まれ，より主体的な活動となる。さらに，3種類のランプの特徴を教師が示すのではなく，実験などから導かせるような指導過程にすることでさらに問いが深まり，学びの質も高まる。このような指導の工夫は，後に示す「主体的・対話的で深い学び」の実現にも通じる。また，解決した問いは単位時間に留まらず，次の課題の問いにつなげたり，目標とする製作題材の構想につなげたりして問いを継続させることで，題材（単元）全体を通して学びに向か

う力を育成することができる。

　3点目は，学習の振り返りである。具体的には，授業の終末に，授業で学んだことをまとめさせたり，自己評価させたりすることがそれに当たる。さらに，題材（単元）全体を通して，自己の学びを振り返らせることも重要である。振り返りを行うことで，自らの問題解決を改善したり修正したりしようとする態度が育まれる。そのような態度は，自己の感情や行動を統制する能力や，自らの思考の過程を客観的に捉える力につながる。学習の振り返りは，学びに向かう力・人間性等を育成する上で重要な役割を担っている。

4. 指導前の準備

4.1　レディネスの把握

　指導者は学習指導の前に，生徒のレディネス（学習準備性）を把握する必要がある。技術科のレディネスを把握する上で重要なのは，これまでの学習における，知識・技能などの習得状況に留まらず，日常生活における経験などについても把握することである。例えば，電気エネルギーを用いた製品を製作させる題材の場合，小学校や中学校の理科の学習における回路と電流・電圧の理解，電流・電圧と抵抗の関係など，電気に関する既習事項がどの程度習得できているかについて把握することが必要である。さらに，電気回路を組み立てた経験はあるのか，ねじ回し（ドライバー）やニッパ，ラジオペンチ，はんだごてなどの工具を使用したことがあるのかなどについて把握しておくとよい。また，生活や社会における電気エネルギーを用いた技術に対する関心や学習意欲などを把握しておくことも重要である。

　レディネスの把握は，筆記試験の実施，形成的評価の活用（6.1 に詳述），アンケート調査などが考えられる。得られた結果は，指導計画の修正や指導法の再検討に利用することができる。また，学習グループの構成や個々に応じた支援に役立てることも可能である。

4.2　学習グループの編成

　学習グループを編成する際，名簿順などの便宜的

な方法を用いることは，生徒のレディネスに偏りが生じるため好ましくない。たとえば，問題解決的な学習や製作学習において，特定のグループに習熟度の低い生徒や生徒指導上での課題を有する生徒が集中すると，学び合いによる相補的な学習の成立が困難となる。学習グループを編成する際，レディネスの結果を用いて効果的な学び合いが成立するように配慮する必要がある。

4.3　板書計画・ワークシートなどの準備

　指導計画を具現化するために必要なツールとして，板書やワークシートなどが必要となる。板書は，配置や色分けを工夫し，生徒の思考が整理されるよう構造化されたものとなるよう計画しておく。また，ワークシートを用いる場合は，市販の学習ノートなどを用いる場合と，自作で行う場合がある。自作のワークシートは，「生徒の実態に即しやすく，教師の授業に対する思いや熱意が伝わりやすい」といった効果があるため，より効果的であると考えられる。学習プリントは大別して，学習内容整理型，実験・実習手引き型，学習状況記録型，提出課題フォーマット型に分けられる。

5. 技術科における効果的な指導および支援

5.1　協同的な学習

効果的な指導形態の１つに協同学習が挙げられる。協同学習の有効性は L.S. ヴィゴツキーの「発達の最近接領域」によって解釈されている。発達の最近接領域の構造を図 4.3 に示す。

発達の最近接領域とは，「大人ないし，認知的により有能な仲間のガイダンスのもとで可能となる，より高度なレベル」である。そして，発達の最近接領域にある課題については「協同の中で達成が可能になる」と解釈されている。これらの解釈に基づき，協同学習の重要性が認識されている。

技術科の学習は，各教科の能力や生活経験が統合的・複合的に活用される。また，生徒のレディネスも他教科と比べ複雑である。技術科の学習では，各々の生徒の資質・能力を相補的に育むために，協同的な学習による学び合いの場面を適切に配置することが望ましい。

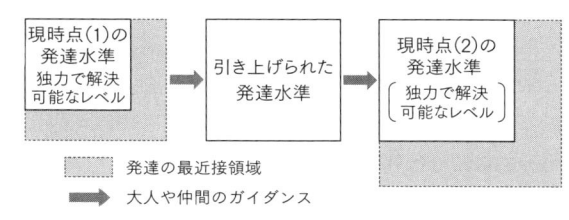

図 4.3　発達の最近接領域（田島ら 2004 から作成）

5.2　主体的・対話的で深い学び（アクティブ・ラーニング）の実現

技術科における資質・能力は相互に関連して身に付けられる。つまり，習得された知識・技能が，問題解決場面で活用されることにより，思考力・判断力・表現力が身に付けられる。また逆に，思考力・判断力・表現力が身に付く過程において，知識・技能が生きて働くものとして習得されたりする。そのような学びを実現させるためには，主体的・対話的で深い学び（アクティブ・ラーニング）を実現させることが必要である。表 4.1 に，主体的・対話的で深い学びのイメージを示す。

表 4.1　主体的・対話的で深い学びのイメージ

視点	生徒の姿
主体的な学び	学ぶことに興味や関心を持ち，自己のキャリア形成の方向性と関連付けながら，見通しを持って粘り強く取り組み，自らの学習活動を振り返って次につなげる「主体的な学び」が実現できている。
対話的な学び	子ども同士の協働，教員や地域の人との対話，先哲の考え方を手掛かりに考えること等を通じ，自らの考えを広げ深める「対話的な学び」が実現できている。
深い学び	習得・活用・探究の見通しの中で，教科等の特質に応じて育まれる見方・考え方を働かせて思考・判断・表現し，学習内容の深い理解や資質・能力の育成，学習への動機付け等につなげる「深い学び」が実現できている。

（平成 28 年 7 月中央教育審議会答申資料より）

5.3　アクティブ・ラーニングの実際

ここでは，技術科におけるアクティブ・ラーニングを取り入れた授業の一例を示す。同授業は，木製品の製作において，使用目的・使用条件に即した設計を行わせるための前段階として考案されたものである。

まず，同授業の背景を以下に述べる。木製品の設計を行うためには，製品を構成する個々の部品（板材）が，機能面や構造面においてどのような役割を果たし，それが利用者にどのように役立つかについて理解する必要がある。それらの理解のもと，利用者の目的や条件に即した設計の工夫を行うことが求められる。設計は技術科の学習の中で，思考力・判断力・表現力が最も試される場面の１つであり，難易度も高い。それらを踏まえ，同学習では，各自で設計を行わせる前に，設計における思考力・判断力・表現力を高めるための学習としてアクティブ・ラーニング（グループによる課題解決学習）を取り入れている。

次に，同授業で取り入れたアクティブ・ラーニングの具体例を示す。学習展開の第１段階として，機能面や構造面から見て明らかに問題のある製作品を生徒に提示し，「その製作品の問題点はどこか」「どのように改良すれば良くなるか」などを考えさせて

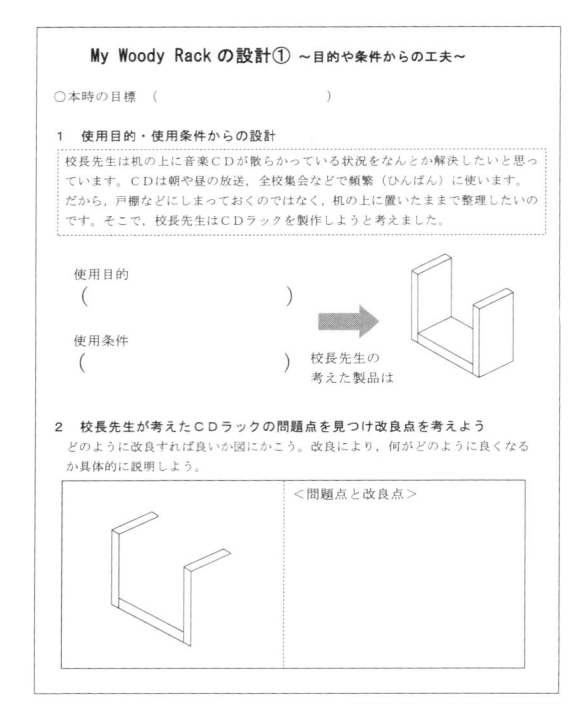

My Woody Rack の設計① ～目的や条件からの工夫～

○本時の目標 （　　　　　　　　　　　　）

1　使用目的・使用条件からの設計

校長先生は机の上に音楽CDが散らかっている状況をなんとか解決したいと思っています。CDは朝や昼の放送、全校集会などで頻繁（ひんぱん）に使います。だから、戸棚などにしまっておくのではなく、机の上に置いたままで整理したいのです。そこで、校長先生はCDラックを製作しようと考えました。

使用目的
（　　　　　　　　）

使用条件
（　　　　　　　　）　　　　　校長先生の
　　　　　　　　　　　　　　　考えた製品は

2　校長先生が考えたCDラックの問題点を見つけ改良点を考えよう

どのように改良すれば良いか図にかこう。改良により、何がどのように良くなるか具体的に説明しよう。

＜問題点と改良点＞

（藤川 2014 より一部修正）

図4.4　課題解決学習のワークシート

いる。学習で用いられたワークシートを図4.4に示す。ここでは、グループ学習用のパフォーマンスボードを用いている。パフォーマンスボードは、問題のある製品にアイデアを加筆できるようワークシートをラミネート加工したものであり、ホワイトボード用マーカーを用いて構想図や文字を何度も書き直すことができるようにしている。

ここでの課題解決の視点は、生徒の趣向ではなく、登場人物の使用目的・使用条件に即した設計の工夫が求められる。それらを通じて、生活の課題を解決する視点を広げさせるとともに、既習事項である機能と構造の知識を活用させ、思考力・判断力・表現力を育むことを意図している。グループによる

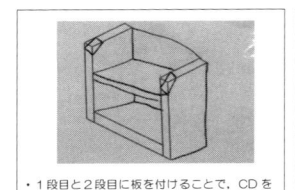
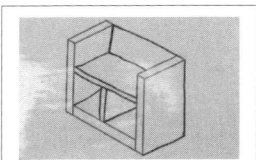

・1段目と2段目に板を付けることで、CDを取り出しやすくなる。
・角があぶないので切り取った。
・後ろに支えがないと弱いし、CDが後ろに落ちてしまう。だから支えを付けた。

・たくさん収納できるように2段にした。
・CDを分類するため下の段を2つに分けた。
・倒れるといけないので後ろにカベをつけた。

図4.5　グループによる課題解決の例

課題解決の例を図4.5に示す。グループで考えた解決案は、クラス全体に向け発表させ、各部品の役割をクラスで検討させる。この過程により、目的や条件を満たすために必要な個々の部品における機能面や構造面の役割の理解を深めるとともに、使用目的・使用条件に基づく設計の工夫についての発想を広げさせる。

また、同学習では、学習展開の第2段階として個人課題を設定している。そこでは、先人の作品から工夫点を読み取らせる活動を設定している。この活動は、グループによって引き上げられた発達の最近接領域を、個人の能力に帰結させるために重要な過程として位置付けている。

5.4　体験的な活動

技術科では、実感を伴った理解を促すために体験的な活動を取り入れることが重要である。以下にその一例を示す。

木材の組織を理解させる際、教科書の記載どおり「木材は管状の繊維が一方向に並んでできています」と言葉で説明しても、多くの生徒は十分に理解できない。そこで「管状の繊維」を「ストローを束ねたようなもの」と言い換えると組織の構造がイメージしやすくなる。その上で、木材の断面図を顕微鏡で拡大した写真を見せると、木材の組織をより正確に認識することができる（図4.6左）。さらに、木材に石鹸水を付け、息を吹きかけると泡が発生することを体験させる（図4.6右）。このような体験的な活動により、観念的な知識から実感を伴った理解へとつなげることができる。また、木材の組織構造はさらに「繊維方向に沿って割れやすい」という性質をもたらしている。薄い木片を準備し、生徒に実際に割らせてみたりすることで、木材の性質を体感させることができる。

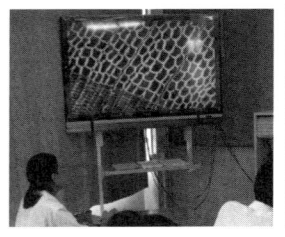
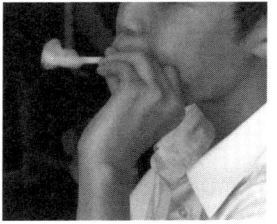

図4.6　体験的な活動の様子（藤川 2014 より）

5.5　ICT の効果的な活用

ICT とは，Information and Communication Technology の略であり，情報通信技術と訳される。教育における ICT の活用と言えば，デジタルテレビやプロジェクターにより画像を提示しながら説明するものから，PC やタブレットを用いた情報通信，e-Learning まで多様に解釈されている。

ICT を活用する場合，モニターなどに画像を映し出して説明するという方法がある。しかし，ただ単に画像を映すだけでは，効果的な活用とは言えない。その場合，画面をプリントに印刷して配付するほうが効果的な場合もある。モニターなどに画像を映すメリットは，教師が画像を指し示したり，画像の中に文字や文章を埋め込んだりして説明することができるということである。また，必要な部分を拡大・縮小したり，アニメーション機能を用いたりして説明することもできる。

また，効果的な ICT の活用方法として，製作学習などの実習指導の場面で，実物投影機を用いて作業方法を説明する方法がある。そうすることで作業方法の具体を生徒の目線に立って説明することができる。さらに発展的な活用方法として，タブレットを個人やグループに持たせ情報収集や課題解決に活用させる方法がある。その際，課題解決の結果を通信により交流させたり，教師用のモニターに映し出させて，解決結果をクラス全体に向けて発表させたりすることもできる。

ただし，ICT も万能ではない。板書やプリントのほうが有利な場合もあるので，双方の特徴をよく理解した上で効果的に用いることが重要である。

5.6　つまずきや失敗に対する支援

学習活動の中で，生徒は様々なつまずきや失敗を経験する。教師は，それらに対し適切に支援することが求められる。ここでは，製作過程における代表的な失敗場面において，これまで筆者が行ってきた支援の具体を取り上げ，失敗に対する適切な支援について検討する。

図 4.7 に生徒による失敗例を示す。これは側板・底板・棚板・背板からなる 2 段のラックを製作しようとして，けがきで寸法を測り間違えたか，本来切

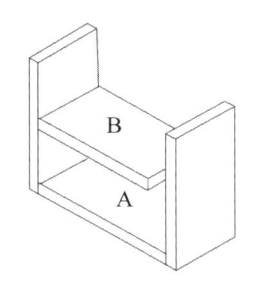

図 4.7　生徒による失敗例

断すべき寸法線ではなく，間違えて他の部分を切断した，などにより生じた失敗である。つまりは，本来，板材 A と同じ長さにすべき板材 B を誤って短くしてしまったものである。生徒がこのような失敗を訴えてきた場合，適切に解決させるため，教師はどのようなアドバイスを行えばよいのだろうか。

たとえば，上記の失敗例の場合，板材 A を板材 B と同じ長さになるように切断すればよい。全体の大きさは多少小さくなるが，上記の方法により構造上の問題を解決することができる。

しかしながら，生徒が例のような失敗を訴えてきたとき，教師が上記のようなアドバイスを行うことは適切な支援とは言えない。なぜなら，生徒の失敗場面において，教師が直ちに解決策を示すことにより，生徒の問題解決場面を奪うことになるからである。

では，どのような支援を行えばよいか，その 1 例を示す。たとえば，生徒が図 4.7 のような失敗に遭遇し，「このように失敗しました」「どうすればよいですか？」と訴えてきたとき，教師は直ちにアドバイスを行うのではなく，「どうすればよいと思いますか？」と，問いを生徒に戻すことが重要である。この局面は，前節（5.3）アクティブ・ラーニングの実際で示した，創作のストーリーに基づく課題ではなく，実際に出くわした問題解決場面である。身に付けた知識・技能や思考力・判断力・表現力が現実の場面で試されるため，真正性の高い資質・能力が育まれることが期待できる。

実際の授業で行われた，図 4.7 の失敗例に対する生徒 A，生徒 B による改善例を，図 4.8，図 4.9 にそれぞれ示す。

生徒 A は，板材 B を棚板として利用することをやめ，縦に配置することで仕切り板として機能させ

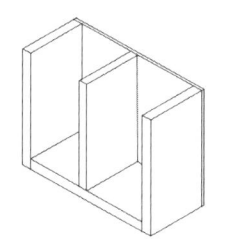 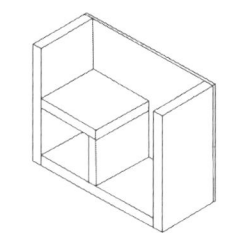

図 4.8 生徒Aの改善案　　**図 4.9** 生徒Bの改善案

るよう変更している（図4.8）。この案は，棚板構造ではないため，当初の設計とは違う構造となっており，使用目的を達成できなくなった。そのため，生徒Aは当初想定していた「解決すべき生活の課題」の見直しを行い，新たな生活の課題を見いだしている。

　生徒Bは，教師の「どうすればよいか」という問いに対し，「このまま（図4.7　失敗例の状態のまま）組み立てる」と説明した。その理由として，右側板との間に隙間があるため，その隙間に縦長の本や雑誌などが収納できると考えたからである。しかし，教師の「棚板の上からの荷重に対して強度は大丈夫か」という問いかけを受け，最終的に図4.9に示す改善案に至った。生徒Bも，この変更に伴い当初想定していた解決すべき生活の課題を一部修正している。

　生徒の改善案には不十分なものも見られるが，大切なことは生徒自身で考えさせ問題解決を行わせることである。そして，改善案に問題があったとしても，教師が直ちに正すのではなく，解決すべき生活の課題や使用目的・使用条件に照らしながら常に生徒に「問い」を返し，段階的にアドバイスを行うことが望ましい。製作活動中に出現した，生徒のつまずきや失敗においても，その解決過程を生徒自身に評価させながら，改善・修正させることにより，思考力・判断力・表現力や学びに向かう力・人間性等の育成が期待できる。

6. 授業内容・指導方法の改善

6.1　形成的評価

　形成的評価とは，授業改善のための評価である。つまり，テストや作品の評価結果から，授業内容や指導方法の良かった点や改善点などを見いだすことである。それらは単に「平均点が高いから指導が良かった」「低いから悪かった」という全体的な傾向だけでなく，指導事項のどの部分で達成度が高く，どの部分でつまずく生徒が多いのかを把握し，授業改善につなげることが必要である。また，生徒一人ひとりの課題を把握し，個に応じた支援につなげることも重要な視点である。

6.2　授業評価アンケート

　授業を改善するためには，形成的評価に加えて，生徒による授業評価アンケートが必要である。そこでは，指導事項ごとの理解度や達成感，関心・意欲の育ちなどを確認するとともに，授業内容や指導方法に対する生徒の満足度や要望などを把握することも大切である。形成的評価と授業アンケートの結果を照らし合わせ，指導計画や授業内容の再構築，授業方法の改善を行うことで，生徒の状況に応じた教育効果の高い授業や個に応じた学習支援の実現につなげることができる。

第5章　技術科における「教材」「教具」「題材」

1. 技術科における教材・教具

　中学校技術科は，実践的活動を通して問題解決を図る教科である。また，主な実践的活動である技能習得を通して，技術的な概念の形成や生活と技術との関わりに対する認識を形成することが求められている。技術科の授業時間数が極端に削減される中で，効率的に授業を展開するためには，教材や教具の活用が不可欠である。本節では，教材，教具，題材の用語の使い方を整理するとともに，これらを活用する効果，題材を選択する際の留意点を確認するものである。

2. 技術科における教材・教具の役割

2.1　教材の役割

　「教材」は，もともと英語の Subject matter や Teaching material などにあたるもので，明治以降の授業の中で，「教材」という言葉は広く教師たちに使われ，研究の対象となってきた。

　技術科は「もの」と密接な関わりを持ち，実技，実習という学習形態を多く含む教科であるため，「教材」に関する研究は特に重要なものである。また，技術科は，他教科と比較して教材や教具の選択範囲が広く，教材や教具に教師の指導観や題材観を盛り込むことが比較的容易である。そのため，技術科ではさまざまな教材や教具の開発や研究がなされ，臨床的実践報告が行われてきた。

　技術教育の中の教材と教具の位置付けや，開発手順については，教員養成系大学学部教官研究集会技術科教育部会編集の「技術科教育の研究」と，近藤（1999）の「教材開発の条件と望ましい教材の視点」で示され，近年では安東ら（2012）の「技術科教材論」にまとめられている。

　教育学においては，城戸（1955）は，"教材は，教育の目的に応じて学習させる必要がみとめられた教育の内容"と解釈している。さらに，"教材は，カリキュラムや単元を構成する素材であって，それを教育の方法によって学習させることにより，生徒の学力となってあらわれるものである"とも付け加えている。このことから，教材は特定の教育目標を達成させるものと定めている。

　柴田（1967）は，これまで「教材」という言葉を，「教科内容」と「教材」という2つの概念で区分している。教科内容を構成するものは（科学の場合），一般的には，科学的概念である。それら個々の科学的概念を習得させる上で必要とされる材料（事実，文章，直観教材など）を教材と解釈した。この柴田の教科内容と教材を区別した教材論以降は，教科内容（教育内容）と教材は区別して議論されるようになった。

　藤岡（1989）は，日常語としての教材と教育研究としての教材の概念を捉え直し，教材作りという観点から，その解釈を3つにまとめている。①一定の目標を実現するような働きを持った学習材料のことである。②学習者にとって思考を働かせる素材のうち，教師が意図的に準備するものである。③誰が用いても授業で一定の成果を保証できるように組織されたものである。この解釈は，学習者と指導者の両方の視点が盛り込まれており，技術科にとっても当てはまる部分が多い。

2.2　教具の役割

　次に，教材同様に教具の解釈を整理してみると，

城戸（1955）は，"教育の方法または手段として使用される道具"と解釈している。波多野（1974）は，"教育において，学習指導に使用する道具"と解釈している。井出（1988）は，"教育に必要な物質資料が教育的用具であり，通常教具といわれる"としている。三者とも，教育活動で使われる用具としており，大差は見られない。

岡本（1990）は，教具は"教育内容・素材として教材を具体化したもの，メディア化したもの，メッセージを伝えるもの"としている。この記述の中で，教材が教育内容と同義で扱われているため，曖昧な表現となっている。沼野（1990）は，"教具は教材の下位概念である。教材がメディアとメッセージに明瞭に区別できる場合，そのメディア部分を教具と呼ぶことがある"としており，教具は教材に含まれる下位のものとしている。

上記に示す教材と教具の解釈は，教育全体を網羅しているが，技術科の特徴である実習や実技の学習形態を考えると，これらの表現をさらに具体的に表現する方が望ましい。

3. 技術科における教材・教具の解釈

技術科の教材と教具の解釈を調べてみると，池本（1970）は，"一般に「教材・教具」という場合に，「教材」は教科書に代用される，いわゆる教えられるべき内容であり，「教具」は学習を効果的に行うために使用され，考案された道具であるが，はっきり区別しないで使われることが多い"としている。また，浅見（1990）は，"技術科教育の教材には，①教科用図書（教科書），②教科書以外の図書教材，③その他の教材に分けられている"，としている。例えば「教材研究」といった場合の教材は，指導内容，指導方法，題材などについての研究を意味する。「教材・教具」という場合の教材は，授業において活用するスライドやTP教材などを含めて，教育の内容と授業に用いる物的資料という意味に用いられるのが一般的である。換言すれば，教科書や教育映画が，その表現している内容に着目すれば教材とみなすことができ，表現している物質的形態に着目すれば教具とすることができる。したがって「教材・教具」の「教材」と「教具」の用語を分けて取り扱うことは困難である。このように，池本や浅見は，教材と教具の用語の区別が難しいとしている。

それに対して，近藤（1998）は，"教材は文化財としての技術から教育内容を典型的に内存させていくもので，かつ学習者の学習意欲を誘起することを目的に選択させた素材を，指導過程に位置づけ，学習者の学習活動の対象に組み込み，本来の働きを実際に発揮するように創造させたものであると考える"とし，"教材と教具，題材を区別して使うべきだ"と述べている。ここで，池本，浅見，近藤の解釈をもとに，技術科において，教材と教具の用語が混乱して用いられる要因を検討し，教材と教具の区別を具体的な例を示し説明する。

技術科という教科では，作品を製作する過程や，学習の定着を高めるために，自作の教具を活用する場面が多く見られる。例えば，太陽電池を使った自作の測定装置は，太陽電池で発電の状態を測定する時には「教具」として扱われるが，太陽電池自身や測定の仕組みを学習する時は測定装置が「教材」となる。特に自作教具の場合は，教師の教材観や指導の意図が盛り込まれているので，教材と教具の区別をしない場合が見られていた。そのため，池本や浅見が指摘するように，技術科では同じ素材であっても，教材であったり，教具になったりすることがしばしば見られるので，区別することが困難であるという見解が生まれてくるのである。しかし，教育目標や教育内容を的確に定めることができれば，教材と教具は区別することは可能であり，区別して使われるべきである。同時に，「教材・教具」と合わせて表現することが必要な場合があることもここで確認したい。

3.1　題材の役割

現在，技術科においては「教材」，「教具」以外に「題材」という学習のまとまりで表現されることがある。題材という言葉が技術・家庭科で使用されるようになったのは，1969年公示（技術・家庭科）の学習指導要領からで，それ以前は，「仕事（プロジェクト）」（1951年の学習指導要領，職業・家庭科），

「実習例」（1958 年の学習指導要領，技術・家庭科）と表現されていた。1991 年の「（技術・家庭科）指導計画の作成と学習指導の工夫」に題材の解釈が記載され，2000 年の「（技術・家庭科）学習指導要領解説」では，さらに題材について詳しく明記されるようになった。その「題材」の解釈は，製作物や道具・器具など，またはそれを含む指導のまとまりと意味付けている。題材と言うよりも「教材の単位」の考えに近いものである。2008 年の学習指導要領では，"技術・家庭科における題材とは，教科の目標および各分野の目標の実現を目指して，各項目に示される指導内容を，例えば，生徒の身近な生活と関連させるなど，指導単位にまとめて組織したものである"と示されている。

　そのため，「題材」と「製作題材」は同義ではなく，題材名の一例として，「木材と金属を使った CD ケースの設計と製作」になり，「CD ケース」は製作題材名となる。このように，技術・家庭科では「教材」の中に占める「題材」のウエートが大きいために，技術分野では「製作題材」の選定が重要となる。

3.2　技術科における教材，教具，題材の解釈

　上記の整理に基づいて教材，教具，題材は，次のように解釈することができる。

（1）教材（Teaching materials）の解釈

　①　教育内容（学習内容）が具体的に展開される学習材料。

　②　理解しにくい教育対象（教育内容）を教師によって単純化し，分かりやすく系統的に整理し，指導過程に位置付けたもの。

　③　教材の提示によって，学習者が学習意欲を喚起，継続するように工夫されたもの。

　このように，教材は授業で一定の成果を保証できるように組織されたものと解釈する。教員と生徒，教材の関係を図 5.1 に示す。

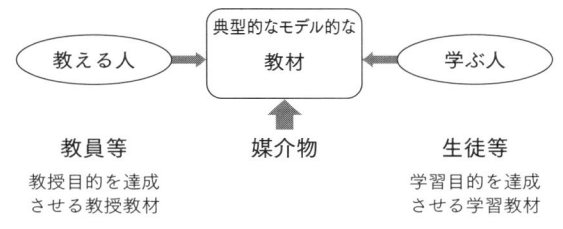

図 5.1　教材と教員・生徒の関係図

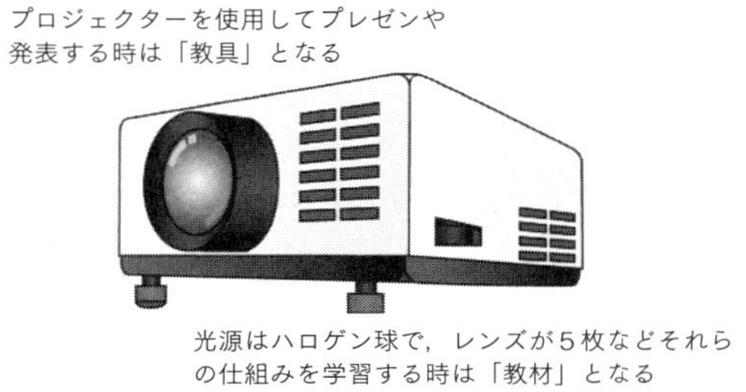

プロジェクターを使用してプレゼンや発表する時は「教具」となる

光源はハロゲン球で，レンズが 5 枚などそれらの仕組みを学習する時は「教材」となる

図 5.2　教材と教具の捉え方の違い

（2）教具（Teaching tools）の解釈

　教具は学習指導のために活用する媒介物を示す。授業や学習活動の中で，学習内容の理解の支援や，学習意欲を喚起するために用いられる具体物とする。つまり，学習者が学習内容を把握する過程を支援する具現物であり，物理的に形のあるものが教具である。

　しかし，前節でも述べたように，教具自身が学習内容を含み，教材になることもあるので，そのような場面では，「教材・教具」と表現した方が適切な場合もある。教材と教具の捉え方の違いを図 5.2 に示す。

（3）題材（Projects）の解釈

　題材とは，教科の目標および各分野の目標の実現を目指して，各項目に示される指導内容を，例えば，生徒の身近な生活と関連させるなど，指導単位にまとめて組織したものである。

　題材と製作題材を英語で区別すると Projects（題材），Products（製作題材）となり，それらを意識的に区別して使うことが大切である。

4.　技術科における教材や教具の効果

　教材や教具を活用する時，どのような効果を意識するかについて下記にまとめる。

・細部の見えにくいものを「拡大」して提示する。

・内部が分からないものを「透視・断面化」して提

示する。

- 複雑で込み入っているものを「分解・単純化」して提示する。
- 大きくて捉えきれないものを「模型（モデル）化・映像化」して提示する。
- 目では捉えられないものを「可視化・アナロジー化」して提示する。
- 変化が捉えきれないものを「低速化・高速化・ポーズ」して提示する。

- 高度で理解しにくいものを「難易度を低下させる・スモールステップ・置き換え・シミュレート」して提示する。

上記のことなどが考えられる。これらは，ICTを活用することで可能になる部分も大きい。そのためにも，技術科の授業においては，教材・教具・題材とともに，ICT機器の効果的な活用も有効な手段である。

5. 題材・製作題材の選択の視点

2008年の学習指導要領では，題材の設定に当たっては，各項目および各項目に示す事項との関連を見極め，相互に有機的な関連を図り，系統的および総合的に学習が展開されるよう配慮することが重要であることが示されている。例えば，技術分野では，「エネルギー変換に関する技術」の（2）エネルギー変換に関する技術を利用した製作品の設計・製作を履修する場合，「材料と加工に関する技術」の（3）材料と加工に関する技術を利用した製作品の設計・製作や「D 情報に関する技術」の（3）プログラムによる計測・制御との関連を図り題材を設定することが考えられる。

また，地域や学校および生徒の実態などを十分考慮するとともに，次の観点に配慮して実践的・体験的な学習活動を中心とした題材を設定して計画を作成することが必要である。

①小学校における家庭科および図画工作科などの関連する教科の指導内容や中学校の他教科等との関連を図り，教科の狙いを十分達成できるよう基礎的・基本的な内容を押さえたもの。

②生徒の発達の段階に応じたもので，興味・関心を高めるとともに，生徒の主体的な学習活動や個性を生かすことができるもの。

③生徒の日常生活との関わりや社会とのつながりを重視したもので，自己の生活の向上とともに家庭や地域社会における実践に結び付けることができるもの。などである。

次に，製作題材を選定する際には，上記の事柄を念頭に，学習内容を分析し，習得させる知識と技術の内容と程度を明確にする必要がある。また，生徒

の実態や興味・関心，学習形態，指導法の工夫，学習環境などに視点を注ぐ必要がある。例えば，「材料と加工に関する技術」の製作題材を選ぶポイントを次のようにまとめることができるので学習目的に応じて軽重をつけて選択することが必要である。

- 製作時に様々な材料・材質を選択できるもの。
- 製作時に材料・材質の特徴を学習できるもの。
- 生徒の興味・関心のあるもの。
- 自由な発想が製作品に取り入れやすいもの。
- 比較的構造が簡単で，構想図にまとめやすいもの。
- 一定の加工法を含むもの（加工の種類）。
- 複数の工具や加工機械を使用するもの。
- 一定の加工精度が要求されるもの。
- 学校の施設・設備で作品が仕上げられるもの。
- 個性，能力差に応じて，完成した作品に生徒各自が満足感を経験できるもの。
- 技術科の授業時間内で完成できるもの。
- 完成度の高いもの（いかに確実にできるか）。
- 作品の実用性が高いもの。
- コスト（原材料費）が適切なもの。

以上のことを，題材選定のポイントと設定できる。

このように，技術科においては，生徒の実態や学校の学習環境を的確に捉え，生徒に身に付けさせたい資質・能力を明らかにして，それらを実現するために，適切な教材，教具，題材をカリキュラムに組み込みながら指導することが望まれる。

6. 自作教具の事例

本節では，学校現場でも比較的簡単に製作可能な自作教具を紹介する。学校現場で，教師の指導観を盛り込みながら，改良して効果的に活用していただければ幸いである。

6.1　作業状況の正確な認識を支援する教具

技術科における表面処理の工程は，荒い紙やすりから細かい紙やすりへと素地仕上げを行い，光沢ある表面に仕上げていく。その表面粗さの程度は，生徒にとっては，判断が難しい。研磨作業は，比較的単純な作業が長時間続くので，学習意欲が最後まで持続しないことが少なくない。そこで，作品の表面粗さを数量的に測定でき，作業状態を正確に把握することを支援する「簡易表面粗さ計」を紹介する。

教具は，半導体レーザ，フォトダイオードをケース内部の上部に取り付け，そのケースの底部を測定面に密着させ，外部からの光が入らない構造の大変シンプルなものである。教具の内部構造を図 5.3 に示す。半導体レーザから金属表面に照射された波長 670 nm のレーザ光を正反射光方向に受光素子（フォトダイオード）を取り付けて測定すると，金属表面に凹凸が少なければ，回折が少なく受光される光の量は多い。また，表面に凹凸が多くあれば，回折が多く受光素子に届く光の量が減少する。表面に凹凸がなければ，表面粗さが小さいことになる。授業では，「＃○○番の研磨の場合は，○○の値以上になったら次の工程に移る」と指導すれば，研磨しすぎ（時間のロス）や不足がなくなり，効率的な授業展開が可能になる。

6.2　見えない部分を可視化する教具

木材加工の釘打ちによる接合のつまずきは，作品の質（出来・不出来）につながり，作品の完成に対する満足感に大きく関与するものである。また，釘が接合材料に垂直に打たれないことにより，外力の影響で釘部より割れが生じることもある。垂直な釘打ちの技能習得を支援するため，打ち込まれた釘の状態を可視化する教具を紹介する。打ち込まれた釘の状況を表示することによって，生徒は釘打ちの作業を丁寧に行い，ずれが減ることが実証研究より立証されている。

打ち込まれた釘頭部に永久磁石を取り付け，材料の両側に 4 個の磁気検出素子（ホールセンサ）を取り付け，その磁気の強さを測定する。検出部は，厚さ 10 mm のアクリル板に 45°の V 形の溝加工を施し，その中へホールセンサを取り付け，各センサの感磁面を中心に対して垂直にしている。4 つのホールセンサの値を比較演算して，パソコン上に打ち込まれた釘の状態をシミュレーションするものである。可視化された画面を図 5.4 に，測定の状態を図 5.5 に示す。

6.3　複雑な動作を単純化する教具

ねじ加工の経験のない初学者が最もつまずきやすい過程は，ダイスを材料に垂直にくい込ませる初期作業で，これには複数動作の協応化が求められている。すなわち，ダイスを下方向に押し下げる作業動作と，ダイスハンドルを水平に回転させる作業動作

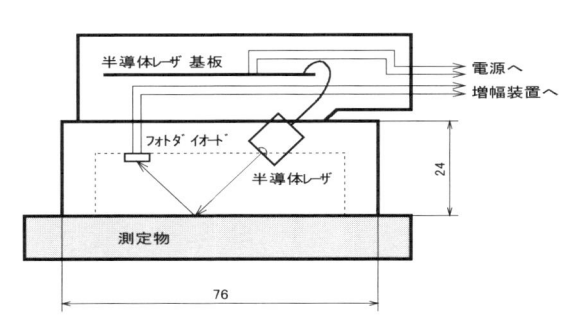

図 5.3　教具の構造図

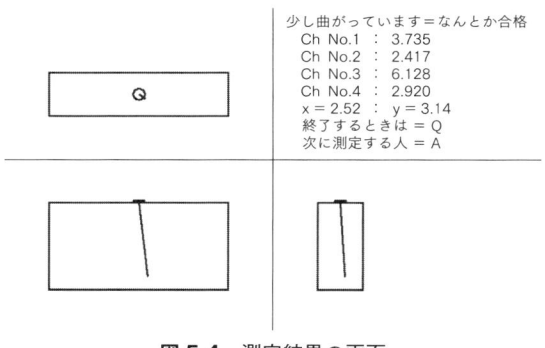

図 5.4　測定結果の画面

の両方を適切な力加減で行う必要があるため，初学者には難しい課題とされている。そこで，ダイス面に材料を垂直にあてるための，案内穴をあけた教具を紹介する。

木材にダイスハンドルが埋め込まれる溝を作り，ダイスハンドルと一緒に活用する簡単なものである。溝のついた口金で材料を垂直に立てる治具と本教具を活用した作業の様子を図5.6に示す。

使用方法は，ダイス回しを教具の溝にはめ込み，教具中心部にあけられた案内穴に材料を通して，ねじ切り加工を行うものである。教具につけられたダイス回しは，固定溝にはめ込まれることにより教具と一体化し，中心部にあけられた案内穴によって，材料をダイス面に垂直に保つようになっている。そのため，ダイス面は常に材料に対して垂直に保たれ，くい込ませるための下方向の力とねじ切りをするための回転力を与えれば，垂直なねじ切りが可能になっている。また，ねじ山が数山できた段階で，教具だけを落下させてはずせば，通常のダイス回しとして使用でき，切削に伴う切り粉の排出もできる。

図 5.5 見えない部分を可視化する教具

図 5.6 ダイスハンドル教具の活用の様子

6.4 電気の流れと電圧を学習する教具

電気の学習は，目に見えないために抽象的な指導になりがちである。特に電圧の学習は，理科での指導内容と重なる部分と，独自の部分があるので適切な学習手順を踏むことが大切である。

中学校技術・家庭科での電圧の取扱いは，"電圧＝電流を流そうとする力を電圧と言い，単位にはV（ボルト）が使われる"，"乾電池の端子間の電圧は直流で約1.5 V，電力会社から家庭に供給されている電気の電圧は交流の100 Vまたは200 V"，"回路計を活用した測定"のように電源の種類の学習や測定が中心となっている。そこで，電圧の概念を学習する教具を紹介する。

図5.7に示すLEDを利用した教具は，LEDの極を互いに逆向きにして並列に接続し，その一端に保護抵抗をつけたものを，立方体（図5.7左）と正四面体（図5.7右）の各辺に用いたものである。頂点のどこか2ヵ所に電圧をかけると，電流の流れた回路のLEDが点灯する。LEDの明るさは，電圧の大きさによって異なり，明るいLEDの両端には高い電圧がかかっていることが，視覚的に学習できるようになっている。等電位の場合は，並列につないだLEDの両方ともが点灯しないことを確認することができる。また，電圧をかける端子を変えることにより，電気の流れる回路も変わるので，閉回路がどこに成り立つかを確認することができる。授業では，電圧をかける2つの端子を指示して，どのように電気が流れ，どのLEDがどの程度の明るさで点灯するかを予想させた後，実験で確認することで，閉回路，電位差についての認識を定着させることができる。

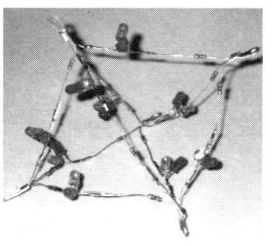

図 5.7 LEDを活用した電圧学習教具

第6章　技術科の学習評価

---

1. 学習評価とは

1.1　学習評価の役割

　技術科における学習評価は，技術科固有の資質・能力の状況を把握して，本人や家庭へ通知するために行われる。この時「生徒にどんな力が身に付けばよいか」「何ができればよいか」を技術科固有の目標として示すことで，目標に対する実現の程度を測定して知らせることができる。測定した結果を集積することで，学習指導の改善に生かしたり，地域や社会に対して技術科の役割や意義を伝えたりすることができる。

　技術科の指導計画は，学校や生徒の実態，指導者の考え方（指導観）などに基づいて編成される。そのため，目指すべき目標は学習指導要領が示し，その目標に対する資質・能力の実現状況を評価するという方法（目標に準拠した評価）を採用している。

1.2　学習評価の機能

　学習評価は，実施の時期と目的によって，診断的評価，形成的評価，総括的評価に大別できる。

　① 　診断的評価（diagnostic evaluation）

　授業実施前に，生徒の実態を把握するために行うもの。事前アンケートや，プレ・テストなど。

　② 　形成的評価（formative evaluation）

　学習過程において，生徒の反応や学習の状況などを把握して，授業の進行や改善に生かすために行うもの。実習中の観察や，加工精度の点検，小テスト，ワークシートなど。

　③ 　総括的評価（summative evaluation）

　題材（または小題材）の終末において，目標に対する生徒の資質・能力の到達状況（実現状況）を把握して，生徒や家庭へ知らせるために行うもの。製作品の完成度や，作物の成長具合，レポートや発表

会，客観テストなど。

1.3　目標に準拠した評価の手順

　学習指導要領には，技術科の学習を通して「生徒にどんな力が身に付けばよいか」「何ができればよいか」が目標として示されている。授業者は学習指導要領が示す目標に照らし，履修学年や生徒の実態などに応じて，題材の学習を通して実現したい生徒の姿を「評価規準」として設定する。そして，適切な評価資料を収集し，資質・能力が伸長している程度や状況（目標の実現状況）を，評価規準に照らして把握する（図 6.1）。このような手順により，きめの細かな指導の充実や生徒一人ひとりの学習の確実な定着を目指している。

<u>現行学習指導要領が示す目標　内容Ｂ（2）</u>

　エネルギー変換に関する技術を利用した製作品の設計・製作について，次の事項を指導する。
　　イ　製作品の組立て・調整や電気回路の配線・
　　　点検ができること。

<u>文部科学省が示す評価規準の設定例</u>
（観点「生活の技能」の場合）

　○設計に基づき，安全を踏まえた製作品の組立て・調整や，電気回路の配線及び回路計などを用いた点検ができる。

<u>題材に合わせて設定した評価規準（例）</u>

　○設計に基づき，安全を踏まえてロボットを組み立て・調整し，点検ができる。

<u>実現状況を把握する評価資料の例</u>

　◇ワークシート　　◇授業観察（製作の様子など）

図 6.1　目標に準拠した評価の手順

1.4　評価規準の設定

評価規準（criterion）は，生徒一人ひとりの実現状況を測るための質的な尺度でもある。学習指導案などでは，題材の学習を通して，目標とする資質・能力が伸長した時に実現したい，生徒の具体的な姿を，評価規準として設定することが多い。

題材の評価規準（例）：より良い社会を築くために，エネルギー変換に関する技術を適切に評価し活用しようとしている。

目標と評価規準とが一致すれば，指導と評価の一体化を実現しやすくなる。そこで，題材の指導計画に「題材の評価規準」と「学習のまとまり（小題材）ごとの評価規準」とを示すことが多い。

1.5　学習評価の妥当性，信頼性，客観性

学習評価は，概ね，評価の目的の確認，評価の目標の具体化，評価資料の収集，結果の処理と解釈という手続きが繰り返される。特に，評価資料を作成・収集する際には，その評価資料の妥当性，信頼性，客観性を保障することが重要とされる。

①　妥当性（validity）

その評価資料は，評価の目標を的確に捉えようとしているか。

②　信頼性（reliability）

その評価資料は，誰が，何度測っても，一貫して同じ結果になるか。

③　客観性（objectivity）

その評価資料は採点者の好みや偏見などの個人的判断が影響しないか。

2.　観点別学習状況による評価

2.1　観点別学習状況

授業では，生徒の資質・能力の実現状況を分析的に把握するために，観点別学習状況による評価が行われる（図6.2）。観点の特質に応じた評価規準を設定し，妥当性・信頼性・客観性のある評価資料を収集し解釈できれば，資質・能力の状況を的確に把握することができる。

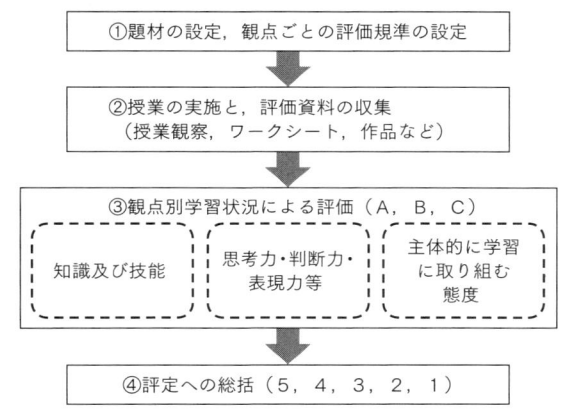

図6.2　観点別学習状況による評価の手順

平成19年改正の学校教育法第30条2項には，学力の主要な3要素が法的に規定された。

①　基礎的・基本的な知識及び技能
②　それらを活用して課題を解決するために必要な思考力・判断力・表現力その他の能力
③　主体的に学習に取り組む態度

平成20年告示の学習指導要領とそれに基づく生徒指導要録では，学力の主要な3要素を踏まえて，観点別学習状況による評価の観点を次の4つに整理している。

〈従前の4観点〉

観点1　生活や技術への関心・意欲・態度
観点2　生活を工夫し創造する能力
観点3　生活の技能
観点4　生活や技術についての知識・理解

平成28年の中教審答申では，学力の主要な3要素や，海外の潮流であるコンピテンシーに基づく教育課程改革を参考にしながら，資質・能力の3つの柱を次のように整理した。

〈資質・能力の3つの柱〉

①　何を理解しているか，何ができるか
　　（生きて働く「知識・技能」の習得）
②　理解していること・できることをどう使うか
　　（未知の状況にも対応できる「思考力・判断力・表現力等の育成」

③　どのように社会・世界と関わり，よりよい人生を送るか

　　（学びを人生や社会に生かそうとする「学びに向かう力・人間性等」の涵養）

　これに対応させる形で，平成 28 年告示の学習指導要領からは，全教科・領域で観点が 3 つに整理された。技術・家庭科でも，教科の特質を踏まえ，次のように観点が設定された。

〈再整理された 3 観点（執筆時点）〉

　観点 1　知識及び技能

　観点 2　思考力・判断力・表現力

　観点 3　主体的に学習に取り組む態度

　観点は変更されたが，その趣旨は継承されている。技術科の学習の特質に応じて，資質・能力の実現状況を分析的に捉えるという，学習評価の本質を正しく理解しておくことが重要である。

2.2　観点の趣旨

　題材の評価規準は，資質・能力の状況を分析的に捉えられるよう，各観点の趣旨を踏まえて観点別に設定する。評価資料は，観点別の評価規準に対応させ，適切な時期に，適切な資料を収集できるようにする。評価資料を集めた後で観点別に振り分けることは，指導と評価の一体化につながらず，学習評価の妥当性や信頼性を損なうことにつながる。

　以下に，再整理後の 3 観点の趣旨を，従前の 4 観点と関連付けて概観する。

（1）知識及び技能

　この観点は「知っていること」「できること」などを把握しようとしている。従前の「生活の技能」に関連付けると，次のような視点から評価できる。

①　材料や加工，エネルギー変換，生物育成，情報に関する基礎的・基本的な技能を身に付けているか。

②　安全に作業することができるか。

③　工具・道具などを活用し，設計に沿い，一定の精度をもって，加工などの作業ができるか。

④　育成したい生物の状況に応じて，適切な管理作業や，育成環境の調節ができるか。

⑤　情報機器を適切に操作し，情報の収集，処理，発信ができるか。

⑥　目的や条件に応じたプログラムを作成できるか。

⑦　製作・制作・育成の過程において，適切な時期に点検（検査）・修正ができるか。

　　こうした技能の習熟状況について，製作品の完成度，実習中の行動観察，実技テストなどを組み合わせて，多面的に評価することが望まれる。

　従前の「生活や技術についての知識・理解」に関連付けると，次のような視点から評価できる。

⑧　材料や加工，エネルギー変換，生物育成，情報に関する基礎的・基本的な知識を身に付けているか（工具や道具などの名称，設計・計画の手順，作業の名称や手順など）。

⑨　これらの技術の仕組みや，背景にある科学的な原理・法則を理解しているか（材料の組成，電気回路の基本構成，生物育成における環境調節の原則，コンピュータの基本構成など）。

⑩　こうした技術と，社会や環境との関わりを，正負の両面から理解しているか。

　こうした知識の習得状況や，理解の状況について，客観テスト，ワークシートの記述などを組み合わせて評価することが望まれる。

（2）思考力・判断力・表現力等

　この観点は「考える力」「振り返る力」「技術で問題解決する力」などを把握しようとしている。従前の「生活を工夫し創造する能力」に関連付けると，次のような視点から評価できる。

①　生活や社会の中から，技術に関わる問題を見いだし，課題を設定できるか（課題の認識力や分析力）。

②　設定した課題を解決するための，解決策を構想し，製作図などに表現できるか。

③　目的や条件を踏まえて，最適な設計や計画を考えることができるか（設計力，計画力）。

④　状況に応じ，目的を達成するために最適な解決策を考えることができるか。

⑤　技術を適切に評価し，目的を実現するための技術の活用について考えることができるか（公正な評価力）。

⑥　技術を適切に評価・活用して，生活や社会における技術に関わる問題を解決できるか（技術

的な問題解決力）。

⑦　自分の活動を振り返って，自己評価すること
ができるか（自己評価力）。

こうした思考力・判断力・表現力の伸長について，設計図や計画表，技術の評価・活用の学習におけるワークシートの記述，生物育成における管理作業の様子や管理日誌の記述，問題場面テストの回答状況，パフォーマンス課題などを通して，実現状況を評価することが望まれる。

この観点の学習評価では，技術科の学習を通して育まれるべき思考力・判断力・表現力に着目するよう留意したい。

（3）主体的に学習に取り組む態度

この観点は「技術に対する関心や価値観」や「技術を誠実に利用・活用しようとする情意の傾向性」などを把握しようとしている。従前の「生活や技術への関心・意欲・態度」に関連付け，次のような視点から評価できる。

①　より良い生活や持続可能な社会の構築に向けて，適切かつ誠実に技術を工夫し創造しようとしているか。

②　生活や社会，産業などで利用されている技術（technology, skill など）や，技術が果たす役割に興味・関心があるか（技術への関心）。

③　進んで技術を利用・活用しようとしているか（技術活用への意欲や態度）。

④　社会・環境と技術との関わりに関心があるか。

⑤　技術に対する価値観が醸成されているか。

⑥　技術の役割や影響を踏まえて，技術を適切に評価し活用しようとしているか。

⑦　技術にかかわる倫理観が高まっているか。

⑧　知的財産を尊重しようとしているか。

こうした情意面の成長について，製作・制作・育成を通して思ったことや感じたことを表現させるなどの方法を通して，実現状況を評価することが望まれる。また，情意面の長期的な変容を捉えるために，題材の学習前と学習後の情意の変化から評価する方法も有効である。

評価規準に照らして実現状況を把握する点からも，提出物の状況や挙手・発言の回数，授業中の態度などといった表面的な状況による評価は避けるべきである。

2.3　観点別評価の判断基準

観点別の評価規準を設定した後，適切な評価資料を収集・解釈して，観点ごとの資質・能力の状況を測定していく。この時，それぞれの評価資料について，評価規準に照らした実現状況を3つの判断基準で判定していく（表6.1）。

表6.1　3つの判断基準

目標の実現状況	記号の例
十分満足できる状況　と判断されるもの	A
概ね満足できる状況　と判断されるもの	B
努力を要する　　　　と判断されるもの	C

題材の終末や学期の区切りなどに，各評価資料を観点ごとに総括する。たとえば，A＝5点，B＝3点，C＝1点のように換算して観点ごとの合計値や平均値を算出し，その達成率に応じて判断基準に照らして総括する方法がある（図6.3）。

2.4　評定への総括

観点別評価の結果を総括し，各生徒の資質・能力の実現状況を総括的に把握しようとするものを評定という。従前は，評定は相対評価（集団準拠評価）で実施され，5～1までの各評定値を与える人数が正規分布曲線に基づいて割り当てられていた。しかし，観点別評価は従前より目標に準拠した評価であったため，観点別評価を評定へと総括する際にさまざまな疑問や問題が生じた。現在では，観点別評価も評定も目標に準拠した評価であり，すべての生徒に，判断基準に応じた観点別評価または評定が与

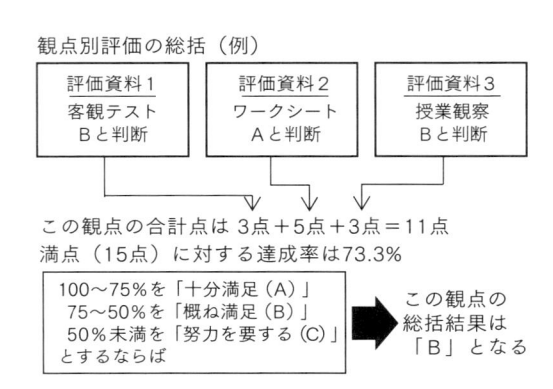

観点別評価の総括（例）

評価資料1 客観テスト Bと判断	評価資料2 ワークシート Aと判断	評価資料3 授業観察 Bと判断

この観点の合計点は 3点＋5点＋3点＝11点
満点（15点）に対する達成率は73.3%

100～75%を「十分満足（A）」
75～50%を「概ね満足（B）」
50%未満を「努力を要する（C）」
とするならば

この観点の
総括結果は
「B」となる

図6.3　観点別評価の算出例

えられる。

　評定への総括は，各観点の評価結果をA，B，C
の記号の組み合わせから総括する方法や，A，B，C
を数値に換算して合計点や達成率から総括する方法
などがある（図6.4）。こうした方法は，評定が入試
選抜の資料として活用されることもあり，都道府県
ごとに定められていることが多い。

```
従前の4観点の場合
    観点別評価がＡＡＡＡ  →  評定は4または5
            ＢＢＢＢ  →      3
            ＣＣＣＣ  →      2または1
これ以外の場合は，Ａ，Ｂ，Ｃの個数の組み合わせ
から評定を決定する。
```

図 6.4　評定への総括例

---

3. 問題解決的な学習における学習評価

3.1　学習活動の過程に応じた評価

　技術科の学習活動は，生活や社会における問題の
発見と課題の設定（「創造の動機」の過程）から始
まり，課題の解決に向けた「設計・計画」の過程，
それに基づく「製作・制作・育成」の過程，これら
の過程を振り返る「成果の評価」の過程を辿って進
められる（図6.5）。

　このような過程を経て，生活や社会における技術
的な問題を，技術的な手段を用いて模擬的に解決す
る経験を通して，資質・能力の育成を狙う学習が問
題解決的な学習である。生活上の問題を発見し，生
徒一人ひとりが異なる設計を生み出すため，真正の
評価（authentic assessment）に近づく一方，学習過
程での学びの質が一人ひとりで異なるため，評価規
準や判断基準の設定が難しいとされる。学習評価の
客観性・信頼性・妥当性を保障するために，題材の
学習を問題解決的に進めつつ，学習のまとまりごと
に，どの観点から資質・能力を捉えて学習指導と学
習評価を進めるのか，あらかじめ検討しておくこと
が必要である。

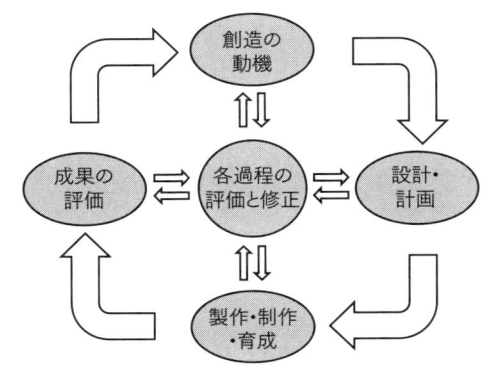

図 6.5　技術科の学習活動の過程

3.2　設計・計画における学習評価

　「創造の動機」と「設計・計画」の過程では，次
のような視点から資質・能力の状況を把握すること
が望まれる。

① 　知識及び技能
 ・設計・計画を具体化できる知識と技能
② 　思考力・判断力・表現力等
 ・生活や社会の中から，技術に関わる問題を見い
　だし，解決すべき課題を設定する力
 ・課題の解決策を踏まえ，試行・試作などを通じ
　て構想を具体化し，図表に表現する力
③ 　主体的に学習に取り組む態度
 ・自分なりの新しい考え方や捉え方によって，解
　決策を構想しようとする態度
 ・知的財産を創造・保護・活用しようとする態度
　こうした資質・能力を適切に把握できるよう，設
計を考えるためのワークシートなどを工夫しておく
必要がある。

3.3　製作・制作・育成における学習評価

　「製作・制作・育成」の過程では，次のような視
点から資質・能力の状況を把握することが望まれ
る。

① 　知識及び技能
 ・課題を解決するために，安全かつ適切に製作・
　制作・育成できる知識と技能
 ・安全かつ適切に点検・検査などができる知識と
　技能
② 思考力・判断力・表現力等
 ・解決過程の取組みを自己評価して，活動を修
　正・改善する力

③ 主体的に学習に取り組む態度

- 問題解決の過程を振り返り，活動を修正・改善しようとする態度
- 知的財産を創造・保護・活用しようとする態度
- 技術に関わる倫理観
- 他者と協働して粘り強くものごとに取り組もうとする態度

こうした資質・能力を観点ごとに適切に把握できるよう，毎時間の学習記録，授業中の生徒の行動観察，客観テストや問題場面テストなどを組み合わせる必要がある。

3.4 まとめや振り返りにおける学習評価

「成果の評価」の過程では，これまでに取り組んできた問題解決の過程をまとめ，振り返る学習に取り組む。そのため，次のような視点から資質・能力の状況を把握することが望まれる。

① 知識及び技能

- 問題解決の過程を通して獲得した知識と技能

② 思考力・判断力・表現力等

- 問題解決の成果（解決結果）を振り返り，自己評価して，次の問題解決に生かす力

③ 主体的に学習に取り組む態度

- 問題解決の過程を振り返り，次の問題解決を修正・改善しようとする態度

こうした資質・能力を適切に把握できるよう，作品完成レポートの作成や発表といった学習場面を通して，当初に設定した問題（または課題）と解決結果とを比較させた上で，それを自己評価させたり，次の問題解決に生かしたい点をまとめさせたりするといった工夫が必要である。

3.5 問題解決の難易度と学習評価

問題解決的な学習を展開する際に，問題解決の難易度は題材の内容や学年によって異なる。そのため，仮に異なる題材で同一のワークシートを用いたとしても，評価規準や判断基準は問題解決の難易度に応じて適切に設定されることが望ましい。そこで，題材を設定する際に，問題解決の難易度を「安全管理，技能，技術活用の能力」「技術的な問題設定と設計・計画」「技術の影響評価」といった視点から検討し，それぞれの視点ごとに評価規準や判断基準を設定することで，指導と評価の一体化を進めることができる。

---

4. 学習評価の実際

これまで概観してきたように，学習指導要領の目標に準拠した評価では，観点別学習状況による評価を基本にして，3観点から資質・能力の伸長を把握しようとする。そのため，製作品，ワークシート，客観テスト，授業観察などの多様な評価資料を組み合わせる必要がある。ここでは，主に利用される評価資料について，その例と留意点を紹介する。

4.1 製作品による学習評価

材料と加工の作品製作ならば，製作品の加工精度や完成度から技能を評価し，設計図と製作品との比較から思考力・判断力・表現力等を評価する，といった方法が考えられる。

エネルギー変換作品の製作ならば，電気回路部分の配線が安全であるか，機械要素がしっかりと固定されているかなども，技能の評価資料となる。

設計・計画に基づかないデザインの工夫や，問題解決に関わらない工夫などは，評価資料に含めないことも検討すべきである。

4.2 作物や生物の育成状況による学習評価

生物の育成では，作物や動物，水産生物の様子を観察して，生育の状況や病気の有無などを把握して，適切な管理作業を選択していく。こうした活動について，観察や管理の記録ノートなどから思考力・判断力・表現力等を評価し，管理作業の観察などから知識や技能を評価する，といった方法が考えられる。収穫時に作物の品質（形状や重量など）を検査する場合，すべての生徒が平等に評価されるような判断基準（たとえば，全員に指導した管理作業を確実に履行していれば必ず到達できる形状，色，茎葉重量などの基準）が設定されていれば，これを技能などの評価資料に加えることも考えられる。

4.3　プログラムやコンテンツによる学習評価

双方向性のあるコンテンツの制作では，プログラムを作成して問題を解決できる資質・能力が求められる。そのため，生徒が作成したプログラム（ソースコードなど）と，構想時に表現した図表（フローチャートなど）とを比較して，問題解決に適したロジックになっているかどうかから思考力・判断力・表現力等を評価する方法が考えられる。また，安全かつ適切なプログラムを作成できるか，動作点検しながらデバッグができるかを知識及び技能で評価する方法も考えられる。

計測・制御の場合は，ハードウェアの動作が目的に沿い，またプログラムの構成や，センサ，アクチュエータの構成が合理的であるかどうかも，思考力・判断力・表現力等の評価資料となり得る。

4.4　設計図や計画表による学習評価

製作品の設計図を書き表す場面では，適切な図法を用いて立体や寸法を正しく表現する知識と技能を評価することが考えられる。課題に合致する形状などを考え，適切な加工法を選択する力は，図法が多少間違っていても，設計図や計画表から読み取り思考力・判断力・表現力等として評価できる。

また，設計・計画を構想する過程について，生徒が最終的にその手段（接合方法，回路，機構，センサなど）を選択した理由を設計図や構想用紙に記述させることで，思考力・判断力・表現力等の評価資料にすることができる。

4.5　グループ活動における学習評価

グループ活動は，生物育成の学習でグループごとにプランターや露地を管理する場面や，計測・制御の学習でハードウェアを共有する場面，「社会の発展と技術」の学習で技術の評価や活用について集団で討論する場面などで想定される。学習活動そのものはグループで行うが，学習評価は生徒一人ひとりの状況を把握する必要がある。そこで，生物育成の管理記録や，計測・制御の学習記録など，グループ活動を通して個人が学んだことをワークシートなどに表現させるよう工夫することで，生徒一人ひとりの状況を把握しやすくなる。その際，みとりたい観

点をあらかじめ明確にしておくことが望ましい。

4.6　客観テストを活用した学習評価

学期末などで実施される客観テストでは，作問の工夫により，知識だけなく技能，思考力・判断力・表現力等，態度の評価資料を得ることができる。

たとえば，知識ならば，工具や材料の名称，作業の手順や留意点などについて問う方法が考えられる。技能ならば，工具の持ち方や力の入れ方，安全に作業する方法などを問う方法が考えられる。客観テストを通じて，生徒の身体的技能に伴う知識をみとり，技能の習得状況を推し量ることができる。

思考力・判断力・表現力等は，問題場面テストを活用することができる。たとえば，材料取り図を見て完成品の寸法を考えさせる問題や，目的を提示して適切に動作するプログラムを考えさせる問題，製作中の失敗の原因や回復方法を考えさせる問題，生活や社会における問題を提示して解決策を構想させる問題などが考えられる。

主体的に学習に取り組む態度については，客観テストにそぐわないという考えもあるが，授業時数との兼ね合いで客観テストから評価資料を集めざるを得ないケースも考えられる。そのような場合には，観点の趣旨に沿い，生徒の関心や価値観を問う方法が考えられる。たとえば，身の回りにあるエネルギー変換の技術を5つ挙げさせる，技術に関わる新聞記事を読んで将来の技術の在り方を書かせる，技術を主体的に活用しようとする意欲を問うといった作問が考えられる。

4.7　観察による学習評価

授業中の生徒の行動を観察して，知識や技能，主体的に学習に取り組む態度の評価資料にすることができる。たとえば，正しく作業をしている様子から知識や技能を評価し，意欲的に粘り強く学習に取り組む様子から態度を評価する方法が考えられる。

思考力・判断力・表現力等については，生徒の行動からは見えにくいと考えられる。また態度についても，生徒の一時的な行動で表面的に捉えるのではなく，中・長期的な行動の傾向性を把握することで妥当性のある評価資料にすることができる。また，行動観察から評価資料を得る場合には，誰が観察し

表6.2 パフォーマンス課題（作品完成レポート）とルーブリックの例

判断基準 / 質的規準	Good（十分満足）	So Good（おおむね満足）	Bad（努力を要する）
製作に必要な加工法に関する正しい知識と技能	作品製作で用いた加工法と，上手に加工するためのポイントが，実例を交えてまとめられている。	作品製作で用いた加工法が，具体的に書かれている。	作品製作で用いた加工法が書かれていない。
材料加工によって問題を解決する思考力など	この作品の設計によって，どのような問題を解決しようとしたのか，また実際にどの程度解決できたのかを，分析して説明している。	この作品の設計によって，どのような問題を解決しようとしたのか，または，実際にどの程度解決できたのかを，具体的に説明している。	この作品の設計によって，どのような問題を解決しようとしたのか，説明されていない。
技術を積極的に活用しようとする意欲や態度	今回の製作や，今後の生活での技術活用について，積極的な姿勢を読み取れる。	今回の製作や，今後の生活での技術活用に対して，積極的ではないが意欲がある様子を読み取れる。	今回の製作や，今後の生活での技術活用について，意欲的な様子を読み取れない。

ても同じ判断ができるよう，客観的な判断基準を設定しておくことで，恣意的・主観的な評価を避けることができる。

4.8 ワークシートやレポートによる学習評価

ワークシートやレポートの記述から，観点別に資質・能力の状況を読み取りたい時，発問を観点ごとに設けるなど工夫して，生徒の内面の状況を把握しやすいように配慮する。

たとえば，技術の適切な活用方法を考えさせたい時は「あなたの考えを書きましょう」と問うことで，思考力・判断力・表現力等を評価できる。その際，実現状況を判断するための基準として，キーワードを読み取る方法や，ルーブリック（後述）によって質的な判断基準を用意しておく方法などが考えられる。キーワードは，たとえば技術を活用する主体（「私は」「お年寄りが」など）や，影響が及ぶ範囲（「自然環境に」「社会全体に」など），技術を評価する価値尺度（「プラス・マイナスの両面」「〜もあるけれど（逆接）」など）といったものを想定しておけば，記述を読み取りやすくなる。

4.9 パフォーマンス課題による学習評価

狭義のパフォーマンス課題は実技テストと同様だが，広義には，生活に近い文脈を与え，さまざまな知識や技能，思考力などを総合して使いこなすことを求めるような複雑な課題を指す。技術科の学習では，問題解決的な学習そのものが，パフォーマンス課題に相当する。そのため「成果の評価」の過程において，問題解決の過程を振り返ってまとめたレポート（作品完成レポートなど）や，作成したプログラム（コンテンツなど）を発表する様子などを通して，資質・能力の状況を把握することができる。

この場合，レポートや完成作品，発表の様子などからは3観点を総合的にみとることになる。そのため，レポートの項目や，発表の項目などを工夫して，3観点をバランスよく把握できるようにする必要がある。そして，観点ごとに質的な評価規準（criteria）と判断基準（standard）とを整理したルーブリックを用意しておくとよい（表6.2）。

5. 技術教育が目指す学習評価

本章では，学習指導要領に準拠した学習評価を中心に解説した。しかし，学習指導要領は時代とともに変遷する。そこで，学習指導要領によらず，技術教育として普遍的な価値を持つ資質・能力をよく理解し，その育成を目指すことが大切である。

そのためには，学習指導要領や生徒指導要録が改訂されるたびに，従前の観点と新しい観点とを対応させたり，評価規準を変えたりするなどの方法で順応する必要がある。そして，技術教育が目指す人材育成や，普遍的な資質・能力の育成を実現するために，学校現場などでの授業改善を活性化させ，技術教育が目指す学習評価の研究を，さらに一層進めていくことが期待される。

第7章　技術科の安全管理と指導

1. 技術科教育における安全教育の意義

　技術・家庭科は，生活の営みに係る見方・考え方や技術の見方・考え方を働かせ，生活や技術に関する実践的・体験的な活動を通して，よりよい生活の実現や持続可能な社会の構築に向けて，生活を工夫し創造する資質・能力を次の通り育成することを目指している。

① 生活と技術についての基礎的な理解を図るとともに，それらに係る技能を身に付けるようにする。

② 生活や社会の中から問題を見いだして課題を設定し，解決策を構想し，実践を評価・改善し，表現するなど，課題を解決する力を養う。

③ よりよい生活の実現や持続可能な社会の構築に向けて，生活を工夫し創造しようとする実践的な態度を養う。

　また技術分野の目標は，技術の見方・考え方を働かせ，ものづくりなどの技術に関する実践的・体験的な活動を通して，技術によってよりよい生活や持続可能な社会を構築する資質・能力を次のとおり育成することを目指している。

① 生活や社会で利用されている材料，加工，生物育成，エネルギー変換及び情報の技術についての基礎的な理解を図るとともに，それらに係る技能を身に付け，技術と生活や社会，環境との関わりについて理解を深める。

② 生活や社会の中から技術に関わる問題を見いだして課題を設定し，解決策を構想し，製作図などに表現し，試作などを通じて具体化し，実践を評価・改善するなど，課題を解決する力を養う。

③ よりよい生活の実現や持続可能な社会の構築に向けて，適切かつ誠実に技術を工夫し創造しようとする実践的な態度を養う。

　このため，技術・家庭科の実験・実習などの体験的な学習活動では，さまざまな機械・工具・電気・ガス・刃物・薬品・塗料などの危険を伴うものを使用する場面が見られる。そのため，技術科では，施設や設備の安全管理に配慮し，学習環境を整備するとともに，火気，用具，材料などの取扱いに注意して事故防止の指導を徹底し，安全と衛生に十分留意する必要がある。安全教育に積極的に取り組むことが重要になる。また近年，情報化の急速な進展により，学校においては，情報化社会に対応し，インターネットを活用した効果的な授業実践や情報モラルの育成などを目指した情報教育が展開されているが，生徒のスマートホンなどを利用する機会が増加し，違法・有害サイトを通じた犯罪などに巻き込まれたり，いじめが発生するなどの問題が生じている。生徒をインターネット上の有害情報から守り，情報モラルの必要性について理解させることが重要である。

2. 技術科の安全教育の内容

　国（文部科学省）の示す安全管理と指導に関する指導は，昭和45年5月告示の中学校指導書技術・家庭編に，「管理に関する指導」と「安全の保持」の2つの項目を挙げ，指導の徹底を求めている。それ以降，学習指導要領の改訂において文言の変更は見られるが，指導内容はほとんど変わっていない。このことは，技術科において安全管理と指導が普遍的な指導内容であり，学校教育におけるそれらの指導の中心的役割を果たしていることを示している。

　たとえば，「中学校技術・家庭科指導資料　指導

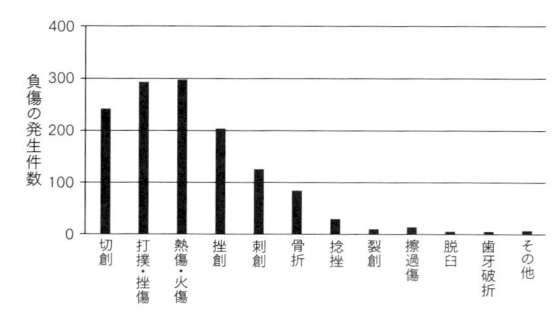

図7.1 学校管理下の災害（負傷の場合）

計画の作成と学習指導の工夫」においては，「管理及び安全に関する指導」の節に，これらの具体的な事例をあげ指導の徹底を図っている。また，「中学校学習指導要領 第8節 技術・家庭」（平成29年3月）では，「第3 指導計画の作成と内容の取扱い」において「実習の指導に当たっては，施設・設備の安全管理に配慮し，学習環境を整備するとともに，火気，用具，材料などの取扱いに注意して事故防止の指導を徹底し，安全と衛生に十分配慮するものと

する。その際，技術分野においては正しい機器の操作や作業環境の整備などについて指導するとともに，適切な服装や防護眼鏡・防塵マスクの着用，作業後の手洗いなどによる安全の確保に努めることとする」と示されている。

日本スポーツ振興センター保健安全部の平成28年度技術・家庭科における負傷の場合別発生件数（図7.1）を見ると，切創・打撲・火傷などを始め，さまざまなけがが発生している。したがって，技術科では，授業を進めていくに当たり，安全を第一に考え，安全な作業などに配慮することが特に必要となる。事故やけがは不慮なものではなく，原因があって起こるものである。その原因を除去するために，安全管理と指導を徹底することが重要である。安全に配慮した事故のない授業づくりを励行していくことが，生徒一人ひとりの安全意識の高揚につながり，自ら判断し，自ら安全な行動が取れるような生徒の育成を図ることになる。

3. 安 全 指 導

技術科は，実験や実習など危険を伴う活動が多い。しかし，事故の発生を恐れるあまりに，生徒の学習活動を制約してしまうという消極的な考えをせず，事故は適切な指導を実施すれば防止できるという考えを持つことが重要である。

技術科における安全指導の基本的な指導項目は，下記に示す3項目である。
① 「安全に作業を進めるための知識」
② 「安全に作業を進めるための技能」
③ 「安全に作業をしようとする心構え」

安全指導を進めるに当たっては，安全指導の基本的な指導項目を踏まえ，安全管理と関連付けて計画的，継続的に実施することが重要である。

3.1 指導計画への安全指導の位置付け

安全指導を計画的，継続的に実施するためには，3年間を見通した指導計画の中に安全指導を位置付けることが大切である。各学習内容ごと，各学年ごとに，安全に関する配慮事項を示した指導計画を作成する必要がある。これらを作成するに当たって

は，各学校の学習環境や，生徒の実態に応じて，実習室の使用規定や機械類の使用に関する安全規則を定めることが重要である。

また，地域での見学や調査・研究，一般の技能者との交流の際には，生徒及び対象となる人々の安全にも十分留意する。これらの活動を実施するに当たっては，指導計画に基づく綿密な実施計画を立てるようにするとともに，事前の指導の徹底を図るようにする。

3.2 実習教室を使用する時の安全指導

技術科では，木工室，金工室，電気室，コンピュータ室など専用の実習教室で学習活動を行うことが多い。これらの各実習教室は，普通教室と異なり，さまざまな事故が発生する要素を含んでいる。そのため，各実習教室を使用する際は，事故の起きる状態とその理由などを予想させたり，その防止対策を考えさせるなど具体的な指導が求められる。また，各実習教室の安全で的確な使用法を理解させ，各実習教室に応じた使用のきまりを守るように，繰り返し

指導することにより，効果的な学習指導が可能となるものである。

3.3 実験，実習に適した服装に関する安全指導

材料加工学習などの製作的学習では，機械類や刃物などを使用するので，上衣のすそやそで口が締めつけてあり，皮膚をなるべく露出しない服装を着用させる。また，帽子を着用し，はき物は足の甲が隠れるもので，靴の底が滑らないものを使用させる。なお，体育などの服装と技術科の学習をする服装と兼ねる場合には，学校全体や関係教科などで十分な協議を行い，各教科などの学習場面での服装の機能が十分発揮されるよう留意する必要がある。

3.4 工作機械，工具，機具類を使用する時の安全指導

工作機械，工具，機具類を使用するに当たっては，それらを安全に活用するための知識，技能，心構えを適切に指導する必要がある。工作機械，工具，機具類を使用する前に，予想される事故，けが及びその予防法を生徒に考えさせたり，演じさせたりするなどの指導を工夫し，安全指導の徹底を図ることが大切である。

工作機械，工具，機具類を使用する時の安全指導の視点を下記に示す。

① 工作機械の使用に当たっては，「回転が一定に達するまで作業しない」，「回転する刃物に手を近づけないこと」，「回転する方向に立たないこと」を徹底する。

② 機械の使用中に事故が発生した場合は，スイッチを速やかに切ることを徹底する。また，作業中のけが，機械の異常，故障，破損などがあれば直ちに報告させる。

③ はんだごてなどの高温となる器具の使用に当たっては，取扱い上の不注意による損傷や火傷，加熱による火事の危険などに注意を払うように指導する。

④ 使用前の点検，使用後の手入れとしまい方，簡単な調整方法などを指導し，作業環境の安全に努める。

⑤ 授業以外における機械類の生徒使用は，教師が立ち合っていることを原則とし，立ち合いが困難な場合は使用させない。

⑥ 学校の実態を考慮し，授業における機械・工具・用具などの使用規定を定める。

3.5 ガス，薬品，塗料，引火性液体などを使用する時の安全指導

ガス，薬品，塗料，引火性液体などを使用する時は，換気の重要性を指導する。換気をすることにより，中毒の防止につながることを認識させる。また，火気の近くでの使用は，引火による火災の危険があることを理解させる。

薬品については，皮膚についた場合，よく水洗いして保健室などで適切な処置を行ってもらうようにする。また栽培などにおける農薬の使用は控えるようにする。

4. 安 全 管 理

技術科において，実験や実習で活用する工作機械，器具，機器類及び材料の管理が，直接的に学習成果を左右する。そのため，学習指導に当たっては，教師自らがそれらの管理に当たることは当然であるが，同時に生徒に対して用具や材料の管理に関する能力を十分養う必要がある。また，安全に関する事項は，安全管理の整備とともに，生徒に対する安全管理能力の育成についても，各学習活動を通して十分配慮する必要がある。

また，技術科における安全管理は，事故，けがの要因となる学習環境や生徒の授業時における危険な行動を早急に発見し，それらの危険を速やかに除去することも狙いとしている。万一事故が発生した場合には，適切な措置ができるような体制を確立して，授業時の生徒の安全を図るようにすることである。先にも述べたが，安全管理が安全指導と表裏一体の活動を展開することによって，はじめて授業時における安全確保ができる。

安全管理を推進していくためには，人的な管理と物的な管理を合わせて，安全管理計画に基づき定期

的に実施することが重要である。学校行事などで各実習教室を活用する場合や自然災害が発生した時など，必要に応じて臨時に実施することも必要である。

4.1　実習教室の安全管理

実習教室の安全管理は，危険箇所を早期に発見し，それらを速やかに除去，修繕し，実習教室の安全な環境を維持することを狙いとしている。また，効果的・効率的な学習を行うために不可欠なものである。そのために，定期的に，施設や設備の安全点検を実施する。万一，水及びガス漏れなどの事故が発生した場合は，直ちに修繕を行う，あわせて，必要に応じて臨時の安全点検，業者依頼の点検などを実施する。

実習教室の安全管理の視点を次に示す。

① 機械類及び机は，生徒が安全に作業を行うことが可能な空間が確保できるような配置を工夫する。

② 実習室の照度は，作業効率を上げ安全に作業するため適切な照度を確保し，実習する内容にふさわしい照度の確保に努める。また，実習室内部は，明るく落ち着いた雰囲気で作業できるように，色彩調節を考慮することが望まれる。

③ 室内の換気は，排気ガス，ほこり，塗料の臭いを除くため，実習の前後に十分に行う。

④ 作業教室使用上の心得や安全規則に関する意識を高める指導が必要である。

⑤ 梅雨時に起こりやすい結露による床の滑りや，金属類の腐食にも配慮する必要がある。

4.2　工具，用具に関する安全管理

工具，用具に関する安全管理の視点を次に記す。

① 工具，用具，刃物類の保管は，準備室など施錠できる場所で行う。

② 工具，用具，刃物類は，表示をつけた箱などに整理，整頓する。

③ 工具，用具，刃物類には番号をふり，生徒は一定の番号のものを使用するなど，責任を持たせて使用，保管，管理させる。

④ 定期的に工具刃物類を点検し，破損や不足の場合は修理，補充をする。

⑤ 特に，測定器類はその精度が作業の成否に影響する。そのため，定期的に点検をする。そのため，定期的に点検をする必要性や，湿気，振動，衝撃，熱などの影響から避けることの必要性について指導し，これらを適切に管理することができるようにする。

4.3　工作機械に関する安全管理

機械類を常に最良の状態に保ち，その性能を十分発揮できるように，安全管理する責任は教師に属するが，生徒に機械類を使用させる時，指導前の点検，使用中の異常の有無に対する注意，使用後の清掃，給油，カバーをかけて保護することなど，機械の保守について実践させることは，安全を確保する上でも必要なことである。

4.4　コンピュータ室に関する安全管理

コンピュータ室については，室内で観察できる配線や結線及び使用中の異常の有無に対する注意など安全確保に関する取扱いに留意させる。次に，コンピュータ室に関する安全管理の視点を示す。

① ブラインドなどの設置を行うなど，ディスプレイに外光が当たらないようにし，目の疲れ，作業効率の低下を防ぐ。

② 配線が床上を通っている場合は，配線によるつまずきやケーブルの破損が起きないように，配線モールなどを掛ける。

③ コンセントの定格容量を確認し，負荷のかけ過ぎに注意する。

④ コンピュータの電源より先に電源を入れることが必要な周辺機器があれば，それから順次電源を入れていく。

⑤ 情報セキュリティなどに関わる基礎的な技術の仕組み及び情報モラルの必要性について指導を徹底し，安全な情報の収集，発信，保護を指導する。

4.5　事故が発生した時の対応

① 機械類を使用している時に事故が発生した時は，素早く電源を切ることを徹底する。

② 刃物による切削などで出血した時は，速やかに止血をする。

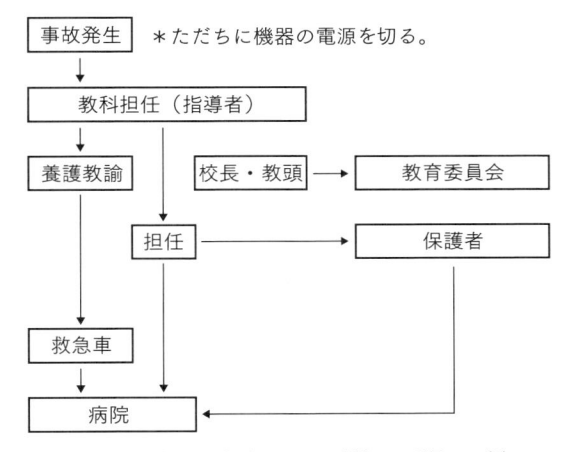

図7.2　事故発生時における対処の手順の一例

③　火傷は，流水で冷やすなどの対処をする。

④　けがの状況により，すぐに養護教諭の手当てを受けたり，医師の診断を受けたりするなどする。

⑤　事故が発生した場合，災害発生状況を記録して，原因究明の資料とする。

⑥　事前に事故発生時の緊急対応マニュアルを定め，校長の指示を受け適切な処置を行う。図7.2に事故発生時における対処の手順の一例を示す。

4.6　その他の安全管理

①　実習教室使用上の注意，安全作業の心得，機械・工具・用具などの取扱い方など，実習教室に掲示する。

②　事故・けがの予防のために，実習時の服装に注意を払う。実習や作業に適した服装でのぞめるように指導する。実習の服装は，活動しやすいものを身に付けさせ，安全と衛生に配慮するようにする。機械・機器類の操作場面では，皮膚を露出しない作業着などを着用させたり，作業内容に応じて保護眼鏡，マスク，手袋などの適切な保護具をつけさせたりする。

③　養護教諭の指示及び手当てを受けるまでの応急手当について，計画的に指導する。また実習室に救急箱を用意する時は，学校薬剤師や学校医の指導を受け，養護教諭と十分協議が必要である。

〈作業教室使用上の心得〉

作業に集中し，事故・けがのないようにし，誇れる作品を作り上げよう！

1．服装は体操服を原則とし，作業に適した服装でのぞみましょう。
2．機械・工具類は勝手に使用せず，先生の立ち合いのもと使用しましょう。
3．使用した工具や機械に異常が見られた場合は，先生に報告しよう。
4．電源スイッチ類には絶対触れないようにしよう。
5．塗装作業時は，換気を行うようにしましょう。
6．準備室は学習係りのみ許可を得て入室可能です。他の生徒は入らないようにしよう。
7．清掃・片づけまで真剣に行い，工具の整頓，実習室の環境保持に努めよう。

〈コンピュータ室使用上の心得〉

コンピュータ室使用のルールを守り，事故や故障のない楽しい活動にしよう！

1．活動に集中し，落ち着いた行動をとろう。
・入室前によく手を洗い，洋服のほこりをはらいましょう。
2．先生の指示をよく聞きましょう。
・起動，終了などの操作は，先生の指示にしたがって確実に行いましょう。
・ソフトウェア，ネットワークは勝手に使わないようにしましょう。
・情報モラルを考えて使用しましょう。
・故障や異常があった場合，すぐに先生に連絡しましょう。
3．長時間の使用は，心身の疲労となりますので，必ず休憩を入れましょう。
4．次に使う人のことを考えて利用しよう。
・プリントアウトした用紙は，自分で責任を持ちましょう。
・使用後は，整理整頓に努めましょう。

④　塗料類，ガス，電気などによる火災の可能性が高いため，室内には必ず消火器を設置する。

⑤　火災発生時などの対処法，及び避難経路について指導し，必要に応じて訓練を行うなど，確実な行動が取れるようにする。

⑥　ゴミは種別に分類し，速やかに処理を行い，安全・衛生の保持に努める。

⑦　実習室などの安全点検表を作り，定期的に実習室の状態を確認する。

第8章 技術科固有の資質と能力

1. 21世紀社会に求められる資質・能力

1.1 資質・能力の捉え方

　知識，技術，情報が目まぐるしく変化する「知識基盤社会」において，社会の変化に対応できる資質・能力の育成が求められている。文部科学省では，我が国におけるこれまでの教育改革の軌跡を整理するとともに，21世紀に向けた児童・生徒の資質・能力の在り方について，2017年学習指導要領の改訂に向けて論点を整理した。

　また，その原点となる資質・能力の捉え方に関しては，国立教育政策研究所が2015年に報告した「資質・能力を育成する教育課程の在り方に関する研究」の内容を参考にできる。資質・能力の在り方に関する報告では，資質・能力を「学び始めには学習に使う手段，学び終わりでは学習内容も含み込んだ次の学習のための手段である」としている。言い換えると，方法知（教育の方法）でありつつ，内容知（教育の内容）も含み込んだものとして捉えることができ，知識の質向上のために必要不可欠な「手段」かつ「目標」を含んでいる。ここでの「手段」とは，知識の質を上げるために必要不可欠であることを意味している。また，上記にある「目標」とは，質の上がった知識やそれらを統合したものの見方・考え方，知識を仲間とともに作り替えられるという態度などを含み込んだ「目標」を指している。

1.2 諸外国における資質・能力の動向

　国立教育政策研究所において，2013年に配布された主な諸外国の教育改革における資質・能力目標の概要を表8.1に示す。本概要においては，OECD（経済協力開発機構）が2003年に最終報告を行ったDefinition and Selection of Competencies（Deseco）のキーコンピテンシー（主要能力）に始まり，イギリス，ニュージーランド，アメリカなどの諸外国の資質・能力目標を整理している。これらの資質・能力目標は，相互作用的道具活用力や言語・記号・テキストを利用する能力などの基礎的リテラシーに関わる資質・能力と，創造とイノベーション，批判的思考と問題解決などの思考力に関わる認知スキル，自律的な活用力や協働するなどの社会スキルに分類することができる。

　以上のような，基礎的リテラシーや認知スキル，社会スキルを含む資質・能力に関しては，OECDが求める「コンピテンシー（能力）」にあるように，単なる知識や技能だけではなく，技能や態度を含む様々な心理的・社会的なリソースを活用して，特定の文脈の中で複雑な要求（課題）に対応することができる力が求められている現状に起因している。このような複雑な要求（課題）に対応することができる力が，知識や技術，情報がスピーディーに飛び交う知識基盤社会において求められるとともに，主要

表8.1　諸外国の教育改革における資質・能力目標の概要

資質・能力目標	OECD（Deseco）	イギリス	ニュージーランド	アメリカ
基礎的リテラシー	相互作用的道具活用力	コミュニケーション 数学の応用 情報テクノロジー	言語・記号・テキストを利用する能力	情報リテラシー，ICTリテラシー
認知スキル	反省性（協働する力）（問題解決力）	思考スキル（問題解決）（協働する）	思考力	創造とイノベーション 批判的思考と問題解決 学びの学習 コミュニケーション コラボレーション
社会スキル	自律的な活用力，異質な集団での交流力	問題解決，協働する	自己管理力	キャリアと生活
				個人的社会的責任
			他者との関わり，参加と貢献	シティズンシップ

な世界の先進国の人々に求められる資質・能力の動向であると認識することができる。

1.3　関連教科における資質・能力育成の特徴

2008 年に行われた教育課程に関わる改革において，中学校学習指導要領数学や理科における特徴について取り上げる。

2008 年に行われた改訂では，中学校学習指導要領解説数学編に示されている目標に「数学的活動を通して」を加えるとともに，その活動を内容構成に含めて示している。このような活動について，学習指導要領では「数学的活動を通した指導によって，数学を活用して考えたり判断したりすることが一層できるようにするとともに，その楽しさを実感することで数学を学ぶことへの意欲を一層高めることが必要である」と説明している。

以上のような「数学的活動」は，活動を通した教育の「手段」を含んでおり，「数や図形の性質を見出す活動」や「日常生活で数学を利用する活動」「自分なりに説明し伝え合う活動」などを通して，数量や図形について，実感を伴って理解したり，思考力，判断力，表現力等を高めたり，数学を学ぶことの楽しさや意義を実感できることが含まれている。すなわち，数学の学習において，資質・能力を育成する学習を重視するためには，関数や資料の活用などの学習内容を数学的活動（手段）によって高めるとともに，学び終わりではそれらの学習内容も含み込んだ，次の学習のための「手段」にすることが重要になる。

このような数学における学習内容と数学的活動との関係は，図 8.1 に示すような，文部科学省が 2015 年に発表した論点整理における補足資料の関係を用いて説明することができる。2008 年に改訂された中学校数学における数学的活動は，図 8.1 に示す「何を知っているか」や「何ができるか」などの学習内容を用いて，「知っていること・できることをどう使うか」や「どのように社会・世界と関わり，よりよい人生を送るか」などの資質・能力に含まれる力を育成するための先駆的な活動（手段）として考えることができる。

このような学習内容と手段との関係は，2008 年に改訂された中学校学習指導要領解説理科編におい

ても見ることができる。理科編における改善の具体的な事項として，「科学的な知識や概念の定着を図り，科学的な見方や考え方を育成するために，原理や法則の理解などを目的としたものづくり，理科で学習したことを野外で確認し，野外での発見や気付きを学習に生かす自然観察など，科学的な体験や自然体験の充実を図る」などの記載が認められる。このような科学的な見方や考え方を育成するために「ものづくり」や「観察」「体験」などの活動（手段）を取り入れることで，質の上がった知識やそれらを統合したものの見方・考え方を育成することを狙いとしている。

以上の中学校理科における先駆的な試みは，2015 年に示された論点整理における参考資料に示されている内容につながっている。参考資料の内容では，育成すべき資質・能力に対応した各教科などの教育目標・内容をア）教科などを横断する汎用的なスキル（コンピテンシー）などに関わるもの，イ）教科などの本質に関わるもの（教科などならではの見方・考え方など），ウ）教科などに固有の知識や個別スキルに関するものの視点で分析した上で，これらのア）〜ウ）の相互のつながりを意識しつつ扱うことが重要であると指摘している。

さらに，これらの相互のつながりを理科の内容を例に挙げて説明しており，イ）教科などならではの見方・考え方などについての例として，「エネルギーとは何か。電気とは何か。どのような性質を持っているのか」のような，教科などの本質に関わる問いに答えるためのものの見方・考え方，処理や表現の方法などを挙げている。また，ウ）教科など

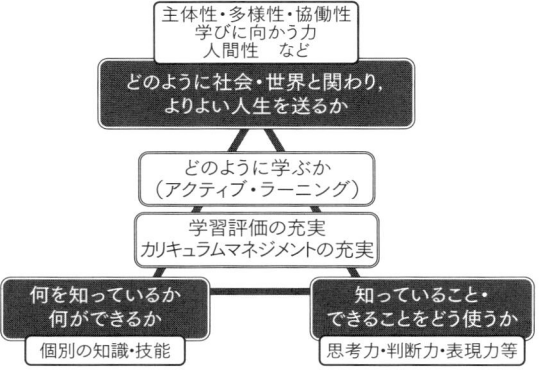

図 8.1　資質・能力育成における 3 つの柱

に固有の知識や個別スキルに関するものの例として，「乾電池」についての「知識」や「検流計」の使い方についての「技能」を取り上げている。すなわち，理科においても資質・能力の育成に向けた目標・内容の在り方として，「乾電池」や「検流計」などの学習内容と質の上がった「知識」やそれらを統合したものの見方・考え方，処理や表現の方法などの科学的な活動（手段）とのつながりを重視していることが分かる。

以上のことから，数学や理科などの理数教科においては，「知識」や「技能」などを含む学習内容と数学的・科学的な活動（手段）とを結びつける学習をアクティブ・ラーニングにより促進させることによって，従来の「知識」の習得だけでなく，21世紀に求められる資質・能力の育成に向けた教科の「内容」と「方法（手段）」との関わりを重視していることが窺える。

2. 科学技術教育における技術教育の役割

科学技術に関わる資質・能力という側面から，技術教育の役割は次のように変化してきている。アメリカでは，多くの生徒を十分に教育できておらず，科学，数学，技術の教育の改革以上の優先性を持つ課題はないとして，1989年に全米科学振興協会が『すべてのアメリカ人のための科学』を発表した。この内容は，科学的リテラシーを備えた社会の市民すべてにとって必要不可欠な理解や，思考の習慣についての一連の提言で構成されている。ここでの科学的リテラシーとは，科学，数学，技術に関するリテラシー（活用力）を包含したものである。技術教育の視点から見たとき，本報告の重要な視点として，科学リテラシーに科学，数学に加え，技術も含まれていることを挙げることができる。

以上のようなアメリカにおける科学リテラシーの育成の動向は，他国にも影響を与えており，我が国では，2008年に「科学技術の智」報告書が発表されている。本報告では，科学技術の智（または，科学技術リテラシー）を「すべての大人が身に付けてほしい科学・数学・技術に関係した知識・技能・物

の見方」であると説明している。また，「科学技術の智」報告書では，「物理・化学・生物・地学という従来の固定的な専門分野にこだわっていないだけでなく，技術を一つの領域とし，さらに，情報学，人間科学・社会科学をも含めた」と説明している。

以上のことから，科学技術に関わる資質・能力に関しては，アメリカや日本において，科学や数学，技術を柱とした科学技術リテラシー（アメリカでは科学的リテラシーに包含）の育成が求められている。このような科学技術のリテラシーは，学校教育や社会教育などのフォーマル，インフォーマルなあらゆる場面において育成していくことが望まれるため，学校教育では関連する教科として，理科や算数・数学，技術科の連携・協働の在り方とリテラシー育成の枠組みが重要になってくるものと考えられる。また，技術科は，科学，数学，技術の教科に関わる枠組みの中で，常に理数教科を意識しつつ，技術に関わるリテラシー育成の在り方について検討していくことが今後求められる。

3. 技術科において求められる資質・能力

3.1 技術科教育課程における学力の捉え方

技術科で育成すべき資質・能力を捉えるためには，技術科教育課程編成における内容知および方法知に関わる歴史的背景を踏まえる必要がある。

技術科教育課程編成の中で，特に指導内容の構造化について検討された1969年改訂学習指導要領の

構成内容を特徴として挙げることができる。技術・家庭科は，科学技術教育の振興を目的として1958年に設置された。設置当初は，当時の生産的実践を主目的（中堅技術者の早期育成を通して急速な産業技術の発展に対応すること）とした授業の特徴から，「理科，数学を油くさい内容にすれば，技術教育はこれらの教科の中でやればよい」などの批判が

数学教育関係者からあったことが報告されている。

以上のような批判を受けて，技術・家庭科では，技術科を中心に理科と系統的な科学技術教育の体制を築くような試みがあったことが報告されている。この試みは，1969 年改訂学習指導要領において「技術の理論」の考え方として取り入れられ，生産的実践が単にものを「つくる」という作業的な側面だけでなく，「つくる」過程における理論的な知識面の内容が教科に取り入れられた点を特徴として挙げることができる。

図 8.2 は当時提案された「技術の理論」の考え方の概要を示す。当時の文部省教科調査官を務めていた鈴木は，技術科で取り扱う「技術」の科学大系として，図 8.2 に示すような，物理学や化学などの自然科学と生産的実践との間に介在する技術学を位置付けている。ここでの技術学は，切削理論などの「技術理論」と材料の種類や規格などの「関係知識」を含んでいる。すなわち，技術科における材料加工に関する技術の指導内容であれば，工具を用いて材料を切断する時の理論であり，切断の正確さや効率を高める理論を意味している。

また，実際に材料を切断する活動では，材料の種類・規格，使用する機械や工具の構造・使用法などに関する「関係知識」を知る必要があり，それらの「知識」を活用して，切断や切削する段取りを生徒が考えながら実習する活動が含まれる。このような「技術の理論」に含まれる技術学の知識体系は，資質・能力の視点から捉えると，「手段」かつ「目標」を含んだ資質・能力に必要不可欠となる「知識」の内容を意味している。

3.2　技術科教育課程における学力の構造

1969 年の学習指導要領の改訂において，鈴木は技術科の指導内容の構造化を目的として，251 個からなる指導内容を「知る（111 個）」「考える（32 個）」「できる（108 個）」に分類したと説明している。ここでの「知る」は，前述したように，技術科における技術学の内容に含まれる「知識」の体系を含んでおり，「できる」は生産的実践を生徒の活動に当てはめた時に行為としての「技能」を指しており，「考える」は「知る」ことに基づいて「考える」ことを意味している。すなわち，材料加工の例に沿って考えると，材料の性質は「知る」ことに含まれ，木材の板を切断線に沿ってまっすぐ切断する時，木材の性質を考えて，のこぎりの刃を選択することは「考える」に含まれる。のこぎりを用いて，材料を実際に切断する行為は「技能」に含まれることを意味している。

以上のような，「知る」「考える」「できる」による指導内容の構造化は，図 8.1 における資質・能力の 3 つの柱に当てはめた場合には，「知る」「できる」は個別の「知識」「技能」であり，「考える」は「思考力」「判断力」「表現力」に含まれる。このような生徒の「知る」「考える」「できる」活動を通して，身に付けられる技術科の学力について，鈴木は図 8.3 における学力構造に基づいて説明している。

技術科における学力構造は，学びの表層に「知識」や「技能」の習得があり，それに基づいて「理解」し，「処理能力」を発揮する中層の学びがあると説

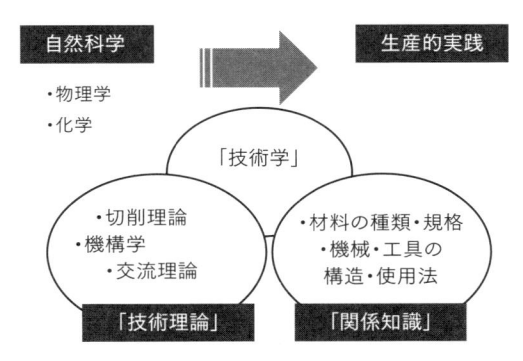

図 8.2　技術科における「技術の理論」の考え方

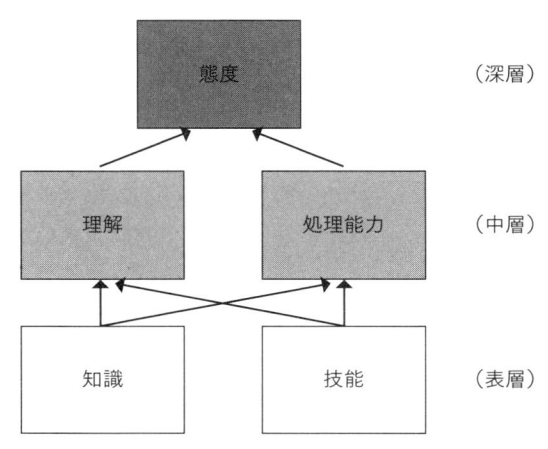

図 8.3　技術科における学力構造（鈴木）

明している。さらに，このような理解力や処理能力が高まるにつれて，深層の学びに向かう「態度」が形成されるとしている。

図8.4は鈴木による技術科の学力構造の考え方を参考して，2008年に改訂された学習指導要領に基づく教育課程における技術分野（中学校技術・家庭科技術分野を指す）の学力構造を示す。2008年改訂学習指導要領に基づく教育課程では，学習を通して，基礎的・基本的な「知識」や「技能」に基づいた表層における学びがあり，このような「知識」や「技能」に基づいた「思考力」「判断力」「表現力」を高めるような学びが中層にある。さらに，「思考力・判断力・表現力」を高める学習を促進することにより，技術を評価・活用する「能力」が高まり，最終的に深層にある評価・活用しようとする「態度」が形成されてくるものと考えることができる。

このような「態度」の育成までの繰り返しが，学習の中で連続的に形成され，前時の学習までで身に付いた「態度」や個人の学びに向かう「態度」が，本時の学習に活かされ，らせん構造による学力構造が構築される。このらせん構造の枠組みが，技術科における学力の構造であり，資質・能力の育成のための枠組みとして考えることができる。

以上のことから，2008年改訂学習指導要領に記

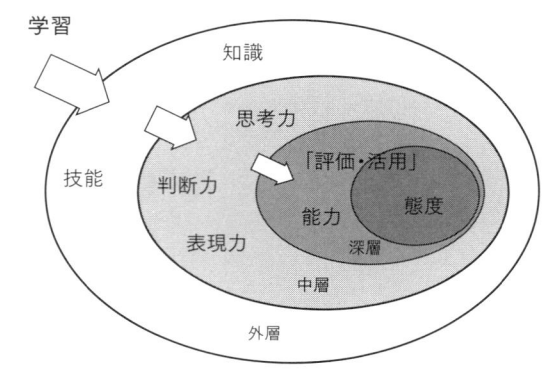

図8.4 技術分野における学力構造（大谷）

されている技術分野の最終目標にある「技術の評価・活用の能力と態度を育成する」という記述は，資質・能力育成の観点（図8.1）から捉えた場合には，3つの柱を通して獲得する総合的な資質・能力に相当する。このような技術分野の最終目標にある記述は，技術科固有の資質・能力の育成に当たるものと考えることができる。したがって，技術科教育課程において育成される資質・能力には，知識に加えその質向上のために学習活動を通して形成される「思考力」「判断力」「表現力」を含み，さらには，それらの思考に関わる高次の「能力」とその「能力」が形成されることによって見いだされる「態度」を含むものと考えることができる。

4. 技術教育で育成する資質・能力の動向

4.1 技術教育固有の資質・能力

技術教育の中核的な学術団体である日本産業技術教育学会では，技術教育固有の対象と内容構成（内容知）を示すとともに，2014年に発表されたリーフレットにおいて「技術リテラシーを形成する技術教育の理解と推進を目指しています」と公表している。また，このような技術リテラシー（文部科学省では活用力を示し，日本産業技術教育学会では技術的素養を示す）の形成に関しては，図8.5に示すような，ものづくりの学習を通した技術的課題解決の流れを紹介している。

日本産業技術教育学会では，このような課題解決の流れを通して，価値と未来の創造を支える学力・能力として，ガバナンス，イノベーションを取り上

げている。ここでのガバナンスは，問題解決のための討議に主体的に参画し，意思決定に関与するシス

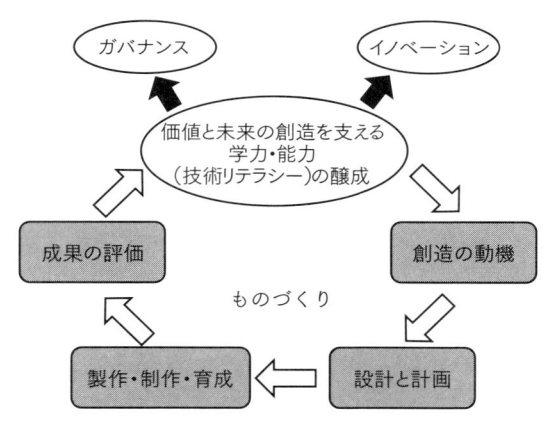

図8.5 ものづくり学習における技術的な課題解決の流れの概要

テムのことを指しており，イノベーションは科学の発見や技術の発明による新たな知的・文化的価値を創造することを意味している。

　以上のことから，技術教育固有の対象と内容構成には，各対象を縦断する「発明・知的財産とイノベーション」や「社会安全と技術ガバナンス」に関する内容構成が示されるとともに，技術教育で育成する固有の資質・能力として，技術に関わるガバナンス（以下，技術ガバナンスと略す）や技術に関わるイノベーション（技術イノベーションと略す）の学力・能力の育成が求められている。

4.2　技術教育における「内容」と「方法」

　図 8.5 に示すように，技術教育はものづくりの学習を通した課題解決の流れを重視している。このようなものづくりの学習活動を通した課題解決の流れを学ぶプロセスは，教育学的な視点からは，教育の「方法」として位置付けられる。このような技術教育固有の「方法」は，技術科教育課程編成において，従来から「題材」の設定を通した学習活動の中に取り入れられている。

　「題材」の設定に関しては，2008 年に改訂された学習指導要領解説技術・家庭編において，「技術・家庭科における題材とは，教科の目標及び各分野の目標の実現を目指して，各項目に示される指導内容を指導単位にまとめて組織したものである。」と示されている。そこで，上記の課題解決の流れと「題材」の関係が明確になるように，課題解決の流れを強引に「題材」の設定に当てはめるならば，図 8.5 に示されているような，「創造の動機」「設計と計画」「製作・制作・育成」「活動の評価」などの課題解決の各段階において，必要となる指導単位（指導内容を含む学習過程）にまとめて組織した「内容」が含まれていると考えることができる。

　以上のような技術教育固有の「方法」は，前節で述べた資質・能力を育成するための「手段」に相当するものである。そこで，今後の技術教育において求められる資質・能力を含む学力構造について示し

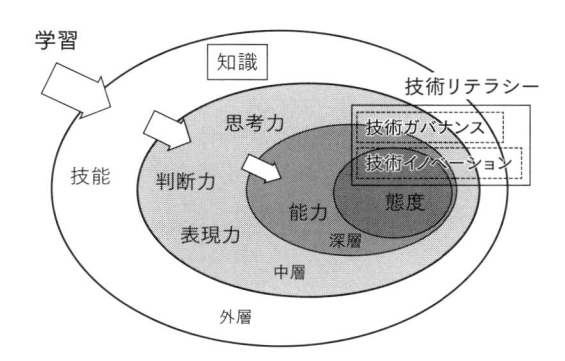

図 8.6　今後の技術教育に求められる資質・能力を含む学力構造

たものを図 8.6 に示す。今後の技術教育において求められる技術リテラシーの形成は，技術教育固有の資質・能力における最終目標にあり，その能力や態度を形成するには，技術ガバナンスや技術イノベーションの「能力」や「態度」の育成が重要となる。

　このような「能力」や「態度」を育成するためには，ものづくりの学習活動を通した技術的課題解決の流れ（手段）の中で，実際に課題を解決するための「技能」を伴いながら，「知識」の質を高めていくことが重要になる。このような「知識」は「手段」を通して，「思考力」「判断力」「表現力」の育成に基づいて質が高まるとともに，深められた知識概念を技術ガバナンスや技術イノベーションの「能力」を発揮するために活用できるようになることが重要になる。

　以上のことから，技術科における教育の内容に含まれる「知識」は，「能力」や「態度」の育成に向けて発端となるものであり，断片的な「知識」や不明確な「知識」から始まる学習は，その後の資質・能力の育成においても影響を与える可能性があることに注意すべきである。また，このような技術科におけるアクティブ・ラーニングとしての技術的課題解決の流れ（手段）は重視しつつも，1.3 で述べた知識重視型の学習が問題視されている理数教科とは，資質・能力育成における状況が大きく異なることを十分認識する必要がある。

5. 資質・能力育成における技術の概念と技術の見方・考え方

5.1 資質・能力育成における技術の概念形成

　技術科固有の資質・能力である技術イノベーションや技術ガバナンスの能力や態度を育成するためには，ものづくりの学習活動を通した技術的課題解決の流れ（アクティブ・ラーニングとしての手段）の中で，知識の質を高めていくことが重要になる。このような知識の質が高まる過程の中で形成される知識概念の集合体は，何らかの不確かな形ですでに技術的な見方・考え方として，個人の内面に形成されている可能性がある。

　したがって，技術科における資質・能力の育成には，すでに何らかの形で内在する技術的な見方・考え方を働かせて，技術科の授業に臨み，その見方・考え方の骨格となる技術の知識概念を確かなものに深めていくことが重要になる。そのためには，アクティブ・ラーニングとしてのものづくりの活動などは重視しつつも，従来のような，本立ての製作やラジオ製作といった製作物のみに視点が注視されるような授業構成からの脱却が必要になる。さらに，技術科の授業においては，技術を評価・活用する能力や態度を高めるために深めるべき技術の概念を明確に定義する必要がある。

5.2 技術の概念と技術的な見方・考え方

　2018 年に中央教育審議会における答申のまとめが報告された。本報告においては，各教科などの特質に応じた見方・考え方のイメージが示されている。技術の見方・考え方に関しては「生活や社会における事象を，技術との関わりの視点で捉え，社会からの要求，安全性，環境負荷や経済性等に着目して技術を最適化すること」と示されている。このような技術の見方・考え方は，技術の概念と深く関係しており，技術の見方・考え方に含まれる知識概念の要素を抽出した場合には，以下の３つの要素から構成される。

①　技術の仕組みを構成する知識概念

②　技術の仕組みに含まれる科学的な原理・法則に関する知識概念

③　技術の利用に関する知識概念

　上記の①～③の知識概念に基づいて，技術の見方・考え方に示されている内容を捉えた場合には，技術との関わりの視点で捉えるために必要な知識概念は，①②の自然科学的な制約条件を指しており，社会からの要求，安全性，環境負荷や経済性などに着目するために必要な知識概念は，③の技術の利用に関する社会学的な制約条件を含んでいる。これらの技術の見方・考え方に必要となる知識概念に基づいて，技術の概念は，上記の①②の自然科学的な制約条件や③の社会学的な制約条件をトレードオフの関係で捉え，技術を最適化することとして定義することができる。

　このような技術の概念に含まれる知識概念の要素を技術科の授業で深めながら，その知識概念を利用して，技術を評価したり活用できるようにすることが，技術科固有の資質・能力の育成に向けて重要になる。

6. 技術科で求められる資質・能力の在り方と教育課程編成

　以上のことから，技術科で求められる資質・能力の在り方を踏まえ，技術科教育課程編成における問題点と課題について整理してみる。

（1）技術科教育課程における「内容」の取扱い

　技術科において求められる資質・能力の育成に向けて，技術に関わる知識の質を高めるために，「手段」や「目標」の段階に合わせて，知識を概念化させ，その概念を深めながら，資質・能力に高めていくための土台となる知識の体系が断片的であり，不明確である。

（2）技術科教育課程の方法論

　技術教育では，ものづくりの活動などを通した技

術的課題解決の流れ（手段）の中で，実際に課題を解決するための「方法（手段）」を重視してきた。このような「手段」は，プロジェクト法に起源を持つアクティブ・ラーニングによる学習としての特徴を持っているが，断片的な知識や不明確な知識から始まる学習は，「方法」のみを検討しても確実に技術の知識概念を深め，活用するまでには至らない可能性がある。

（3）技術科と理数教科の置かれた状況の違い

　技術科では，技術的課題解決の流れ（手段）を重視した，アクティブ・ラーニングによる学習活動を教科設置当初から積極的に取り入れることにより，教科固有の方法論を確立してきた。一方，理数教科は，知識を含む学習内容と数学的・科学的な活動（手段）とを結びつける学習を促進させることによって，従来のような「知識」の習得だけでなく，21世紀に求められる資質・能力の育成に向けた教科の内容論（教育課程編成における内容の在り方）と教育方法論（手段）との関わりを重視する方向にある。したがって，知識中心の教科として成立してきた理数教科とプロジェクト法のような方法論を取り入れアクティブ・ラーニングを重視してきた技術科とは，資質・能力の育成に向けて，教育の内容に関する研究について取り組む状況が異なることを十分認識する必要がある。

（4）科学技術リテラシーの育成

　全米科学振興協会による『すべてのアメリカ人のための科学』や我が国における「科学技術の智」プロジェクト報告書などに示されているような，科学，数学，技術を柱とする教育の枠組みを重視するのであれば，これらの連携をどのように図っていくのかは必須要件になる。

　学校教育においても同様に，理科，算数・数学科，技術科の教科間の関わりは重要であり，互いの教科における教育目標などの独自性を重視した上で，連携・協働を進めていく必要がある。その場合には，(3)で示した理数教科と技術科が置かれている状況の違いを認識した上で，技術科教育課程編成において育成すべき資質・能力の在り方について検討していくことが求められる。

（5）教材開発や授業デザイン（授業設計）

　技術科では，従来からプロジェクト法に代表されるような，技術的課題解決の方法を重視した学習を進めてきた。このような学習には，ものづくりの学習を通して，技術的課題解決を行うための「もの」としての教材が用いられてきた。そのため，技術科の教材開発では，教材の中心が「何をつくるか」といった「もの」の開発に重点が置かれる傾向にあり，学習では「もの」としての教材を用いた「（製作）題材」学習が展開されてきた。このような技術科における教材開発では，ものづくりを通した「つくる」活動の中に，技術の「知識」に基づいた知識概念が含まれており，その「知識」は製作する「もの」が異なる場合には，学習する「知識」も変化する場合がある。

　このような「もの」としての教材を先行して考え過ぎた場合には，授業設計を行う上で，前述したような資質・能力の育成の観点からは，質を高める発端となる「知識」の検討がおろそかになる。そのため，教材としての「もの」を最優先に考える技術科の教材開発や授業デザインを検討した場合には，ものづくりの活動などを通したアクティブ・ラーニングの側面は強調されるが，学習目標への到達（資質・能力の形成）は精度の低いものに終わってしまう可能性がある。

第4部
内 容 編

第1章　各内容における課題解決学習と，技術と社会との関わり

1．課題解決学習と，技術と社会との関わり

我が国の学校教育は，デューイの影響を受け，昭和26（1951）年の学習指導要領には，問題を解決する思考過程から学習活動の展開を，例えば次のように考えていた。

① 学習者が問題に直面すること。
② 問題を明確にすること。
③ 問題解決の手順の計画を立てること。
④ その計画に基づいて，問題解決に必要な資料となる知識を集めること。
⑤ 知識を交換し合い，問題の解決の見通し，すなわち仮説を立てること。
⑥ 仮説を検討し確実な解決方法を見いだすこと。

問題解決学習を成立させる場合，問題が学習者の学習を促すようにする必要があった。そして，学習者が課題を解決するためには，その前提として経験的に知識や技能を獲得している必要があったり，学習者が情報を得る必要性を自覚し，問題に興味をもって主体的に取り組むよう，意欲を高めたりする仕組みが必要であった。

1950年代は，社会は工業化にまい進している時期であり，トップダウンの意思決定が重視され，標準化を目指し，官僚的な組織で集中管理の中で従順さが求められるとともに，マスメディアに象徴されるように片方向通信で画一的な情報を理解することが重視された。当時，先進国に追いつく教育が求められたと推察され，自らの生活から問題を見いだし解決していく学習より，効率的に画一的な知識や技能を習得させやすい系統学習が求められた。

一方，現代の情報化社会では，個性が求められ特注化が主流となった。組織もチームが優先され，率先して意見を述べ，ボトムアップの意思決定や協調関係が重視されるとともに，お互いの多様性を認め，双方向通信で情報を発信，収集できる能力育成の必要性を示唆している。

C.M. Reigeluth（1999）は，情報化の進展により授業設計の理論的枠組みについて，画一性・標準化などから多様性・特注化など，社会の変化に対応させるには，学習者に資料を提示し事実を記憶させる教授から，学習者自らが興味を持っていることについて理解を深めることを支援するなど，学習者のニーズが満たされる授業設計の必要性を述べている。

つまり，これからの授業者は教える内容に精通し，学級全体に同じ内容を一斉に教えるという立場でなく，支援的で学習者の相互理解を促進する立場の教授が求められる（図1.1）。

工業社会の授業モデルでは，「授業者が構成した効率的な概念を知識として，教材という意図的なメディアを通して学習者に伝授する」というモデルが中心である。

一方，インターネットなど，ネットワーク化した情報源から意図的・無意図的で多種多様な情報をリアルタイムに入手できる情報社会では，授業者を介

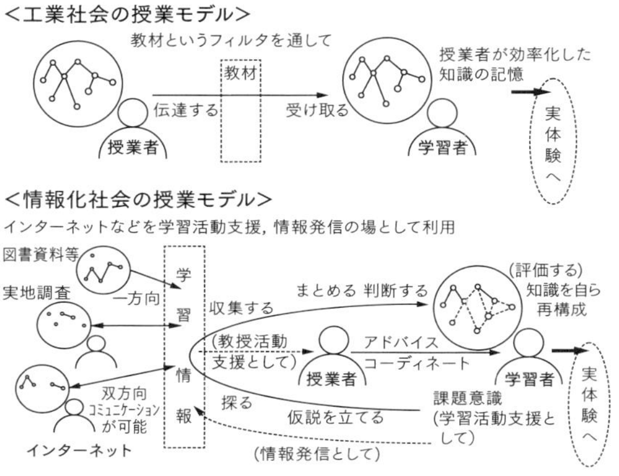

図1.1　工業社会・情報化社会の授業モデル例

さずに多様な価値観の情報を得ることができる。そのため，一方的な授業者の価値規準をもとに展開されていた授業者中心の授業モデルから，学習者自らが情報を収集し，価値の判断を行い，知識として自ら獲得していく学習者中心の授業モデルが成立すると言える。

技術科の「材料と加工の技術」「生物育成の技術」「エネルギー変換の技術」は，構造化された知識や手続き的な課題を必要とする内容が多く含まれている。そのため，工業社会に提案された授業設計理論は現在でも十分有効とも言える。

向後（2002）は，古い主義が否定されて新しい主義にバトンタッチしたわけではなく，トレンドとして勢力を増しただけである。行動主義の研究者によって提供された知見は否定されることなく，さらに行動分析学として精緻化され続けていると述べ，行動主義心理学に基づいた授業設計理論を安易に否定すべきでないことを示唆している。

鈴木（2004）は，これまでに提案されてきた授業設計理論について，学習課題の複雑さ・学習者の熟達度との関係から活用場面を図1.2のように提案している。これは，学習課題の複雑さと学習者の熟達度に応じて，行動主義心理学，認知主義心理学及び構成主義心理学に基づいた授業設計理論の有効性を示したものである。

授業を設計する時は，学習課題の複雑さと学習者の熟達度が低い場合，行動主義的授業設計理論を活用することが効果的であることを示し，学習課題の複雑さと学習者の熟達度が高い場合，構成主義的授業設計理論を活用することが効果的であることを意味している。すなわち，課題解決学習は，学習課題が複雑で，学習者が熟達している場合に有効であることを示唆している。

技術科では，単に「名称」を知識として記憶する

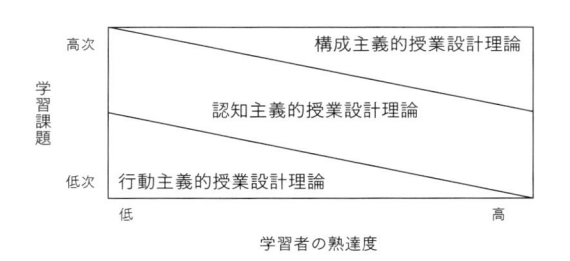

図1.2 学習課題の複雑さ・学習者の熟達度と授業設計理論との関係（鈴木 2004 作成）

ことから「仕組み」を科学的に理解することまで複雑かつ広範囲である。ものづくり学習の設計段階では，拡散的思考を行い，創意工夫やアイデアが求められる。また，製作段階においては，使用工具に習熟することなど，スキルの獲得が求められる。すなわち，学習場面によって学習課題の難易度は複雑で多岐にわたり，学習者の熟達度には個人差が考えられる。そのため，学習者Aに有効な授業設計理論も，学習者Bには無効である可能性もあり，1つの主義主張に基づく理論に固執して授業設計することには限界があると推察される。

以上のことを前提として，これからの社会では，さまざまな「もの」（Things）が，インターネットに接続され，情報交換することによりお互いに制御したり，されたりする仕組みが普通の社会となる時代である。

これからの社会における有効な学習方法は，構成主義的授業設計理論に基づいた課題解決学習がすべての学習者に対して有効とは言いきれない。しかし，情報が溢れている社会では，授業者からもたらされる限られた知識や技能では対応できない可能性もある。インターネットを通して，自ら知識を得ることができ，正解がない時代となった今，構成主義的授業設計理論に基づいた課題解決学習が求められるのも現代社会の宿命とも言える。

2. 各内容における課題解決学習

2.1 技術科での課題解決学習

今日，技術科での課題解決学習は，図1.3のような①〜⑦の学習活動の展開を通して，技術科で目指す資質・能力を育成しようとしていると考えられている。

なお，課題解決の方法論には，必ずしも正解があるわけではないため，さまざまな方法論や活動例があることは言うまでもない。そこで，一例ではあるが，各内容の課題解決学習の活動例を次に示す。

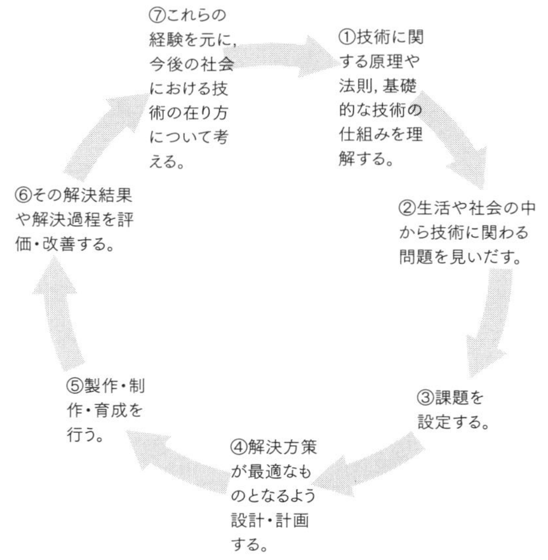

⑦これらの経験を元に, 今後の社会における技術の在り方について考える。

①技術に関する原理や法則, 基礎的な技術の仕組みを理解する。

⑥その解決結果や解決過程を評価・改善する。

②生活や社会の中から技術に関わる問題を見いだす。

⑤製作・制作・育成を行う。

③課題を設定する。

④解決方策が最適なものとなるよう設計・計画する。

図 1.3　課題解決学習における学習活動の展開

2.2　材料と加工の技術における課題解決学習

①　材料や加工の特性等の原理・法則と，材料の製造・加工方法などの基礎的な技術の仕組みについて理解させる。

②　材料と加工の技術に込められた問題解決の工夫について考えさせる。例えば，身の回りの製品（例えば教室の机）に利用されている材料の製造技術や加工技術について，それが用いられた製品を観察させたり，開発の経緯などを調べさせたりして，作り手が製品に込めた意図を読み取らせる。

③　②で気付かせた材料と加工の技術の見方・考え方を働かせて，例えば，教室の机に，問題（利便性，環境負荷，安全性など）を見いださせ，既存の製品（教室の机）の技術的な課題を設定させる。その際，課題の設定に関する生徒の新しい発想を認め，その発想が他の場面に転用できることを理解させ，知的財産を生み出し活用することの価値に気付かせる。

　なお，課題を設定する前提は，具体性のある材料と加工の技術について，生徒にある程度知識を得させ，学習教材（ここでは教室の机）に興味を持たせ，学習活動を継続させる意欲を高めることが大切である。

④　③で設定した課題の解決策を構想する際に

は，自分の考えを整理させ，実際の材料取りや部品加工などを行う前に設計の問題点を明らかにさせ，よりよい発想を生み出せるよう，製作図などを適切に用いさせる。なお，課題の解決策を具体化する際には，3D CAD や 3D プリンタを活用して試作させてもよい。また，再資源化を前提として材料及び加工法を選択させたり，使用者の安全や耐久性などに配慮して設計させたりしてもよい。

⑤　製作で使用する工具・機器や材料などについては，小学校の学習経験や生活場面での使用経験を踏まえ，安全や健康に十分に配慮して選択させ，工具・機器については使用前の点検・調整や使用後の手入れをさせる。特に，刃物などの工具や機器については，使い方を誤った場合には身体を傷つける恐れがあり，安全な加工法の指導に加え，刃物の正しい取扱い方ができるようにする。加工機器を用いて作業させる場合には，材料の固定の方法，始動時及び運転中の注意事項などを確認させ，ジグなどを使用して，安全な使い方をさせる。

　また，皮膚を露出しない作業着などを着用させたり，作業内容に応じて防護眼鏡，防塵マスク，手袋などの適切な保護具を着けさせたり，必要に応じて機器に集じん機を取り付けたりするなど，安全や衛生に配慮させる。

⑥　④⑤の学習活動を振り返らせ，自らの問題解決の工夫を材料と加工の技術の見方・考え方に照らし，②で取り上げた既存の技術に込められた工夫との共通点を見いださせる。そのことで，材料と加工の技術の概念の理解を深める活動が考えられる。なお，他者と協力して作業に取り組ませ，その成果を認め合わせるなど，材料と加工に関する技術に関わる倫理観や，他者と協働して粘り強く物事を前に進める態度の育成に努める。

⑦　新しい製品を，生活における必要性，価格，製造・使用・廃棄の各場面における環境に対する負荷，耐久性などの視点から調査したり，木材などの再生産可能な材料の利用を増やすことが社会や環境に与える影響について検討させたりするなど，材料と加工の技術の優れた点や問

題点を整理させ，よりよい生活や持続可能な社会の構築という観点から，適切な選択，管理・運用の在り方について話し合わせ，使い手と作り手の両方の立場から技術の将来展望について意思決定させて発表させたり，提言をまとめさせたりする。

2.3　生物育成の技術における課題解決学習

① 育成する生物の成長，生態の特性などの原理・法則と，育成環境の調節方法などの基礎的な技術の仕組みについて理解させる。

② 生物育成の技術に込められた問題解決の工夫について考えさせる。例えば，野生生物と育成生物の品種，姿・かたちを比較させたり，有機質肥料と化成肥料のはたらきや効果を比較させたり，季節を問わず販売される野菜や肉，魚などの生産過程で用いられている育成環境の調節方法を調べさせ，作り手が作物に込めた意図を読み取らせる。

③ ②で気付かせた生物育成の技術の見方・考え方を働かせて，例えば，作物の栽培では，学校園での栽培に問題（利便性，環境負荷，安全性など）を見いださせ，野菜の収穫時期と品質・収量の向上の技術的な課題を設定させる。その際，課題の設定に関する生徒の新しい発想を認め，その発想が他の場面に転用できることを理解させ，知的財産を生み出し活用することの価値に気付かせる。

　なお，課題を設定する前提は，具体性のある生物育成の技術について，生徒はある程度知識を得させ，学習教材（ここでは学校園）に興味を持たせ，学習活動を継続させる意欲を高めることが大切である。さらに，課題については，育成環境の調節方法を構想させ，解決できるものを設定させる。

④ ③で設定した課題の解決策を構想する際には，自分の考えを整理させ，実際の管理作業などを行う前に計画の問題点を明らかにさせ，よりよい発想を生み出せるよう，計画表などを適切に用いさせる。なお，育成計画の具体化にあたり，栽培または飼育する生物を選択するに際しては，目的に応じて種類を検討させ，育成す

る場所や時期も踏まえさせる。

⑤ 育成で使用する資材，用具，設備などについては，小学校での学習経験や生活場面での使用経験を踏まえさせ，安全や健康に十分に配慮して選択させ，用具などについては使用前の点検・調整や使用後の手入れをさせる。特に，薬品などを使用する場合には，取扱説明書などを参照させ，使用上の基準及び注意事項を遵守させる。また，作業内容に応じて防護眼鏡，防塵マスク，帽子，手袋などの適切な保護具を着けさせたり，作業後のうがいや手洗いを実施させたりし，安全や衛生に配慮させる。

⑥ ④⑤の学習活動を振り返らせ，自らの問題解決の工夫を生物育成の技術の見方・考え方に照らし，それらと②で取り上げた既存の技術に込められた工夫との共通点を見いださせることで，生物育成の技術の概念の理解を深めさせる。なお，他者と協力して作業に取り組ませ，その成果を認め合わせるなど，生物育成に関する技術に関わる倫理観や，他者と協働して粘り強く物事を前に進める態度の育成に努める。

⑦ 作業の効率，安全性と価格の視点から，どのような作物を生産させたり，加工品を利用したりすべきか検討させたり，生物育成に関する技術を用いた燃料の生産が，社会や環境に与える影響について検討させたりするなど，生物育成の技術の優れた点や問題点を整理させ，よりよい生活や持続可能な社会の構築という観点から，適切な選択，管理・運用の在り方について話し合わせ，消費者と生産者の両方の立場から技術の将来展望について意思決定させて発表させたり，提言をまとめさせたりする。

2.4　エネルギー変換の技術における課題解決学習

① 電気，運動，熱の特性などの原理・法則と，エネルギーの変換や伝達などに関わる基礎的な技術の仕組み及び保守点検の必要性について理解させる。

② エネルギー変換の技術に込められた問題解決の工夫について考えさせる。例えば，電気エネルギーを熱，光，動力などに変換して利用している掃除機などの身近なエネルギー変換の技術

が用いられた製品について各種資料を用いて開発の経緯を調べさせたり，懐中電灯や自転車など生活で使用する簡単な製品を観察，分解・組み立てさせたりする。

③　②で気付かせたエネルギー変換の技術の見方・考え方を働かせて，例えば，掃除機に問題（利便性，環境負荷，安全性など）を見いださせ，既存の製品への付加的な機能の追加などの課題を設定させる。その際，課題の設定に関する生徒の新しい発想を認め，その発想が他の場面に転用できることを理解させ，知的財産を生み出し活用することの価値に気付かせる。なお，課題を設定する前提は，具体性のあるエネルギー変換の技術について，生徒にある程度知識を得させ，学習教材（ここでは掃除機）に興味を持たせ，学習活動を継続させる意欲を高めることが大切である。

④　③で設定した課題の解決策を構想する際には，自分の考えを整理させ，電気回路や力学的機構を作る前に設計の問題点を明らかにさせ，よりよい発想を生み出せるよう，回路図や製作図などを適切に用いさせる。なお，課題の解決策を具体化する際には，繰り返し試行錯誤できる実験装置やICTを活用したシミュレーションなどを用いて試行・試作させる。

⑤　部品の加工を行う場合は，「A 材料と加工の技術」の学習との関連を図らせ，ジグを使用させ，一層高い精度の加工を心がける。

　　製作品の機械的な部分の組立て・調整を行う場合には，組立ての作業手順，部品の点検と異常の原因の追求，潤滑油の選択と利用などについて知らせる。目的の働きや動作をしない場合には，その原因を生徒自らが考えて解決させてもよい。

　　製作品の電気的な部分の組立て・調整を行う場合は，ラジオペンチ，ニッパ，ねじ回し，はんだごてなどの工具を用いて，スイッチや各機器の接点と適切な接続を行わせ，配線の段階ごとに，回路計などによる点検をさせる。

　　なお，製作品の製作及び使用に当たっては，火傷や感電事故，火災などの防止に十分に注意させ，定期的な点検を行わせる。また，作業内容に応じて防護眼鏡，防塵マスク，帽子，手袋などの適切な保護具を着けさせたり，作業後のうがいや手洗いを実施させたり，安全や衛生に配慮させる。

⑥　④⑤の学習活動を振り返らせ，自らの問題解決の工夫をエネルギー変換の技術の見方・考え方に照らし，前述②で取り上げた既存の技術に込められた工夫との共通点を見いださせる。そのことで，エネルギー変換の技術の概念の理解を深める活動が考えられる。なお，他者と協力して作業に取り組ませ，その成果を認め合わせるなど，エネルギー変換の技術に関わる倫理観や，他者と協働して粘り強く物事を前に進める態度の育成に努める。

⑦　機器について，性能や価格だけでなく，機器の製造，輸送，販売，使用，廃棄，再利用のすべての段階における環境負荷を総合して評価させたり，環境に配慮した生活について検討させたりするなど，エネルギー変換の技術の優れた点や問題点を整理させ，よりよい生活や持続可能な社会の構築という観点から，新たな改良，応用について話し合わせ，使い手と作り手の両方の立場から技術の将来展望について意思決定させて発表させたり，提言をまとめさせたりする。

2.5　情報の技術における課題解決学習

①　情報の表現，記録，計算，通信の特性などの原理・法則と，情報のデジタル化や処理の自動化，システム化，情報セキュリティなどに関わる基礎的な技術の仕組み及び情報モラルの必要性について理解させる。

②　情報の技術に込められた問題解決の工夫について考えさせる。例えば，ネットワーク対応機能を持つデジタル家庭電化製品の情報の技術の仕組みや，開発の経緯などを調べさせたり比較させたりして，作り手が製品に込めた意図を読み取らせる。

③　②で気付かせた情報の技術の見方・考え方を働かせて，例えば，ネットワーク対応機能を持つデジタル家庭電化製品に問題（利便性，環境負荷，安全性など）を見いださせ，既存の製品

（ネットワーク対応機能を持つデジタル家庭電化製品）への付加的な機能の追加など，技術的課題を設定させる。その際，課題の設定に関する生徒の新しい発想を認め，その発想が他の場面に転用できることを理解させ，知的財産を生み出し活用することの価値に気付かせる。

　なお，課題を設定する前提は，具体性のある情報の技術について，生徒にある程度知識を得させ，学習教材（ここではネットワーク対応機能を持つデジタル家庭電化製品）に興味を持たせ，学習活動を継続させる意欲を高めることが大切である。

④　③で設定した課題の解決策を構想する際には，自分の考えを整理させ，よりよい発想を生み出せるよう，アクティビティ図のような統一モデリング言語などを適切に用いる。

　なお，この学習では，プログラムの命令の意味を覚えさせるよりも，課題の解決のために処理の手順（アルゴリズム）を考えさせる。

⑤　設定した課題を解決させるために，適切なプログラミング言語を用いて，安全・適切に，順次，分岐，反復という情報処理の手順や構造を入力し，プログラムの編集・保存，動作の確認，デバッグなどをさせる。

　また，画面が太陽光や室内光で照らされて反射やちらつき，まぶしさなどを感じないように

機器の配置を考えさせ，望ましい作業姿勢を取らせ，長時間連続して作業を行うことは避けさせるなど，健康に配慮させる。

⑥　④⑤の学習活動を振り返らせ，自らの問題解決の工夫を情報の技術の見方・考え方に照らし，②で取り上げた既存の技術に込められた工夫との共通点を見いださせる。そのことで，情報の技術の概念の理解を深めさせる。

　なお，他者と協力して作業に取り組ませ，その成果を認め合わせるなど，情報の技術に関わる倫理観や，他者と協働して粘り強く物事を前に進める態度の育成に努める。

⑦　産業における人工知能の活用について，人間の労働環境や安全性，経済性の視点から，その利用方法を検討させるなど，情報の技術の優れた点や問題点を整理させ，よりよい生活や持続可能な社会の構築という観点から，新たな改良，応用について話し合わせ，使い手と作り手の両方の立場から技術の将来展望について意思決定させて発表させたり，提言をまとめさせたりする。

　また，今後開発される様々な技術は，情報の技術によってシステム化させたり，制御させたりすることで，様々な問題を解決できる可能性があることに触れ，技術の在り方について統合的に考えさせ，提言させる。

1. 木 材

1.1 木材の特長と役割

　木材は樹木が生産した生物材料である。主として樹木の幹部分のうち，木部と呼ばれる形成層の内側を利用対象とする。外側の樹皮や光合成物質の輸送を行う師部の利用は，コウゾ，ミツマタなどを原料とする和紙の製造など，一部に限られている。

　木材は加工性に優れ，軽い割には大きな実用強度を持っていること，高い断熱性を持ち，湿気を吸収・排出して結露が生じにくいといった特長を持っている。また適度に柔らかく，安全で安心感を与え，暖かみのある触感を生み出している。古来，建築部材をはじめ，家具材料や工芸材料として木材が広く利用されてきたのは，人間の感性と調和する生活材料として欠かせないそれらのさまざまな特性と，用途にあった樹種を選択できる多様性によるところが大きい。この多様性は，木材を構成する細胞，組織の種類や量的な割合，配列によってもたらされたものであり，遺伝的，生育環境的な要因による影響も大きい。多様性は不均質さとしてときに木材の欠点とみなされる場合もあるが，木材の基本的構造，性質の理解によってさまざまな用途が開発され，我が国の文化や伝統の形成に寄与してきたと言える。

　最近では，木材の特性を残しつつ，用途に応じてその性能をより柔軟に設計することのできる木質材料の開発が積極的に展開されている。木質材料は，木材または細分化した構成要素を原料とし，これに何らかの機械的・化学的処理を施し，木材本来の特性，またはその一部を保持させつつ，目的に合うように材質を改良したものである。例えば，木材の繊維方向は，力学的の性質に優れ，寸法安定性もよい。そのため木質材料の設計においては，原料を繊維方向の同一方向に配向させた場合には，木材の繊維方

向の優れた性質が維持された異方性材料になり，繊維方向を直交またはランダムに配列した場合には，等方性に近い材料になる。集成材やLVL（単板積層材）が前者の例であり，合板，パーティクルボード（削片板）やファイバーボード（繊維板）が後者の例である。これらの木質材料は，目的に応じた寸法の製品を生産することが可能で，原木からは得られないような大型の部材も生産できるほか，節などの材料の欠点を除くことで，信頼性の高い工業材料としての用途を拡大させている。最近では，環境問題，資源の有効利用の観点から，間伐材をはじめ，端材，背板，樹皮などの未利用の廃材を原料として利用しようとする試みが進められている。

　また，木材の空隙部分にプラスティックを注入して膨張・収縮が生じないようにする複合化法や，化学薬品との反応を利用することによって性質そのものを変化させる化学修飾法などもあり，それぞれの使用目的に応じて，使用環境に適合した改良ができるようになってきている。木質材料は耐水性や寸法安定性，耐朽性などの本来の木材にない諸性質が付与され，さらなる用途拡大が期待されている一方，再利用や廃棄分解性などの新たな課題を抱えている。未利用のバイオマス資源の活用や，生産から廃棄にいたる製品のライフサイクルにおいて環境に与える影響の少ない技術の開発は，木材資源のみならず持続的社会の構築に向けた大きな課題である。

1.2 木材の種類と性質

　米国のスギは樹齢約5000年と推定されており，日本においても樹齢約1000年を超えるスギ・クスノキ・イチョウなどが各地に点在し，保存されている。樹木がこれほど長い生命を維持できるのは，極めて合理的で，機能的な組織・構造と成分構成を持

つことにあり，有用な資源として木材が選択されてきた理由もそこにある。

まず，木材の木口面を顕微鏡で観察すると多くの空隙の存在に気付かされる。この空隙の存在は，木材の比強度（密度あたりの強度）を高めるほか，保温性や断熱性，音響特性など木材の基本的性質に大きく影響するものである。針葉樹材の場合，木口面には四角形または六角形の孔が見られるが，そのほとんどが仮道管と呼ばれる水分通道のための細胞で，構成細胞の約95%を占めている。一方，広葉樹材は針葉樹材よりも進化しており，構成細胞の種類が多く，その果たす機能も分化している。例えば，針葉樹では，仮道管が水分通導と樹体の強度支持を兼ねているのに対し，広葉樹では水分通道を大径で円形の道管が担い，強度支持は細胞壁の厚い木部繊維と呼ばれる細胞がそれぞれ専門的に担っている。この道管の存在は針葉樹と広葉樹の最も大きな違いであり，さらに，道管の配列は広葉樹の樹種を見分ける場合の重要な手掛かりである。道管の配列には，大きな道管が年輪に沿って規則正しく並ぶ環孔材（ケヤキ，ミズナラなど），比較的小さな道管が全体に均等に散らばっている散孔材（カツラ，ブナなど），年輪の中心（随）から道管が放射状に並ぶ放射孔材（アカガシ，シラカシなど）などがある。乾燥した広葉樹材では，道管の中は空洞で上下に連なっているため，大径の道管を持つ樹種では，材の木口面の一端から煙を入れると，その煙は反対の木口面から出てくる。

なお，「界－門－綱（類）－目－科－属－種」という生物分類においては，裸子植物門に属する針葉樹と被子植物門に属する広葉樹の差は，動物における哺乳類と鳥類ほどの違いに相当し，広葉樹は針葉樹よりも進化した植物である。

木材に存在する空隙の割合は，木材の密度に直接影響する。世界で一番重いとされるリグナムバイタは密度 1.24 g/cm^3 で空隙は 20% にすぎず，世界で一番軽いバルサでは密度 0.16 g/cm^3 で 90% 以上が空隙である。このように空隙率によって木材の密度は変化するが，空隙を除いた木材実質の真密度は樹種にかかわらず 1.51 g/cm^3 と言われている。よって，木材を圧密化し，その空隙をなくしてしまえば，どの樹種も水に沈むことになる。また，空隙にすべて

水を充満させても同様の結果が得られる。

この空隙には，樹木生体のときには水分が多く含まれている。木材の性質は，水分の含有状態（含水率）によって大きく変化するため，木材中の水分の状態を知ることは非常に重要である。木材中の水分には，細胞壁内に分子として存在する結合水と，細胞内の空隙に液体として存在する自由水がある。結合水の移動は強度や膨張収縮に大きく影響し，乾燥による木材の収縮や変形は結合水の移動による細胞壁の収縮が原因である。木材に含まれる水分の割合は，含水率として表され，次式で表される。

含水率 $u = [(Wu - Wo) / Wo] \times 100$ （%）

Wu：含水状態の木材重量

Wo：全乾状態の木材重量

細胞壁が結合水で飽和し，自由水が存在していないときの含水率を繊維飽和点と呼び，樹種や周囲の温湿度によって若干異なるが，25〜35%の範囲（平均30%程度）の値を示し，木材の性質が大きく変化しはじめる重要な状態である。

木材の細胞壁は，約50%のセルロース，20〜30%のヘミセルロース，それに 20〜30%のリグニンで構築されている。細胞壁の骨格としての役割を果たすセルロースは，その分子鎖が束になって結晶化し，一定の規則性を持った細胞壁の壁層となる。この壁層の周囲をヘミセルロース，リグニンが覆うように堆積し，非常に強固な細胞壁を構成する。これを鉄筋コンクリートに例えると，セルロースは鉄筋，ヘミセルロースは鉄筋とコンクリートがよく付くために巻いている針金，リグニンはコンクリートと考えることができる。この細胞壁の構造は，電子顕微鏡でかろうじて識別できるほど微細であるが，木材の諸性質を決定付ける重要なものである。

1.3 技術教育における木材加工教育の意義

木材加工における手工の活動は，知性，情操，技術の調和した人間の全面的発達に役立つものと位置付けられており，シュタイナー，ペスタロッチらの多くの教育学者によって，その教育的意義が認められている。我が国の木材加工教育は，近代教育史の中でも比較的初期から普通教育として設定されている学習の1つである。1886（明治19）年に手工教育が発足したが，木材加工教育はその当初から組み込

まれ，戦後の職業科，現在の技術・家庭科にまで引き継がれてきた。木材加工の礎を築いた岡山秀吉は，1904 年に「小学校教師用手工教科書」の中で，木材加工が「手工の王」と言われる理由として，①製作物の種類が多く，教材選択の幅も広いこと，②製作品が実用的であること，③加工法の変化が多く，手指の訓練や学理の応用に適当であること，④運動を伴うため身体的発達に役立つこと，などを示しているが，その意味付けは現在も色あせてはいない。

木材加工学習の原点は 19 世紀の北欧にあるが，社会の高度技術化が進んだ現在もアメリカ合衆国やイギリスなどをはじめ，多くの国々で木材加工教育が実施されており，木材加工教育は普通教育の中で欠かせない学習として認められている。これは，手や身体を使った体験的学習によって，視覚，聴覚，触覚あるいは巧緻性などの感覚的能力，創造力や課題解決力，さらには自然や材料に対する感性など，日常生活や職業生活において非常に重要な役割を果たすと考えられる普遍的能力が養われ，豊かな人間性を育む教育の基本的要素を多く含んでいるためである。

また，木材加工が技術教育における加工材料として現在まで利用されてきたのは，以下のような教育用の材料としての優位性による。

①　丸太原木，または一次材料としての板材や角材から製作に取り組めるという，製作工程における総合性と，使用する工具・機械や接合法・塗装法などに多様性がある。

②　強度の割に軽く，加工が容易で，製作品に使用目的に合った機能を持たせやすい。

③　認知的，身体的発達段階に応じた作業，加工動作を含んだ学習活動の計画が容易である。

④　生徒の製作品でも実用強度を持たせることができ，製作後に生活の中で使用し，実用評価を得ることができる。

⑤　加工の難易度の広がりが大きく，製作者の要望と能力に合わせた製作が可能であるため，達成感が得られやすいという教育効果がある。

⑥　木材加工技術の知識，技能の応用性や転移性，さらに汎用性に優れている。

⑦　環境問題を学習する教材として適している。

⑧　材料，工具が比較的安価で，入手が容易である。

1.4　木材加工教育の適時性

子どもの認識・身体機能の発達・変化と，活動や興味には深い関連があるが，構想したものを形にしやすく，加工が比較的容易な木材を製作材料とする木材加工では，それぞれの発達段階に応じて学習活動を設計することが可能となろう。

例えば，その適時性を年齢によって追ってみると，肺活量などの循環機能や筋力が急増する 10 歳前後には，全身を動かす遊びに一層関心が高まり，技術の習熟に意欲的となると言われている。したがって，この時期には，釘打ちやのこぎりびきなどの基本加工動作を中心とした学習が適していると考えられる。

12 ～ 13 歳頃になると，知的概念の形成が進み，循環機能や筋力の発達が著しく，持久力が増してくる。この時期は工夫・創造を要するものに興味・関心が移り，構成衝動・作業衝動が高まり，合目的的な作業を喜ぶようになる。また，空間認知が包括的にできるようになり，設計や製図の学習能力や，制御能力が高まるという報告もある。そこでこの時期には，身近な製品の設計活動や，加える力を同時に異なる方向に出すようなねじり動作を含む作業（きりの穴あけ，木ねじ締めなど），道具が空間を複雑に移動する動作を含む作業（力の調整を要する釘打ち，のみ加工など）などを学習活動に加えることが可能となると考えられる。

さらに抽象的な思考の力が高まり，諸器官，諸能力が完成に近づく青年期中期から後期にかけては，計画的な行動や合理的で合法則的な行為が可能となり，安全性や危険回避に対しての配慮をしつつ，より難易度の高い課題に対応できるようになる。また，機構や原理についての理解が容易となり，使用場面や用途に応じた製品の設計能力も向上するという報告もあり，複雑で高度な技術的生産活動を学習活動として取り上げることができると考えられる。

いずれの発達段階にあっても，木材加工はその難易度を容易に調整・選択することが可能で，身体発達に応じて構想から製作・評価に至るすべての工程を体験させることができる。

1.5 木材加工教育の効果

　技術の学習は，技術と人間，社会，産業，職業との関係についての理解から，自分自身の諸特性と進路への関心を深める啓発的経験，人間の価値，世界観の形成に関連して，社会的実践へと連続していくものである。その一端を担う木材加工教育もまた学校での課題解決力を実社会に適用していくためのさまざまな経験を与え，諸能力の育成に効果を発揮する。木材加工教育の効果については，次の5項目にまとめることができる。

① 人，社会，環境と技術の相互関係理解
- 森林資源の保全と有効活用，省エネルギー，省資源に対しての理解が深まる。
- 人間，技術，生活，社会，産業，職業およびそれらの相互関係についての関心が高まる。
- 価値観，倫理観，職業観，勤労観の形成に寄与する。

② 工学的設計の理解，創造的方法の習得
- 使用目的や使用条件に即して，製作品の構想を具体化し，それを図面として表示し，伝達する能力が向上する。
- 製作図の製図学習により，製作品の立体的認識能力，立体を平面に表現する能力，立体空間の認識能力が高まる。
- 身の回りにある生活用品の形状，構造，機能，材料について定量的な認識力が向上する。
- 生活で使用する材料，製品の実用強度，安全性についての判断力が高まる。

③ 創造的，自主的，合目的的な実行力の向上
- 設計図や工程表に従うこと，製作に必要な材料の計算や製作のための準備によって，具体的，合理的，段階的，計画的な実行力が向上する。
- 思考と手指・全身の動きとの協調を促し，巧緻性と工具・機械の基本的理解と操作能力が養われる。

④ 課題解決力，意志決定力，判断力などの向上
- 学習の過程が形として表れることで，学習の達成感，成就感が得られる。
- 課題場面に応じて知識を選択し，適用する判断力や意志決定力が向上する。

⑤ 安全で衛生的な行動力と態度の形成
- 木工機械，工具，治具などの保守・点検・整備，および清掃や整理整頓などの日常的作業によって，合理的かつ安全な作業の実行力が高まる。
- 生活を安全かつ衛生的に，快適に過ごすための主体性や自己管理，危険回避などに対する能力や態度が養われる。

1.6 木材加工教育の内容

（1）学習指導要領との関わり

　中学校技術・家庭科の学習指導要領をもとにして，木材加工教育で理解させる内容を工具と機械を中心に示すと次のようになる。これらに関連する専門的知識と技能は，それぞれの学習段階に合わせ，理解する内容と補完しあいながら習得させることが求められる。

① 材料取りの段階では，さしがね，直角定規，鋼尺などのけがき用具の使用法，効率のよい材料取りの方法，切断に用いる両刃のこぎり，糸のこ盤，丸のこ盤などの使用法を理解すること。

② 部品加工の段階では，平かんなと自動かんな盤による切削を理解すること。

③ 接合部の加工の段階では，のみと角のみ盤による，ほぞとほぞ穴の加工を理解すること。

④ 穴あけ加工の段階では，卓上ボール盤や糸のこ盤の加工を理解すること。

⑤ 部品の検査の段階では，さしがねや直角定規による検査方法を理解すること。

⑥ 組立ての段階では，くぎ接合，木ねじ接合，きり，接着剤の使用方法を理解すること。

⑦ 塗装の段階では，塗料の種類と塗装方法を理解すること。

⑧ 木材に適した加工法を知ることで，工具や機械を安全に使用できること。

⑨ 木材とその加工に関する技術の適切な評価と活用について考えること。

（2）歴史，文化との関わり

　我が国の歴史の各段階において，木材は古代から独自の文化形成に大きな役割を果たしてきており，日本人は，古代から生活の中で木の文化を育ててきた。鳥取市で発掘されたスギの丸木舟は縄文時代の

ものであり，また，静岡市の登呂遺跡では，弥生時代にスギを年輪に沿って割り，板状に加工したものが多数発掘されている。その後の例でも，ヒノキは建築部材，クスノキは舟，農具にはアカガシ，櫛にはツゲというように，適材を適所に使い分けていたものが見られる。また，日本における大工道具の変遷を見た場合，古代からの製材法は，木目にしたがって斧やのみで打ち割り，ちょうなや槍がんなで表面を仕上げて柱や板を作っていた。しかし，室町時代に良質で通直な木材が少なくなり，これまでの道具では太刀打ちできず，縦挽き鋸としての大鋸（おが）と，台鉋を開発したことにより，加工精度が上がり，歴史に残る木造建築が創出されたと言われている。なお，横挽き鋸は，古墳時代から存在が確認され，今日まで形を変えて使われている。このような道具の変化を，当時の森林資源の問題について理解する題材に発展させることもできる。

（3）環境との関わり

　IPCC（気候変動に関する政府間パネル）の第5次評価報告書（2014）は，このままでは 2100 年の平均気温は，二酸化炭素などの温室効果ガスの排出量が最も多い最悪のシナリオの場合には，最大 4.8℃上昇すると発表している。いま，異常気象の頻発，砂漠化の進行，生態系の変化，海面上昇などが懸念されている。現在の二酸化炭素濃度の増加は，炭素を含む石油，石炭，天然ガスなどの化石エネルギー資源の消費によって大気中に大量放出されたことによる。すなわち，固体の炭素が気体へと変化（炭素放出）する量が増加したためであり，再び固体へと戻す操作が必要である。

　植物の光合成は，気体である炭素（二酸化炭素：CO_2）を吸収し，太陽エネルギーで，水（H_2O）と合成し，自身の生長と生命維持に必要な物質（グルコース：$C_6H_{12}O_6$）に変換する，炭素の再固体化の過程である。この光合成によって植物が吸収固定した炭素は，枯れて微生物に分解されるか，燃えてしまわない限り，その体内に貯蔵され続ける。多年生の樹木を多く抱える森林が「炭素の貯蔵庫」と呼ばれるのは，大気中の二酸化炭素を吸収固定するとともに，それを長期間にわたって貯蔵する重要な機能を持っているためである。また，樹木が生産する木

材の乾燥重量の約 50％は炭素である。この炭素は，丸太から柱や板に加工されても，途中の廃棄物を除いて，木材として使用されている期間は貯蔵され続ける。木造住宅や木材製品が「都市の森林」，「第 2 の森」と呼ばれるのは，新たな炭素の吸収こそしないものの，解体・廃棄しない限り炭素を貯蔵し続けるためである。なお，木造住宅は非木造住宅の約 10 倍の炭素を貯蔵しており，日本全国の木造住宅が貯蔵している炭素量は，日本国内の森林が貯蔵している炭素量の約 18％に上ると推定されている。

　大規模な焼き畑や違法な伐採による森林の破壊は，依然として大きな問題でありその対策が求められている。しかし，その一方で，地球温暖化の防止に向けた国際的な話し合いが進行し，森林や森林資源の開発，木材利用に対する正しい認識が浸透しつつある。地球環境を守るために「森林開発は悪」であり，「木は使ってはいけない」という単純な構図で捉えない教育が求められている。

（4）資源・エネルギーとの関わり

　我が国の森林は国土の約 66％を占め，世界でも有数の森林国である。その森林は，戦後，スギやヒノキなどの大規模な植林が行われたため，現在では森林面積の約 41％が人工林で占められている。しかし，1960 年に木材の輸入が自由化され，その後，国内の林業は安い輸入材に太刀打ちできなくなり，当時約 87％だった木材自給率は，2002 年には過去最低の約 18％にまで減少してきた。しかし，2011 年から 5 年連続で自給率は上昇し，2015 年には約 33％まで回復してきている。

　石油・石炭などのエネルギー資源，鉄やアルミニウムなどの鉱物資源は，採掘して使用していけばいつか枯渇する。一方，木材資源は，太陽エネルギーと水，そして二酸化炭素によって成長する生物資源であり，樹木を伐採したあとの土地（森林）に新たな苗木を植えれば，30 〜 50 年で材料やエネルギー源として再び利用できる資源となり，新たな炭素吸収源を創出できる。

　また，木材は加工に要するエネルギーが少ない。木材（人工乾燥木材）を調製するときに必要なエネルギーを 1 とするとき，鉄が約 14 倍，プラスティックが約 45 倍，アルミニウムで約 150 倍ものエネル

ギーが必要であると推定される。つまり，木材製品の加工と利用は，他材料にくらべて，環境負荷が非常に小さいと言える。木材は，生産，利用，再利用，廃棄のライフサイクルにおいて，他材料に比べて無公害かつ省エネルギーを実現するだけでなく，人に対する生理的親和性を併せ持ったエコマテリアル（環境調和材料）であり，持続可能な開発（ESD）の実現にとって欠かせない材料であると言える。

1.7 これからの木材加工教育

題材に使用する木材には，これまで外国産木材が多く使われてきた。また，加工が容易である理由でカツラやセンも使用され，さらに木目の通直さや材面の美しさの要求からヒノキやスプルースが使用されることも多い。しかしながら，我が国で戦後植林された国産材が伐採期を迎えた現在にあっては，地域産材，とくにスギやヒノキの利用を積極的に図ると同時に，地域の林業，木材生産技術について学習

を展開することも重要であろう。未利用資源としての小径の間伐材を活用して，ペン立てなどの小物から，ベンチやスツールなどの比較的大型の製品を製作する学習も各地で実践が進められている。地産地消は環境問題の重要なキーワードの1つであるが，各地域の木材を学校で有効活用することが望まれる。

また，2005年度から林野庁は，広く一般消費者を対象に木材利用の意義を広め，木材利用を拡大していくための国民運動として「木づかい運動」を展開しており，近年ではその運動の一環として，「木育」の取り組みが全国的に広がっている。木育とは，子どもから大人までを対象に，木材や木製品とのふれあいを通じて木材への親しみや木の文化への理解を深め，木材の良さや利用の意義を学んでもらうための教育活動である。このように，国や各自治体との協働による木材加工教育がこれからは求められており，全国的に展開されつつある。

2. 金 属

2.1 生活や社会を支える材料と加工の技術

（1）材料の特徴

ものをつくるためには材料が必要である。その例として，木材・竹などの植物，樹脂，石・土などの鉱物，ガラス，金属，プラスチックなどの高分子材料，セラミックス（陶磁器など）などがある。単一材料の製品もあるが，数種の材料を用いた製品も多く，また異なる性質のものを混合した複合材料も存在する。たとえば，一般的にはコンクリートはセメント・砂・砂利・水の混合物であり，日干しレンガは土・砂・藁などを水で固めたもので，混合することで材料強度を高めている。

身の回りには多くの金属製品あるいは金属が用いられている製品がある。たとえば，調理用品，電化製品，文具，装飾品，家具，建築構造物，交通機関，工具，機械，情報機器などに金属が利用されている。これらが他の材料ではなく，金属が利用されている理由はそれぞれあり，金属でなくてはならない，あるいは金属の方がよいとされているからである。

材料には，表2.1に示すような性質と特徴がある。

材料によってこれらの性質は優れているものもあれば，そうではないものもある。また，求められる性能によって意味が異なることもある。たとえば，しなやかさが必要とされるような部品では剛性は大きくなくてもよく，ごみ処理なども考えれば耐熱性，耐腐食性の特徴を考慮することも必要で，特性の数値が高いことが必ずしも優位にあることにはならない。洗濯機では振動の少ない材料を用いることがあるが，楽器の弦は振動しなくてはならない。

市販されている製品には求められる性能に適合するように複数の材料が用いられることが多く，それぞれの持つ特性を合わせることによって新たな特性

表2.1 金属の性質と特徴の例

金属の性質を表す指標の例	金属の特徴の例
融点，沸点，膨張率，密度，弾性係数，降伏強さ，引張強さ，伸び，延性，靱性，加工硬化，熱伝導率，熱伝達率，展性，塑性，硬度，電気抵抗，磁気的性質，音速，異方性	高剛性，高強度，電導性，光透過性（光遮断），磁気，重量，質感，美観，熱エネルギーを光エネルギーに変換，合金，加工性，耐熱性，耐摩耗性，耐腐食性，耐衝撃性，耐水性，耐化学物質，経済性，耐久性，衛生的，均質性，振動性

を引き出している。例えば，ピアノは鋼線の振動音を木材のボディで増幅するとともに豊かなものにしているが，どちらがなくてもピアノとして成立はしない。ちょうど一人ひとりがそれぞれの個性を持ちながら，グループとして活動する団体活動の在り方と同様である。

　中学校技術の授業において，金属の主要な性質について考えさせ，製品においてどの部分に応用され，なぜ使われているのか，さらに改善するためにはどのようにすればよいのかについて考えさせることが肝要である。また，従来の製品について金属を利用できるものについても検討課題である。

　図 2.1 は A，B，C，3 種類の異なる材料の荷重とのびの関係を示したもので，×はその点で破断または破壊したことを示す。材料 A は線形弾性のまま高い荷重で破壊するが，破壊時ののびはほとんどない。材料 B は荷重負荷初期には線形弾性を示すものの，ある点で塑性変形を生じる材料である。材料 C はのびが大きい材料で，非線形弾性を示すものである。材料 A の典型例は陶磁器などに代表されるセラミック，石やガラスで，ほとんど変形せずに破壊する。材料 B の典型例は鋼やアルミニウムなどに代表される金属で，大きく変形して破断する。材料 C の典型例はゴムで，極めて大きな変形を生じるのが特徴である。図 2.1 を示すことによって，A，B，C はどのような材料なのかを考えさせ，各種材料の特徴をどのように活かすべきかを考えるための資料とするのも 1 つの方法である。

　図 2.2 の（a）に示すように，弾性とはバネのよう

に W 点まで荷重を加えた後，荷重を取り除くと O 点まで戻ることを言う。そのときののびと荷重は曲線であってよく，同じ経路をたどればよい。図 2.2 の（b）は W 点まで荷重を加えた後，荷重を取り除くと L 点までしか戻らない場合である。のびと荷重の関係は直線であるため線形関係であるが，非可逆であるため弾性ではない。図 2.2 の（c）の場合には，W 点まで荷重を加えた後，荷重を取り除くと O 点まで戻り，その関係は直線となっている。この場合を線形弾性と呼ぶ。金属の弾性挙動はおおむね線形弾性を示すが，このような弾性と線形の意味を把握し，材料のさまざまな特徴をよく理解することは必要である。

　塑性変形と加工硬化は金属の特徴であり，分かりやすい性質の 1 つである。複数枚数の紙をまとめる手段の 1 つとして端をステープルで綴じる機会は多い。図 2.3 の（a）に示すように金属製のコの字形の針はステープラーを用いることで，先端が紙を貫通した後，塑性変形して曲がり，加工硬化によって硬くなって綴じることができる。また，図 2.3 の（b）

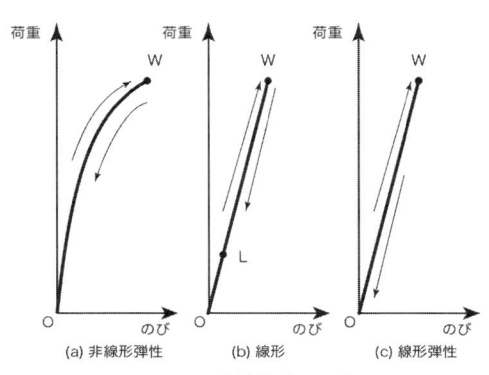

図 2.2　弾性挙動の分類

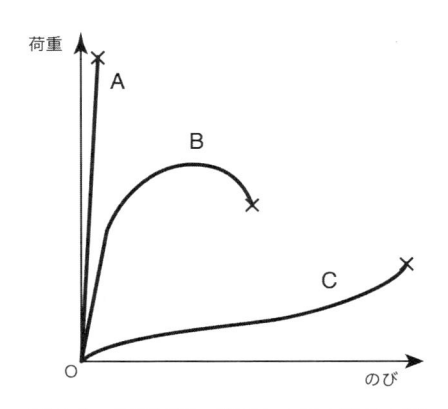

図 2.1　各種材料の荷重とのびの関係の例

比較のために誇張して曲線を描いている。実際の曲線を正確に示したものではない。

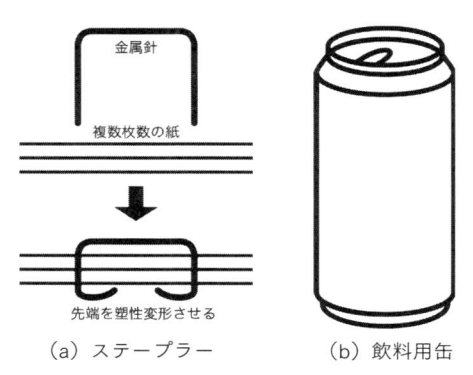

図 2.3　塑性変形を利用した製品の例

に示すような飲料用缶は鋼あるいはアルミニウムの薄板を加工することにより塑性変形させて製作される。これらは，塑性変形を積極的に利用した例である。

　また，塑性変形することによって大きなエネルギーを消費する。このことによって，自動車が衝突などによって大きく塑性変形して衝突エネルギーを消費し，乗務員へ加わる衝撃を軽減して人的被害が少なくなるようにしている。

　図 2.4 に示すように金属材料に W 点まで荷重をかけた後荷重を除去すると，W 点から S 点に向かって弾性分取り除かれて P 点の位置になる。このとき WPS の三角形の弾性エネルギー分だけ戻り，OYWP の履歴による塑性仕事が消費される。もし，塑性変形をしない材料を自動車のボディに用いたとすると，衝突後に衝突による弾性エネルギーが解放されることになり，自動車本体には大きな被害はないが，乗車している人間には，極めて危険である。ちょうどゴムボールの中に人間が入っているとして，壁に衝突した場合にどのようになるのかを想像するとよい。

　一方，加工硬化は塑性変形後に変形に伴って強度が増す現象である。図 2.3 に示すようなステープラー用針や飲料用缶などは曲げ加工によって硬化するため，素材は柔らく加工しやすい状態から，加工後は硬く強い製品になる。ところが加工硬化が大きい材料では，加工するにしたがって加工する力をどんどん増加させなければならず，加工硬化が大きい材料は加工しづらい。

　図 2.5 では，O 点から荷重を加える弾性変形をして，降伏点（Y 点）で塑性変形を生じる。W 点まで荷重を加えた後，一端荷重を完全に取り除くと，P 点になる。WP の傾きは OY の傾き（弾性係数）と同じである。OP の長さが塑性変形の量になる。続いて P 点から再度荷重を加えると P 点から W 点まで OY の傾き（弾性係数）と同じ傾きで弾性変形をする。したがって，いったん塑性変形を生じさせると，次に塑性変形をする荷重は大きくなる。つまり硬くなることになる。なお，「硬さ」とは 2 つの材料を押しつけたときに生じる変形のことで，変形が少ない方が硬いことになる。

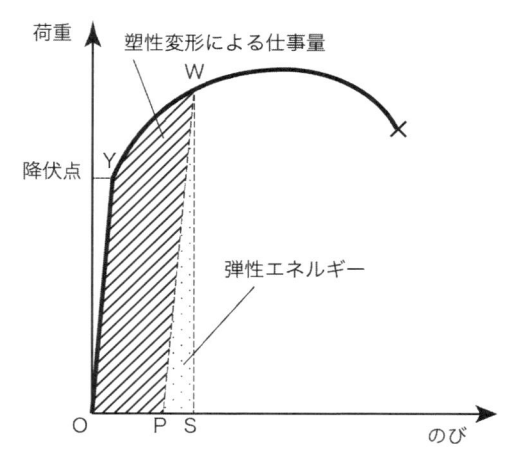

図 2.4　弾性エネルギーと塑性仕事

この図は仕事量の定義を示すものではない。また，実際の金属材料の場合には OY や WP の弾性を示す直線はこの図よりも急勾配で，塑性仕事と弾性エネルギーの比はもっと大きい。

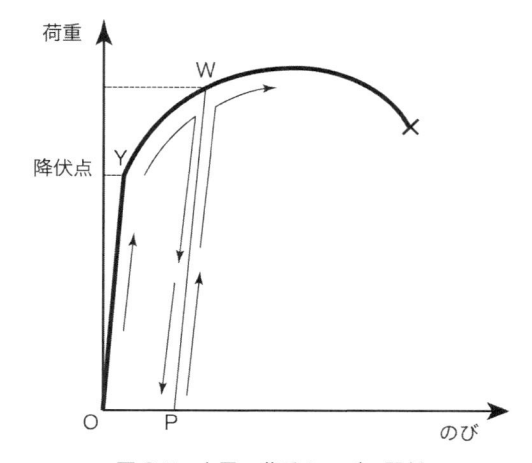

図 2.5　金属の荷重とのびの関係

正確には OY の弾性を示す直線はもっと急勾配であるが，見やすくするためにこの図のようにしている。実際の曲線を正確に示したものではない。

（2）材料の製造・加工方法

　金属を含む鉱石から金属を取り出し，塊，板，棒（線），管の形状にして，金属の素材は製造される。これらを加工することにより製品となる。多くの素材は合金で，合金にすることで強度や耐摩耗性・耐腐食性などの性質が向上する。ステンレス鋼は単にステンレスと呼ばれていることも多いが，鉄が主成分の合金である。錆びにくい性質があるので，台所の水回りに利用されている。また，鉄道列車では錆びにくいことから塗装が不要となるため，製造コス

表 2.2 材料選択における考慮すべき観点

観点	考慮すべき項目
エネルギー効率	製作・廃棄での省エネルギー，使用時のエネルギー効率（重量，摩擦など）
安全性	人的被害を防ぐ，他のものに被害を及ぼさない。
経済性	製品としては破壊をしても人的被害を防ぐ場合や化学的・物理的に壊れない，あるいは停止しないように設計することがある。
強度・剛性	製作・維持・廃棄でのコスト（必ずしも安価であることが最優先であるとは限らない。趣味的要素がある場合など）
付加価値	強い／弱い，硬い／やわらかい，丈夫である，変形しにくい／変形しやすい

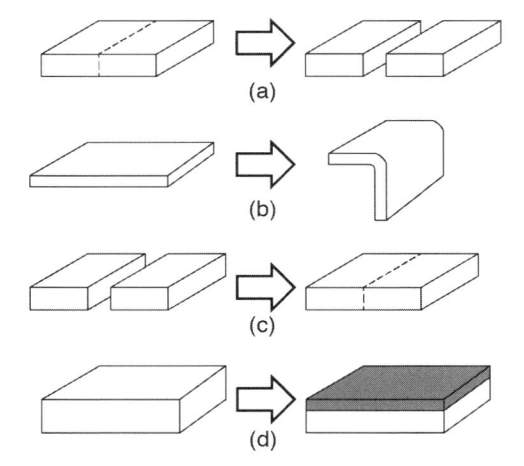

	加工の形態	加工法
(a)	分離あるいは取り除く加工	切削・切断・研磨など
(b)	形を作る加工	鋳造・鍛造・圧延など
(c)	接合する加工	溶接・接着・機械的接合など
(d)	性質を変える加工	表面改質・熱処理など

図 2.6 加工法の例

トは高くなるものの，運用コストが低減されるためステンレス鋼を外板に用いることもある。初期コストと維持コストの両面を考えて材料選択をしなければならない。

　加工とは，力を加える・熱を加える・化学変化させることによって形・性質などを変えることである。加工によって必要となる条件に適合するようにしている。素材を丸くしたり，穴をあけたり，曲げたりする機械加工によって必要となる形状に変化させる。また，材料をある温度以上にすることで変形しやすくする方法（熱間加工）や，材料をある温度以上に熱した後の冷却速度を変化させて材料の性質を変化させる方法などがある。さらに，薬品などを使って表面処理を施すことがある。

　図2.6は加工法の例で，分類とその模式図を示したものである。加工法も選択しなければならない。たとえば図2.7のように直角コーナーを製作するとき，(a)図のように2枚の平板を接合する場合と，(b)図のように1枚の板を曲げて加工する場合がある。手順の少なさから考えれば(b)図の方が優れているが，コーナーの角が丸くなる。このように加工法によってできあがりが異なることを知った上で加工法の選択をすべきである。

　また，図2.8の(a)図のように底面1つ側面4つの箱の製作を行うとき，紙などで試作を行ったときには，側面の4つの接合箇所はテープなどで貼り合わせる対処を行えばよいが，薄板の金属加工では，(b)図のようにのりしろをあらかじめ設定しなければ，(c)図のように接合断面積が少なくなるため，

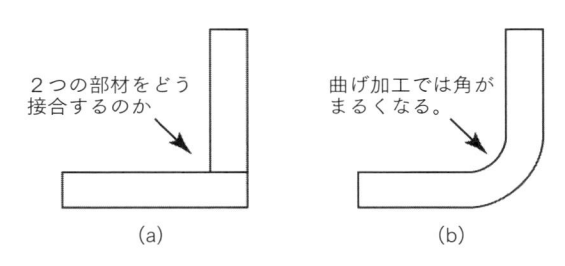

図 2.7 接合と曲げ加工による違い

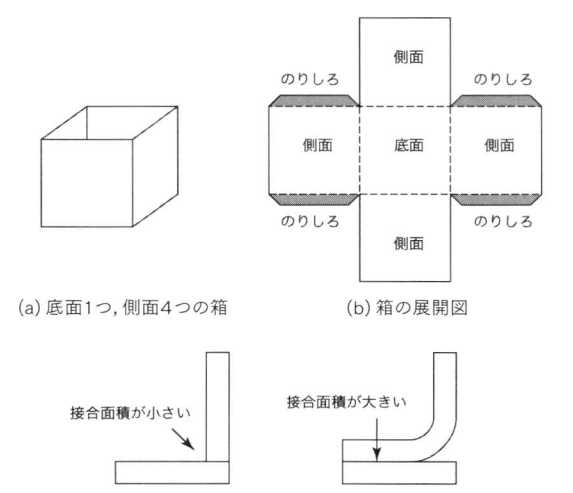

(a) 底面1つ，側面4つの箱　　(b) 箱の展開図

(c) のりしろがあると接合面積が大きく接合しやすいが，のりしろがないと，側面を接合する手段を考えなければならない。

図 2.8 組立てを考慮に入れた設計の例

設計段階から加工方法を考慮する必要がある。

2.2 生活や社会における問題を，材料と加工の技術によって解決する活動

　たとえば，強度と経済性の観点から考えると，単なる平板の形状では，強度が低いので，加工することで断面形状を変えて，強度を増す工夫をする。一方，軽量化のために強度に大きく寄与しない部分を取り除く加工をする。製品全体としてのエネルギー効率，安全性，経済性などから軽量化が行われている。

　たとえば，軽量化を図ることで，材料自体の費用はもちろんのこと，運搬費，設置するときの費用などが低減する。しかし，過度な軽量化は強度不足や高級感（重量感）が失われる場合もあり，落下や災害などにも耐える必要があるかどうかを考慮しなければならない。

　交通機関，情報機器，家電，家具，調理道具，建築物，装飾品などの身の回りの製品の課題を考え，エネルギー問題，ゴミ問題，経済性，安全性などの観点も含め生活や社会の問題として，これまでの製品ではどのようになっているのか，その製品の過去の経緯から考えて改善・修正はどのようになされているのかについて考える。

　たとえば，カッターナイフはどのように発明され，その利便性はどこにあるのか，そしてカッターナイフには用途によって多くの種類があり，改善・

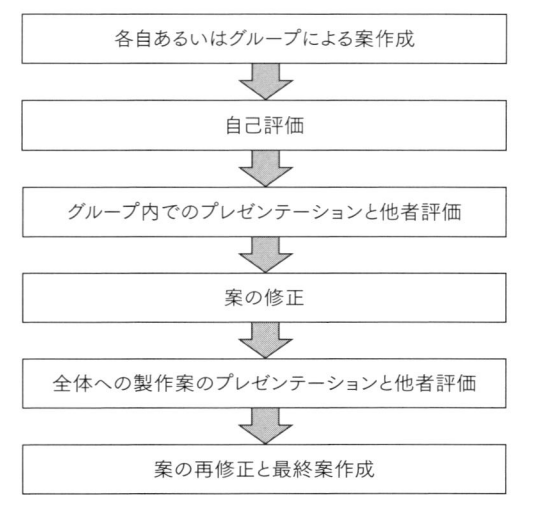

```
┌─────────────────────────────────┐
│  各自あるいはグループによる案作成  │
└─────────────────────────────────┘
              ↓
┌─────────────────────────────────┐
│           自己評価                │
└─────────────────────────────────┘
              ↓
┌─────────────────────────────────┐
│ グループ内でのプレゼンテーションと他者評価 │
└─────────────────────────────────┘
              ↓
┌─────────────────────────────────┐
│           案の修正                │
└─────────────────────────────────┘
              ↓
┌─────────────────────────────────┐
│ 全体への製作案のプレゼンテーションと他者評価 │
└─────────────────────────────────┘
              ↓
┌─────────────────────────────────┐
│     案の再修正と最終案作成        │
└─────────────────────────────────┘
```

図 2.9　製作活動による協働学習の例

修正がなされていることを知る。また，飲料用缶も形状などが改良していることを知る。

　生徒が製作した製品についても，その評価を自他で実践することが必要で，例えば，製作途中で自己評価したのち，グループで評価し，さらに他のグループ作品の評価を行うことによって改善点を見つけ出し，最終作品とし，その最終作品について自他評価する協働的な取組みが必要である。このようにすることで主体的な活動を実施することができる。

2.3　社会の発展と技術の在り方

　生産するときに排出物が出るかどうか。加工するときに排出物，熱を利用した時の排出物があるかどうかが検討課題である。廃棄する場合には燃やすものなのか，それ以外のものなのか，リサイクル可能かどうかについて検討する必要がある。必ずしも腐敗しない，錆びないことが良いとは限らない。腐敗や酸化をすれば，自然への循環が行われることを考慮すべきである。そのためには，環境や再生利用（リサイクル）に配慮した材料選択が必要である。飲料用のスチール缶（鋼製）やアルミ缶（アルミニウム製）では 90 ％ 程度のリサイクル率（リサイクルデータブック 2016，一般社団法人産業環境管理協会）があり，日常生活で接する機会のある金属材料は高い割合でリサイクルされている。

　材料およびその加工法の進歩により強度はそのままに軽量なものにすることができる。たとえば自動車などの交通機関が軽量になることで省エネルギーに寄与し，情報機器が軽量になることで持ち運ぶことが容易になっている。通話機器は有線電話から無線電話となり，通話だけでなく文字・画像・音声などの情報を伝えるものになり，さらには利用者が情報をアップロードするようになってきている状況から，その形や機能は高度に進化しているが，それらが社会にどのように寄与し，どのように発展するかについて考えることが必要である。

　現在ある製品の新たな利用方法について考えるとともに，現在の生活においてもっと利便性の良いものについて考えるとよい。あるいはある製品を商品として開発するとき，どのような点を特徴・利点にして製作すればよいのか，たとえば，より安価なものを製作する，より付加価値のあるものを製作す

る，美的あるいはデザインの良いものを製作する，ユーザの満足度の高いものを製作するなどの観点に基づいて考えることが必要である。

3.　プラスチック

3.1　プラスチックとは

　プラスチックという言葉は，英語の Plastic からきているが，語源はギリシア語の plastikos（型に入れて作ることができる）である。英語の意味は，「可塑性の」「思い通り形作られる」「塑造の（された）」とある。現在，プラスチックという言葉は，JIS-6900 では，「高分子物質を主原料として人工的に有用な形状に形作られた個体である。ただし，線維・ゴム・塗料・接着剤などは除外される」と定義しており，定義的には成形品をさすが，成形品を構成している物質をさすことが多い。また，合成樹脂（Synthetic Resin）とプラスチック（Plastic）は同じ意味として扱われることがあるが，樹脂は原材料で，プラスチックは成形品をさすものとして区別する場合がある。本節では，樹脂も成形品もプラスチックと記述するが，引用文献により樹脂と表現されている場合はそのまま使用した。

3.2　プラスチックの歴史

　最初のプラスチックは 1860 年代に作られた。それより以前は，象牙や琥珀などの天然物質が広く使われていた。数が少なくなった，象牙や琥珀の代用品を作る目的で，あるいは，成形したり繊維状に押し出したりできる物質を作る目的で，100 年以上にわたって合成素材の探索が続けられた。

　最初のプラスチックは半合成のポリマーで，綿に含まれる天然ポリマーのセルロースを改変したものである。しかし，その後，ベークライトのような完全な合成プラスチックが作られるようになった。

3.3　プラスチックの構造

　プラスチックは，高分子化合物（ポリマー）である。ポリはギリシア語で「多い」を意味する。マーは，「部分」を意味する。ポリマーは多数の小さな分子が鎖状に結合してできた巨大分子からなっている。小さな分子は，モノマー（モノはひとつを意味

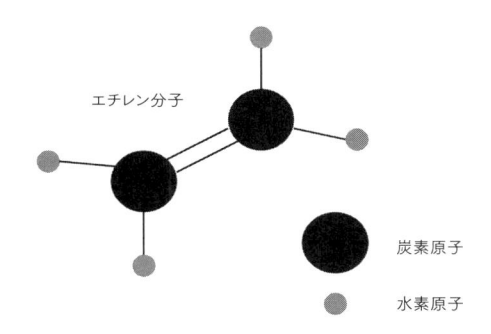

図 2.10　エチレン分子（モノマー）

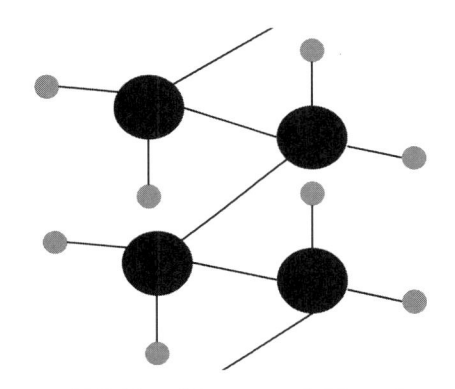

図 2.11　ポリエチレン（ポリマー）

する）と呼ばれている。

　ポリエチレンを例に説明する。原油から得られる化学物質のひとつにエチレンがある。エチレン分子は，炭素原子と水素原子からできている。触媒によって，バラバラな分子を結合させ，長い鎖のような分子（ポリマー）ができあがる。このポリマーは圧力をかけると変形し，圧力を取り去ると変形した形状を保持する。図 2.10 にエチレン分子のモデル（モノマー）を図 2.11 に鎖状に連結した状態のエチレン分子のモデル（ポリマー）を示す。図 2.11 のようなポリマーを糸状高分子とも言う。

　プラスチックとして工業的に利用されているのは分子量が 1000 以上から 100000 程度までの高分子である。また，プラスチックの特徴について，プラスチック材料活用事典より引用したものを下記に示す。

1. 構造の構成原子が主としてC，H，Oなどの軽い原子であり，これらが化学的に結合し長い分子となり，これが凝集したものであるから本質的に密度が小さい。

2. 分子の凝集は加熱することで緩やかになるため，成形加工が容易で，凝集の程度でゴム状から硬質まで広い範囲の物性を有する材料から得られる。

3. 化学的な結合を変える分子設計が可能であり，また，高分子物質になってからの改質も比較的容易であり，多様な特性を持つ材料が得られる。

3.4 プラスチックの種類

(1) 熱可塑性プラスチック

糸状の高分子は加熱すると，分子がバラバラに運動するエネルギーが与えられ，分子同士の結合が弱くなる。その時，分子同士は勝手に動き回るようになる。この状態が溶融である。溶融状態では，外から力を加えれば分子の位置は自由に変わり，形を変えたり流したりすることができる。そのため，変形が可能になる。冷却すると，再び硬化する。熱可塑性プラスチックの代表的なものには以下のものがある。

- ポリエチレン（PE）（搬送用ケース，透明な袋，洗面器）
- ポリプロピレン（PP）（ヘルメット，調理用ボール）
- ポリ塩化ビニル（PVC）（雨どいのパイプ，ホース）
- アクリル（PMMA）（浴槽や洗濯槽，自動車の照明ユニット）
- ナイロン（PA）（ストッキング，タイツ）
- ポリスチレン（PS）（卵のパック）
- ポリエチレンテレフタレート（PET）（PETボトル）
- ABS樹脂（アクリル，ブタジエン，スチレンの共重合樹脂の総称：3Dプリンター用の樹脂）

(2) 熱硬化性プラスチック

熱硬化性プラスチックは，成形中に高分子化する。原料にはまだ，分子量の小さい化合物（高分子化していない状態の化合物）が使用される。これらの原料は分子量の大きさにより，モノマー，プレポリマーなどと呼ばれている。最初に加熱したとき原料は軟化するので，圧力をかけて成形することができる。しかし，加熱あるいは触媒作用のある化合物が引き金になって，化学反応（重合反応）が起こり，分子は高分子化する。この時の高分子化は，隣同士のモノマーの結合だけでなく，上にも下にも結合が進み，3次元的に起こる。できたプラスチックは立体的な編み目状の分子構造になる。そのため，加熱しても分子が自由に動き回ることができなくなる。この結合により，加熱してもポリマーは永久的に配置され軟化することはない。熱硬化性プラスチックの代表的なものを以下に示す。

- フェノールホルムアルデヒド（PF：フェノール樹脂）（ベークライト）（鍋の柄，はんだごての柄）
- ユリアホルムアルデヒド（UF：ユリア樹脂，無色のポリマー）（ドアのハンドル，電気部品）
- メラミンホルムアルデヒド（MF：メラミン樹脂）（食器，チェスの駒）
- 不飽和ポリエステル（UP：不飽和ポリエステル樹脂）（波型の屋根ふき材，カヌー，自動車のボディー）

(3) 強化プラスチック

強度や耐熱変形性を向上する目的で熱可塑性プラスチックにガラス繊維や炭素繊維などの繊維，あるいは無機物または有機の充填剤を混入したものを強化プラスチックと言う。熱硬化性プラスチックも同様の目的で繊維などを混入した場合も強化プラスチックと呼ぶ。代表例として，不飽和ポリエステル樹脂に強化繊維を加えた繊維強化プラスチック（FRP）が有名である。また，繊維などを混入していないプラスチックを非強化プラスチックと呼び区別する。

(4) 汎用プラスチックと特種プラスチック

生産量も多く，広い用途で一般に使われているプラスチックを汎用プラスチックと言う。ポリエチレン（PE），ポリ塩化ビニル（PVC），ポリスチレン（PS）などがその代表例である。また，生産量がそれほど

多くないが機能が高く，工業や特種な用途に使われているプラスチックを総称して，特種プラスチックと言う。エンジニアリングプラスチックと言われるもの（ポリカーボネート（PC），ポリアミド（ナイロン）（PA），ポリブチレンテレフタラート（PBT）など）は，特種プラスチックの範囲に分類される。

3.5　プラスチックの性質

（1）熱的性質

比熱，熱伝導率，熱膨張係数などを熱的性質と言う。プラスチックの種類によりそれぞれの値が異なるため，おおよその値を示す。

比熱は，750〜2500 J/kgK で，熱伝導率は，0.1〜0.5 W/m である。また，熱膨張係数は，25〜250×10–6 m/mk である。

（2）機械的性質

プラスチックは，金属材料とは異なり，応力歪み線図を描いても比例する部分がなく，弾性係数が絶えず変化している。図 2.12 に応力と歪みの関係をグラフ化したものを示す。そのため，応力と弾性係数からフックの法則を用いて変位量を算出することができない。JIS 企画では，弾性率は応力ゼロの部分での変形率で示す（図 2.12 の点線の勾配）と定義されているため，弾性率は最も大きい弾性係数が示される。したがって，フックの法則で求めた変位量は，実際の変位量と一致せず，実際の量よりも小さくなる。

（3）電気的性質

自由電子がない構造のプラスチックでは，一般に電気を通さない絶縁体である。絶縁体が普通であるプラスチックも，電気を通す特種なものがある。分

世界主要国プラスチック生産量（単位1000トン）

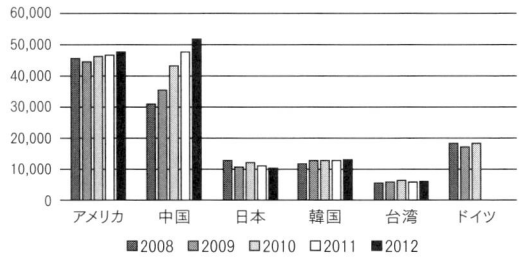

図 2.13　プラスチック生産量の国別推移

子の一次結合が自由電子を励起するような構造のもので，2000 年度のノーベル化学賞に輝いた白川英樹博士らがフィルム上に合成したポリアセチレンが知られている。このフィルムに電子の供与体や受容体となる物質を含ませるドーピングという操作で金属と同じような電気の良導体が得られる。プラスチックの導電体は，計量性や成形加工性から新しい電池や電子回路素子としての応用が期待されている。

3.6　プラスチックの普及と原料

プラスチックは，現在大量に生産されている。特に，中国での生産量の伸びは著しい。図 2.13 に，プラスチック生産量の国別推移を示す。プラスチックは，生活空間の中では，木材，金属と並んで多く使用され る材料となっている。プラスチックの原料の多くは原油である。原油を加熱分解して得られるナフサを主原料としている。ナフサからエチレンやプロピレンを取り出している。

3.7　プラスチックの成形加工法

プラスチックの発展を支えたものとして成形加工技術の発達が挙げられる。プラスチックの成形加工は流動化，賦形，固化の三段階から成り立っている。流動化には，熱による溶融と溶剤による溶解などがある。賦形とは，外力による型への圧入により形づくることである。固化は，冷却あるいは硬化反応によるものである。成形加工法には，主として熱硬化性プラスチックの成形に用いられる圧縮成形，管材やフィルム，シートなどを成形する押し出し成形，熱可塑性シートを加熱軟化させ目的の形に成形する熱成形，日用品などあらゆる分野の製品を作り出し

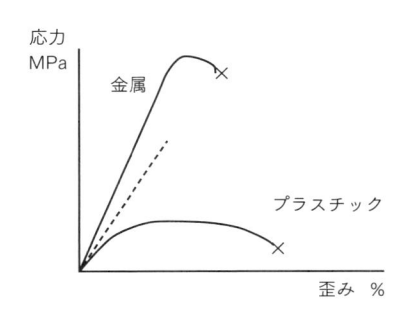

図 2.12　応力と歪みの関係

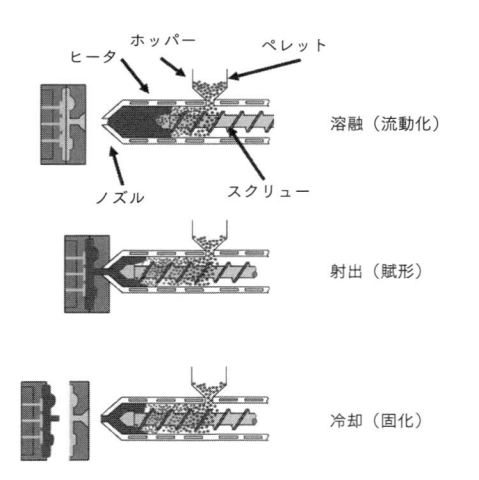

図 2.14　射出成形加工工程

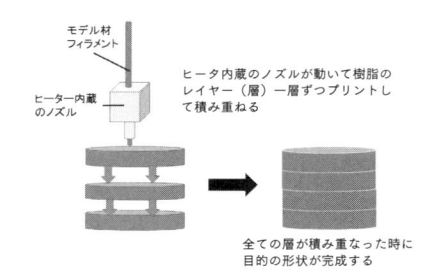

図 2.15　溶解樹脂積層法のイメージ

ている射出成形，主としてびん状の中空な薄肉成形品の製造に用いられている吹込み成形などがある。これ以外にも目的の製品の成形に，さまざまな成形加工技術が開発されてきたが，ここではとくに大量生産に最も適した射出成形加工を説明する。図 2.14 に射出成形加工工程を示す。

　図 2.14 に示すようにホッパーに投入されたペレット状の原料はスクリューとヒーターの熱によって溶融，攪拌される（流動化）。その後スクリューの前進運動によってノズルの一点から射出され，金型内部では高い圧力が加わり，型通りに形成される（賦形）。その間，プラスチックの熱は金型に放出するとともに強制冷却された金型自体によってプラスチックは冷却硬化する（固化）。

　この加工工程は完全自動化が可能であり，連続生産させることで品質の安定した大量生産が可能となる。形状は金型によって決められるので精度が要求される複雑なものや，極小から大型まで多様な成形品の大量生産が可能である。しかし金型が高価になるのでこの方法で少量生産には向かない。

3.8　3D プリンターの仕組み

　3D プリンターは，薄い材料の層を積み上げて成形する，積層造形装置である。材料としては，樹脂が多い。方式として，光造形方式，粉末焼結，樹脂溶解積層法，インクジェット方式，シート形成方式，フィルム転写イメージ積層方式がある。他にも樹脂と他の材料を用いる方式として，粉末焼結積層方式，石膏パウダー方式，金属光造形複合方式がある。市販されているもので，もっともよく使用されている方式が樹脂溶解積層法である。樹脂溶解積層法のイメージ図を図 2.15 に示す。この方式で用いられているフィラメントとしては ABS 樹脂が多い。

3.9　技術科の授業におけるプラスチック加工

　一般に木材の工作・金属の加工・竹細工などの経験に対して，プラスチックを切ったり，削ったり，曲げたりした経験がほとんどないのが現状である。中学生対象の調査によるとプラモデルの接着を除くとプラスチックの工作経験はほとんどない。プラスチック工作では，その特性を生かすことにより，他の材料と融合することなどで創意あふれる自由な構想を生かした製作を楽しむことができる。しかし，プラスチック製品は，成形後の機械加工，接，印刷，溶接などの 2 次加工を経て，完成品となる場合もあるが，一般には成形加工によってそのまま製品・部品として使用される。したがって，必ずしも，最終製品でない板剤の生産割合は小さい。

（1）加工の観点でのプラスチックの特徴

　プラスチックは，金属や木材では手軽に体験できない注型溶接・熱加工などが可能である。そこで，工作の観点からプラスチックの特徴をまとめて示す。

　① 長所
- 木材と比べて方向性がないので，材料取りが容易である。
- 金属に比して，加工に大きな力を必要としない。その結果工作時間が短縮できる割合が多い。
- 金属に比して軟化・溶融温度が低いので，熱加

工（折り曲げなど）や溶接が手軽にできる。

- 透明および，さまざまな色の材料がある。しかも，材料内部まで着色されているので塗装・メッキなどの仕上げを省略できる。
- 曲面などの複雑な形状のものも注型・熱加工などにより容易に作ることができる。

② 短所

- 工作時に材料表面にキズが付きやすい。
- 旋盤による切削，ボール盤による穴あけや丸のこ盤による切断などの機械加工において，材料が茶色に焦げたり，融着したりすることがある。熱加工をはじめとした工作精度が金属に比べて劣る。

（2）加工に必要な機器道具

　プラスチックの機械加工は，原則として金属加工・木材加工用の機器をそのまま使用することができる。ただ，金属・木材に比べて軟化・溶融温度が低いという特性があるので，切削速度を遅くするなどの工夫が必要な場合もある。したがって，簡単な工作では必ずしも専用の機器・道具がなくてもよい。プラスチック工作に用いる主な機器・道具をまとめて示す。

- 切断：プラスチックカッタ，プラスチックのこ，弓のこ，はさみ，丸のこ盤，糸のこ盤
- 穴あけ：ボール盤，ハンドドリル，はんだごて
- 切削：旋盤，やすり
- 曲げ加工：折り曲げ用ヒータ（加熱器）
- 溶接：熱風溶接機（ホットジェットガン）
- 手仕上げ：やすり，専用のかんな，紙やすり（グラインダは粉じんが生じるのでなるべく用いない）

　なお，これらの機械・道具がなくてもプラスチックカッタと接着材さえあれば，板材のプラスチック加工は十分可能である。

3.10　成形を取り入れたプラスチック教材の例

（1）材料

　ポリエチレン（PE）を使用しプラスチックの成型を行った。PE は，C（炭素）の骨格と H（水素）からなるプラスチックであり，燃やしても水と二酸化炭素に分解され，体に有害な物質は発生しない。

また，産業面でも，日本で一番多く生産されているプラスチックであり，ポリバケツやポリ袋，ラップフィルムなど生徒たちの身の回りの製品に利用されている。さらに熱で軟化し，加工が容易に行え，熱可塑性プラスチックの中でも成形加工温度や融点（約 130 ℃）が低いため比較的取り扱いやすい材料と言える。溶融粘度が低い三菱油化製低分子量 PE（粉状・数平均分子量(Mn)＝ 3200・重量平均分子量(Mw)＝ 23000）を材料としプラスチック成型教材を製作した。また，加工性を向上させるためにポリワックス（ヤスハラケミカル製）を PE に対して 30 〜 50％加えた。

（2）成形教材の例

　PE の融解及び成形時に使用したメルターを図 2.16 に示す。メルターはグルーガンと同様の操作方法で使用できる。メルターによる成型方法は，①タンク内に PE の粉末やペレットを入れ，融解させる。②トリガーを引き，溶け出した PE を鋳型に入れ成型を行うという 2 つの操作のみで溶融押し出し成型が行える。また，タンク内の温度が 180 ℃に温度制御されていることに加え，密封状態で熱を逃がさない構造になっているため，温度管理の必要がなく，加熱時に PE が熱分解することはない。

（3）成形方法に使用する型の検討

　鋳型はシリコンで作製した。シリコンは，200 ℃を超える高温に耐え，離型性があるため，何回も使用ができる。また，柔軟性に優れているので，型に流し込んだ PE を容易に取り出すことができる。型づくりの工程を図 2.17 に示す。

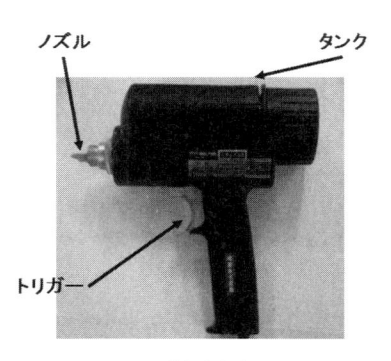

図 2.16　メルター（白光社製 MELTER 806-1）

3.11 PE の成形加工

実際にシリコン型とメルターを使用して PE の成形を行った。PE の加工時の様子を図 2.18 に示し，成形品を図 2.19 に示す。

3.12 技術科教育におけるプラスチック

「中学校学習指導要領（平成 29 年 6 月）解説－技術・家庭科編」の中で「1. 技術分野の目標」の解説の中で「プラスチックを木材と同様の多孔質の組織に変えることで，耐久性の高いプラスチックの長所を残しつつ木材のような断熱性を持つ発泡プラスチックという新しい材料を作ることができる」というようにプラスチックが明記されている。これまでの授業実践では，アクリル板などを切ったり曲げたりする二次加工が主で，プラスチック材料からの加工実践はたいへん数が少ない。さらに「持続可能な社会の構築に向けて，適切かつ誠実に技術を工夫し創造しようとする実践的な態度を養う」という文章が目標に書かれていることから，今後の授業展開の中で，環境に対する負荷や耐久性などの視点に立った内容がより必要となってくる。生活に深く浸透しているプラスチックがどのような物質でどのように

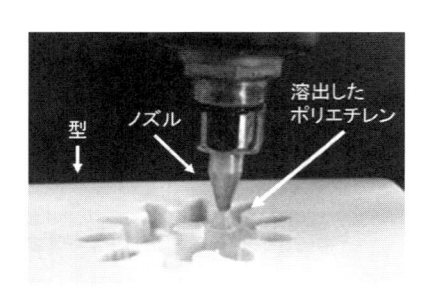

図 2.17　型に流し込んでいる様子

1　粘土の上に型を取るモデルを置く

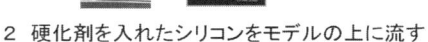

2　硬化剤を入れたシリコンをモデルの上に流す

3　1 日後シリコンを粘土とモデルから剥がす

図 2.18　シリコン型作りの工程

図 2.19　成形品

加工されるのか正しく理解することが環境への負荷の理解にもつながる。省資源，省エネルギーの観点からの大量消費，大量廃棄の抑制，リサイクルの促進と解決すべき課題は多大である。一方，近年石油以外の原料からプラスチックを生成しようという試みが盛んになっている。生分解性プラスチックと呼ばれ植物を主に原料としたものがあり，廃棄されても土中で分解される。今後の普及が期待されるとともに授業の中でも取り上げたい材料である。

本章の，3.7，3.9，3.12 の各節の内容は，安孫子啓先生（宮城教育大学）が書かれた内容に若干加筆したものを使わせていただいた。

第3章　エネルギー変換技術

1. エネルギーと社会

　生活に欠かすことのできないエネルギーは，概念的に分かり難く，教えづらい。その「エネルギー」の語源は，古代ギリシア哲学のアリストテレスに遡ることができ，ギリシア語の en（「中へ」の意を表す接頭語）+ ergon（仕事），つまり「仕事をしている状態，潜在していた力」とされ，19世紀のトーマス・ヤングが最初に「エネルギー」という言葉を用いた。現在では，仕事の定義は「力の大きさ」と「力の向きに動いた距離」の積であり，エネルギーの定義は「物質にたくわえられた仕事をする能力」とされる。即ち，「エネルギー」と「仕事」は同じものを表しており，熱，力学，化学，電気・磁気，光・量子，原子核エネルギーといった種々の形態で存在している。

　このようなエネルギーを私たちの生活に役立てるためには，有用な仕事に変えることが必要である。例えば，19世紀にルロー（F. Reuleaux）は，狭義の機械概念の一つとして，「機械は，動力源から与えられたエネルギーを変換して，有用な仕事をする」としたが，地球という閉鎖系を考えるならば，その変換過程のエネルギーや質量の保存則とエネルギーの質（エントロピー）を考えることが，現代社会では必要である。特に，近年の地球温暖化や人口問題を始めとした「種々の地球規模問題の解決」のためには，エネルギー資源や希少資源の大量消費社会を「低炭素型・循環型社会」に変換しなければならない。

　一方で，鉱物・エネルギー資源の少ない我が国は，海外からそれら資源を輸入し，付加価値の高い工業製品へと変えることで経済的な豊かさも手に入れてきた。経済活動の基盤であるエネルギーに関する諸問題は，1970年代のオイルショックを受けてからのエネルギー源の多様化，省エネルギーなどの

関連対応技術の開発や燃料の備蓄対策といった努力によって，あまり国民が意識しなくてもよい状況を作り出した。これはその後の湾岸戦争，BRICs の台頭によるエネルギー資源の獲得競争の激化や資源価格の変動などにおける国民の冷静な対応姿勢からもうかがえる。しかし，この状況は，東日本大震災によってもたらされた福島第一原子力発電所の事故によって一変し，多くの人々が原子力にはゼロリスクを要求する一方，再生可能エネルギーには過度な期待を寄せるといった電力システムに対する技術的な無知さを露呈した。そして，震災前後で始まった再生可能エネルギー固定価格買取り制度や，この数年で始まる電力の完全自由化（ガスも一部自由化）や発送電分離などの制度改革は，国民にエネルギーを意識した生活への転換と技術ガバナンス能力を身につけることを強く求めている。

1.1　エネルギー変換技術と技術教育

　このように「エネルギー」は，生活・社会で必要不可欠なものであることから，中学校の理科ではその基本的な性質や利用するための科学的な性質などが，社会科では地理的要因や産業との関係性，公民的な視点などが扱われている。そして，技術・家庭科では，技術分野で「エネルギー変換に関する技術」が，家庭分野で「身近な消費生活と環境」が取り上げられ，技術分野では生産者や社会で技術を扱うために必要な知識と技能に関する内容が扱われ，家庭分野では家庭環境を中心に消費者の視点で内容が扱われている。

　図3.1 は，エネルギー変換に関する内容について各教科との関連を示した概略図である。図から分かるように，私たちがエネルギーを有用な仕事に変換して豊かな暮らしを営むプロセスは，資源確保の過

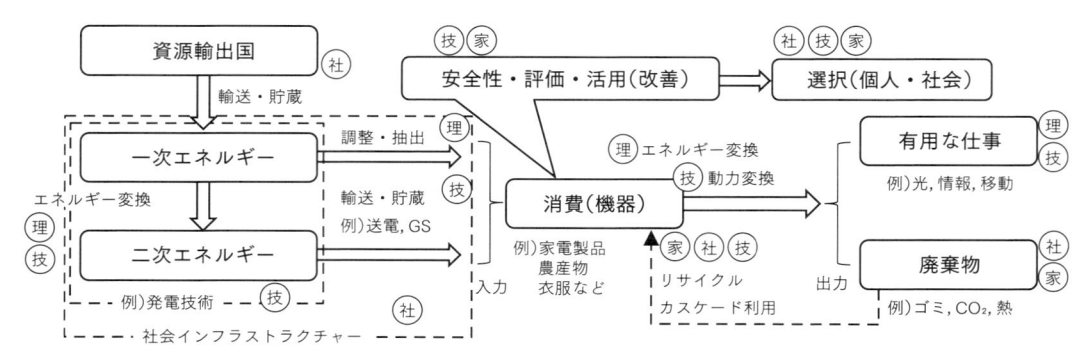

図3.1　エネルギー変換に関する内容について各教科との関連を示した概略図

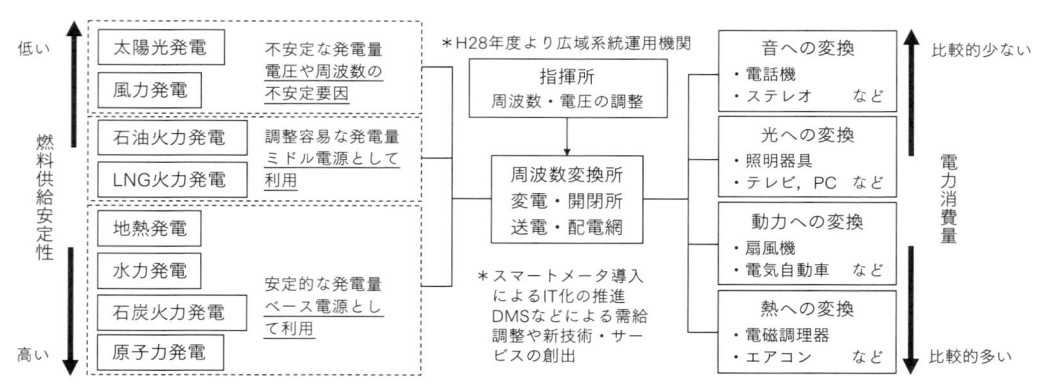

図3.2　電力需給システムにおける概略図

程，エネルギーを利用可能な形態に変換する過程，その変換されたエネルギーを私たちの所までに届ける過程，そのエネルギーを消費する過程，そして廃棄物を処理する過程に分けることができる。このように，エネルギーの生産から輸送，消費までを考えると，エネルギーは各教科の中で扱われているため，各教科の狙いを十分に理解して扱うことが肝要と言える。この中で技術分野，特にエネルギー変換に関する技術は，発電技術や送電技術，エネルギー消費機器としての家電製品に利用されている技術に加え，保守点検の漏電・感電などの事故防止といった電気分野の内容と，歯車やリンク機構といった動力伝達に注油などの保守点検・事故防止と損失低減といった機械分野の内容が扱われている。そして，それらの知識・技能学習がロボットや簡単な電子機器の製作を通して図られるとともに，それらの技術の適切な評価・活用を考えさせる場面の設定が求められ，多くの授業実践がなされている。しかし，その多くは，各発電方法やエネルギー消費機器の個々の技術的特徴を扱った場合が多く，前項で示した激

変するエネルギー需給や，水素や再生可能エネルギーとITを活用した新しい地域づくり（スマートコミュニティ）の構築などといった社会技術の利用は考えられていない。

　そこで，これから求められるエネルギー変換における技術教育の視点・思考として，①エネルギーの生産から輸送，消費までを一つのシステムとして捉えるシステム思考，②各プロセス評価からLife Cycle Assessment（LCA）のような総合評価やリスクマネージメント（RM），エネルギーなどの質を考える評価的思考，③ITの急速な発展と東日本大震災などの課題解決に求められている新しい技術開発の欲求，即ちイノベーション的思考について示したい。

1.2　電力網を例としたシステム思考

　現状の電力技術に関する内容は，インプット側である発電技術について，その種類と仕組みに加え，その特徴として，発電単価，発電効率，環境性能（CO_2排出原単位など）といったデータに，再生可

能エネルギーの稼働不安定性や原子力発電の過酷事故の危険性や放射性廃棄物の処分問題つまり，時代の変化に即した新しい技術教育の視点の検討が求められている時期と言えよう。そして，送電技術については，一般的な送電網の内容に場合によっては高圧送電の意義が触れられている程度で，他に比べ扱いは少ない。さらに，電力消費技術については，電気を光，音，熱，動力に変換する仕組みと，許容電流や安全に関する表示の意味や漏電，感電，過熱及び短絡による事故防止などが扱われている（図 3.2）。即ち，これらは個別に扱われていることが多く，福島第一原子力発電所の事故後の電力需給のシステム改革やそこでの技術的な課題には対応できていない。その最大の原因は，この電力需給を一つのシステムとして捉えていないことによる。一般に日本の電力需給は 30 分同時同量性（現在は計画値同時同量性）制度の下，系統電圧や周波数を指標に給電指揮所が電力需給のバランスをとることで，大規模停電を回避し，我が国のものづくりの品質（例えば，鋼板・紙の厚さや溶接の溶け込み量など）を維持してきた。しかしながら，近年の太陽光発電や風力発電の大量導入は，発電量の時間的不安定化を招いている。実際に，種子島などの離島ではこの対策として，太陽光発電の出力抑制が行われている。これらの対策として，リチウムイオン電池の導入や本州島では揚水発電所の活用が進められている。実際に，再生可能エネルギーの大量導入（3000 万 kW）・発電によって，ドイツ国内の需給バランスを保つために行われた周辺国との電力取引の例が図 3.3 である。図 3.3 は，再生可能エネルギーの大量発電によって，火力発電がその最低出力 2500 万 kW を下回って運転しなければならない場合，そのバックアップの健全性を維持するために，それらの差を海

外電力取引市場で売電した（3 月 24 日）。その結果，2012 年 12 月からの 1 年間で 97 h 分の売電（送電系統運用者の損失 0.9 億ユーロ）が生じ，2022 年にはこのままの送電網であれば 1000 h へ増大すると予測されている。一方で，送電技術の工夫としては，特に複数の洋上風力発電の系統連系直流送電技術の導入やスマートグリッドの開発が進められており，身近なところでは，スマートメータの設置が進んでいる。スマートグリッドとは，再生可能エネルギーが大量導入される時代に，電力系統の停電を少なくしつつ安定的にそして経済的に運用する送電網のことで，送電，配電，需要家と階層化された電力システムにおける電力と情報の双方向通信網を指す。2010 年度から 2014 年度に 4 つの地域（神奈川県横浜市，愛知県豊田市，京都府「けいはんな学研都市」，福岡県北九州市）で行われたスマートコミュニティ実証事業では，それぞれの地域で 20% 程度の省エネ効果があったことが報告されている。以上のように，再生可能エネルギー大量導入時代の電力需給は，発電方法の特徴から電源構成を考えるだけでは十分と言えない。従って，例えば，各種発電機（火力，太陽光，風力などで構成され，各発電機に整流器とコンデンサを設置）と電圧計（系統電圧の測定），負荷（LSD，豆電球，動力用モータ）で構成された実験装置で，電力システムを体験的に学習させることが必要である。

1.3　LCA や RM などの評価的思考

　人間活動では，大量のエネルギーを投入して不純物を除去することで製品化を図るが，一方でエネルギーや物質の質は，時間とともに必ず劣化する（エントロピー増大）。この劣化の程度をいかに抑えるかが，循環型社会の構築では必要不可欠であり，エントロピー概念による評価が求められる所以である。この評価には，LCA（Life Cycle Assessment），オゾン破壊係数（ODP：Ozone Depletion Potential）や地球温暖化係数（GWP：Global Warming Potential，CO_2 の温室効果の強さを 1 として，ガス 1 kg が大気に放出されたときの温室効果の強さの相対値で表す）などの有害物質の除去に関する指標，エネルギーペイバックタイム（EPT：Energy Payback Time）などがある。この内，LCA は，資源の採掘から製品の製造，

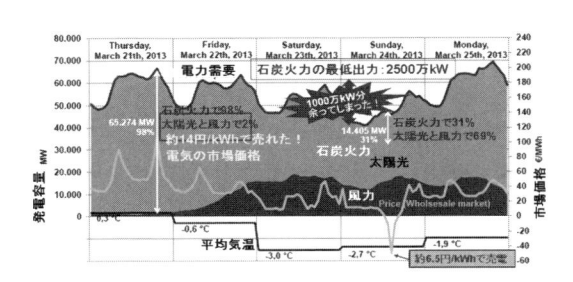

図 3.3　ドイツにおける再生可能エネルギーの影響

廃棄に至るまでの全体の環境負荷を評価する手法
で，製品の製造・使用・廃棄の段階，さらには原材
料の製造の段階において，消費されるエネルギーの
みならず，CO_2 などの環境負荷物質の排出量に関し
ても知ることができ，その一つの評価結果が発電技
術の CO_2 排出原単位である。これと同様に環境負
荷を評価する指標として，オゾン破壊係数（ODP）
と地球温暖化係数（GWP）がある。冷蔵庫やエアコ
ンに使用されているフロン（正式名称クロロフルオ
ロカーボン：CFC）などの冷媒（化学的に非常に安
定で，毒性や可燃性がなく，安価）が，有害紫外線
を吸収するオゾン層を破壊すること，一方で代替冷
媒として開発されたクロロフルオロカーボン（CFC）
など代替フロンが温室効果ガスになることが分か
り，オゾン破壊係数とともに地球温暖化係数を用い
て評価されるようになった。例えば，ODP の出な
いメタンの GWP は 24.5（大気中寿命 14.5 年），亜
酸化窒素のそれは 320（同 120 年），代替フロン
HFC-23 のそれは 11700（同 264 年）である。この
ような問題があることから，近年の冷媒は ODP や
GWP がゼロの自然系冷媒が使用されるようになっ
てきた。さらに，太陽電池のように，発電ユニット
を生産するときに大量のエネルギーを要し，発電量
が少ない技術の場合は，発電ユニット製造や設置に
必要なエネルギーを発電ユニットが単位時間（通常
は年間）に発生するエネルギーで割った値：エネル
ギーペイバックタイム（EPT：Energy Payback Time）
が重要となる。実際に屋根置き型太陽電池の EPT
は 2.4 年以下，建材一体型のそれは 2.1 年以下と試
算されており，技術開発によって変化が激しい。こ
のような評価指標は，環境や経済性を示す内容であ
り，現状の学習指導要領の評価・活用に利用でき
る。しかし，社会的な評価については，利便性や安
全性といった内容が扱われることが多いが，その
学術的なデータは示されていない。OECD が 2010
年に出した原子力とその他の電源に関する事故リス

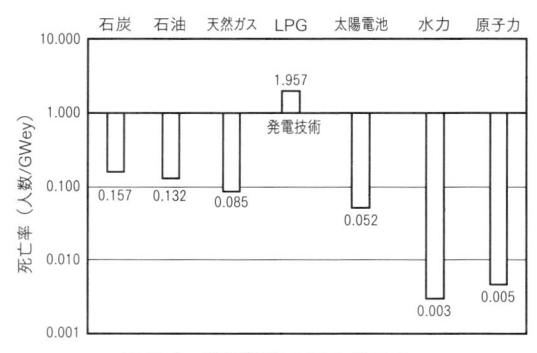

図 3.4　発電技術の死亡リスク

クの比較をもとに算出した例を図 3.4 に示す。この
ような評価データの蓄積と評価項目の抽出，また同
じ技術でも立場による違い（評価項目に対する重視
度の違い）から，技術選択の結果が変わってくるこ
とを生徒が理解することは，科学技術のガバナンス
から考えて重要である。

1.4　イノベーション的思考

上野らの中学生を対象としたガバナンス能力調査
では，圧電素子を発電機として利用するアイディア
創出について問われているが，67 % の生徒が回答
できず，問題の趣旨に合った優れた回答は 4 % しか
ない。また，本学会が主催するエネルギー利用技
術作品コンテストでも，4 割程度の中学生は題意に
沿ったものづくりを行っているが，エネルギーに関
する工夫は 1 割程度しか見られず，中学生の工夫・
創造には課題がある。また，中学生創造アイディア
ロボットコンテストの活動も低迷傾向である。しか
し，限られた時数と教科内容の充実を図る方向が変
わらないことを考えると，技術の活用場面で技術的
アイディアを問う学習が望まれ，近年の技術教育の
評価・活用の活用場面での取組みの充実や，知的財
産をテーマとした技術教育（村松浩幸ら知的教育研
究会）の普及が求められる。

2.　電気に関するエネルギー変換

2.1　電気エネルギー

電気エネルギーの利用は明治 20（1887）年に東

京に火力発電所を，明治 24（1891）年に京都に蹴
上発電所の水力発電所を稼働することで始まった。

現在我々が利用している電気エネルギーは，火

力，水力などのさまざまな形態を持つエネルギーを需要に対する時間的な応答性や燃料費などをもとに生産されている。これをベストミックスと呼ぶ。また，送電時のエネルギー損失が少なくなるように設計されている。近年は情報通信技術の向上や地球環境保護のため，太陽光発電所などの再生可能エネルギーの利用も進められている。しかし，これらの利用は環境負荷が低い反面，発電所建設にあたっては反射光などによる人間環境への影響も課題となっている。

2.2　電気とは

　琥珀が摩擦により軽い物体をひきつける力として呼ばれたものが現在の英語の電気（Electricity）の起源となっている。この力を及ぼすもとは物体の持つ電気であるが，これを電荷と呼ぶ。物体は原子から構成されるが，原子のなかには正の電荷を持つ原子核があるため，負の電荷を持つ電子は原子核に引きつけられる。しかし，その一部は原子同士の結合に関与したり，多数の原子に共有されて存在している。このため，電気を流しやすい物質の内部に電気的な勾配をつけてやることで電気の一部（自由電子）が流れる。電気を流しやすい物質は導体と呼ばれ，通常銅，銀などの金属がこれにあたる。一方，電気を流しにくい物質は不導体，誘電体，絶縁体と呼ばれ，通常陶磁器，樹脂，油，空気がこれにあたる。またこれらの中間にある物質として半導体がある。半導体は，室温では電気の流しやすさは金属と絶縁体の中間にあるが，絶対零度になると絶縁体と同様に電気を流さなくなる。しかし，高温になると逆に電気をより流すようになる。

　電気の量は電荷で表されるが，その単位はクーロン（Cで表す）である。電子1個あたりの電荷は-1.60×10^{-19} Cであるため，-1C の電荷は約 6.33×10^{18} 個の電子の電荷に相当する。このような電荷の媒質中の流れを電流と呼ぶ。電流の単位はアンペア（Aで表す）となる。電流は，電流の流れる電線を単位時間あたりに流れる電荷の量の意味を持っているため，A は C/s の意味を持っている。通常電荷が流れることは，質量を持った物体が位置エネルギーを失いながら落下する過程に相当する。つまり，電荷がエネルギー的に高いところから低いところに流

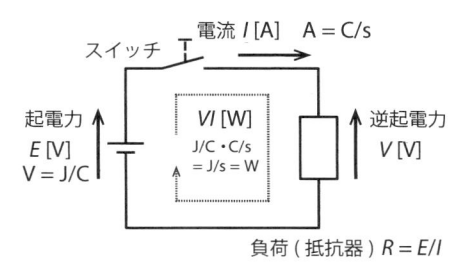

図 3.5　電気回路の基本的構成

れ落ちるのである。この高低差に相当するものを通常電圧，または電位差と呼ぶ。単位はボルト（V で表す）である。

　上記を整理するために，図3.5のような乾電池と電線とスイッチと抵抗器でできた電気回路を考える。乾電池は数mA程度の小さな電流を流す場合は，ほぼ一定の電圧を発生するが，このようなものを起電力と呼ぶ。起電力とは電荷のエネルギーを上げ，電流を流すはたらきをするものを指す。この乾電池の正極から電荷が電線に向かって流れる。電線中を流れた電荷は抵抗器に入って一方の電線を通り，乾電池の負極に戻る。このため，電荷は一周することで乾電池の電圧分のエネルギーを失う。電圧の単位はボルトであり，単3，単4のアルカリマンガン乾電池は公称 1.5 V の電圧を持っているため，このボルトは単位電荷あたりの仕事，つまり J/C でも書き表すことができる。1 C の電荷が流れることは電荷が電線，抵抗器（負荷），電線の中で電荷が 1.5 J の仕事をするということになる。

　電気エネルギーは電源から取り出すことができる。しかし，電源と負荷が空間的に離れている場合は，負荷で電気が足りなくなり，回路が正常に動作しない場合が出てくる。加えて，電源は決められた電圧以上のエネルギーを与えられないため，それ以上の電圧を必要とする仕事，すなわち電気機器を動作させるためには電源の電圧を用いて大きな電圧を作り出す必要がある。そこで，エネルギーを蓄えられる素子としてコンデンサとコイルを挙げる。コンデンサとは，導体で誘電体を挟んだものであり，1 V の電圧（V）を加えて 1 C の電荷（C）を誘導体に蓄えたとき，1 F（ファラッド）の静電容量，キャパシタンスを持つと言う。ここでコンデンサに蓄えられるエネルギー（静電エネルギー）は $CV^2/2$ で

ある。このようなコンデンサを電源から空間的に離れた回路，特にICの近傍に設置することでICを正常に動作させることができる。一方，コイルとは磁器などに電線を巻きつけたものである。棒磁石などでコイルを貫く磁束を時間的に変化させると，コイルの両端に起電力が発生する。これをファラデーの法則と呼ぶ。コイルに1Aの電流（I）を流して1Wbの磁束鎖交数を発生するとき，コイルは1H（ヘンリー）のインダクタンス（L）を持つという。ここでコイルに蓄えられるエネルギー（電磁エネルギー）は$LI^2/2$である。

2.3 電気回路

電気に関するエネルギー変換とは，電気エネルギーを他のエネルギーに変換する場合と他のエネルギーから電気エネルギーに変換する場合の2種類がある。前者の場合は，電気エネルギーから①熱エネルギー（電熱線），②光エネルギー（発光ダイオード）に変換するものがある。後者については，③力学的エネルギー（風車），④光エネルギー（太陽光パネル）から電気エネルギーに変換するものがある。

電気に関するエネルギー変換を考えるためには電気回路を考える必要がある。もっとも単純な電気回路は，電気エネルギー源として電源，電気を流す電線，電気の入り切りをするスイッチ，外部に仕事を行う負荷がある。電気は図3.5に示すように，起電力から電気（電荷）が一巡する必要がある。今，スイッチが閉じているとき，スイッチに電荷が流れることで電荷の持っているエネルギーに差が生じない場合，乾電池が電荷に与えるエネルギーである電圧Eはすべて抵抗器に与えられる。よって，負荷の両端に発生する電圧V（逆起電力という）とEは等しい。このときの電圧（V）と流れた電流（I）の比（V/I）を抵抗器の電気抵抗と呼び，単位はオーム（Ωで表す）となる。以下に前述の①から④の場合について説明する。

① 電気エネルギーから熱エネルギー

電源から出た電荷が抵抗器（抵抗値をRとする）中でそのエネルギーを失うとき，そのエネルギーはすべて熱エネルギー（ジュール熱）に変わる。抵抗器に電気が流れると，単位電荷あたりV（=J/C）のエネルギー（J）が熱に変換されるため，任意の電流A（=C/s）の場合は，単位時間あたりVI［J］の熱が生成される。これはオームの法則を用いることでI^2R［J］とも書くことができる。これをジュールの法則と呼ぶ。

② 電気エネルギーから光エネルギー

ここでは光エネルギーを放出する物質として半導体を用いた発光ダイオードを考える。発光ダイオードはエレクトロルミネセンスにより，電流を流すと光を放出する。光のエネルギー（E）は，光の波長λ［nm］とプランク定数$h = 6.63 \times 10^{-34}$ m^2 kg/sと光速度$c = 3.00 \times 10^8$ m/sで表せ，$E = hc/\lambda$となる。このため，700 nmの赤色の光は，2.84×10^{-19} Jのエネルギーを持っている。電圧は単位電荷あたりの仕事であったことから，2.84×10^{-19} Jを1.60×10^{-19} Cで割ると，1.77 Vとなる。このため，700 nmの波長を持つ赤色の光を発する発光ダイオードが点灯するためには最低でも1.8 V程度の電圧が必要であることになる。上記と合わせると，1.8 Vの電圧を持つ電源を出た電荷は電線を通り，LEDで電荷のエネルギーを光エネルギーに変換し，再び電線を通って電源に戻る。上記の説明では，LEDを通過したすべての電荷が光を放出するように見えるが，実際にはLED内部で光は反射するためすべての光が外部に放出されるわけではない。

③ 力学的エネルギーから電気エネルギー

エネルギー変換素子として直流モータを考える。技術科に用いられる直流モータは，回転する電機子とその周囲に永久磁石を配置したものである。電機子はコイルからできており，電機子に回転トルクを与えることで，コイルの両端に起電力が発生する。エネルギー変換の原理について考える。磁石の両端には磁極があり，磁極から磁力線が発生する。つまり磁石の周囲に磁界が発生する。磁界中では電荷が動くと，電荷はフレミングの左手の法則により，電荷はその進行方向を曲げられる。このことから，今磁界中で電荷（自由電子）が入った導体の棒を動かすと，導体中の電荷は磁界によりその進行方向を曲げられるが，これを連続的に行うことでコイル中で電荷の偏り，結果として電荷の流れが生じる。これが外部に電流を流すための起電力となる。

④ 光エネルギーから電気エネルギー

②と同じく半導体に光を照射すると，光が吸収さ

れ，内部の電荷にエネルギーが与えられる。これにより起電力が生じる。これを光起電力効果と呼ぶ。

電気回路では意図しているエネルギー変換を行うのは負荷であり，電線で発生するジュールの法則による発熱は本来不用なものである。このため，たとえば1.1で述べた送電の場合，発電機で発電した電力の電圧を変圧器で昇圧することで，送り出す電流は電圧が増加した分減るため，結果的に送電時の電力の損失I^2R（ここでRは電線の抵抗）を低減することができる。しかし，このような発電機での電力の発電，変圧器での電圧の昇圧，送電線による電力の供給，降圧，負荷のように複雑な回路を考えるのは難しい。そこで電気回路を理解するためには各部分を構成要素として捉えることで理解を促すことができる。

2.4　電気回路をつくる要素

電気回路は電源，電線，スイッチ，負荷を基本的な構成とすることは述べた。以下では構成要素として，電源と負荷の電圧の関係性，スイッチの役割，回路の保護に分けて考える。

（1）電源と負荷の電圧の一致

これまでは電気の流れを時間的に大きさや向きが変化しないものとした。これは直流と呼ばれる。これに対し，大きさや向きが変化するものを交流と呼ぶ。商用電力は交流の電気エネルギーである。商用の交流電力は，富士川を境に単位時間あたりに電源の電圧の向きが変化する頻度（周波数）が異なる。1秒間あたりに変化する回数を周波数（単位はヘルツ，Hzと示す）は，富士川以東では50 Hz，以西では60 Hzである。また電圧の大きさは実効値が100 Vとなっている。実効値とは交流の電圧を抵抗器に加えたときに発生するエネルギーと同じになる

直流の電圧という意味である。

交流の電圧の場合は先にも述べたように変圧器を介して，電圧を増やしたり減らしたりすることができる。このため電力は交流送電が採用されている。加えて，全波整流回路を用いることで電圧の向きを同一の向きに揃え，平滑回路としてコンデンサを用いることで，直流の電圧を作ることができる。

直流の電圧の場合は，昇圧回路や降圧回路を用いることで任意の電圧に変換することができる。ここでは昇圧について考える。先にも述べたように赤色LEDであれば，1.8 V程度の電圧を加えられないと点灯しない。また，太陽光パネルも小さな電圧のままでは利用できないため，昇圧する必要がある。そこで，電源の電流を時間的に入れたり，切ったりすることで先に述べたようにコイルにファラデーの法則による誘導起電力を生じることで，電圧を上げることができる。

（2）スイッチ

スイッチは電気回路を開いたり閉じたりする要素である。内部にある導体の突起物の位置を変化させることで，電気の流れを制御することができる。スイッチを複数用いることで，階段や廊下の照明であれば複数箇所から照明の入り切りを制御できたり，モータであればモータの回転方向を制御することができる。

スイッチは機械的に行うものだけでなく，トランジスタなどを用いることによって電気的に制御することができる。バイポーラトランジスタの場合，図3.6に示すようにベースエミッタ部にセンサを取り付けるとセンサの抵抗値の変化に応じてコレクタにつけられたLEDが点灯する。ここでセンサは，周囲の明るさによって抵抗値の変化する光導電効果を持つCdSセルや温度によって抵抗値の変化する半導体の抵抗値の温度依存性を用いたサーミスタでもよい。

（3）保護要素

発電した電力の送電時，家庭や工場での電力の使用時，個々の電気機器の利用時には事故を全くないようにすることはできない。そこで，個々の事故に備えて事故による被害が拡大しないような保護要素

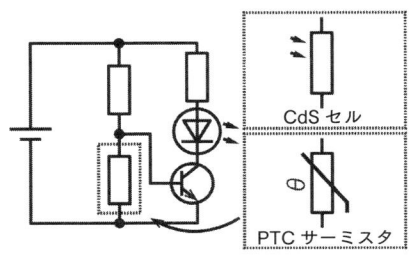

図 3.6　センサで制御される LED 照明回路

が電気回路のなかに組み込まれている。家庭であれば，漏電しゃ断器や配電用しゃ断器である。前者は，体が電流の流れる経路になることによる感電を防止することが目的である。これに対し，後者は家庭内での短絡による火災事故を防止できる。

個々の電気機器には，過電流防止要素などが含まれる。過電流しゃ断要素の例として，アナログテスタ内部にはヒューズが挿入されている。ヒューズは過電流が流れた際のジュール熱により金属線が溶断するため，過電流の原因を取り除いても復帰しない。これに対し，リセッタブルヒューズは回路に指定した電流以上の電流が流れると電流値は低下するが，原因が取り除かれると再び通常の状態に回復する。

2.5 部品の製造ばらつきと最大定格

電気回路を設計する際に避けて通ることのできな

いこととして個々の部品の特性のばらつきがある。電子部品は生産時に特性が一定の公差の範囲内にあることを抜き取りまたは全数の検査を行って出荷される。このため，公差の範囲内程度のばらつきが必ず存在する。たとえば，抵抗器として許容誤差が±5％炭素皮膜抵抗を例に取ると，規格が1000 Ωの抵抗器は950 Ωから1050 Ωの範囲内であると判断することになる。これは真値が規格から外れた抵抗器を用いて電気回路を製作した際に誤差を生じる。一方，LED の場合は同一の電流を流すために必要な順方向電圧の値が異なる場合がある。このため，LED を並列接続すると，一方に大きな電流が流れてしまう。このように部品の特性値が規格の値と異なる場合，結果として部品を使用限度である最大定格以上で使用することになり，故障を誘発したり，寿命が極端に短くなったりする。

3. 機械（原動機，変換機構）

エネルギー変換技術を応用する分野で，我々のさまざまな生産場面・日常生活場面で用いられているものに「機械（machine）」がある。本節ではこの「機械」について，技術科の教材としての特徴や取り上げ方なども含めて具体的に解説したい。

3.1 「機械」とは

機械はその捉え方で定義に多少の違いがあるが，一般的には次のように捉えられる。
① 外力を受けても変形したり破壊したりしないいくつかの部品が組み合わされたものである。
② これらの部品は相対運動が可能で，かつその運動は限定されている。
③ これらは動力の供給を受け，伝達し，目的とする有用な機械的仕事を行う。
ここで，③に関わる機能で機械を分析すると「受動部」「伝達機構部」「作業部」に区分できる。また，その役割で機械を分類すると「原動機」と「作業機」に大きく分類することができる。

機械の一般的な捉え方や分類は以上のようなものである。しかし，我々は，日常会話で「機械」という言葉をかなり幅広い概念として用いることが間々

ある。たとえば人間が作り出した道具，電気・電子機器などを引っくるめて「機械」と称することが多い。機械の学習指導にあたっては，このような傾向を踏まえつつ，児童・生徒が機械の概念を整理していけるよう展開の工夫が必要となろう。

以下，機械の分類から，まず機械を動かす動力を発生させる各種の「原動機」について，次に「作業機」の主な構成要素となる各種の「変換機構」について順に解説する。

3.2 「原動機」

原動機とは，自然界のさまざまなエネルギーを動力に変換する機械・装置の総称である。広義には，今日の生産現場で主たる動力源として用いられている「電動機（モータ）」もその一種とされるが，電動機は機械の範疇ではなく，あらかじめ電圧・周波数などが制御された電力を動力に変換しているだけであるから，厳密に言えば原動機ではない。

技術科の教材としての原動機には「風車」「水車」「熱機関」「原子力機関」などが考えられる。これらの指導にあたっては，生徒に，各々の開発・改良の経緯や具体的活用場面などを比較・検討・評価させ

ながら，その仕組みを理解させたい。中でも「熱機関（内燃機関・外燃機関）」については，以下の理由から丁寧に取り扱いたい。

　熱機関は，化石燃料や生物由来のアルコールなどの持つ化学エネルギーを，熱エネルギー，さらに動作流体（燃焼ガス，水蒸気など）の状態変化を通して機械的エネルギー（動力）に変換している。すなわち，機関単体でダイナミックなエネルギー変換を連続的に行う，まさに典型的な「エネルギー変換機」である。また，熱機関はエネルギー資源問題や環境問題とも深く関わっており，これらと技術の関係を探るのに適した教材である。

　熱機関は，動作原理などでいくつかの分類・種類があるが，ここでは技術科の教材としてとくに重要と思われるものを以下に解説したい。

（1）内燃機関・外燃機関

　化石燃料などが持つ化学的エネルギーを，燃焼によって熱エネルギー，さらには動力へと変える原動機の中で，燃料をシリンダーなどの内部で燃焼させるものを「内燃機関」，ボイラーなどの外部で燃焼させるものを「外燃機関」と呼ぶ。内燃機関には，「ガソリン機関」「ディーゼル機関」「ジェット機関」「ロケット機関」などがあり，外燃機関には「蒸気機関（蒸気タービン）」「スターリング機関」などがある。自動車や船舶などの原動機は，初め外燃機関（ワットの蒸気機関）が用いられていたが，機関の大きさや熱効率の低さなどから次第に内燃機関（ガソリン機関・ディーゼル機関）に置き換えられた。なお，外燃機関の一種である蒸気タービンについては，熱効率が比較的よく多様な熱源を用いられることから，発電用原動機として広く活用されている。

（2）ガソリン機関

　ガソリンを燃料とする，主に自動車やバイクなどに用いられる原動機（エンジン）を指している。ガソリン機関には，ピストンがシリンダー内を往復運動する「レシプロ機関（ピストン機関と呼ぶこともある）」と，ロータと呼ばれる回転子を用いる「ロータリ機関」がある。いずれも機関内にガソリンと空気との混合気を吸入して圧縮し，電気点火（火花）で点火・燃焼させ，燃焼ガスの膨張力からピストン

（ロータ）を動かす動力を得ている。機関内で燃焼を行うため，先に説明したように「内燃機関」の範疇となる。

　ガソリン機関は，かつては燃焼ガスに多くの有害物質を含み大気汚染の元凶とも言える状況にあった。しかし，その後の燃料改良やコンピュータによる燃焼制御システムの導入などから，排気ガス中の有害成分は相当低減された。さらに，燃費も格段に向上するなど，ガソリン機関の環境性能はかつてより大幅にアップしている。

　なお，サトウキビやトウモロコシなどから生産される「バイオエタノール」も代替燃料として期待されているが，そうなるともはや「ガソリン機関」とは言えなくなる。

（3）ディーゼル機関

　軽油や重油を燃料とする，大型自動車（バス・トラック）や船舶，鉄道車輌などに用いられる原動機（エンジン）を指している。ディーゼル機関は，ピストンがシリンダー内を往復運動する「レシプロ型」の機関である。機関内に空気を吸入して圧縮し，高温・高圧となったところに燃料を噴射して点火・燃焼させ，燃焼ガスの膨張力からピストンを動かす動力を得ている。機関内で燃焼を行うため，これも「内燃機関」の範疇となる。

　ディーゼル機関は圧縮比（空気を圧縮する割合）が高いため熱効率がよく，ガソリンよりも低級（安価）な軽油・重油を用いるので経済的である。我が国では「ディーゼル機関は環境に悪い」とのイメージが先行しているが，これは運輸業界からの圧力もあり，ガソリン機関に比べて厳しい排気ガス規制が行われてこなかったことも背景にある。近年，ディーゼル機関の問題とされてきた「窒素酸化物：NOx」や「粒子状物質：PM」の規制が本格化し，これらに対応する環境性能の高いディーゼル機関が開発されてきている。また，菜種油を主とした廃食用油を精製して作る「バイオディーゼル燃料（BDF）」も環境負荷を減らす対策として注目されている。もともと「二酸化炭素：CO_2」排出が少ないこともあり，ヨーロッパではディーゼル機関は環境対応力で一定の評価がなされている。

　以上，熱機関について概要を解説したが，上述し

たように，熱機関はエネルギー資源問題や環境問題との関係で改善が求められ，大きく改良されてきた経緯がある。

このような背景の中で，近年自動車用原動機として，熱機関と電動機を併用する「ハイブリッド自動車（HV）」や，熱機関の範疇ではないが，大容量の蓄電池を搭載し電動機のみで駆動する「電気自動車（EV）」，さらに発電機となる「燃料電池」を搭載し電動機で駆動する「燃料電池自動車（FCV）」が実用化されていることを，技術の開発・改良の流れとして生徒に気付かせることが重要である。

3.3 「変換機構」

原動機を含め，機械は色々な要素（部品）から構成されている。これらの要素は「機械要素」と呼ばれ，要素どうしを締結（固定）するもの，回転軸を支えるもの，動力・運動を伝達・変換するものなど色々な役割を担っている。これらの中でも，「動力・運動を伝達・変換する」部分を持ち，これに関わる要素が「相対運動を行い，その運動が限定されている」ことが機械と定義される特徴的な要件ともなっている。このような役割を担う機械要素の組み合わせを「機構」と呼び，これが本項で取り上げる「変換機構」である。

変換機構には色々な用途・種類があるが，ここでは技術科の教材としてぜひ取り上げたい，いくつかの代表的な機構を解説する。

（1）歯車（ギヤ）

歯車は2個以上の組み合わせで用いられ，回転数や回転方向，回転力（トルク）を変えて動力伝達する部分で使用されるもので，機械要素の代表とも言える。歯車は外周に付けられた歯のかみあいで動力・運動伝達を行うため，大きな動力伝達が可能で伝達比も正確である。歯車には用途に応じて多様な材料・種類のものがある。

2軸が平行な場合に用いる，平歯車，はすば歯車，やまば歯車などや，軸そのものが相対的に変位する内歯車，ラック＆ピニオン（図3.7）などがある。また2軸が平行ではない場合に用いる，かさ歯車，ウォームギア（図3.8）などがある。ウォームギアを構成するウォームはネジ状（すなわち歯数は1に

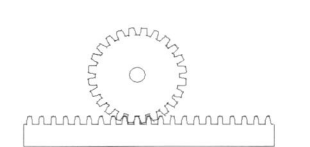 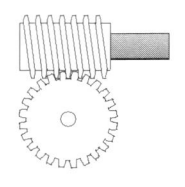

図 3.7 ラック＆ピニオン　　**図 3.8 ウォームギア**

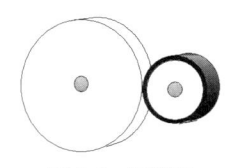

図 3.9 摩擦車

相当）で，相対するウォームホイールとのギヤ比が極めて大きいため，原動側（ウォーム）と従動側（ウォームホイール）の関係が固定されるが，回転数や回転力を大きく変えることが可能となる。

（2）摩擦車

摩擦車（図3.9）も歯車と同じく2個以上の組み合わせで用いられ，回転数や回転方向，回転力（トルク）を変えて動力伝達する部分で使用されるものである。その名のごとく接触部の摩擦で動力・運動の伝達を行うため，車どうしを圧着させる必要があり，両方，もしくは片方の接触部（外周部）にゴムや皮など滑りにくい材料が使われることが多い。それでも滑りを避けることは難しいので，歯車と比べると大きな動力の伝達には向いていない。一方構造が単純で，接触部で振動を吸収しやすいといった特徴から，テープレコーダやプリンタなど小さい動力を用いる機械によく用いられている。

なお，2軸が平行な場合は摩擦車は円板状であるが，2軸が平行ではない場合は円錐（かさ）状の摩擦車が用いられることもある。

（3）リンク装置

リンク装置は，回転運動や揺動運動（往復直線運動）を，設計者の意図した揺動運動（往復直線運動）や回転運動に変える動力伝達・運動変換装置である。リンク装置における「リンク」とは剛性のある棒状の要素で，4つ（4節）のリンクが回り対偶で結節されて限定された運動をする「4節リンク装置」

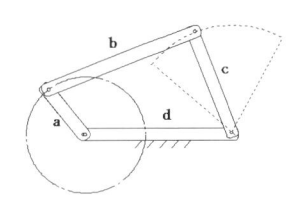

図3.10 てこクランク機構

がその基本型となる。

① 「てこクランク機構」

図3.10に示すリンク装置の場合，リンクdを固定すると，dと対偶する最短のリンクaが回転し，リンクcが揺動する。ここで回転するリンクaを「クランク」，揺動するリンクcを「てこ」と呼び，これらを連結するリンクbを「連接棒」と呼ぶ。このような4節リンク装置を「てこクランク機構」と呼ぶ。4節リンク装置では，最短リンクが必ず回転する（クランクとなる）とは限らない。詳しい説明は省くが，最短リンクが回転するには「最短リンクと他の1つのリンクとの長さの和が，残り2つのリンクの長さの和より常に短くなる」ことが必要条件となる。

なお，図3.10に示すてこクランク機構のてこ（リンクc）を，溝の内側を往復運動する「滑り子（スライダ）」に置き換えたものを「往復スライダクランク機構」と呼ぶ。これは先に説明したレシプロ型のガソリン機関・ディーゼル機関に用いられている機構で，ピストンがスライダとなる。

② 「両てこ機構」「両クランク機構」

図3.10の最短リンクaに向かい合うリンクcを

固定すると，リンクb・dが揺動することとなり，これを「両てこ機構（図3.11）」と呼ぶ。

いっぽう，最短リンクaを固定すると，リンクb・dが回転することとなり，これを「両クランク機構（図3.12）」と呼ぶ。ここで，図3.13のように向かい合うリンク（aとc，bとd）の長さが同じであると，向かい合うリンクは常に平行となり，固定したリンクに対偶する2リンクは平行のまま回転する一種の両クランク機構となる。このようなリンク装置をとくに「平行クランク機構」と呼ぶ。

以上説明した4節リンク装置では，原動側（節）と従動側（節）の関係は固定されておらず，機械の目的・構造に応じて使い分けられる。これを「機構の置き換え（交替）」と呼ぶ。すなわちリンク装置（機構）は，色々な種類のものが個別に存在するということではなく，「固定するリンクによってどの機構になるかが決まる」という見方が重要で，生徒に確認させたいポイントである。

(4) カム装置

カム装置は，回転運動や往復直線運動を設計者の意図した往復直線運動や揺動運動に変える動力伝達・運動変換装置である。直接目に触れにくい部分に設置されることが多いが，同じく運動を変える装置である「リンク装置」と比べると細やかな運動制御が可能となる。ガソリン機関の「弁機構」やミシンの「送り歯」などに利用されている。

カム装置で，直接運動制御を行う要素を「カム（CAM）」と呼び，カムの形から板カム（図3.14），円筒カム（図3.15），円錐カムなど多様な種類がある。カムは，その外周形状（板カムの場合，基礎円と呼ばれる円周からの変位）で運動の制御を行っている。

なお，カム装置は原動側（節）と従動側（節）の関係は固定されており，必ずカム側が原動節とな

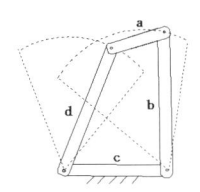

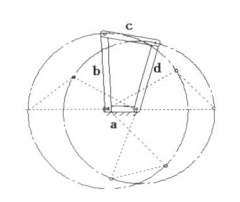

図3.11 両てこ機構　　**図3.12 両クランク機構**

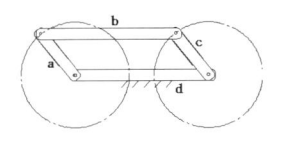

図3.13 平行クランク機構

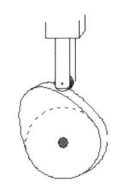
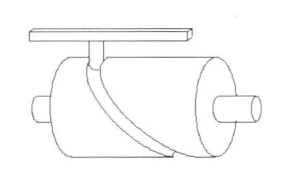

図3.14 板カム　　**図3.15 円筒カム**

る。

　機械によっては，カムを入れ換えることで制御運動を適宜変えられるものもある。この場合，「カム」がコンピュータにおける「プログラム」と似た役割を担っていることに留意する必要があり，生徒に確認させたいポイントである。

---

4. ロボット製作の基礎・基本

4.1　はじめに

　エネルギー変換の学習の一つとして，ロボット製作がある。特に競技形式のロボットコンテストは全国大会はじめ，各地で大会が開かれている。

　中学校でのロボット製作学習は，少なくとも1991年頃に始まった。当初はごく一部の実践であったが，草の根的な広がりを見せていき次第にマスコミの注目を集め，全日本中学校技術・家庭科教育研究会の全国大会が2000年に福岡で開催された頃から，全国的な広がりとなった。

　一方，2008年の学習指導要領改訂における選択授業削減を受け，ロボット製作学習も必修の授業や課外活動での取組みが中心となっている。大会も従来の競技に加え，走行のみの競技も設定されるなど，限られた時間数での対応が進んでいる。

　ロボット製作学習は，ものづくりの興味・関心を高め，創造性を伸張させるのに効果的であるとする実践報告や，生徒たちの熱中する姿，感動の姿を伝える実践報告は数多い。しかし，ロボット製作は，生徒たちが意欲的に取り組みやすい題材である反面，拡散的な思考および試行錯誤の連続による課題解決の指導やその評価に難しさがある。円滑な指導を行うためにも，教師がロボット製作に関する基礎的・基本的な知識を持ち，対応した指導法を身に付けていく必要がある。

4.2　ロボット製作学習の考え方

（1）ロボット製作学習で育成したい能力と態度

　ロボットの製作を通して，生徒たちが技術の本質に迫り，技術的素養を高められる学習指導のために，次の2点を押さえる必要がある。

① 　ロボット製作学習で対象となる技術の概念
　　最適化・トレードオフ，効率，制御・システム，
　　信頼性・安全性
② 　ロボット製作学習で育成したい能力と態度
　　技術的問題解決力，自己統制力，工夫・創造する力，巧緻性，表現力

　課題達成に向けてトラブルシューティングをしていく様子は，現実の技術の研究開発過程に類似しており，工学設計プロセスを学ぶ学習である。設計・製作の中では，強度と軽量化などのトレードオフを考慮して，ロボットを最適化していかなければならない。電池などのエネルギーの利用の効率化や作業の効率を意識させることも重要である。また，ロボットをシステムとして捉え，アクチュエータ，伝達機構，作業部，制御の構成から学習内容を考えていく。製作されたロボットは，複数回の競技を経ても故障なく，確実に動作することも重要である。そのためには信頼性・安定性を意識して，組立てや配線，点検を行うことが必要となる。さらに，製作途中でさまざま生み出される生徒らのアイデアは，生徒らの知的活動の成果であり，生徒らの知的財産（知財）であると言える。知財を生み出すサイクルが，ロボコンの中では比較的容易に実践できる。

　以上のように，教師側がロボット製作学習において技術の概念を意識することで，学習指導要領でも示されている「技術の見方・考え方を働かせ，ものづくりなどの技術に関する実践的・体験的な活動」にしていくことになると考えられる。

図3.16　全国大会での競技風景

（2）ロボット製作学習指導の展開

① 指導計画例

ロボット製作学習の学習内容は，直接的には学習指導要領の「Cエネルギー変換の技術」の学習内容に該当する。指導計画を立てる際に配慮することは，次の2点である。

① スモールステップによる学習の構成

② 協働学習の設定

ロボット製作学習では，限られた時間の中で全員がロボットを完成させることが必要になる。そこで製作意欲が継続し，学習の見通しが持てるように本競技の前に簡単な競技を設定するなど，スモールステップで学習を構成しなければならない。協働的課題解決力を高めるには，3〜4名で役割分担をする協働学習が効果的だが，実践が難しいこともある。そこで，ロボットを個別に機能分担させて複数台でチームとする方法や，相互評価などの際に協働学習を設定することも考えられる。表3.1に，手動制御を対象にした20時間の指導計画例を示す。

② 評価

ロボット製作学習では，特に形成的評価の工夫が必要となる。評価の要点は，次の2点である。

① ルーブリックの設定

② ポートフォリオ評価の活用

評価指標として，ルーブリックを設定するとよい。ルーブリックを生徒に伝えることで，生徒自身も学習の狙いを意識できる。評価方法としては，ポートフォリオ評価が有効である。ワークシート，

表3.1　手動制御ロボット製作指導計画例（20 h）

段階	主な学習活動	時
導　入	現在のロボット技術の様子を知り学習の見通しを持つ	1
基本製作	設計や製作に必要な基礎的内容を学び，足回りを製作する	2
ミニ競技	コースを走破するミニ競技の実施	1
基　本	伝達機構・作業部の機構を学ぶ	1
設　計	仕様を検討し，基本設計をする	1
相互評価	設計を相互評価し合い，改良する	1
製　作	設計をもとに加工し，組み立てる	8
改　良	試運転をして，改良・調整をする	2
競技会	ロボットを競技会で発表し合う	1
まとめ	学習をまとめ，レポート制作	2

アイデアスケッチ，作業記録，製作過程の写真記録などが活用できる。協働学習の場合は，記録用紙に観点を明示し，授業ごとに交代で詳細な記録をつけさせることで，各自の取組みを把握しやすくなる。工夫・創造の評価には，知的財産（知財）の考え方を用いて，疑似特許のようなアイデアの表現記録で新規性，進歩性の観点を評価することもできる。

4.3　ロボットの基礎的・基本的内容と学習指導

ロボット製作についての基礎的・基本的内容として，以下の3点を押さえる必要がある。

① アクチュエータ，伝達機構・作業部，制御

② 材料加工，組立て・調整

③ 設計・意匠造形

（1）アクチュエータ，伝達機構・作業部，制御

この学習では，基本的な仕組みの理解，ロボット製作への応用および現実の技術との関連の提示が重要である。各内容の要点をまとめていく。

① アクチュエータ

• モータの仕組み，水圧の利用

外部のエネルギーを機械的なエネルギーへと変換して取り出すものをアクチュエータと言い，ロボットではモータが基本となる。小学校の理科での学習と関連させ，仕組みだけでなく特性などの学習も深めながら，身の回りのさまざまな所で使われる各種モータにも目を向けさせる必要がある。

現実のロボット技術や建設機械などでは，空気圧や油圧も活用されている。ロボット製作では，注射器による水圧の活用事例もある。

② 伝達機構・作業部・制御

• エネルギーの伝達，減速，増速，方向転換，多機能化

• 持ち上げる，つかむ，取り込む，放出する

• 電気回路での制御機能の理解

伝達，減速，増速については，歯車が基本であり，速度伝達比と速度・トルクの関係は重要である。速度伝達比の考えを理解させるとともに，実際に触って速度とトルクの関係を体感できる実物教具の利用も効果的である。方向転換，多機能化には，回転運動を往復直線運動や揺動運動，別な回転運動を得るリンク機構などが必要になる。

これら基礎的機構の理解を促進させるために，実物模型やディジタル・コンテンツなどの活用は有効である。しかし，基礎的機構を生徒たちがすぐに設計に応用することは難しい。そこで，伝達機構・作業部の基本形を具体例として提示する必要がある。ロボットの競技課題は，一般にアイテムに対する操作作業である。操作作業の機能分類である，持ち上げる，つかむ，取り込む，放出する，の4つの機構例や実物例を提示し，設計を支援する。教科書や書籍にも参考となる資料が数多く掲載されている。モータの正転・反転の制御回路は，電気の流れを生徒に確認させることで理解を深めさせていく。

（2）材料加工・組立て・調整

ロボット製作においては，特に金属およびプラスチックについての基礎的な加工技能を指導する必要がある。加工の無駄の削減，廃棄物の減量化など環境への配慮も意識させる。教材各社から穴あきフレームなどロボット製作用材料も開発されている。これらの材料の活用は作業の効率化や完成度の向上につながり，規格や互換性についても学ばせることができる。

はんだ付けなどの組立て作業では，「信頼性」を高める配慮や点検が重要である。ホットメルト接着剤は，作業の効率化に有効だが，多用し過ぎると加工技能向上の機会を失うので，注意が必要である。

調整段階では，問題を特定し，解決策を考案していくトラブルシューティングが必要となる。そのためには，典型的な解決法を提示したり，生徒同士の情報交換や学び合いを仕組ませ，豊かに発想させたりすることが効果的である。

（3）設計・意匠造形

- 重心位置を考慮した設計
- 機能や操作性の向上を目的とした意匠造形

設計では，アイテムも含め，重心位置を考慮することが重要である。具体例を提示し，バランスを考えさせる。そして，競技課題や効率を考慮して，足回りや本体形状を決定させる。構想時の創造的思考を豊かにさせるためには，ブレインストーミングなどの発想法やホワイトボードの活用によるアイデアの視覚化も活用したい。さらに発想したアイデアを，特許申請のように申請用紙に図と文章で表現させて，評価したり，共有したりする模擬特許制度も有効である（図3.18）。

技術の学習としてのロボットの意匠造形は，美術的な美しさよりも，機能や操作性を高めることを目的とした意匠造形が求められる。これはプロダクトデザインの考え方でもある。ロボットの意匠造形を

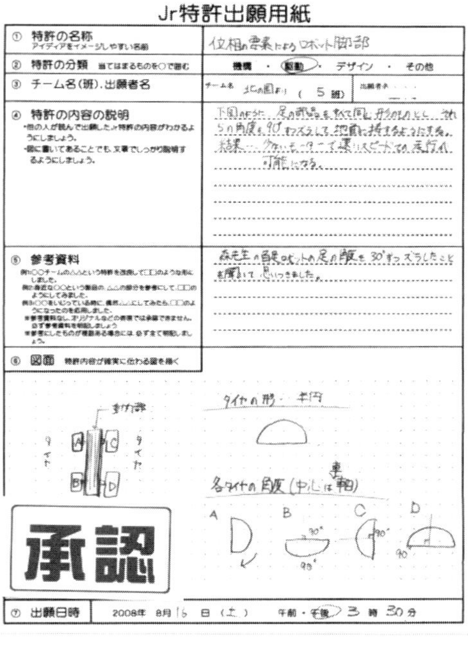

表3.2　回転運動の変換方法の例

変換後	具体的方法
揺動運動	・てこクランク機構 ・揺動スライダクランク機構
往復直線運動	・往復スライダクランク機構 ・ラックとピニオン
回転運動	・歯車，プーリー，チェーン

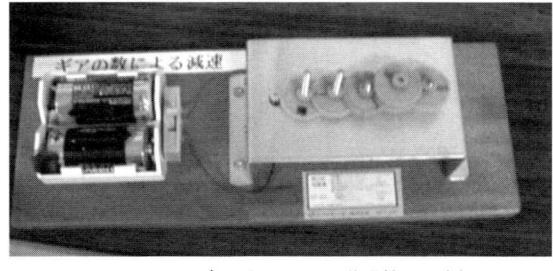

図3.17　ギヤボックスの説明教具の例

図3.18　生徒の模擬特許例

評価する際にも，機能や操作性向上の観点を取り上げる必要がある。

（4）ロボットコンテスト運営と学習のまとめ

　必修の授業において，本格的なコンテストは難しいが，学習成果を共有する意味でも，可能な限り設定したい。コンテストの運営で重要なのは，次の3点である。

　　①　時間数や生徒の実態を考慮した競技設定
　　②　お互いの工夫を教習し，褒めたたえる運営
　　③　技術科の意義や大切さの広報

　時間数や生徒の実態に応じて，無理のない競技選択をする必要がある。最初に足回りだけでの導入競技を設定すると，簡単で意欲付けにもなる。競技としては，持ち上げる，積み上げる，投げ上げるなどの3次元の動きを設定すると，多彩な工夫が生まれやすいが，その分，技術的な要求水準は高くなる。使用するアイテムは，ピンポン球，フィルムケース，発泡球またはキューブなど軽量で同一形状のものが扱いやすい。

　コンテストでは，試合に負けてしまったロボットの工夫点を紹介し褒めたたえたり，お互いのアイデアを共有する運営が必要である。勝利至上主義になっては本末転倒である。また，大会は，技術科の広報として，教科の意義や大切さを知らせる良い機会ともなる。積極的に活用するとよい。

　ロボット製作学習のまとめとして，感想文だけでなく，前述の知財の話も含め，生徒たち自身の工夫点や製作の記録を報告書形式でまとめさせるとよい。報告書では，他者を意識して，自分たちの工夫点や取組みの過程を表現させる。自分たちのロボットのアイデアについて，「どんな問題」を「どのような工夫・方法で解決し」，「なぜそれが良いか」，「他にどんな応用ができるか，」「何を参考にしたのか」を記述させる指導をする。また，プレゼンテーションやビデオなど，情報技術の学習と連携する展開も考えられる。

4.4　ロボット製作学習の今後の展開

　前述のように，ロボット製作は生徒らの興味を引きつけるだけでなく，技術の本質に迫る学習を展開できる可能性がある一方で，限られた授業時間の制約も大きい。そこで，各指導ステップの工夫とともに，「D　情報の技術」でのプログラミングによる計測と制御との融合も一つの方向である。特に近年は，手軽に扱えるマイコンボードなどの制御教具も充実してきた。コース走破や迷路抜けなどは，制御系のロボコンでも多数行われているので，参考にできるであろう。また，「A　材料と加工の技術」と関連させ，部品を3D-CADで設計し，3Dプリントする試みも行われている。こうした融合的な実践は，3年生段階で設定されている総合的な課題としての展開も考えられる。

　以上の内容を踏まえ，ロボット製作学習を単なる製作に終わらせず，技術の本質に迫り，技術的素養を高めるロボット製作学習を展開してくことが，技術科教育として今後ますます重要になってくると言える。

第4章 生物育成技術

1. 生物育成の定義とその性質

1.1 生物育成とは

　中学校技術科における「生物育成」とは，人間生活に役立つ生物（作物，家畜など）を人間が適切に管理し，育てることを言う。以前の学習指導要領では「作物の栽培」として植物のみが対象であったのに対して，平成20年度の改訂以降は，動物の飼育，水産生物の栽培が加わり，その育成対象は大幅に増えている。また，育成され，人間の生活に役立つものとしての生産物も，食料だけにとどまらず，衣や住に関する資源，バイオ燃料や，動物・植物セラピーの対象となる心的価値をもたらすものといったところまでを含み，限りなく広い。

　一方，人間によって育成される動植物（作物や家畜）は長い年月をかけて野生の生物の中から選抜されてきたものである。それぞれの利用目的に応じて人間が遺伝的な改良を重ねてきたものであり，多くのものは野生の性質を失い，人間による保護（手入れ・管理）がないとうまく成長しないことが多い。しかし，これは逆に言えば，人間が健康で豊かな生活を営むために行った文化的活動の成果とも考えられ，作物や家畜は文化遺産とも位置付けられよう。このことを理解した上で，生物育成を学んでいくことが重要であり，その上で「育成する技術」を子どもたちにしっかり身につけさせたいところである。

1.2 「生物育成の技術」について

　生物育成に関する技術を学ぶ前提として重要なことは，学習対象（題材）が「生き物」であるということであり，これは工業的なものづくりと決定的に異なることである。生物育成の学習は，地域や年次による気象の変化や，病気や害虫などによって，生物の生育が不安定化し，いわゆる「予定不調和」な状況がしばしば生じてしまう。そして，このようなことは，教師にとっては，学習を行う上での「短所」と捉えられてしまうことが多い。たとえば，今週，種まきをしたら，来週には芽が出ており，その間に水やりをしっかり行わなければ，枯れることもあるし，屋外であれば，害虫に若い芽を食べられることもある。木材の加工であれば，前週に"けがき"をした木材を，今週のこぎりで切断を行うという「作業の中断」が，生物育成ではできないのである。

　生物を育成するという行為は，そのプロセスにおいて，育つ対象に人間が合わせて行動しなくてはならないことが多い。これは，当然ながら，技術科の他の内容ではありえないことであり，命あるものを取り扱うということの意味するところであるが，このことを生徒に認識させ，それを興味・関心に変えていくことが生物育成学習の醍醐味とも言える。

　実際，授業を行う教員の中には，育成がうまくいかない状況を単なる「トラブル」と捉え，苦手と感じる方も多いと聞く。しかしながら，このような状況は，見方を変えれば，生じている目の前の「トラブル」に対して生徒たちが，連帯感を持ちながら，主体的にその原因を探ったり，解決に向かって工夫したりすることができる貴重な場面となる。生徒たちが「めんどくさい」，「たいへんだ」と感じるか，「毎日成長を観察するのが楽しい」，「世話をするとそれに応えて大きくなるのがうれしい」と感じるのかは，教師が行う授業の内容に大きく依存すると考えられる。すなわち，授業の進め方によっては，「短所」を「長所」，いわゆる「ピンチ」を「チャンス」に替えることができるのである。うまくいかないことを"込み"とし，失敗体験からも多くを学んでいこうとする姿勢が生物育成の授業には求められているのである。

また，現代社会においては，生産のために生物を育成することは身近なものとは言えず，生産や流通に関する技術の進歩で生産物が常に安定的に供給される状況にある。このような社会に育った子どもたちにとって，生物育成に関する技術は，ブラックボックスとなってしまっており，たとえば，整然と店に並ぶ野菜は工業製品と同様な「製品」であり，農場は「工場」として認識されている可能性がある。生物の生産プロセスをブラックボックスのままとせず，そこに自分なりの想像を働かせられる子どもを育てるためにも，技術科において本内容が必修化された意義は大きいと考えられる。

1.3　生物育成による学び

（1）現　状

平成24年度からの技術科における生物育成必修化から6年が経過している。少しずつ授業案や教材の提案がなされ，各中学校での実践が進んでいるところである。しかし，現在においても，長年栽培を履修してこなかったベテラン教員を中心に，生物育成の授業に不安を抱え，自信を持てないという声をしばしば耳にする。各地の教員免許更新講習や，教育センター主催の教員研修などの活用などによって，教員のスキルアップが図られる必要がある。また，本学会や技術科の教員養成における生物育成の専門教員がバックアップしていく全国的な体制作りも必要である。そのような中，全国的な教員対象の現状調査，Webを使った開発教材のライブラリ化，セミナー動画の配信などを行おうとする共同研究が開始されている。

（2）学びの特性

生物育成による学びは，前述した通り，技術科の他の内容と大きく異なる「生き物を育てる」という行為に基づくものであり，命あるものを対象とした「ものづくり」による学びであるとも言える。そういった意味で，「育てる」という行為は主体的であっても，対象となる生きものは人間の管理の下で「育つ」のであって，人間は管理という「サポート（手助け）」をしているにすぎないという見方もできる。この客観性（ある意味の謙虚さ）は重要であり，対象生物に人間の目的のための最適な条件を与えなが

ら効率よい成長を促すために施していく管理では，生き物と人間の適切な距離感が必要となる。そのためには，あるときは成長を待ち，あるときは早めに手入れ（制御）を行うための「目」が重要であるが，実際には，その「目」は日々の観察と経験によって養われるものである。

生物育成に関する「学びの継続性」についても重要である。たとえば，材料と加工に関する技術においては，現行の小学校図画工作科の学習指導要領解説には，「なお，工作に表す内容については，小学校図画工作科が中学校技術・家庭科の技術分野と関連する教科であることに配慮する必要がある」と明記され，小学校の教科との継続性が謳われているところである。一方で，生物育成についてはどうであろうか。小学校においては，低学年の「生活科」，中学年以降の「理科」において動植物の育成に関わる内容は豊富に存在している。小学校においては，観察の対象であっても，植物であれば，種まきから手入れ，収穫（花であれば，開花，種取り）までをしっかり学ぶプロセスが用意されている。このことをしっかり認識した上で，中学校技術科の生物育成の授業を成立させる必要がある。生徒たちは小学校で6年間に及ぶ栽培経験をした上で，中学校に進学してくるにもかかわらず，技術科での生物育成が単なる作物の栽培の復習，焼き直しになってはならない。たとえば，作物の栽培については，小学校の生活科で植物と触れあう中で，栽培の楽しさに気付き，理科において基礎となる植物の体の仕組みや生態を理解している。それを基礎に，中学校技術科では，効率良く成長させ，収穫を行うための栽培条件の設定や，コストを意識した上で産業としての農業について考えさせながら，現代の農業技術の評価を行うなどの学習が望まれるところである（図4.1）。

このように，技術科の授業では，多くの場面で，小学校からの教科を超えた継続性を視野に入れながら，子どもの発達に応じた学びがなされるべきであると考えられる。

（3）学びの意義

生物育成を技術科で学ぶことは，もちろん，第一義的には，食料をはじめとした生物的な生産技術を学ぶことであり，われわれの生活を支える第一次産

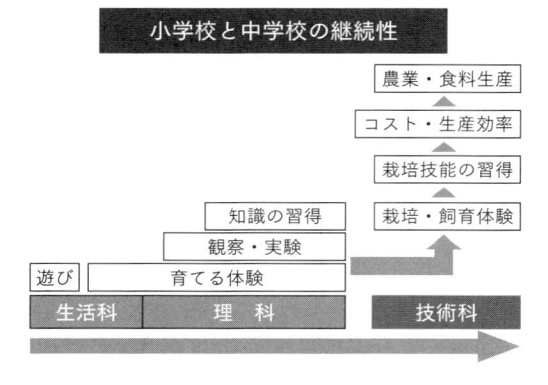

図 4.1 生物育成における学習の継続性

業である農林水産業への理解がベースにあることに異論はない。しかし，その一方で，農林水産業という産業が持つ「多面的機能」についても，学習の中でしっかりとおさえておくべきである（図4.2）。すなわち，われわれの国土や環境の保持に，農業・農村がどのように関わり，その機能を発揮しているのか，その機能が失われるとどのような影響が生じてしまうのかについて，想像できることが肝要である。たとえば，水田での稲作が備える機能は，単に主食作物としての米の供給機能に留まらず，雨水の貯留（ダム）機能，洪水や土砂崩れを防ぐ機能，大気の浄化機能，多様な生き物のすみかとなる機能，美しい水田風景を生み出す機能などといった多種多様な機能が存在し，これらはお金で買うことができ

ない「外部経済効果」として評価されている。このようなことも生物育成の学びの意義の一つとして強調されるべきであり，工業的なものづくりにはない魅力として理解されるような授業づくりが求められる。

また，これに関連して，農村の風景や農業体験によって，我々が癒されることがあるように，人間の心の拠り所となるような情意的な学びの場面も生物育成には用意されている。土に触れる活動が人の心に作用することや，農業体験が子どもの精神の発達に与える効果についても，よく知られているところであり，園芸福祉の観点からも注目が集まっていることは言うまでもない。

さらに，植物や動物を育てるプロセスにおいて，成長の喜びや死の悲しみに出会うことも多く，子どもが命と直接向き合うことも生物育成の学びの特徴の一つである。思春期を迎え，多感な中学生にとって，他者の命を通して，自分の命について考える貴重な時間となり，生きるための倫理感や規範性が養われることが期待される。

このように，生物育成による学びは，単に生き物を生産する技能を学ぶ内容に留まらず，人間形成にも通じる多くの価値観を子どもに伝える内容をも包含している。これは，技術科という教科の魅力の一つであり，現在の学習指導要領下で必修化されている意義は大きいと考えられる。

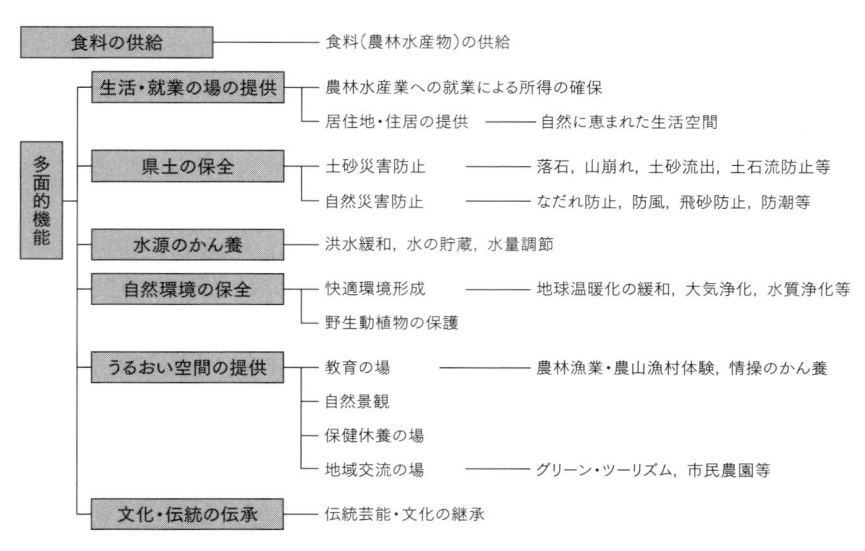

図 4.2 農業・農村の持つ多面的機能（新潟県ホームページより）

1.4　生物育成にできること

（1）環境教育との関連

　生物を育成するプロセスにおいては，日照，温度など，さまざまな気象要因の条件設定が重要であり，成功の鍵を握る最も重要なファクターとなる。また，屋外での育成では，雑草や病害虫（獣）といった生物的要因も大きく影響を与えるし，作物の栽培に関して言えば，土壌的な要因にも注目する必要がある。このように，生物の育成は，対象生物が関わる環境をいかに最適なものにできるかという試行錯誤の繰り返しであり，環境というものを理解する力が重要となる。

　環境に注目し，人間との関わりを理解し環境を守る態度を育む教育は環境教育と呼ばれ，小学校の課程から多くの教育的実践がなされている。このことを踏まえ，生物育成の学習にも環境教育の視点を取り入れることが重要である。上述のように，学習の中で，常に環境について意識する必要がある生物育成では，環境教育との接点も多く，関連する内容は教科書にも多くの記載がなされている。たとえば，農薬が農業にもたらした光と影，都市の温暖化対策としての植物の活用，さらには，前述した農業の多面的機能など，生物育成の学習の延長線上に多くの環境教育の題材が潜在しており，展開次第では深い学びとすることができる。

　生物が成長する根源は，太陽エネルギーを起点とした光合成反応である。CO_2（無機物）を有機物へ変換するこの作用によって，植物が成長し，その植物を食する動物が成長し，生態系として安定する仕組みが地球に備わっている。化石燃料と呼ばれる，現在人間のエネルギー源の中心となっているものも，元を正せば植物の光合成由来であったことを踏まえれば，エネルギー変換の最も初期の段階が生物育成であることに気付くはずである。このことの理解は，生物育成が環境教育の一つであるエネルギー教育としての側面も持つことの理解へとつながり，技術科の授業をより豊かなものにしてくれるであろう。

（2）食農教育との関連

　食に関する教育は食育基本法が平成17年度に施行されて以降，教育の基本として教育現場で積極的に取り組まれてきている。正しい食事や食の安全，栄養摂取といった健康づくりの面での教育が多く行われている一方，生産から始まる食材の成り立ちについての教育はまだ十分と言える状況にはないのではないかと考えられる。

　そういった意味で，中学校技術科での生物育成の学習では，体験的に食の生産に触れられる格好の機会である。「食育」という概念に「農」の意味を込めた「食農教育」はまさに，生物育成の学習内容にマッチするものであり，育成・収穫を通して，食の成り立ちを体験的に理解させることが可能となるはずである。

　人間の食べ物が，すべて他の生き物由来であること，そして，その自らの生命が他の生命の犠牲の上に成立していることを自覚させることを生物育成の学習は可能とする。食は人間の命を保証し，その食を生物育成は保証する。地球における命の循環の中に人間は存在しているという考え方に立つことは，より深い気付き，学びを子どもたちに与えてくれるはずである。

（3）アクティブ・ラーニングとの関連

　今回の学習指導要領改訂の重点の一つに，子どもたちに育成すべき資質・能力として，個別の知識・技能をもとに，主体的・協働的な問題発見・解決をなしうる能力が掲げられている。その実現のために，アクティブ・ラーニングと称される「課題の発見・解決に向けた主体的・協働的な学び」が注目され，その実践が期待されている。

　作物の栽培活動では，自分の努力とは関係なしに，不可抗力的な事象（肥料が切れる，雑草が生える，病気になる，害虫に食べられる，台風が来て倒されるなどのいわゆるトラブル）が頻繁に発生する。これらを目の前にしたときに，生徒たちが主体的にそれに気付き，それに対する対策を仲間と考え，実行する，これはまさに，アクティブ・ラーニング以外の何ものでもない。重要なのは，教師側がそれらのトラブルに臆することなく，織込み済みで生物育成の授業をデザインすることである。農家並みの「立派なトマト」を作り上げることだけが，生物育成に関する技術の授業ではない。それよりも，

苦労しながら，傷だらけでも，自分なりに満足できるトマトを収穫できることが，アクティブ・ラーニングの活きた実践となるであろう。

　また，自分の育てた作物を，自分だけで味わうのではなく，他者に食べてもらう行為である「おすそ分け」は，生徒自身の「自己肯定感」を高める上で，きわめて重要である。他者から「美味しい」と褒めてもらうことは，人の役に立っているという実感を持ち，それまでの苦労が報われる瞬間である。収穫物を家庭に持ち帰れば，家族との対話も生まれるであろうし，自己肯定感を高める上で，絶好の機会となる。学習指導要領にも謳われている「どのように社会・世界と関わり，よりよい人生を送るか」について，自分で育てた作物の「おすそ分け」が功を奏するものと期待される。

（4）情緒的な学びへの展開

　すでに一部触れてきたところであるが，生物育成の授業では，子どもたちに「情緒的な学び」をもたらすことが可能である。言うまでもなく，中学生が生きものを「育てる」学習は，他の教科を含めても技術科の生物育成が唯一無二であり，大きく注目される（ちなみに，理科では，観察・実験対象として，準備された生物材料を使用することがほとんどであろう）。

　たとえば，作物の栽培では，人間として発達の途上にある中学生が，種をまいては，発芽の様子に感動し，日々の管理をしながら作物の成長ぶりに驚き，収穫の喜びを感じ，味わうことができる。さらに，愛着を感じ，大切に育てている作物に，病虫害などの障害が生じたならば，生徒たちはその解決のために，まさに五感を使って創意工夫しながら多くの手立てを講じようと努力するであろうし，そのような努力は，「情緒的な学び」のプロセスに他ならない。このプロセスは，各個人の「情緒」を豊かなものにし，ひいては人格の陶冶にも貢献するであろう。

　また，生物を育てるという活動は，生徒の本能的な欲求を満たすことができる活動であるとも言えよう。松尾（2005）によれば，五感を使って人間が植物に触れる行為によって，気分が静まり，あるいは高まり，穏やかになり，厳かになるような心理的変化は，人類の誕生以来人間と植物とが切っても切れない関係にあったことを示す本能的な反応であるとされる。植物の芽生えを見て，その弱々しさ，かわいさに感動し，そっと手を差し伸べてあげることによって，子どもを「育てる」本能が触発され，充足される。このような状況では，心理的な安定が保たれ，癒される。生き物を育てるという行為は，自らが親の立場になった際の世話の仕方の学習，いわゆる「親業の学習」を事前に行っているとも考えられ，やはり人間形成に重要なものを含んでいる。

　普段荒れている生徒が，技術科の栽培学習では目を輝かせ，誰よりも一生懸命に活動をする例や，いわゆる「保健室登校」で不登校気味の生徒が栽培学習を始めるや，「菜園登校」に変わり，クラス全員の作物の世話をするという例などをしばしば耳にする。植物は，ものを言わないが，何かを生徒に語りかけてくれるのであろう。それをキャッチできた生徒は，栽培活動にのめり込むことができる。不可抗力な事象（トラブル）の連続だからこそ，それを植物が乗り越えて，自分のために花を咲かせ，実をつけようとする「生命力」に対し，生徒たちは魅せられるのであろう。そのような生徒の心を振るわせる「情緒的な学び」が，生物育成には存在しているのである。

　このように，生物育成を学ぶということは，単に育成のための知識・技能を「手に入れる」ということに留まらず，「育てる」という活動を通して，時間がかかることへの理解，幼く弱いものを保護する態度，その成長に合わせて行動する姿勢，成長から得る喜び，継続して世話をしようとする愛情，収穫の喜びをみんなで分かち合おうとする心，といった多くの情緒的な学びへ展開させることができる。

　そのことを授業に生かし，生徒に伝えるためには，まず教師自身が体験的に理解することが重要である。「生物育成に関する技術」の必修化を通じて，自身が生物育成を本能的に楽しみながら教えることができる教師が増えていくことが大いに期待される。

2. 生物を育てる技術の授業実践について

　この地球上にはさまざまな生物が存在しており，人はそれらを活用している。食料として確保することはもちろん，他にも羊毛といった動物繊維の利用，植林による木材生産などを行い，社会を発展させてきた。これらの事例は子どもたちにとって身近に感じられるだろう。

　生物を育てる技術の意義を理解し，それを使用する能力を身に付けるべく，技術・家庭科技術分野の授業では「基礎的技術や生物の特徴等の理論」，「計画の立案，管理・運営等の実習」，さらには「理論と実習とを統合して技術を評価し，改善策や新たな企画を創造すること」が展開される。

2.1　生物を育てる技術の授業を受ける生徒の状況

　教師が学習指導する際，生徒の状況に配慮することが前提となるのは言うまでもない。近年，生徒の主体性の育成，協働的で言語活動を伴う学習の促進が重視されており，生徒の状況の把握は，教師にとって一層重要になっている。

（1）植物栽培に対する生徒の意識

　植物栽培に対する生徒の意識を調査した結果（対象：栽培学習前の中学 1 年生 153 名，時期：2010年 2 月）を図 4.3 〜 4.6 に示す。

　質問項目は「これまでの栽培の経験は楽しかったですか」「あなたにとって，栽培の経験は生活に役立つと思いますか」「現在，栽培に興味がありますか」「学校で栽培の授業があることに意義があると思いますか」である。5 つの選択肢，「あてはまる」「ややあてはまる」「どちらともいえない」「あまりあてはまらない」「まったくあてはまらない」から回答してもらっている。

　植物栽培について「楽しかったか」（図 4.3），「生活に役立つと思うか」（図 4.4）に対する回答に関して，「あてはまる」と「ややあてはまる」の合計を肯定的な回答とすると，「楽しかったか」は 71 %，「生活に役立つと思うか」は 64 % になった。中学 1年生の大多数が，過去に経験した植物栽培が楽しいものであり，生活に役立つものであると捉えている

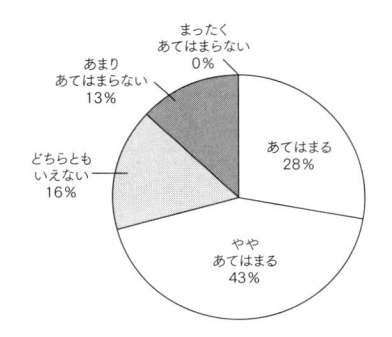

図 4.3　「これまでの栽培経験は楽しかったか」

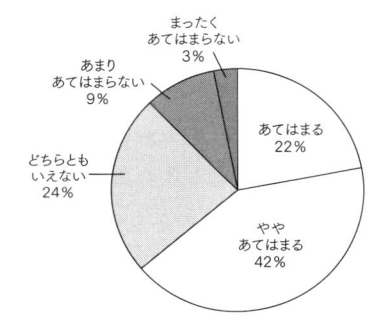

図 4.4　「栽培経験は生活に役立つと思うか」

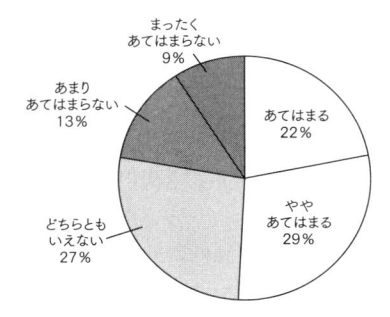

図 4.5　「現在，栽培に興味がありますか」

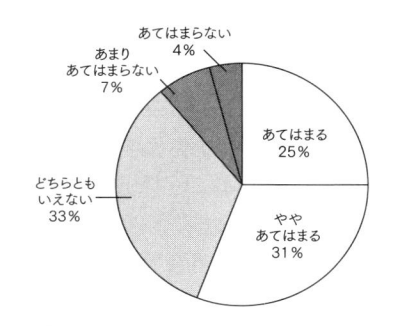

図 4.6　「学校の栽培の授業に意義があると思うか」

と分かる。

　一方，「現在，栽培に興味があるか」（図4.5）は51%，「学校での栽培の授業に意義があるかと思うか」（図4.6）は56%と肯定的な回答が生徒全体の半数程度であった。植物栽培に興味があったり，栽培授業に意義を感じたりする者もいれば，そうでない者もおり，中学1年生ではおよそ半々であることを意味している。中学校段階では抽象的，論理的思考が発達する中，個々の生徒の興味の方向性や価値観も多様化していく。技術・家庭科の栽培学習前の中学1年生の中には，興味がない者や，意義を感じられない生徒が相当数いると言える。

（2）生徒が中学校栽培学習前までに育てた植物

　栽培の授業では，学習題材として育成する植物を教師が設定することになる。栽培の時期・期間や場所の考慮はもちろんのこと，管理・手入れが比較的容易であり家庭菜園で親しまれる植物を選択して生徒の取組みやすさを重視することや，逆に比較的難しく家庭菜園で親しみがない植物を選択して生徒の好奇心や向上心を引き出すことなどを教師は思案することになる。

　生徒が中学校の栽培学習前に育てた植物を把握することは，中学校技術・家庭科で栽培の指導計画を立案するに際して重要になるだろう。前述の調査では，「これまで栽培した植物」についても回答してもらった（対象：栽培学習前の中学1年生153名，時期：2010年2月，複数回答）。集計結果を，表4.1に示す。

　育てたことがあるとの回答があった植物を，回答した生徒の人数を基準に3つに分類した。「頻繁に栽培されている植物」としてアサガオ，トマトがある。これらは最も回答が多い部類であり，栽培学習において例えば計画や育成過程，管理・手入れの説明を行う際に，例にしやすい植物であると考えられる。

　次いで「比較的よく栽培されている植物」として，家庭ではゴーヤ，キュウリ，ナス，イチゴ，チューリップ，学校ではヘチマ，稲，さつまいもがある。これらを育てたことがある生徒が栽培学習の教室内に何名かいる可能性が高い。栽培学習の序盤であっても教師がこれらの植物と絡めて説明することで，

表4.1　生徒が中学校栽培学習前までに育てた植物

分　類	含まれる植物
頻繁に栽培されている植物	アサガオ，トマト
家庭の畑や花壇で比較的よく栽培されている植物	ゴーヤ，キュウリ，ナス，イチゴ，チューリップ
学校の畑や花壇で比較的よく栽培されている植物	ヘチマ，稲，サツマイモ
頻繁とは言えないが栽培されることのある植物	アスパラガス，ホウセンカ，バジル，ピーマン，ブロッコリー，キャベツ，サボテン，ニンジン，トウモロコシ，コスモス，綿，ヒョウタン，エダマメ，インゲンマメ，ヒヤシンス，大根，マリーゴールド，ミント，オクラ，パンジー，サヤエンドウ，シソ，かぼちゃ，ハツカダイコン，バラ，ホウレンソウ，スイカ，ネギ

それら生徒による発言が引き出され，学習展開しやすくなると推察される。

　「頻繁とは言えないが栽培されることのある植物」は，表4.1の通りさまざまな植物があった。これらを育てたことがある生徒が教室内に1人もいない可能性がある。成長過程や実の付け方などについて生徒たちが知らないと予想され，例えば生徒の好奇心を引き出すような学習展開が効果的になるだろう。

　しかし，調査データから得られる傾向については，急速な変容はないと思われるものの，調査の時期や地域で変わる点もあると考えられる。栽培学習の初期段階で教師がアンケートなどを行うとよいだろう。また，地域特有の植物が取り扱われるケースもあり，授業に組み入れることで学習を発展させられると期待できる。

（3）生徒が中学校栽培学習前までに持つ知識

　中学校技術・家庭科の植物栽培では，導入部分の学習内容の終了後まもなく，栽培に関する基礎的技術や生物の特徴を学ぶ段階に入る。この段階は，生徒が栽培計画を立案する段階の前に当たり，計画立案の活動の充実具合に影響するため，重要と言える。

　生徒は小学校や家庭生活での栽培経験を通して知識を有しており，中学校ではその知識を基盤として段階的に新たな知識を獲得すると考えられる。しかし，上記の通り，生徒によって植物栽培の経験はさまざまであり，教師にとって，経験がさまざまの生徒たちを対象に授業を進行することは容易ではな

い。さらには，栽培計画を立案した上で実習し，収量や環境問題などの視点から栽培技術を評価して改善策を創造する学習活動は，中学校技術・家庭科技術分野の特徴的な内容であり，他教科などの内容の延長上にない内容であるので，その点を含めて教師は生徒が円滑に取り組めるように慎重に学習指導を行う必要がある。

前述の調査時に，別の調査票で，これまでの栽培活動に関して，「良い評価を得るためにあなたが工夫したことを具体的に答えて下さい」と質問項目を設け，生徒に回答してもらった（対象：栽培学習前の中学1年生153名，時期：2010年2月，複数回答）。ここでの回答を知識と見なし，集計した結果を表4.2に示す。

生徒が回答した知識を，回答した生徒の人数を基準に3つに分類した。「ほとんどの生徒が持つ知識」として灌水（水やり）がある。灌水の知識は，幼児を対象に調査した複数の研究において，低年齢の頃から多くの生徒が獲得していると報告されている。植物も生物であり人間同様に水が必要であることは直感的に分かり，ほとんど全員が理解していると言える。

次に「ある程度の生徒が持つ知識」として，肥料（元肥・追肥），日当たりがある。これらは植物栽培における「環境を整える技術」に分類され，これを中心に学習活動を展開することで生徒が取り組みやすくなると考えられる。一方，「一部の生徒が持つ知識」としては整枝・剪定，株間・鉢替え，誘引など，植物栽培における「成長を管理する技術」が含まれていた。例えば，植物がより日光を受けられるように支柱に誘引すると説明するなど，「環境を整える技術」を基盤にして「成長を管理する技術」を習得するような学習指導が効果的と示唆される。

2.2 生物を育てる技術の授業実践のポイント

生物を育てる技術として植物栽培を題材に授業を行う際，教師は天候や，生物の個体差による成長の差異などの不安要素を抱えることになる。ここでは授業実践のポイントを3点説明する。

（1）植物を育てる場所について

学校に畑や花壇があり栽培授業で使用できるのであればよいが，そうでない場合は植物を育てる場所を確保する必要がある。学校の敷地内で新たに栽培可能な場所を探してもよいだろう。学校長や副校長，教務主任，教科主任らと相談し，企画書を作成するなどの手続きで実現できる。例えば運動場の片隅を開墾し，土壌改良剤を入れて畑とすることが考えられる。

プランター（植木鉢）を使用すれば，土のない場所でそれほど広くなくても植物栽培が可能である。風雨の強い日は屋内に避難させられること，土を入れ替えることで連作障害が発生しないことなど利点もある。予算の面でプランターの購入が難しい場合，栽培用土の袋の上部を切り取り，そこに植物を植える袋栽培を採用することも考えられる。また，環境教育と絡めて，壁の緑化（グリーンカーテン）として建物の壁沿いにネットを設置してキュウリやゴーヤといった瓜科植物を育てることや，屋上の緑化としてサツマイモやカボチャ（図4.7）を育てる事例もある。

表4.2　生徒が中学校栽培学習前までに持つ知識

分　類	生徒の知識
ほとんどの生徒が持つ知識	灌水
ある程度の生徒が持つ知識	肥料（元肥・追肥）日当たり
一部の生徒が持つ知識	観察・記録 除草 害虫・鳥獣への対策 熱心な態度 植物の情報収集 整枝・剪定 株間・鉢替え 土壌改良 収穫時の工夫 誘引

図4.7　屋上での栽培（カボチャ）

（2）生徒が栽培計画を立てることについて

　安定的な収穫や収穫量の増加など目的を持ち，栽培計画を立てることは，生徒の思考力や表現力，判断力の育成に結び付くものであり重要である。播種や定植から収穫までの栽培時期においてその植物に適した土壌環境と管理方法を調べ，病害虫の防除について思案することを通して思考力が磨かれる。また，それらを計画表に整理して生徒同士で披露・意見交換し，改善策を立てることで表現力と判断力が育まれる。例えば，病害虫の対策として接ぎ木苗（図4.8）の採用に至り，接ぎ木の台木や穂木について生徒が調べる学習活動が想定される。

（3）定植後の活動について

　定植後は普段の管理・手入れについて教師がルールを設ける。使用してよい道具や水道の場所を周知するとともに，個別の生徒もしくはグループのどちらの単位で活動するのかを決定し，担当する意識を持たせたい。なお，題材の植物をトマトやサツマイモとし，日頃の灌水（水やり）を簡略にすることもできる。

　定植後から収穫までの間は1回分の実習作業の量がそれほど多くないため，学習のまとめとして生徒の発表会を設定し，そのための調べ学習や，栽培技術及び生物の特徴についての発展的な学習を行うことも考えられる。

　なお，マルチングや支柱立ては時期を見て生徒全員が協力して行うとよい。また，科学的な根拠を押さえる態度の育成が重要になるため，生徒に適切な量を計量して施肥を行わせ，植物の成長について計測して記録させることが望ましいと言えるだろう。

図4.8　キュウリの接ぎ木苗（クリップで接合）

第5章　情報システム技術

1.　情　報

本章では，我が国の情報教育の成り立ちを概観し，その体系的な情報教育の成立過程，及び，初等中等教育における情報教育を学習する意義とその目指す役割や理念について考察する。

1.1　情報教育の概念と学習する意義

我が国における情報教育は，政策的には 1990（平成 2）年 7 月に当時文部省が刊行した「情報教育に関する手引き」以降，「情報活用能力を育成する教育」と定義されている。この情報教育における情報活用能力の具体的な内容は，その後の教育改革によって修正・変更が加えられ，その概念は現在も広く理解されている。

しかし，我が国の初等中等教育における情報に関する教育は，必ずしも 1990 年以降に成立したものだけではない。特に，専門高校における情報処理技術に関する教育は，1969 年頃から教育課程（カリキュラム）に位置付けられている。また，情報教育という言葉が政策的に作られたものであるため，この用語は海外の情報教育に関する教育課程にはない。

そこで情報教育の概念は，我が国で 1990 年以降に政策的に定義された「情報活用能力を育成する教育」という考え方を中心に据え，専門高校の情報処理技術に関する教育も包含するものとする。また，海外の教育課程に見られる Computer Literacy や Informatics Education など，児童・生徒に情報の適切な活用能力を習得させるための教育を，我が国の情報教育という概念と関連付けて捉えることとする。そしてこの概念のもと，情報教育は，児童・生徒が高度に情報化した社会に主体的に適応し，その創造に参加していける資質や能力の育成を目標とした学習が大切であり，そこに意義があると考えられる。

1.2　情報教育の成り立ちと歴史

我が国の「情報化社会」の到来は 1960 年代からである。当時は専門家が効率良く情報処理を目指す「集中型情報化」であった。こうした社会の情報化の中での教育の対応は，「理科教育及び産業教育審議会」1969（昭和 44）年の「高等学校における情報処理教育の推進について」に示されている。そこでは，高等学校の専門学科（当時の工業科，商業科などの職業学科）で，工業関係の情報技術科，商業関係の情報処理科などが情報処理教育を推進する学科として取り上げられた。同年，高等学校学習指導要領が作成され，1973（昭和 48）年度から，工業科目の大幅再編成，商業科の改編，情報処理教育推進のための情報技術科や情報処理科の設置が高校教育の中に位置付けられた。1974（昭和 49）年に設置された学科数は情報処理科が 32 学科であった。

こうした情報処理能力の育成を図る「情報処理教育」のスタートと同時に，その充実を図る上で都道府県に情報処理教育センターが設置された。教育の情報化は，当時の職業高校から始まるが，この時期の我が国の情報化の状況は，1983 年の OECD（経済協力開発機構（1948 年設置：Organization for Economic Co-operation and Development）の CERI（教育研究革新センター：Centre for Educational Research and Innovation）が行った調査で確認できる。これは，教育の情報化について，4 つのカテゴリー（総合的アプローチ，カリキュラムアプローチ，情報機器のアプローチ，職業教育的アプローチ）により分析された。その結果，我が国は職業教育的アプローチの観点において極めて高い評価を得ている。

しかし，当時の情報教育は，1977 年の大学での専門的な情報処理教育と，専門教育としての情報処

理教育が先行する形でスタートした点に特徴が見られる。

（1）普通教科としての情報教育の始まり

　1970年代以降はマイクロエレクトロニクス技術の進歩により，コンピュータに大きな変化を引き起こした。情報化が社会に広く浸透し始め，OA（Office Automation）革命が進行する時期でもある。また，インターネットの運用が1984（昭和59）年に開始され，翌1985（昭和60）年には初代MS-Windowsが発表され，パソコンの急速な普及を見るに至った。こうした社会の変化に応じて，情報教育も成立期を迎えることとなる。

　こうした社会背景の中，イギリスや西ドイツなどの諸外国でメディア教育を推進する動きが活発になり，1982年にOECDの「教育と情報技術（Education and Information Technology）」プロジェクトが発足した。そこでは，加盟国間で教育の情報化の推進が図られ，「メディアリテラシー」や「コンピュータリテラシー」が，普通教育に求められる教育内容となった。このような一連の教育界でのコンピュータ利用状況が，1985（昭和60）年，我が国の教育の情報化政策をとる推進力となった。

（2）情報活用能力の概念と育成

　我が国の情報教育は，1969年に高等学校専門高校におけるコンピュータリテラシーあるいはプログラミングなどの情報処理教育がスタートであり，普通教育としての公立小・中・高校では1985年からスタートしている。この時期以降，情報に関する教育は，専門教育としての情報処理教育と併せ，普通教育としての情報教育も行政的対応が取られることとなった。また，同年6月に提出された臨時教育審議会第一次答申では，教育改革の基本的な考えの柱の一つに「情報化への対応」が加えられ，学校教育における情報化への対応が提言された。ただし，この段階ではまだ，情報活用能力という用語は使われていない。情報活用能力という用語が初めて登場したのは，翌1986（昭和61）年4月に出された臨時教育審議会第二次答申においてである。ポイントとしては，情報活用能力と情報リテラシーを同義語とみなしていること，情報活用能力を「読み・書き・

算」と並ぶ基礎・基本と位置付けたことである。その後，1989（平成元）年には小・中・高校の学習指導要領が全面的に改訂された。このとき中学校技術・家庭科には「情報基礎」領域が新設された。「情報基礎」領域は，主にコンピュータの基本的な操作やハードウェア・ソフトウェアの簡単な操作手順などの内容であった。それゆえ「情報活用能力」の目標を実施するためにはまだ時間がかかった。

　しかし，中学校，高等学校の情報教育の体系を考える時，教科の学習内容として情報教育が位置付けられたという点で，「情報基礎」領域の役割は大きいと考えられる。また，1990（平成2）年には，文部省から「情報教育に関する手引き」が刊行された。この手引きは，文部省がはじめて教育現場向けに情報教育の実践指針を提示したものである。実践にあたっては，中学校技術・家庭科の「情報基礎」領域のほか，たとえば高等学校段階の普通教育においては，数学科，理科，家庭科などにコンピュータなどに関する内容を取り入れた。また，専門高校では，工業科では「情報技術基礎」が必修科目として，商業科では「情報処理」などが設定され，以下各専門教科における情報に関する学習の基礎となる科目では，家庭情報処理，農業情報処理，看護情報処理などが設置された。

　こうして，情報教育の内容は，中学・高校を中心に，各教科・科目に広く分散配置される形態によって，情報活用能力の育成を図ることとなった。

1.3　情報教育の成立過程

（1）情報教育の成立前期（1985～1995年）

　1985年は我が国の「コンピュータ教育元年」と呼ばれ，情報教育の方向性を示す種々の報告書が世に出ることとなる。我が国の「情報に関する教育」は，1973年以降の専門教育としての情報処理教育と併せ，普通教育としての情報教育に行政的対応がとられることとなった。これは社会的には，1992（平成4）年以降インターネット技術やWebページの充実による企業間ネットワークの構築，電子商取引などによる世界の流通経済機構の変貌，そして日常生活でのライフスタイルの大きな変化である。電子メールは，人間対人間のコミュニケーションの形態を変え，インターネットで共有される知識は，世

界的規模での「知識の共有化」を形成し，知の在り方まで変革しようとしていた。

しかし，ネットワークによる「情報化の影の部分」に関する問題も重要視されるようになる。ネットワークセキュリティの問題は，クラッキングや不正アクセスのように，一般家庭だけでなく，企業や政府，自治体の安全をも脅かす大きな問題となった。また，インターネット人口の爆発的な増加と携帯などのメール人口の増加は，そこに流れる情報の信憑性・暴力・性・人権侵害など違法，あるいは不適切な情報に対する対処能力の育成なども課題となる。

このような社会背景の中，1985 年 6 月臨時教育審議会第一次答申では，学校教育全体の情報化対応について提言され，同年 8 月「情報化社会に対応する初等中等教育の在り方に関する調査協力者会議，第一次審議のまとめ」が提出された。そして，翌1986 年 4 月に出された臨時教育審議会第二次答申において，情報活用能力という用語が初めて登場した。

この時の答申での「情報活用能力」は，以下の 4つの内容である。

① 情報の判断，選択，整理，処理能力及び新たな情報の創造，伝達能力
② 情報化社会の特質，情報科の社会や人間に対する影響の理解
③ 情報の重要性の認識，情報に対する責任感
④ 情報科学の基礎及び情報手段の特徴の理解，基本的な操作能力の習得

次に，1989（平成元）年 3 月，小学校，中学校及び高等学校の学習指導要領の全面的な改訂が行われ，その内容が告示された。ここでは直接，情報活用能力という用語は用いていないが，関係する各教科などでその内容が取り扱われている。また，専門高校では，先述した工業科の「情報技術基礎」を始めとする「情報処理」，「農業情報処理」などが設置され，情報活用能力の実現が図られた。

（2）情報教育の成立後期（1995 年～ 2003 年）

1996（平成 8）年 7 月第 15 期中央教育審議会（第一次答申）が提出された。ここでは，今後の教育の在り方に関する基本的指針が示された。その中で，情報教育に関して以下の 4 点について提言された。

① 情報教育の体系的な実施
② 情報機器，情報通信ネットワークの活用による学校教育の質的改善
③ 高度情報通信社会に対応する「新しい学校」の構築
④ 情報化の影の部分への対応

この一次答申を受け，「情報化の進展に対応した初等中等教育における情報教育の推進等に関する調査協力者会議」と教育課程審議会とにおいて，その後の情報教育の内容などについて審議された。続く1996（平成 8）年 10 月に，情報教育調査協力者会議（主査：清水康敬）が設置され，情報教育について具体的な検討が進められた。1997（平成 9）年 10月「体系的な情報教育の実施に向けて」（第 1 次報告）は，1）情報教育の基本的な考え方，2）体系的な情報教育の内容，が提言され，表 5.1 に示すように情報活用能力の 3 観点 8 要素が設定された。

その後，翌 1998（平成 10）年 7 月教育課程審議会は「幼稚園，小学校，中学校，高等学校，盲学校，聾学校及び養護学校の教育課程の基準の改定について」を答申した。

こうして情報教育の内容が整理されたのを踏まえ，小学校では系統的な教育が行われるよう関係教科などの改善充実を図り，情報通信ネットワークなど情報手段を活用できる基礎的な資質や能力を培うこと。中学校では各教科の中での教育はもちろん，技術・家庭科でコンピュータの基礎的な活用技術の習得など情報に関する基礎的内容を必修とすることになり，高等学校では情報手段の活用を図り情報を適切に判断・分析するための知識・技能を習得させ，情報社会に主体的に対応する態度を育てること

表 5.1　3 観点 8 要素

3 観点	8 要素
情報活用の実践力	・課題や目的に応じた情報手段の適切な活用
	・必要な情報の主体的な収集・判断・表現・処理・創造
	・受け手の状況などを踏まえた発信・伝達
情報の科学的な理解	・情報活用の基礎となる情報手段の特性の理解
	・情報を適切に扱ったり，自らの情報活用を評価・改善するための 基礎的な理論や方法の理解
情報社会に参画する態度	・社会生活の中で情報や情報技術が果たしている役割や及ぼしている 影響の理解
	・情報モラルの必要性や情報に対する責任
	・望ましい情報社会の創造に参画しようとする態度

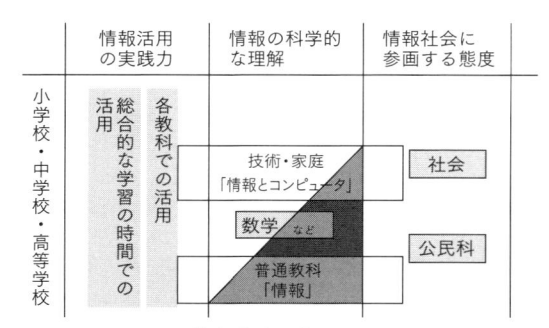

図 5.1　情報教育の体系化イメージ

などを内容とする教科「情報」を新設した。これら体系化の当時のイメージを図 5.1 に示す。

　こうして小学校，中学校及び高等学校段階を通じて，コンピュータや情報通信ネットワークの積極的な活用を図るとともに，情報に関する教科・内容の充実が図られた。

　すなわち学習指導要領上の「体系的な情報教育」とは，小学校から高等学校段階の「総合的な学習の時間」や各教科の情報に関する内容，中学校技術・家庭科の「情報とコンピュータ」，高等学校の教科「情報」の一連の流れの中で，情報活用能力の育成を目標とした教育を指す。

（3）情報教育の展開期（2003 年以降）

　1990 年代に爆発的に進行した情報化の波は，2000 年以降もその勢いを留めることはなかった。インターネット人口は，1998（平成 10）年の 11％から 2010（平成 22）年以降は 97％以上となった。そして一般社会へのメディアの普及は，高速情報ネットワーク化や低価格化といったさまざまな機能や操作性の向上を伴い，会社や自宅，外出先など場所を問わない情報のクラウド化へとますます情報化が進展してきた。しかしながら，このような情報科の状況に伴い，メディアなどの所持者も低年齢化し，便利さの一方では情報モラルの問題が深刻化してきた。たとえば，サイバー犯罪（ネットワーク利用，不正アクセスなど）やネットワーク犯罪（児童買春・児童ポルノ法違反，青少年保護育成条例，出会い系サイト，著作権法違反，わいせつ物頒布など）などである。

　このような社会の情報化の中，2003 年以降我が国は，科学技術立国の積極的推進が大切であるとい

う危機意識が社会の中に共有され，科学技術立国を築き上げる人材の育成への期待の高まりの中，普通高校では教科「情報」が設置された。

　しかし，2006（平成 18）年には，高校において未履修問題など教育が抱える歪みを露呈する事件が話題となり，教育行政や教科「情報」へ少なからず影響を及ぼすこととなった。この時期は，2004（平成 16）年に「IT 新改革国家戦略」と称して 2010 年までに全国の公立小中高校の教員 1 人 1 台を目標にパソコンを導入する計画があった。同時に 2006（平成 18）年 12 月，経済や政治の変化に呼応し，社会システムの改革の一つとして教育基本法が約 60 年ぶりに改正され，国際社会で生き抜く力の育成をさらに進めるに至り，教育の新しい理念が定められた。また，2007（平成 19）年 6 月には教育基本法改正を受けて，学校教育法の一部改正が行われ，新たな義務教育の目標が規定されるとともに，各学校段階の目的・目標規定が改正された。そして，この時期は学習指導要領が小・中・高校で改訂される時期である。まず 2011 年（平成 23 年度）は小学校で，次に 2012 年（平成 24 年度）は中学校で，そして 2013 年（平成 24 年度）は高等学校で学習指導要領が改訂された。情報教育においては，小・中・高校での「総合的な学習の時間」での情報教育は据え置きされたものの，中学校技術・家庭科技術分野では，内容が前学習指導要領期の 2 内容から 4 内容に再編され，すべてが必修とされた。そして，内容 B.「情報とコンピュータ」は，内容 D.「情報に関する技術」に改変された。

　高校普通教科「情報」は，共通教科情報科と改訂された。改善の方針としては主に「情報活用の実践力の確実な定着や情報に関する倫理的態度と安全に配慮する態度や規範意識の育成を特に重視した上で，生徒の能力や適性，興味・関心，進路希望等の実態に応じて，情報や情報技術に関する科学的あるいは社会的な見方や考え方について学ぶこと」である。科目構成は，「社会と情報」と「情報の科学」の 2 科目に再編された。専門科目「情報」については，「情報産業の構造の変化や情報産業が求める人材の多様化，細分化，高度化に対応する観点から，情報の各分野における応用的・発展的な知識・技術や職業倫理等を身に付けた人材を育成する」という

観点から，従前の 11 科目が 13 科目に再編された。この学習指導要領の改訂を踏まえ，文部科学省は，情報活用能力を育成することを狙いとする情報教育と，教授・学習ツールとして ICT を活用することを明確に区別した。また，情報教育においても情報モラル教育に 1 章を割き，その重要性を明確に指摘している。その後，情報モラル教育は，「情報モラルキックオフガイド」をはじめとして，学校現場での授業実践を支援するさまざまな資料や教材が開発・流通されるようになってきている。

　このように，我が国の情報教育は，1960 年代から職業教育的アプローチに基づく情報処理教育としてスタートした後，社会における情報化の進展に呼応するように，普通教育としての情報教育へ深化・進展してきた。その中で，我が国固有の能力観である情報活用能力が中核的な役割を担ってきた。このように育成すべき能力感を中核に小中高校の各段階で教育課程を編成しえた点に，我が国の情報教育と諸外国のコンピュータリテラシー系の教育の差異を見て取ることができよう。

1.4　情報教育の理念と役割

（1）情報教育の理念

　情報教育は，各学校段階において，教育活動全体を通して系統的・体系的に行われることが求められている。普通高校と専門高校の教科「情報」はそうした情報教育を支える中心的教科の一つである。そこで，情報教育の理念としては，小・中・高等学校のすべての教育活動（教科，学級，行事活動など）

の中で体系的に組み込まれ，実践されるべき目標として位置すべきである。

（2）情報化に対応する情報教育の役割

　「情報化に対応する教育」あるいは「教育の情報化」の目的は，①情報活用能力の育成，言い換えれば体系的な「情報教育」の実施に加え，②各教科などの目標を達成する際に効果的に情報機器を活用することを含んでいる概念である。このように情報教育は，情報活用能力の育成を目標とし，先述の 3 観点から構成されている。学習の範囲は，情報技術が生活や産業に果たしている役割，情報モラルやマナー，プライバシー，著作権，マスメディアの社会への影響などが考えられる。これらの目標は，互いに独立した目標ではなく，相互に関連を持ち総合的に達成されなければならない。実践を通して科学的な理解が深まり，科学的な理解の下で確実な実践力や情報社会に参画する態度の形成が可能となる。また，「情報化の進展に主体的に対応できる能力と態度」という上位目標は，情報手段を駆使した実習を通じて，「習得」「養う」「理解」によりバランスよく育てることである。教育の目標は「自主・協調性を培い自ら学び考え，夢と希望を持ち，個性豊かに，心豊かに明るく生き抜く力を養う」ことにある。その点情報教育は，物事の基礎・基本から，創造的で豊かな感性を育む土台が築かれ，課題を克服する能力を備えた人材を育成するものであるから，たいへん意義のある教育内容と考えられる。

2. ディジタルと情報技術

2.1　情報を扱う科学技術の基本原理とテクノロジー

　現在使用されているコンピュータの汎用性は非常に高く，同一のハードウェアであっても，ソフトウェア次第で全く異なる処理が行え，さまざまな目的に利用することができる。これは，コンピュータにおいては，処理されるすべての情報がディジタル化されており，そのディジタル化され一元管理できるようになったデータを，計算化（プログラム化）できるからである。このディジタル化と計算化（プ

ログラム化）という 2 つの原理は，自然界には存在せず，テクノロジーによってもたらされている。つまり，あらゆる情報をどのようにしてディジタル化するのか，そして，ディジタル化された情報をどのようにして計算化・プログラム化するのか，その目的のために新しいテクノロジーが開発され，現実世界に影響を与える。さらに，情報技術は自然界のみならず，サイバー世界を作りだし，自らが作り出したその世界を対象にして新たに研究が行われ，技術革新が進むことで，自らに影響を与える。これは，

他の学問にはない特質と言われている。

2.2 ディジタル化の方法とデータのサイズ

ディジタル化とは，連続量を離散値で表現できるようにすることを指す。そのため，ディジタル化には，連続的なものをどのように切り出すか（標本化：サンプリング），切り出したものをどのような大きさに表せるか（量子化），その大きさを2進数でどのように表現できるか（符号化：エンコーディング）という過程がある。離散値として最も単純で基本となるのは，あるか・ないかという2種類を区別することである。従って，ディジタル化されたデータを扱うには，何らかの方法で2種類の状態を作る必要がある。

コンピュータは電気によって稼働するため，電圧の高低や電荷の有無などで2種類の状態を表して，電気的に情報を処理している。それ以外にも，音であれば音が鳴っている・鳴ってないという状態（テープメディアへの保存の原理），平面であれば穴が空いている・空いていないという状態（CD, DVD, Blu-Ray ディスクなど光学メディアへの保存の原理），磁石であればN-S・S-Nといった磁極の向きの状態（フロッピーディスクやハードディスクなどの磁気ディスクの原理），そして人間が数学として計算する場合には，0・1という数字を用いることで，ディジタル化された情報を処理している。

（1）文字のディジタル化

数字や文字のように，もともとが連続量ではなく記号化されているものや，キーボードから入力される情報も2種類の状態の組み合わせに変換されて処理しなければいけないので，扱う文字や記号1つ1つの種類を識別できるよう符号化する必要がある。この文字と符号の対応表を文字コードと呼ぶ。英文表記であれば，アルファベットの大文字・小文字および記号などを含めても7 bit（128種）の符号の種類があれば十分割り当てることができる（実際にはエラーチェックのパリティビットとして1 bit 加えられているため8 bit で扱われる）。これは ASCII（American Standard Code for Information Interchange）と呼ばれ，コンピュータにおける基本的な文字コードとされている。しかし，日本語などは，アルファ

ベットよりも文字種が多いので7 bit で表現できる符号の種類が足りず，ASCII ではすべての文字を符号に割り当てられない。そこで現在では，bit 数を増やした文字コードを使って世界中の文字を表現している。例えば，Shift-JIS や EUC などの文字コードは日本語を 16 bit（2 Byte）で表すが，UTF-8 では文字によっては 24 bit（3 Byte）で表している。

（2）静止画像のディジタル化

写真やイラストなどをディジタル化する場合には，解像度と階調を決めなければならない。つまり，対象とする画像の形状の縦横をどの程度細かい点（ピクセル）に分けるか（解像度），そしてその点を何段階の明るさで表現するか（階調，単位は bit）ということである。1 ピクセルの色を表現するためには，光の三原色である緑（G）・赤（R）・青（B）のそれぞれの明るさを決める必要がある。仮にこの各色が完全に点灯（1）しているか，消灯（0）しているかという2つの状態（1 bit）を表すならば，1 ピクセルあたり 3 bit の色情報を持つことになり，表現できる色の種類は加法混色により表 5.2 のように 8 色（$2^3=8$）となる。より多くの色を表現するためには，完全点灯と完全消灯までの明るさの段階を細かくすればよい。写真等では完全点灯から完全消灯までを 256 段階（8 bit）に分け，1 ピクセルあたり 24 bit の色情報で表現されることが多い。この場合であれば，$2^{24}=$ 1,677 万 7,216 色の表現ができることになる。

この 1 ピクセルあたり 24 bit のカラー情報を，横 1,920 ピクセル，縦 1,080 ピクセルの解像度で画面表示するのに必要となるビデオメモリ（VRAM）は以下のように求められる。

表 5.2 3 bit の色情報で表現できる色の種類

緑（G）	赤（R）	青（B）	表示される色
0	0	0	黒色
0	0	1	青色
0	1	0	赤色
0	1	1	紫色
1	0	0	緑色
1	0	1	水色
1	1	0	黄色
1	1	1	白色

総ピクセル数（1,920×1,080）について，各ピクセルに 24 bit の色情報があり，それを Byte 表記に直すために 8 で割ることになるので，

$$1,920×1,080×24÷8=2,359,296（Byte）$$
$$≒ 5.9（MByte）$$

となる。

さらに多くの色を表現したければ，32 bit の色情報にすることも技術的には可能で，その場合には，使用される VRAM は約 7.9 MByte となる。しかし多くの人間にとって，24 bit 以上の発色があってもその違いを識別できないため，32 bit にした際の差分である約 2 MByte もの VRAM の消費は無駄とも言える。そのため現実的には 24 bit を上限とすることが多い。解像度についても同様のことが言える。これはディジタル化の性能・精度が高ければよいわけではないことを示す一例と言えよう。ファイルサイズが大きいと，その負荷の分だけコンピュータの処理能力が必要になるため，利用可能な技術のレベル，経済性及び社会からの要求などによって最適なディジタル化の精度が決まる。

（3）音のディジタル化

音のディジタル化を考える場合，静止画像と大きく異なるのは，ディジタル化の対象が時間の経過とともに変化するということである。マイクによって電圧の大きさに変換される。時間の経過をどの程度細かく分け（標本化，1 秒間あたりの標本化は標本化周波数（単位は Hz）で表す），分けられた時刻における電圧の高さを何段階で表現するか（量子化，単位は bit）を考える。例えば図 5.2 は，波形として示されている音をディジタル化する場合，同一の量子化ビット数で，標本化周波数が異なる場合のイメージである。図 5.3 は，同一の標本化周波数で，量子化ビット数が異なる場合のイメージである。標本化周波数および量子化ビット数が高い方が，元の波形をより正確に再現しているが，構成される四角の数が多いことで，それだけデータの量が大きくなるイメージをつかむことができよう。

音の場合も，画像と同様に技術的には標本化周波数および量子化ビット数を上げることは可能である。例えば，標本化周波数を上げれば，音の高さがより再現でき，量子化ビット数を上げれば，音の強

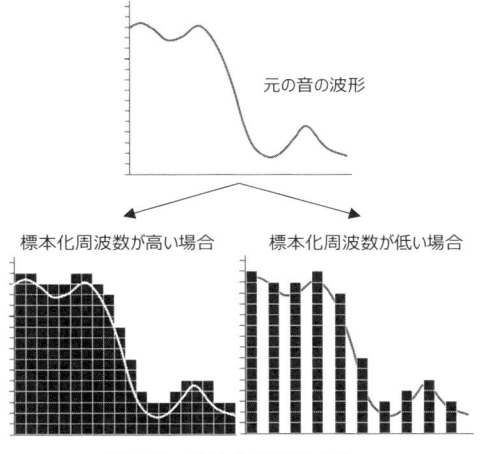

図 5.2 標本化周波数の違い

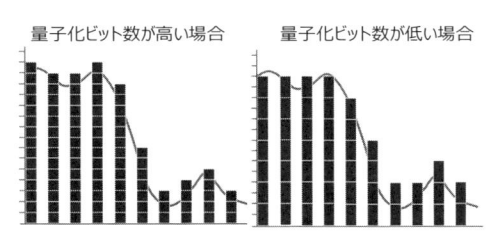

図 5.3 量子化ビット数の違い

さがより再現できる。しかし，CD の場合には，人間の耳の認識能力，技術レベル，商品としての市場の状況などとの妥協点として，周波数は 44.1 kHz（1 秒間に 44,100 回）で，量子化ビット数は 16 bit と決められた。近年では，技術の向上に加えて，音楽の流通形態が音楽データで配信されることも増え，また音楽プレイヤーの処理能力やデータ保存容量などの背景もあり，ハイレゾ音源と言われる，標本化周波数量子化ビット数が CD よりも高い，より高音質なものも扱われるようになってきた。

ところで，音楽ファイルなどでは，そのディジタル化の精度を示す単位としてビットレート（bps: bit per second）が用いられる。これは，1 秒間あたりのデータ量を標本化周波数×量子化ビット数×チャンネル数として計算される。例えば，CD の場合では，

$$44,100（Hz）×16（bit）×2（stereo）$$
$$=1,411,200（bps）≒ 1,411（kbps）$$

となる。

なお，動画の場合は，1 秒間を何で表現するかというフレームレート（fps: flame per second）によって，

時間経過における映像の変化をそれぞれ離散化している。

　現実的には，静止画・動画および音の場合も，データサイズを小さくし取扱いを容易にするために，さまざまな圧縮方式が用いられる。私たちが感じる品質はディジタル化の方法だけでなく，圧縮方式によっても大きく異なる。

2.3　電子回路とプログラミングによる情報の処理

　ディジタル化された情報はあるか・ないかという 2 つの状態，つまり 0 と 1 に置き換えられるデータの列となって，コンピュータで処理される。このデータをどのように処理するのか，これが 2 つめの基本原理である計算化（プログラム化）である。それは，論理演算という形で設計され，トランジスタ（IC）によってハードウェアに実装される。人間によって書かれたプログラム自身も，結果的には機械語として 2 進数で処理される。機械語は人間には分かりにくく扱いにくいため，人間が機械語を書くことはほぼない。そこで人間が分かりやすく書けるようにするために，プログラミング言語が開発された。人間が書いたプログラムは，コンパイラと呼ばれるソフトウェアで機械語に変換される。使用するプログラミング言語によって，人間がどこまでコンピュータについて理解していなければいけないか，そしてどのような処理が可能であるかが決まる。

　0 と 1 で表現された機械語を電気的に制御するには，わずか 3 つの単純な処理を組み合わせて複雑な処理を実現している。図 5.4 は，その 3 つの論理回路である。右側は，ロジック IC の論理演算を示す MIL 論理記号で，左側は電球とスイッチで同じ働きをする回路を示している。つまり，スイッチの直列接続は AND 回路，並列接続は OR 回路そしてスイッチの反転回路は NOT に相当する。AND 回路では，2 つのスイッチが両方押されたときに電球が光り，OR 回路では片方のスイッチが押されれば電球が光る。NOT 回路では，スイッチが押されると電球が消える。電球とスイッチの回路における 2 つのスイッチは，ディジタル IC の入力端子に相当する。ロジック IC の回路では，スイッチを入れる代わりに，IC の端子にかかる電圧が，一定の値（閾値：しきいち）よりも高いか低いかで処理が行われる。

IC の種類によって，その閾値は異なるが，例えば，図 5.5 のような特性を持つ NOT 回路の IC の場合，約 2.5 V よりも高い電圧であれば，すべて「電圧が高い」と判断される。そのため，多少電圧が変化したり，信号に余計な電圧（ノイズ）が入り込んだりしても，閾値を超さない限りは信号の処理の結果に影響を与えにくい。このことが，ディジタル回路はノイズに強いと言われる理由である。

　こうした論理演算は，ロジック IC を使い実際に結線して回路を組むことで実現できるが，別な演算をする場合には，再度結線し直さなければならない。しかしプログラム可能な IC などを使うことで，結線し直さなくても（同一のハードウェアで），プログラムを書き換える（ソフトウェアを変える）だけで異なる処理が可能になる。例えば，先の図 5.4 の処理をプログラムで表現する場合は，ディジタル回路で電圧が高い状態を 1（真：True）とし，そう

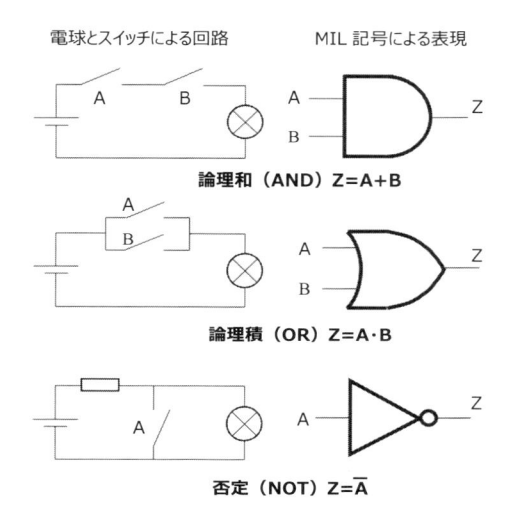

図 5.4　スイッチ回路による論理回路表現

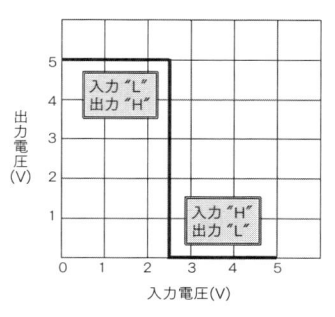

図 5.5　ディジタル IC の閾値例

でない状態を 0（偽：False）として扱うことができる。これは例えば，表 5.3 のように使用される。表中の a や b は入力される変数を示している。a や b の個所は，同表の否定（NOT）に示したように，等号や不等号などの比較演算子を使った式を入れることで，複雑な論理演算を平易に記述することができる。

表 5.3　プログラミングによる論理演算の例

論理積（AND）

C や Java の例(&&)	if(a == 1 && b == 0)z = 0;
BASIC の例(AND)	IF a = 1 AND b = 0 THEN z = 0
a が 1(True)かつ b が 0(False)なら z を 0(False)にする	

論理和（OR）

C や Java の例(||)	if(a == 1 || b == 0) z = 1;
BASIC の例(OR)	IF a = 1 OR b = 0 THEN z = 1
a が 1(True)または b が 0(False)なら z を 1(True)にする	

否定（NOT）

C や Java の例(!)	if(!(a<1)) z = 1;
BASIC の例(NOT)	IF NOT a<1 THEN z = 1
a が 1 よりも小さくなければ(1 以上ならば)z を 1 にする	

3. 計測・制御のプログラミング

3.1　学校における計測・制御学習

　我々の生活の中にはコンピュータや電子機器があふれている。家電製品の中にもプロセッサが組み込まれていて，快適に生活を過ごせるようになっている。家庭の中でのプロセッサ組込機器の事例としては，コンピュータやスマートフォンを始めとして，炊飯器，冷蔵庫，電子レンジ，ガス調理器，電磁調理器，洗濯機，エアコン，温水洗浄便座，掃除機，炊飯器，電子レンジ，食器洗浄機，2K・4K・8K のテレビ，CD/DVD プレーヤー，体脂肪計，ディジタルカメラなど，さまざまな製品がある。

　中学校技術・家庭（技術分野）では「計測・制御のプログラミング」が情報学習内容の主要な位置付けとなっている。この言葉の中には「プログラム」，「計測」，「制御」の 3 つの用語が含まれている。

　「プログラム」は，処理の流れの概念であるアルゴリズムをコンピュータ内のプロセッサが理解できる言語（プログラム言語）によって記述したものであり，この流れに従ってコンピュータのプロセッサや周辺装置は動作する。「計測」は，対象物の物理的な位置や動きなどをセンサで電圧として測定してディジタル情報をコンピュータに取り込むものである。このとき，ディジタル情報を直接取り込む場合と，A-D 変換器（Analog-Digital Convertor）を介してアナログ情報をディジタル情報に変換して取り込む場合がある。「制御」は，対象物を操作するための理想的な値をコンピュータ内部で計算し，ディジタル情報を物理的な電圧に変換してコンピュータから外部に出し，電力エネルギーを増強し，さらにアクチュエータを動かして対象システムを操作するものである。これらの一連の操作が「計測・制御のプログラミング」となる。

　中学校技術での当初の学習内容は，プログラムと計測・制御を別々に学習することができる「プログラムと計測・制御」として組み込まれていたが，現在はこれらを連動させて高度な学習を伴う「計測・制御のプログラミング」となっている。

　学齢に応じたプログラムの学習については，次のような流れとなっている。小学校では，アルゴリズム学習を主体としながらプログラミングを意識した論理的思考力育成が 2020 年度全面実施として行われる。中学校では，これまでも行われていた内容ではあるが，センサで計測した後に移動物や光点滅などを制御する簡単な計測・制御がプログラム作成を通して行われ，さらには 2021 年度全面実施としてウェブ環境などを介したネットワーク上でのコンテンツ交換のプログラム作成も含まれることになる。高等学校では，すでに工業高校などでのプログラミング教育が進んでいるが，普通高校でも 2022 年度から年次移行実施となる情報 I や情報 II の設置に伴い，情報 II の中で計測・制御が扱われる可能性もあ

る。大学においては，基本的な情報リテラシー教育は高等学校までで終わっている状況になるため，さらに深みのある情報教養教育の推進が必要となっている。

このように，従来の情報環境を支える人材育成としてのプログラムに関わる学習は，情報環境を利用する人材にとっても基礎知識となりつつあり，アルゴリズムの中での処理の流れの考え方の育成は，万人が生きるための必須条件となっている。

3.2　計測・制御の考え方

対象物の位置や動きなどをセンサなどにより計測し，対象物が目的の位置や動きなどになるようにアクチュエータなどを介して制御することが，計測・制御の基本的な考え方になる。このとき，計測した情報に応じて次の処理段階に進むかどうかを判断する考え方と，計測した情報が対象物の出力でありこれを目的の値に変化させるように操作する情報を計算する考え方により，図5.6のシーケンス制御と図5.7のフィードバック制御に分かれる。

図5.6のシーケンス制御は，あらかじめ定められた手順に従って各段階の作業を順次進めていくものである。例えば，荷物配送業務での配送先分岐作業では，ベルトコンベアを流れていく荷物が光センサにより配送先トラックの位置に届いたと判断されれば，配送先トラック方向のベルトコンベアに荷物の流れる方向を切り替えるなどの事例が考えられる。また，家庭の中では，洗濯機を空回りさせて惰性で回る状態の発電電圧を計測して洗濯物の量を推定し，排水口を閉じた後に洗濯に見合う水量を給水用電磁弁を開いて給水し，センサにより水位を検知し，目的の水量になれば電磁弁を閉じて給水を停止し，予め選んだモードに応じた洗濯・脱水をして，終わればブザーを鳴らして電源を切る作業もシーケンス制御の事例となる。

一方，図5.7のフィードバック制御は，制御量と呼ばれる制御対象物の出力をフィードバックして予め設定した目標値と比較し，その差を利用しながらコンピュータで対象物を動作させるための操作量を計算して，対象物を目的の位置や動きになるように動作させるものである。このとき，予期しない変化が発生しても負のフィードバックにより安定性が保たれるように構成することが可能となる。フィードバック制御のうち，目標値を一定に保つ場合を定値制御，変化する目標値に制御量を追従させようとする場合を追値制御という。前者は工場プラントなどのプロセス制御に多く，後者はロボットなどのサーボ機構に多い。

フィードバック制御の考え方は，古くはジェームズ・ワットが実用化して1788年に特許が成立した機械式の遠心調速機による。これは，蒸気機関の回転数が上がると軸の周りの錘が遠心力で外に広がり，てこの原理でこれに連動している弁がバブルを閉じる方向に動き，逆に回転数が下がるとバブルを開く方向に動き，結果として回転数を一定にする機構となっている。20世紀に入ってコンピュータが発明されるとフィードバック制御は電子的な動作に変わり，コンピュータの演算速度の向上とともにフィードバック制御の質も向上してきた。

フィードバック制御の数理的手法としては，PID制御と最適制御が代表的である。対象物の数理的構造が不明な場合は，目標値と対象物出力の差の比例，積分，微分を組み合わせて利用するPID制御が用いられる。対象物の数理的動特性を把握できる場合は，入力エネルギーと出力エネルギーの調整の比率を指定するのみで手軽に操作できる最適制御が有効である。PID制御は手軽に用いることができる

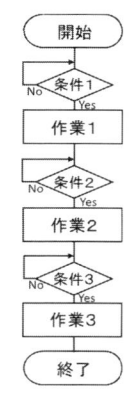

図5.6　シーケンス制御

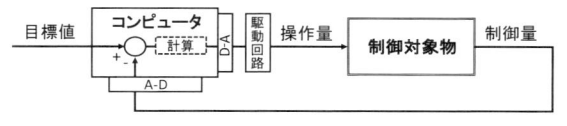

図5.7　フィードバック制御

反面，パラメータ設定に時間を要する。逆に最適制御は，対象物の動特性の数式モデルを予め推定して制御係数を計算する必要があるが，近年ではコンピュータのソフトウェアツールが完備しているために，一度動特性を推定すれば後は手軽に安定して用いることができる方法となっている。

3.3　中学校での計測・制御学習事例

中学校で行われている計測・制御のプログラミングでは，コンピュータでのプログラム制作，制作プログラムのコンパイル，コンパイル後の実行形式ファイルまたは中間言語ファイルの教材内プロセッサへの書き込み，教材の動作確認が必要であり，これらの一連の流れを繰り返して学習を進めている。このとき，実行形式ファイルまたは中間言語ファイルの教材内プロセッサへの書き込みは，ネットワークや USB ケーブルを介してコンピュータから直接書き込む方法や教材のプロセッサを取り外して PIC-Writer などを用いて書き込む方法が用いられている。

中学校で行われている計測・制御学習では，操作する物理的なエネルギーとして，LED やスピーカーなどを介した電気から光・音への変換や，モータなどを介した電気から運動への変換が広く行われている。また，これらを発展させて，電照栽培や水耕栽培などにも応用されている。

電気エネルギーから運動エネルギーへの変換の教材例としてライントレーサーやロボット迷路走行などが挙げられる。中学校で用いられている移動ロボットでは，アクチュエータとしてモータを 2 個取り付けたものが多い。ライントレーサーでは，白地と黒地を区別して黒色ラインの境界を検出するためのセンサとしてのフォトリフレクタを 1 個，2 個または 3 個取り付けている事例がある。センサが 1 個の場合は走行ロボットを常に左右に振って境界線を検出する必要がある。右に振って白（高レベル）から黒（低レベル）に変わると黒色ラインの左端を検出でき，逆に黒から白に変わると右端を検出できる。センサが 2 個の場合は左右のセンサのレベルの違いで境界を検出できる。センサが 3 個の場合は，多数決論理で黒色ラインの左側に寄っているか右側に寄っているかを検出できる。一方迷路走行では，

距離センサを 1 個または 2 個取り付けている事例がある。センサが 1 個の場合は，壁に近づくと少し後ろに戻り，どちらかに回転して再度前進を進める。センサが 2 個あると，左右のセンサの検出距離の違いから壁との角度がどの程度かを判断することができる。

これらの学習では，入力としてディジタル入力またはアナログ入力を用いているが，出力はディジタル情報でのオン・オフを扱う事例が多く，図 5.6 のシーケンス制御の中での各々の作業で簡単なフィードバック制御を扱っている形態と捉えることもできる。

中学校での計測・制御学習では駆動モータの状態を詳細に計測することは少ないが，一般のロボットの場合は位置制御や速度制御のために位置や速度を測定するためのセンサをモータに取り付ける。この場合のセンサとして，アナログセンサの場合は回転速度が電圧として出力されるタコジェネレータなどが，ディジタルセンサの場合は回転状況がパルスとして出力されるエンコーダが使われる。エンコーダの内部には周辺付近に光を通過させる穴の開いた円板があり，この穴をフォトインタラプタで挟んで光のオン・オフを電圧の上下変化としてカウントすることにより回転角度や回転速度を計算できるようになっている。また，最近では小型で安価な加速度センサも販売されており，ある程度の精度で十分であれば加速度を積分することにより速度や距離などの算出も可能である。中学校の教材では，ギアなどの摩耗により長時間使用するとロボットの直進性が崩れてくるが，左右のモータにエンコーダなどのセンサを付け，実測値から駆動値を修正して直進性を維持するプログラムの学習も今後は必要であろう。

3.4　PIC-GPE による計測・制御学習教材

中学校における「計測・制御のプログラミング」ではプログラムについての学習とそれに引き続く計測・制御の学習を連動させる必要がある。広く利用されているプログラム学習教材では，アルゴリズム学習がプログラミングに発展していない事例や，プログラミング後のコンパイル操作と教材動作に時間的な空きが生じる事例があった。また，プログラミングの学習はかなりの時間を必要とするため，指導

経験が少ない中学校教員の場合は荷が重い状況となっていた。これらの問題を解決するために，図5.8に示すPIC-GPEを開発した（http://www.naruto-u.ac.jp/facultystaff/kikuchi/pic/index.html）。

PIC-GPEは各種制御用機器に組み込まれているPICマイコンを扱い，直接C言語のプログラムを制作することなくマウス操作のみでPICを操作できる環境としている。具体的には，マウスを用いてアイコンを接続させながらフローチャートを組み立ててアルゴリズムを具現化し，「ソースコード表示」ボタンと「ソースコード変換」ボタンの操作によりC言語に変換し，さらに「コンパイル」ボタンの操作でC言語からPIC用のHexファイルにコンパイルし，最後にプログラム転送モードにしているPICに対して「書込み実行」ボタンを押すことによりコンピュータ上で作成したHexファイルをPICに転送して自動実行させる環境となっている。

PIC-GPEの画面構成は，作業の流れに応じて上から下へメニューを進めていくようにしており，また各々の作業の細かい操作は左から右へメニューを進めていくようにしている。制作したフローチャートは読み出しや保存ができるようにしており，授業時間内に作業が完結しない場合でも次回に引き続いて作業を継続できるようにしている。

フローチャートを作成するためのアイコンのメニューは，JIS規格の基本的なもののみを選んでいるが，RGBの3ビットのオン・オフ出力からPWM操作でフルカラーLEDを光らせることができるメニューを追加している。さらに，フルカラーLEDの明るさを時間的に変化させる機能も追加している。図5.8の中央部にあるフローチャートブロックの右上のモニタアイコンを押すと，PICマイコンの

端子の電圧情報がコンピュータのモニタ上で表示できるようにしている。これにより，プログラムにより指示されたPIC側の入出力情報がすべてコンピュータ側で表示・保存でき，計測・制御学習を深化させることができる。

図5.8の一番右側のC言語環境では，編集モードにすることにより直接C言語を編集することができ，簡易なフローチャート操作のみでは実現できない機能を容易に追加できるようにしている。また，ステレオ音声を意識してアナログの入力ポートは2ポートを標準としているが，必要であればアナログ入力数を変更できるように，Linuxの差分ファイルと同様な機能を組み込んでおり，学習環境に応じて入出力ポートを自在に変更できるようにしている。さらには，近年は帰国子女も多くなっているため，メニューをマルチリンガル環境としており，ヘルプ言語表に新たな言語のヘルプ文章を追加すれば，ヘルプメニューを目的の言語で表示できるようになっている。

アルゴリズム学習環境のみでは利用可能性が低いため，図5.9に示すPIC-GPE組込みLED発光教材も開発している。また，図5.10にLED発光教材基板パターンを示している。特に，基板の左側に入力端子を備え，右側には出力端子を備えたことにより，利用可能性を格段に拡張でき，どのような入出力機能にも対応できるようにしている。このように，パターン焼付基板を利用することにより製作作業時間を短縮させることができるが，加えて左右の

図 5.9　PIC-GPE 組込み LED 発光教材

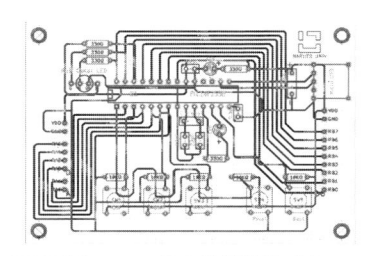

図 5.10　LED 発光教材基板パターン

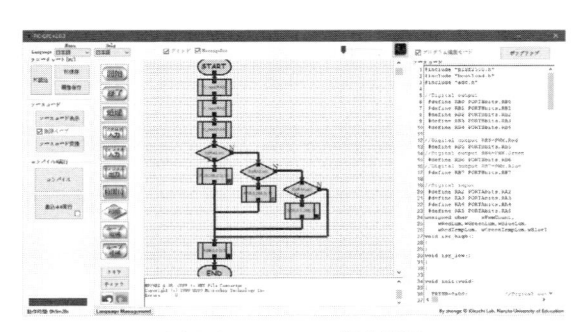

図 5.8　PIC-GPE 操作画面

端子に入力端子と出力端子を配置することにより，新たな拡張システムの設計学習もできる構造としている。

　実際，小学生から高校生までを対象として PIC-GPE により「世界に一つしかない光らせ方」の講習を行ってきているが，受講者に順次・分岐・反復の概念とメニューの基本操作を教えるだけで，後は自分で操作を続け，2 時間程度で思い通りのフルカラー LED の光らせ方を創り上げることができている。これは，今後行われる小学校での論理的思考力を身に付けるためのプログラミング的思考教育の活動でも利用できることを意味している。

　PIC-GPE 環境は，中学校での技術教育でも利用でき，さらに高等学校での専門学科でも利用できる。今後は高等学校普通科でも普通教科情報の情報 II の科目で制御が扱われる可能性があるが，高等学校では C 言語のプログラミングを行う可能性もあり，その場合には PIC-GPE 環境の右側のプログラム部分を直接編集して学習を行うことも可能である。

3.5　ホームオートメーション教材応用

　中学校での技術教育では，生活に必要な基礎的・基本的な知識および技術の習得を通して，生活と技術との関わりについて理解を深め，進んで生活を工夫し創造する能力と実践的な態度を育てることが重要となる。現在は家庭における情報化が急速に進んでおり，その意味でホームオートメーションは適切な教材となる。

　図 5.11 に，アクリル板で製作したホームオートメーション教材を示す。1 階右側の玄関にはチャイムがあり，これを押すとコンピュータ上の情報が変化する。1 階の左側には風呂を配置しており，ドアの裏側のタンクに蓄えた水をプログラムにより給水し，水位センサにより適量で停止させ，電磁リレーにより水槽用の 100 V ヒータで加熱し，温度センサで適温になったかどうかを調べて過熱を停止することができる。2 階の寝室では 100 V 室内灯のオン・オフができ，左右のカーテンを 1 個のモータの左右回転で同時に開閉させ，就寝時には窓のタッチセンサが防犯センサとして機能するようにしている。製作したホームオートメーションの回路構成を図 5.12 に示す。また，センサ・アクチュエータとポートの対応を表 5.4 に示す。

　図 5.13 は左側の窓を開けた場合の防犯センサの

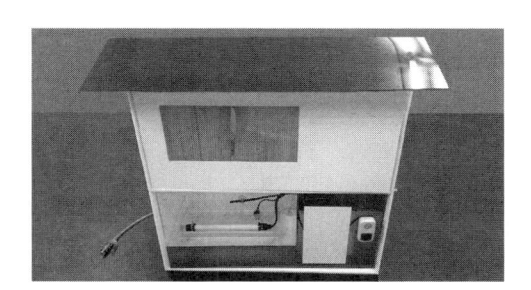

図 5.11　ホームオートメーション教材

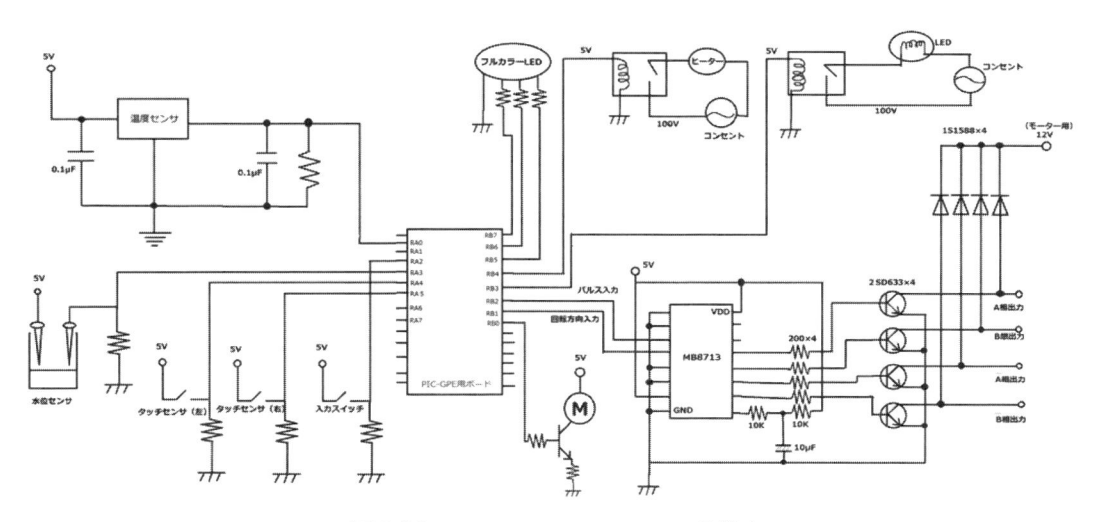

図 5.12　ホームオートメーション回路構成

表5.4　センサ・アクチュエータとポートの対応

入力		出力	
センサ	ポート	アクチュエータ	ポート
温度センサ	RA0	ポンプ用モータ	RB0
入力スイッチ	RA2	カーテンレール用モータ	RB1 RB2
水位センサ	RA3	室内灯	RB3
左窓タッチセンサ	RA4	水槽用ヒータ	RB4
右窓タッチセンサ	RA5	フルカラー LED	RB5 RB6 RB7

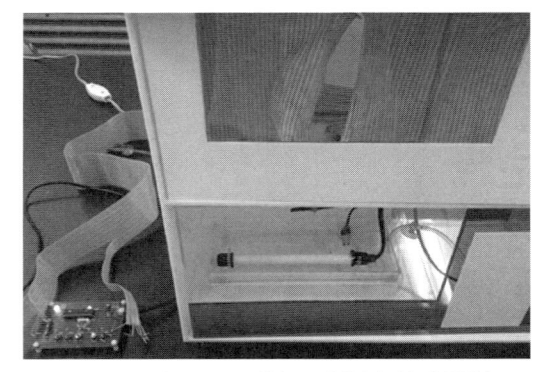

図5.13　防犯センサ機能の動作例（左窓開放）

動作を示しており，図の左下にあるフルカラーLED の色の違いによって防犯センサの検知状態を表示できるようにしている。

3.6　計測・制御のプログラミングのまとめ

当初行われていた中学校での「プログラムと計測・制御」は，プログラム制作と計測・制御動作を連動させた「計測・制御のプログラミング」に変わったが，新しい学習指導要領ではほぼ同じ内容ではあるがプログラミングが強調された「計測・制御のプログラミング」の表現に変わっている。これは，小学校でのアルゴリズム学習を通した論理的思考力

育成に引き続いているものであり，また高等学校での完全なプログラミング学習への接続にもなっている。情報の学習では情報の処理の理解が重視されるが，これは生活の中での状況判断の能力育成としても重要な概念である。順次・分岐・反復の情報処理機能を制御教材の具体的な動きとして確認できる学習は重要であり，さらにはものづくりとの融合教材としても生活に応用できる内容となっている。中学校での更なる情報学習内容の発展に期待したい。

4. 情報モラル教育（情報セキュリティ教育も含む）

4.1　情報活用能力

（1）　情報活用能力の定義とそれを構成する資質・能力

中央教育審議会（2016）は，「幼稚園，小学校，中学校，高等学校及び特別支援学校の学習指導要領等の改善及び必要な方策等について（答申）（中教審第197号）平成28年12月21日」（以下，中教審答申と表す）の「第5章　何ができるようになるか──育成を目指す資質・能力──」において「情報活用能力とは，世の中の様々な事象を情報とその結び付きとして捉えて把握し，情報及び情報技術を適切かつ効果的に活用して，問題を発見・解決したり自分の考えを形成したりしていくために必要な資質・能力のことである」と定義している。

そして，情報活用能力を構成する資質・能力は，以下のように，「知識・技能」，「思考力・判断力・表現力等」，「学びに向かう力・人間性等」の3つの

柱に沿って整理されている。

> （知識・技能）
> 　情報と情報技術を活用した問題の発見・解決等の方法や，情報化の進展が社会の中で果たす役割や影響，情報に関する法・制度やマナー，個人が果たす役割や責任等について，情報の科学的な理解に裏打ちされた形で理解し，情報と情報技術を適切に活用するために必要な技能を身に付けていること。
>
> （思考力・判断力・表現力等）
> 　様々な事象を情報とその結びつきの視点から捉え，複数の情報を結びつけて新たな意味を見出す力や，問題の発見・解決等に向けて情報技術を適切かつ効果的に活用する力を身に付けていること。
>
> （学びに向かう力・人間性等）
> 　情報や情報技術を適切かつ効果的に活用して情報社会に主体的に参画し，その発展に寄与しようとする態度等を身に付けていること。

（2）情報活用能力と情報モラル

　中教審答申の中で，「加えて，スマートフォンやソーシャル・ネットワーキング・サービス（以下，「SNS」という。）が急速に普及し，これらの利用を巡るトラブルなども増大している。子供たちには，情報技術が急速に進化していく時代にふさわしい情報モラルを身に付けていく必要がある」と述べられており，トラブルが増大している現実に言及し，情報社会にふさわしい情報モラルを身に付けていく必要性が示されている。

　発達した情報技術を活用するためには，情報モラルを身に付けておく必要があることは言うまでもない。「技術に関わる倫理観」の観点からも，情報技術を正しく，有効に活用する態度を育成することは技術科教育の重要な課題の一つである。

　さらに，中教審答申は，「社会生活の中でICTを日常的に活用することが当たり前の世の中となる中で，社会で生きていくために必要な資質・能力を育むためには，学校の生活や学習においても，日常的にICTを活用できる環境を整備していくことが不可欠である」と，生徒が情報活用能力を身に付けられるよう，学校生活の中で日常的にICTを活用させることを教育現場に求めている。今後，これを踏まえた環境整備が進み，生徒が学校内で日常的にICTを活用するようになると，これまでは，学校の管理外で発生していた情報機器や情報通信ネットワークに関連するトラブルが，学校の管理下の問題となる。情報活用能力を育成できる学習環境を作るためにも，情報モラル教育をしっかりと行うことは必須である。すでに，タブレットPCを全生徒に持たせ，日常的にICTを活用している三重県松阪市立三雲中学校では，学習基盤確立のための取組みの一つとして，担任教師が統一教材を用いて情報モラル教育を実施したり，技術・家庭科技術分野（以下，技術科と表す）では，平野教諭が，ディジタル写真に埋め込まれた位置情報を取り上げ，日常的なタブレットPC利用の中で意識すべき情報漏洩のリスクを学習する情報セキュリティ教育を行ったことが報告されている（長谷川元洋・三雲中学校 2016）。

　社会の情報化は，ますます進展していくと考えられること，そして，情報ネットワークや情報機器を活用して，問題を発見・解決をしたり，思考したり

することがますます重要となることから，すべての生徒に情報活用能力を身に付けさせる指導を行う必要があるが，そのためには情報モラル教育をしっかりと行い，教師が，監視，監督をせずとも，情報通信ネットワークや情報機器を有効に活用できるように生徒を育成することが重要である。

4.2　学習指導要領における「情報モラル」，「情報セキュリティ」，「サイバーセキュリティ」の扱い

（1）学習指導要領における内容など

　平成29年3月に公示された中学校学習指導要領では，総則の「2　教科等横断的な視点に立った資質・能力の育成」で，「（1）各学校においては，生徒の発達の段階を考慮し，言語能力，情報活用能力（情報モラルを含む），問題発見・解決能力等の学習の基盤となる資質・能力を育成していくことができるよう，各教科等の特質を生かし，教科等横断的な視点から教育課程の編成を図るものとする」と定めており，学習の基盤となる資質・能力の一つである情報活用能力の一部に情報モラルを含めている。

　技術科分野では，「D　情報の技術」において，「ア　情報の表現，記録，計算，通信の特性等の原理・法則と，情報のデジタル化や処理の自動化，システム化，情報セキュリティ等に関わる基礎的な技術の仕組み及び情報モラルの必要性について理解すること」と定めており，さらに，「ア（1）については，情報のデジタル化の方法と情報の量，著作権を含めた知的財産権，発信した情報に対する責任，及び社会におけるサイバーセキュリティが重要であることについても扱うこと。イ（2）については，コンテンツに用いる各種メディアの基本的な特徴や，個人情報の保護の必要性についても扱うこと」と定め，情報モラル，情報セキュリティ，サイバーセキュリティを教科の中で取り扱うよう定めている。また，「各内容における（2）及び内容の「D　情報の技術」の（3）」について，「イ　知的財産を創造，保護及び活用しようとする態度，技術に関わる倫理観，並びに他者と協働して粘り強く物事を前に進める態度を養うことを目指すこと」としている。

　また，社会科や特別の教科道徳（以下，道徳科と表す）でも，「情報モラル」について触れられている。

（2）情報モラル教育のカリキュラム・マネジメント

資質・能力の一つである「情報活用能力（情報モラルを含む）」を育成することなど，総則と道徳科に記述されている内容は，全教員が取り組む内容である。道徳科における情報モラルの指導も担当教科を問わず，全教員が行う。

技術科で指導する内容と，社会科や道徳科で指導する内容との関連を踏まえ，「教科横断的な視点に立った資質・能力の育成」のために，各教科の特性を生かした教育課程の編成を図ることが求められることになるが，それを実現するために，技術科で指導する内容と，社会科や道徳科などの各教科で指導する内容の関連を整理した情報モラルの指導計画を作成することが必要となる。その指導計画は，技術科と道徳科を含む他の教科，総合的な学習，学活，学校行事・生徒会活動などの指導計画から，情報モラルに関連する内容を抽出し，それぞれの関連を教員間で共通理解できるように表現することが考えられる。

たとえば，社会科の授業において，コンピュータや情報通信ネットワークなどの情報手段を活用した学習を行う際に，技術科で学んだ WWW の知識をもとに，誰もが情報発信者になれることを踏まえて，情報の信憑性，信頼性を判断できるように授業計画を立てたり，家庭科の授業において，「中学生の身近な消費行動」としてネットショッピングなどの学習を行う際に，技術科で学んだ容易に複製したり改変したりできるなどのディジタルデータの特性，情報通信ネットワークの仕組みや暗号化技術の知識を基に，利用するショッピングサイトが本物であることを確認することの必要性や，個人情報などの重要な情報を送信する画面では暗号化技術が使われているかどうかを確かめる必要があることなどを理解できるよう，教科間の学習が有機的なつながりを持った学習ができる計画を策定したりすることが考えられる。

また，道徳教育については，学習指導要領の総則で「道徳教育の全体計画の作成に当たっては，生徒や学校，地域の実態を考慮して，学校の道徳教育の重点目標を設定するとともに，道徳科の指導方針，第３章特別の教科道徳の第２に示す内容との関連を踏まえた各教科，総合的な学習の時間及び特別活動における指導の内容及び時期並びに家庭や地域社会との連携の方法を示すこと」，「道徳教育の指導内容が，生徒の日常生活に生かされるようにすること。その際，いじめの防止や安全の確保等にも資することとなるよう留意すること」，道徳科においては，「(6) 生徒の発達の段階や特性などを考慮し，第２に示す内容との関連を踏まえつつ，情報モラルに関する指導を充実すること」とされている。また，いじめ防止対策推進法で，いじめの定義が，「児童等に対して，当該児童等が在籍する学校に在籍している等当該児童等と一定の人的関係にある他の児童等が行う心理的又は物理的な影響を与える行為（インターネットを通じて行われるものを含む。）であって，当該行為の対象となった児童等が心身の苦痛を感じているものをいう」とし，いわゆる「ネットいじめ」もいじめに含めている。また，基本的施策の一つとして，「第 15 条　学校の設置者及びその設置する学校は，児童等の豊かな情操と道徳心を培い，心の通う対人交流の能力の素地を養うことがいじめの防止に資することを踏まえ，全ての教育活動を通じた道徳教育及び体験活動等の充実を図らなければならない」としている。

このことから，学校の「いじめ防止対策基本方針」，「道徳教育の全体計画」，「技術科の指導計画」も有機的に関連するように策定し，ネットいじめを防止することを目指すカリキュラム・マネジメントが必要である。

情報モラル教育の中核を担うのは，技術科であることから，技術科教員は情報モラル教育におけるカリキュラム・マネジメントにおいて，リーダーシップを発揮することが期待される。校内研修会で，情報モラルの指導計画を作成するワークショップを行うと，カリキュラム・マネジメントの研修と指導計画策定を同時にできる。また，それを大学や大学院の授業で行えば，カリキュラム・マネジメントに関する演習ができる。

4.3 情報モラル，情報セキュリティ，サイバーセキュリティの定義など

「情報モラル」，「情報セキュリティ」という言葉は，日常生活でも耳にするなど，以前に比較して，一般的な用語になったと言える。しかし，技術科教

師は，正確な内容を指導するために，用語の定義をしっかりと理解しておく必要がある。そのため，「情報モラル」，「情報セキュリティ」，「サイバーセキュリティ」の 3 つの用語の定義を確認する。

（1）情報モラルの定義など

　文部科学省（2010）は，情報モラルを，「情報社会で適正に活動するための基となる考え方や態度」としている。そして，その範囲について，「『他者への影響を考え，人権，知的財産権など自他の権利を尊重し情報社会での行動に責任をもつこと』，『危険回避など情報を正しく安全に利用できること』，『コンピュータなどの情報機器の使用による健康とのかかわりを理解すること』など多岐にわたっている」と述べている。

　さらに，「『情報モラル教育』とは，情報化の『影』の部分を理解することがねらいなのではなく，情報社会やネットワークの特性の一側面として影の部分を理解した上で，よりよいコミュニケーションや人と人との関係づくりのために，今後も変化を続けていくであろう情報手段をいかに上手に賢く使っていくか，そのための判断力や心構えを身に付けさせる教育であることをまず念頭に置くことが極めて重要である」と，「影」の部分の理解だけでなく，情報手段を有効に活用するための判断力や心構えを身に付けさせることが重要であるとしている。つまり，情報モラルの内容は，「『影』の部分の理解」と「よりよいコミュニケーションや人と人との関係づくりのために，今後も変化を続けていくであろう情報手段をいかに上手に賢く使っていくか，そのための判断力や心構え」の両方が含まれることになる。

（2）情報セキュリティの定義

　情報セキュリティは，JIS Q 27000 によって，「情報の機密性（2.12），完全性（2.40），可用性（2.9）を維持すること」と定義されている。

　以下に，その 3 つの JIS の定義とそれを平易な表現にしたものを示す。

　なお，総務省から，「情報セキュリティ管理基準（平成 28 年改正版）」が公表されており，組織などにおける情報セキュリティ管理に関する具体的な管理策が示されているなど，具体的な管理策を知る上で

- 機密性（confidentiality）　認可されていない個人，エンティティ又はプロセス（2.61）に対して，情報を使用させず，また，開示しない特性。（情報へのアクセスを認められていない者や入出力の処理に，その情報にアクセスさせない特性。）
- 完全性（integrity）　正確さ及び完全さの特性。（情報が破壊，改ざんまたは消去されていないなど，正確で，完全である特性。）
- 可用性（availability）　認可されたエンティティが要求したときに，アクセス及び使用が可能である特性。（情報へのアクセスを認められた者が，要求した時，情報及び関連資産にアクセス及び使用が可能である特性。）
- ＊「エンティティは，"実体"，"主体" などともいう。情報セキュリティの文脈においては，情報を使用する組織及び人，情報を扱う設備，ソフトウェア及び物理的媒体などを意味する。」

参考になる。

（3）サイバーセキュリティの定義

　サイバーセキュリティは，サイバーセキュリティ基本法第 2 条で，「電子的方式，磁気的方式その他人の知覚によっては認識することができない方式（以下，この条において「電磁的方式」という。）により記録され，又は発信され，伝送され，若しくは受信される情報の漏えい，滅失又は毀損の防止その他の当該情報の安全管理のために必要な措置並びに情報システム及び情報通信ネットワークの安全性及び信頼性の確保のために必要な措置（情報通信ネットワーク又は電磁的方式で作られた記録に係る記録媒体（以下，「電磁的記録媒体」という。）を通じた電子計算機に対する不正な活動による被害の防止のために必要な措置を含む。）が講じられ，その状態が適切に維持管理されていることをいう」と定義されている。

　つまり，サイバーセキュリティは，電子化されたデータの送受信や情報システム及び情報通信ネットワークにおける情報セキュリティを指すと言える。

4.4　情報モラルの授業作りについて

（1）教材研究

　授業では，教科書で取り扱われている内容を取り扱うことになるが，その関連情報や最新の情報，生徒にとって具体的な事例などを調べて，授業を行う

ことで，より良い授業になる。「主体的・対話的で深い学び」ができる授業を目指して，授業を構想する必要がある。

　しかし，情報モラルの内容は，技術の進歩や法改正などによって，新しい内容などが次々に現れる。たとえば，2010年頃までは携帯電話のメールがよく使われていたが，現在はスマートフォンで使えるメッセージアプリが普及しているなど，すぐに内容が古くなってしまう事例もある。また，違法にアップロードされたものであることを知りながらダウンロードすることが，著作権法の改正によって違法となるなど，法改正による影響を受けるものがある。そのため，情報モラルの内容を授業で取り扱う際には，教科書や指導書を確認することに加え，インターネット上で，信頼の置ける最新の情報を調べることが必要である。

　また，生徒に身近な題材を取り上げて指導することは，「主体的な学び」を引き出すために有効である。たとえば，生徒がよく利用している動画サイトを取り上げて，著作権の授業を行うなどが考えられる。

　さらに，効果的な指導を行うためには，根本的な問題と新しい技術によって起きている問題を分析して，指導のポイントを設定するとよい。例えば，従来型の携帯電話のメールで発生していた問題とスマートフォンのメッセージアプリで発生している問題も根本は同じ問題であるが，メッセージアプリには，簡単にグループを作ることができたり，相手が読んだかどうかを確認できたりするなどの機能が付加されている点が異なる。利便性を向上させるために付加された機能が問題を発生させやすくしていることに気づかせ，技術をどのように活用すべきかを考えさせるなどするとよい。

　情報技術の進歩は，利便性を高める一方で，機能を間違った方向に使ってしまうと，問題を発生させてしまうことになる。先に述べたように，「『影』の部分の理解」と「よりよいコミュニケーションや人と人との関係づくりのために，今後も変化を続けていくであろう情報手段をいかに上手に賢く使っていくか，そのための判断力や心構え」の両方を扱い指導できるよう，教材研究をする必要がある。

（2）授業を考える手順

　「主体的・対話的な深い学び」を実現する授業にするためには，生徒の興味関心を引き出し，生徒同士が対話する中で考えを深めたり，発見したりするような授業デザインにする必要がある。

　しかし，教科書に書かれている内容を説明するだけの授業よりも，高度な授業設計能力が要求されるため，協働的な学習場面を設定した授業の経験の浅い教師や学生は授業作りに苦労するケースがある。

　表5.5は，教員経験3年の若い先生が研究授業の構想で悩んでいた時に，筆者がその先生に発問をして確認したことを順に示したものである。筆者はこの学校が毎年行う公開研究会の指導案検討会を6年連続で担当し，授業者一人ひとりと指導案検討をしてきた。授業者がやりたい授業を考えることを支援するというのが筆者の基本スタンスであるため，基本的に，質問をして，授業者の思いを引き出す方法を採用している。6年間，毎年10人以上の先生と指導案を検討してきた。ある程度，授業ができあがっている先生には，省略する質問項目があるが，授業構想に悩んでいる先生には，表に示した内容を発問して，言葉にしてもらうと，授業ができあがっていくことを確認している。

　授業作りで悩んだ時などに，参考にしていただければ幸いである。

表5.5　指導案検討会での確認事項

①　教師としての自分の思いや理想の状態の確認
②　①を実現するための単元展開の工夫
③　本時の目標の設定（必ず全員に達成して欲しいレベルと目指すレベルの2段階で設定）
④　それぞれの目標の上位目標と下位目標の分析
⑤　目標を達成するために必要な手だての検討
⑥　授業の大まかな流れの決定と場面ごとの目標設定
⑦　協働学習の場面設定（「足場がけ」の場面の設定も同時に行う）
⑧　ICT機器の活用方法の検討
⑨　授業の流れの確認と整理

（3）授業を考えた経験が少ない場合の指導案作成の手順

　授業を考えた経験が少ない学生や，多忙で授業構想に十分な時間を取れない先生向けの指導案作成の

手順を紹介する。それは，市販のアニメーション教材やインターネット上に無償で公開されている動画教材などを使って指導案を作成する方法である。

筆者が担当している「教育の方法と技術（情報機器及び教材の活用も含む）」の授業で，2 年生の学生約 70 名に，「情報社会のモラル＆リテラシー」（東京書籍 2017）を使った挿絵入り指導案を作成させている。この授業は，教職に関する科目の必修科目で行っているため，文学部や人間科学部の学生など，情報モラルに関する知識がほとんどない学生が多くを占めているが，アニメーション教材は中学生にわかるように作成されており，また，弁護士による法律監修もされているため，法令に関する内容の教材も安心して使用できる。指導案例などの資料も付いているため，学生は何種類かの指導案を見て，それをヒントにすることができる。筆者の授業では，情報モラルの指導案を 90 分授業 2 回で作成させている。一部の学生は授業内で完成せず，授業外でも取り組むことになるが，全員が完成させている。

同じ演習を教員免許更新講習で行う際は，1 時間弱でほとんどの先生が自分で考えた指導案を完成させられるため，忙しく，指導案作成に時間をかけられない先生にもお勧めする。なお，教材に付属している指導案をそのまま使用して授業することも可能であるが，どれだけ忙しくても，少しでも手をかけた授業にすることで情報モラルの指導力の向上を目指していただきたい。

（4）PBL 型の授業，調べ学習型の方法

PBL（Problem Based Learning）型の授業を紹介する。ショートストーリーにした具体的な問題事例を題材について，「問題の要因」，「問題を防止するために必要なこと」，「自分たちはどうしたいか？」をグループで検討し，付箋に書き出させ，模造紙上で分類，整理させる方法である。その際，技術科の教科書に書かれていることを参照させると，学習した情報技術の知識を活用しながら，分析させることができる。また，著作権法違反の事件の新聞記事を題材にして，調べて，まとめて，発表させる授業もできる。

表 5.6　挿絵入り指導案作成の手順

① 教材リストを見ながら，指導したい情報モラルの内容を決める
② アニメーション教材を視聴し，授業のポイントを確認する。（指導案の「目標」を書く）
③ アニメーションを停止する場面とその場面での発問を考える。
④ 「7 つの協働学習モデル」から協働学習のモデルを選ぶ。
⑤ ③が確定したら，停止場面の画像を切り取り，指導案に貼り付ける。（停止場面は複数でも良い）
⑥ 「足場がけ」「アニメーション視聴」「発問」「個人学習」「協働学習」「全体共有」のそれぞれの場面を考え，授業の流れを作る。
⑦ 指導案・ワークシートを作成する。

図 5.14　PBL 型授業の様子

第5部
比較教育編

第 1 章　アメリカ

1945 年 7 月に提出されたトルーマン大統領への報告書「科学——その果てしなきフロンティア」（Science, The Endless Frontier）の中で，バニーバー・ブッシュ（Vannevar Bush）は，基礎研究は技術的進歩における牽引役であるとし，新たな製品や加工技術は決して成長を止めることなく，さらに新たな科学的な原理や概念に基づいて開発され達成されると述べている。ブッシュは，このころから NSF（国家科学基金，National Science Foundation）に近いものを提案しており，実際に 1950 年には，NSF が設置された。その後 1957 年のスプートニックショックによりアメリカの教育政策は科学・技術教育の推進に重点を置くようになっていく。それにもかかわらず学校教育における就学者の理数離れは増加する方向に進んでいった。1989 年に全米科学振興会（American Association for the Advancement of Science: AAAS）は，再びプロジェクト 2016 の報告書として「すべてのアメリカ人のための科学（Science for All American, SFAA）」を刊行した。この報告書は，その後の STEM 教育方針を予見する内容になっている。題名には「科学」となっていても，その内容には，表 1.1 に示すように数学，科学，技術が一体となって含ま

表 1.1　「すべてのアメリカ人のための科学」の章

章	名称と項目（抄）
1	科学の本質：科学的世界観，科学的探求など
2	数学の本質：数学的特徴，数学的過程
3	技術の本質：科学と技術，技術の原理など
4	物理的背景：宇宙，地球，物質の構造など
5	生命環境：生命多様性，遺伝，細胞，進化など
6	人間：特性，生命循環，学習，心身の健康など
7	人間社会：文化的背景，社会制度など
8	設計された世界：農業，製造，医療技術など
9	数学的世界：数，記号，形，データ，推論など
10	歴史的観点：地球，時間と空間，原子など
11	共通の主題：システム，モデル，パターンなど

れているからである。

さらにその内容は，2000 年に刊行された「技術的素養の標準——技術学習の内容——」にも影響を与えている。その第 7 章の「設計された世界」は，学習対象となる技術分野を示しているが，そこには，それまでの製造，建築，輸送，動力，生物技術，通信に加えて，SFAA で提案されていた医療技術が含まれていたからである。

1. アメリカ技術教育の経緯

第 2 次世界大戦後のアメリカ合衆国の技術教育の経緯の中で，1970 年代にはインダストリアル・アーツ（Industrial Arts）の教育内容として，アメリカの産業の構造，通信，輸送，公益，財政，物的施設，研究開発，購買，広報，労使関係，市場経営，生産，材料，工程，エネルギーなどの概念に分類する考え方が検討された。

アメリカの技術科教育における大きな変換点は，

インダストリアル・アーツからテクノロジー（Technology）に変わる 1980 年代と「技術的素養のスタンダード」（Standards for Technological Literacy, STL）が提出された 2000 年代である。ここでは，ジャクソン・ミル産業カリキュラム理論，技術教育の概念的枠組み，およびそれらの「技術的素養のスタンダード」（STL）との関連も含めて技術科教育の内容と方法を概観する。

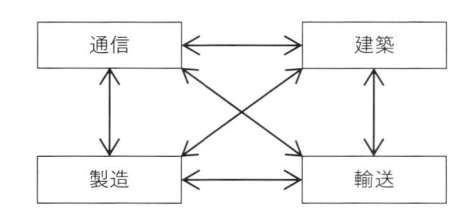

図 1.1　相互に連関した技術の適用システム

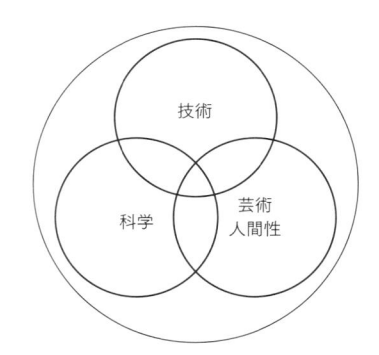

図 1.3　知識体の関係

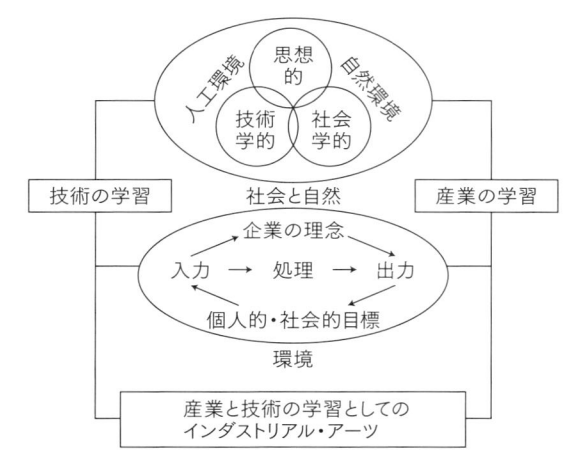

図 1.2　カリキュラム導出のためのモデル

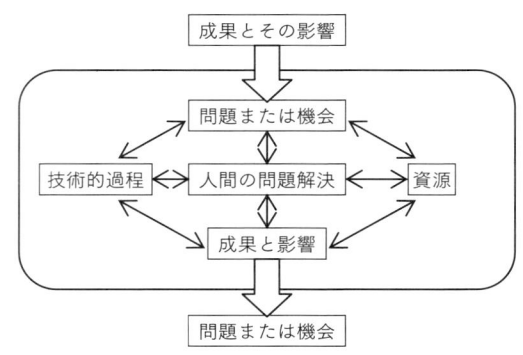

図 1.4　技術的方法のモデル

2. ジャクソン・ミル産業カリキュラム理論

　この理論は 1981 年に Jackson's Mill で開催された技術教育に関する会議の報告書にまとめられている。技術領域は，図 1.1 に示すように通信，建築，輸送，および製造の 4 つの領域の相互作用として捉えられている。また図 1.2 に示すカリキュラム単独のためのモデルのシステムは入力→処理→出力から入力へのフィードバックとして捉えている。

3. 技術教育の概念的枠組み

　この理論は，サベージ（Savage）やステリー（Sterry）らによって 1990 年に ITEA（International Technology Education Association）から提出されたもので，図 1.3 は対象とする知識全体の関係を示している。技術分野としては，生物関連技術，通信技術，生産技術，および輸送技術が取り上げられている。

　技術的方法のモデルは，図 1.4 のようになっている。

　この技術的方法のモデルの前提としては，知識全体の特徴を人工物の学習としての技術，自然の学習である科学，および価値の学習または人間行動の学習である人間性や芸術を挙げている。

4. スタンダードの技術教育理論

　「技術的素養のスタンダード」（STL）は，技術教育のカリキュラムではない。アメリカ合衆国のすべての人々に生涯学習として技術的素養の形成をもたらすための指針である。このためスタンダードで

は，どの生徒にも技術的素養を形成するために必要とされる知識と技術に関する学習内容を明確に示している。STL によって構築された技術学習は，標準に基づいた内容と質を持つカリキュラム素材，有効なプログラム開発，また慎重に計画され明瞭に表現された評価，さらに生きるための学習過程をもたらすことを目指している。

技術教育とは，問題を解決することで人類の可能性を広げるために必要とされる技術に関連する方法と知識について，生徒に学ぶ機会を与える学習と定義されている。

スタンダードでは，幼稚園から第 2 学年，第 3 学年から第 5 学年（小学校），第 6 学年から第 8 学年（中学校），第 9 学年から第 12 学年（高等学校）の区分ごとに次の達成目標が明示されている。

［スタンダードの達成目標］

① 技術とは何かを知る。
1. 技術の性格と範囲の理解
2. 技術の中核となる概念の理解
3. 技術相互間の関連性と技術と他教科との関係の理解
② 技術と社会についての理解
4. 技術の文化的，社会的，経済的，および政治的影響についての理解
5. 環境に対する技術の影響への理解
6. 技術の開発とその利用における社会の役割についての理解
7. 歴史に対する技術の影響力の理解
③ デザインについての理解を発達させる。
8. デザインの特質の理解
9. 工学設計への理解
10. 問題解決におけるトラブルシューティング，調査，研究開発，発明，改善・改良，実験の役割への理解
④ 技術社会で必要な能力を発達させる。
11. デザインプロセスを応用する能力

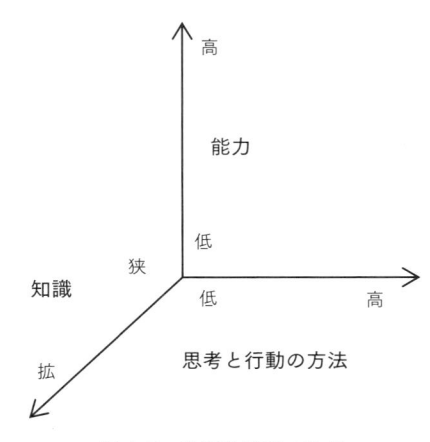

図 1.5　技術的素養の次元

12. 技術的な製品とシステムを使用し，維持管理する能力
13. 製品やシステムの影響を評価する能力
⑤ デザインされた世界への理解を深める。
14. 医療技術の理解と選択・利用
15. 農業とそれに関連するバイオテクノロジーへの理解と選択・使用
16. エネルギーと動力技術の理解と選択・利用
17. 情報通信技術の理解と選択・利用
18. 輸送技術の理解と選択・利用
19. 製造技術の理解と選択・利用
20. 建設技術の理解と選択・利用

このスタンダードの内容を市民向けに普及させた書籍は，2002 年に NAS（National Academy of Science）から刊行された *Technically Speaking* である。この中で知識，能力および思考と行動の方法の 3 つの関係は図 1.5 のように示されている。

本書では，市民全体が高い技術的素養を身に付けるために，学校教育において教科横断的に含まれるべきであるとし，日常生活では図書館や博物館などの公共機関において常に学習できる環境を備えるべきであると述べている。

5. STEM 教育

アメリカでは将来的にわたって市場が拡大する重要な教育分野として工学全般や健康管理などの分野が注目され，これに対応する STEM（Science, Technology, Engineering, and Mathematics）教育が重要であると考えられている。STEM 教育の充実は，アメリカの科学技術分野での国際的優位性を維持する方策

であるとし，さらに STEM 分野で必要とされる学生や社会人の増加数の目標値も労働人口の予測から想定されている。また少なくとも STEM 分野を専攻する 10 万人の新たな中学高校教員の育成が求められ，予算措置も整い目標の実現を目指している。2020 年までに 100 万人の STEM 卒業生を送り出すことで，STEM 分野の教員増加という目標に対して十分な効果をもたらすとされている。

アメリカの大統領科学技術諮問委員会は 2010 年 9 月に大統領に提出した議案書「準備し触発せよ：アメリカの未来のための STEM における K-12」の中で次の 2 点を指摘している。

① すべての教科と年齢にまたがる学習，教育と評価についての革新的技術とその技術のプラットフォームを開発する。

② STEM 教育に向けた効果的で全体が統合され，コースを網羅する教材を開発する。

STEM 教育は，日本では科学技術教育に相当する言葉と考えられる。大きく異なる点は，アメリカ合衆国においては，国家プロジェクトであり，教育省だけではなく，国務省，商務省，保健福祉省，労働省，エネルギー省などのさまざまな省が連携してSTEM 教育を進めている。国家政策として，次世代を支える子どもたちが科学技術に強い興味・関心を持ち，科学技術を支える科学者や技術者になることを期待している。国家規模のイノベーション（技術革新）の創出は，自国の経済を支え，国際社会を支える国家として成長させる。この循環が国民の幸福を支える社会的基盤と考えている。

6. STEAM 教育

STEAM 教育は，STEM 教育に人間の個性や価値観に重点を置く芸術を加えた教育運動である。芸術分野としては，美術，音楽，ダンス，演劇が含まれている。

STEAM = Science + Technology + Engineering + Art + Mathematics

科学技術芸術教育＝（科学）＋（技術）＋（工学）＋（芸術）＋（数学）

国家規模のイノベーションにおいても科学技術と芸術の融合した素養は，次の 3 点から重要である。

① 芸術とデザインを科学技術教育の基軸にしていく。

② 小中高等学校の教育にアートとデザインを入れるよう推進する。

③ アーティストやデザイナーを社員として雇いイノベーションを加速させるよう企業に対し影響を与える。

新しいイノベーションでは，従来型の大量生産だけではなく，単品生産も増え，個人の価値感やセンスも設計の重要な要素となる。例えば市民の手によるイノベーションは，3D プリンタに代表されるようにファブラブ（Fab Lab : fabrication laboratory）（個人が自らの欲求に基づき，自らの価値観で，あらゆるものを創り出す，ものづくり革命）と呼ばれており，一人ひとりの人間性が地域の中で生かされ，互いが相互に共同体を形成していく。このような社会的変化に対応した教育として，今後世界中に広がっていくことが期待されている。

7. STEM 教育の影響

STEM 教育の進展の多くは，K-12（幼児教育／小学校から高校卒業までの 13 年間の教育）の教育ばかりでなく，それに続く大学 1 〜 2 年次の教育においても有効活用できる。例えばミシガン州にある東ミシガン大学では，学科の学生は数学や理科の教員免許を取り，付加的に STEM 教員の免許を取ることが可能である。アメリカでは 2010 年以降，

STEM 分野の学士あるいは準学士を年間約 30 万人輩出しているが，入学者のうち STEM の学位を取得する者は 40 % に満たない。そのため，STEM 分野を副専攻とする学生数を 10 % 増加させるだけで年間 7 万 5 千人の増加が見込まれ，これにより目標の 4 分の 3 の人数が確保できるという。

このように入学後の学生の進路を変更させること

なく STEM 分野の学士を拡大することができるようである。さらに学生たちが STEM 分野を発展的に学ぶためには，高い教育効果が期待できるアクティブ・ラーニングを導入した学習が重要となる。アクティブ・ラーニングの導入は，学生の記憶力と批評的な思考力を向上する。そのためには連邦政府の支援による教育訓練の機会の提供とその実践を支える教材の提供を援助することによってこの新しい教育方法を一度定着させることができれば，長期間継続させることができるであろう。ただし目標実現の途中段階では，進捗の度合いを把握する必要があり，STEM 教育が本当に効果を上げているかを評価する基準を確立しなければならない。さらに評価基準が設計や実施手法に直接的にフィードバックできることが重要である。

8. エンジニアリング・バイ・デザイン教育

Engineering by Design（EBD）は，高校または中学校の次世代科学スタンダード（K-12），技術的素養の基準（ITEA），学校数学（Mathematics Education Standards: NCTM），プロジェクト 2061，科学的素養のためのベンチマーク（AAAS）の原則と基準の上に構築されている。

K-12 の EBD において生徒は，構成主義に基づく問題解決型のプロジェクト法の学習で技術的な概念や原理を学ぶ。生徒は，世の中のさまざまな複雑さを理解するために STEM 学習で理科，数学，技術，工学の内容を統合的に学習する。表 1.2 には，K-5 の EBD における生徒の構成素養の学習内容を示す。

EBD は，国家プロジェクトとしての工学教育の一環として，現実の工学的課題を通して，生徒が学校の枠を越えて自分の将来を想定し始めるように構成されている。

国立アカデミーが担当しているプログラム K-12 における「工学のための国家プロジェクトによる EBD の支援」では，日常生活から社会的課題に関する工学的な項目を幼稚園から高校 3 年まで基礎的な素養から高等な知識・技術までを一貫して取り扱うこととしている。

EBD はすべての生徒に技術リテラシーの習得を保証するスタンダードによる K-12 プログラムを提供する。また科学，技術，工学，数学における生徒の学力を高めるための明確な基準や機会を提供する。さらにプログラムの継続的改善と革新を生み出すリーダーシップとサポートを提供する。このことによって将来を支える技術革新のリーダーを生み出すことで国内の産業や経済を立て直す。非常に早い年齢から次の世代を担う科学者，技術者，発明家，およびデザイナーになるために本質的な学びを構築できるプログラムを提供する。

次の 10 原則は，EBD のプログラム全体を貫く非常に大きな概念である。

1．デザインを通したエンジニアリングは，生活を向上させる。

2．技術とエンジニアリングは，日常生活に影響を受けて，また影響を与え続ける。

3．技術は，発明と技術革新を動かす思考や過程そのものである。

4．技術は組み合わされて，技術的システムを構

表 1.2　エンジニアリング・バイ・デザイン（技術・工学・環境・数学・科学）

学年		構成素養
幼稚園	四季の家	園児は動物たちのために季節変化や異なる生息地で，それらの基本的な要求を満たすために，住まいを作ることに挑戦する。
1 年	私たちのまわりの農業	児童は，彼らが食料や繊維のシステム，すなわち製品，工程，および副産物を探求するように庭を設計することに挑戦する。
2 年	私たちの環境，私たちの健康	児童は，化石燃料の使用および燃焼に関する問題について学ぼうとして化石燃料の代替物を作り出すことに挑戦する。
3 年	あらゆる地下資源	児童は，地球の水資源の希少性を探ろうとして水を節約し，再利用するシステムを開発することに挑戦する。
4 年	太陽の力	児童は，構造のための力の持続可能な資源として太陽エネルギーを探求する模型を作って試験することに挑戦する。
5 年	公共の接続	児童は，交通と公共サービスを探ろうとして公共の社会基盤の改善を計画することに挑戦する。

成する。

5．技術は，人々の生活や相互作用の方法を変化する問題と衝撃を創り出す。

6．エンジニアリングと技術は，過去を改善し，未来をつくるための基礎である。

7．技術とエンジニアリングは，問題を解決する。

8．技術とエンジニアリングは，探求，設計および解法を生成するシステム思考を用いる。

9．技術とエンジニアリングのデザインは，人間の欲望と要求の解決をはかる過程である。

10．技術の応用は，設計された世界を創り出す。

9. EBD 教育の実践

アメリカの STEM に基づく EBD 教育の実践例として自動車産業で栄えたデトロイト市の近郊にあるミシガン州フェントンにある公立レイク・フェントン中学校の実例を紹介する。2015 年 11 月 2 日の午前中に訪問し，2 時間程度の授業見学を行った。訪問先での技術科教師へのインタビューや生徒の学習の様子を資料にして，その後東ミシガン大学のカードン教授と EBD 教育の在り方について議論した。見学した授業の内容は，4 名程度のグループ活動によって，連続した機械要素を含んだ通路をビー玉が通過する装置を製作するものづくり学習であり，我が国では NHK の番組「ピタゴラスイッチ」などに似ている。アメリカでは，ルーブ・ゴールドバーグ・マシン（Rube Goldberg machine）と呼ばれ，STEM 教育の教材としても広く取り入れられている。

またこの中学校の技術科は，PLTW（Project Lead the Way）の指定校でもある。PLTW とは，ニューヨークに本部のある STEM 教育推進のための NGO（non-profit-organization）である。学校教員が教育現場で STEM 教育を効果的に実施できるように研修や教材の提供を行っている。

学習は，4 人で全体の構想を練り，次に 2 人 1 組でそれ自体でも稼働する模型製作を行い，最後に 2 組で合体して完成する方法を取っている。

各グループは，それぞれがオリジナルで設計したルーブ・ゴールドバーグ・マシンを製作するために，トライアンドエラーを繰り返しながら，製作と設計を繰り返していた。作業の内容も，はんだ付けをする場面，工作機械を使って木材を切り分ける場面，仮組みをして動きを確認する場面など，さまざまな製作状況を授業中に確認することができた。

そのなかで，教員はどのような役割を果たしているか観察すると，はじめの 10 分間は，一斉授業のようにこれまでの振り返りと本時の目標を設定していたが，残りの 40 分間は各グループの机間巡視，困っている学習者への支援に徹していた。

このような学習スタイルは，いわゆるアクティブ・ラーニングの要素を強く持つものである。今回視察したレイク・フェントン中学校で使用しているルーブ・ゴールドバーグ・マシンのような教材は，外から見るだけでは，単にものをつくっているだけの教育を提供しているように受け止められる。しかし，レイク・フェントン中学校の学習者は，授業中に製作とともに，記録ノートに自分のやっていることをまとめ，あるいは試行錯誤を繰り返し，さまざまな思考活動を行っていることも様子も参観できた。これは，アクティブ・ラーニングの好例であると考えられる。

10. EBD 教育の特徴

第 9 節に示した実践事例から EBD 教育は，力学を用いた部品設計のための計算，部品製作のための工作機械の操作などを通して数学，科学，工学，および技術が総合された授業であると見ることができる。

アメリカでは，理系基礎分野の重要性を明確に意識した STEM 教育を，K-12 の期間から大学まで活用するような教育システム全体の再構築を行う教育政策を推進している。技術教育では，このような教育システム全体を通した理系基礎分野の重視を受けて小中学校における EBD または高等学校における工学予備教育（Pre-Engineering）によりアメリカの科学技術系に進む人間育成に大きな影響を与えている。

第2章 イギリス

1. 初等・中等教育制度

イギリスの正式名称は，「グレートブリテン及び北アイルランド連合王国（以下，イギリス）」である。イギリスは，イングランド，ウェールズ，スコットランド，北アイルランドの4地域の構成である。各地域は，独自の教育制度や日本の学習指導要領に相当するナショナル・カリキュラム（以下，NC）の「スタンダード（以下，教育課程基準）」を有している。イギリスの教育課程基準は，我が国の学習指導要領と同様に，教育目標・内容の最低基準性を有する。「基準性」により，各学校が編成する教育課程の水準を統制する役割を担う。本節では，人口の9割以上を占めるイングランド（2016年）の初等・中等教育制度の概要を述べる。

イングランドの初等・中等教育は，5〜18歳までの13年間であり，義務教育期間は，5歳から16歳までの11年間である。通常，5歳から11歳まで，小学校による初等教育である（図2.1）。

図2.1に示す小学校は，一般的には5〜7歳の前期2年（幼稚部）と，7〜11歳の後期4年（下級部）とに区別されている。また，12歳から16歳までの中等教育は，中等学校（Secondary School）で行われる。大学などの高等教育機関の入学を目指す生徒は，16歳までの義務教育期間を修了した後，シックスズ・フォームと呼ばれる2年間の中等教育に進み，通常18歳時に大学など進学のための資格試験を受験する。

義務教育機関は，4つの教育階梯（段階）（Key Stage，以下，KS）に区分されている。具体的には，KS1は5〜7歳（第1〜2学年），KS2は7〜11歳（第3〜6学年），KS3は11〜14歳（第7〜9学年），KS4は14〜16歳（第10〜11学年）のように，各KSは複数学年にまたがって区分されている。1988年教育改革法の制定以後，KSに即して，教育課程基準が制定されている。

現行の2014年版教育課程基準は，英語，数学，科学，歴史，地理，外国語，芸術とデザイン，音楽，体育，公民，イングランドのテクノロジー（以下，技術）科教育である「デザインと技術」と「コンピューティング（Computing）」の計12教科から構成されている。「コンピューティング」科とは，前身教科「情報通信技術」科より名称と学習内容が変更された教科である。具体的には，「コンピュータ・サイエンス（プログラム言語及び，データ構造，アルゴリズムなどを包括した明確な学問分野）」「ディジタル・スキル」「情報技術」の3つの柱から構成されている。

小学校は，原則としてクラス担任が全教科指導をする。クラス担任と併せて，教科ごとにカリキュラム・コーディネータ（coordinator）を決めている場合が多い。コーディネータの主たる役割は，各学級担任と協力し，「教科指導力」と「各教科間連携」の充実を図るための支援をする。特に，「デザインと技術」科と，「コンピューティグ」科において，カリキュラム・コーディネータは，各クラスの教科

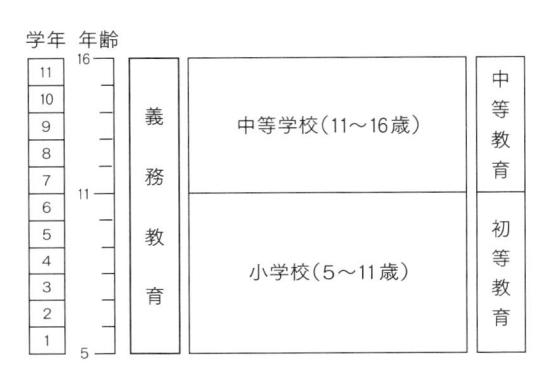

図 2.1　イングランドの初等・中等学校制度
（5歳〜16歳の義務教育段階）

の指導計画作成や，実践，評価，改善に大きな役割を果たしている事例が多い。教員補助として，保護者がクラス補助（classroom assistant）として参加する学校もある。

　初等学校の各授業時間は，通常，午前の課業，午後の課業と大まかに分け，昼食を挟んで各2時限を配し，1日4時限となっている事例が多いようである。ただし，必ずしも1時限1教科とはなっておらず，しばしば同一時限内に異なる内容を指導するようである。イングランドでは，各教科の授業時数，一授業時間の長さなどは，従来通り，各学校の裁量に委ねられている。

　DTEA（Design and Technology Education Association, イギリス最大の「デザインと技術」科教育教員，研究者，行政関係者等の専門職能団体）の2007年調査結果によると，1996～2006年度の小学校における「デザインと技術」専科教員の配当率は平均96 %，「デザインと技術」科のTA（Teaching Assistant）配当率は平均54 %，「デザインと技術」科のコーディネータ配当率は平均97 %であった。

　中等学校では，教科担任制が原則である。「デザインと技術」科では，各学校3～5人程度の「デザインと技術」専科教員が配置されている事例が一般的である。各教科の責任者として，教科主任（head of department）が置かれる。「デザインと技術」科と「コンピューティング」科では，テクニシャン（実習助手）を通常配置する。

2. 普通教育としての技術科教育の目標と内容

　「デザインと技術」科は，5～14歳までが必修教科として位置付けられており，「コンピューティング」科は，5～16歳で必修教科である。

2.1　教育課程基準の構成

　NCは，1990年の導入以来，「programmes of study（以下，学習プログラム）」と「attainment targets（以下，到達目標）」から構成されている。「学習プログラム」には，児童・生徒に指導すべき知識と技能について，各KSに沿って指導内容が示されている。一方，「到達目標」は，学習プログラムが示す内容について，各KS終了までに習得することが期待される「学習能力」を規定している。特に，「到達目標」は，生徒のパフォーマンス（目標とする学習課題を遂行する一連の表現行為）を重視した，レベル1～8及び，レベル8以上の「Exceptional performance（以下，教育課程の内容を超える範囲の取り扱い）」を含む計9段階の到達レベルからなる評定基準を有している。

　2014年実施の教育課程基準では，「到達目標」は各学校で定めることとし，教育課程基準では明記しないことになった。しかし，到達目標は，各学校のカリキュラム構成と学習評価の基本骨格として現在も位置付けられているとともに，各教員は，学習プログラムと到達目標に基づく指導計画を編成し，授業を実践する。

2.2　「デザインと技術」科の学習プログラム

　「デザインと技術」科の学習プログラムは，「デザイン」「製作」「評価」「テクニカルな知識（構造の強度やカム・リンク装置の機構など）」「栄養と調理」から構成されている（図2.2，2.3）。

　各領域は，KS1～3まで系統化されている。例えば，「デザイン」では，既製品に関する社会的・環境的・経済的側面に基づく機能性や規格などを学ぶ内容で構成され，KSが進展すると，学習者に要求されるパフォーマンス水準の難易度が高くなる。「デザインと技術」科の教育課程基準は，「技術的課題解決力（状況理解⇔調査⇔アイディアの構成⇔計画⇔製作⇔評価）」に必要な基礎的・基本的な知識・理解・技能の習得・活用・探究活動過程を重視する内容構成と言える。

2.3　「コンピューティング」科の学習プログラム

　2014年実施版の「コンピューティング」科では，目標（Aims）を4点示している（Department for Education: The National Curriculum for England（2013），p.204）。第1は，「抽象的概念と論理的思考，アルゴリズム，データ表現を含むコンピュータ・サイエンスの基礎的原理，概念理解，活用ができること」

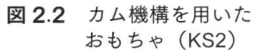

図 2.2　カム機構を用いた
　　　　　おもちゃ（KS2）

図 2.3　電気自動車
　　　　　（KS3 ～ 4）

である。第 2 は，「コンピュータ関連の問題を分析し，問題解決を図る際にコンピュータプログラムを作成する実践的な学習経験の積み重ねができること」である。第 3 は，「分析的に問題を解決するために，IT（情報技術）（新技術及び，普及していない技術を含む）を評価・活用できること」である。第 4 は，「適切に判断・思考し，自信を持って創造できる情報通信技術のユーザーになること」である。

「コンピューティング」科の構成原理は，5 つの鍵概念と鍵プロセスから構成されている。5 つの鍵概念とは，「言語・機械・コンピュテーション」「データと表現」「伝達と協調」「抽象化とデザイン」「コンピューティングの幅広い文脈」である。鍵概念は，それ自体を個別に教えることを重視するのではなく，知識と理解を計算・整理する方法として使用することのできる統一されたテーマである。鍵プロセスは，「プログラミング的思考（Computational Thinking，以下，CT）」を中核としている。CT の中核概念は，「抽象化」と 3 つの下位要素（「モデリング」「分解」「一般化」），「プログラミング」で構成されている。

学習プログラムの主たる特徴は，情報処理の手順を効果的に活用し，学習者が主体的に解決したい課題を達成することを目指している点にある。具体的には，アイディアを生成し，アイディアを実現する，一連の技術デザインプロセス思考を伴う活動力を育成するためのプログラム作成に関する学習を，5 ～ 16 歳まで系統化させて導入している点である。KS 1 では，「アルゴリズム（問題解決または，いくつかの目的を満たすために必要な一連の手順）とは何か」「簡単なプログラム」「論理的思考」を中心とした内容が示されている。KS 2 は，目標に応じたプログラムのデザインやプログラムの作成手順に関する内容である。KS 3 では，コンピュータ上の抽象的概念に基づくデザインや 2 つ以上のプログラミング言語を活用した問題解決を図ることが求められている。

3. 資格試験の評定基準（スタンダード）と評定方法

3.1　16 歳時受験の中等教育修了一般資格（GCSE）試験の概要

中等教育修了一般資格試験（GCSE：General Certificate of Secondary Education）とは，義務教育の最終段階である第 11 学年（通常 16 歳）に受験する資格試験であり，1986 年に導入された。生徒は，数科目から 10 科目程度にエントリーし，KS 4 の 2 年間の学習後，A から G の 8 段階尺度のクライテリオン（目標）準拠評価法による成績を受けとる。目標準拠評価法とは，目標項目の達成度を目標基準（criterion standard）に照合して行う評価法である。我が国の各教科の観点別学習状況評価は，3 段階（ABC）の目標準拠評価法を採用している。シックスズ・フォームへの進学や，各種職業カレッジなどへの進学などの際に，GCSE 試験結果の提出が通常求められる。GCSE 試験の最大の特徴は，ペーパー試験だけでなく，パフォーマンス評定を試験の中に組み込んでいる点である。GCSE 試験におけるパフォーマンス評定（学習者が目標課題を遂行する一連の学習活動を学校で行い，教科担任が学習成果や行動観察などで評定）を，「コースワーク（以下，課題研究）」と言う。GCSE 試験のペーパー試験は，通常 16 歳で受験するに対して，課題研究は，14 ～ 16 歳の 2 年間で，生徒は在籍中に，授業担当教員から評定される。GCSE 試験は，各地域の試験局により実施される。実施要項や評定方法・内容を示した試験シラバスは，通常，インターネットなどで試験実施 2 年前に事前公開される。

3.2 評定基準の概要

(1)「デザインと技術」科

　イングランドの「デザインと技術」科のGCSE試験を実施する試験局は，2013年度現在，OCR試験局，AQA試験局，Edexcel試験局の3つである。本項では，Edexcel試験局刊行の試験シラバスを分析し，評価規準と判定基準の概要を述べる。

　Edexcel試験局の教科「デザインと技術科」各科目のGCSE試験は，短期コースと長期コースの2コースが実施されている。「デザインと技術科」は，2コースともに5分野から構成されている。5分野は，「食品技術」「繊維技術」「グラフィック技術」「抵抗材料に関する技術」「システム・制御技術」である。受験者は，5分野から1分野を選択し，筆記試験と課題研究を受験する。筆記試験と課題研究の配点比率は，長期・短期コースともに「40％：60％」である。課題研究は，第10学年（14，15歳）4月から開始し，第11学年（15，16歳）4月中旬までの約1年間かけて実施される。課題研究の時間は，短期コース20時間，長期コース40時間である（図2.4，2.5）。

　課題研究は，各学校において授業時数の幅の範囲内で実施する。試験局試験官（モデレータ）は，各学校の教員の課題研究の妥当性・信頼性の適正性について点検する（モデレーション）。学校教員の評定結果の妥当性・信頼性に問題がある場合，モデレータは，各学校教員と協議し，当該教員の合意を得た後に，評定の修正や調整を指示することができる。課題研究の評定は，各学校の技術教員の内部評定とともに，モデレータによるモデレーションで，評定の妥当性・信頼性の向上と維持に努めている。課題研究の評定基準は，全分野（「食品技術」「繊維技術」「グラフィック技術」「抵抗材料技術」「システム・制御技術」）で設定している。

(2)「コンピューティング」科

　本項では，OCR試験局刊行の試験シラバスを分析し，評定基準の概要を述べる。

　OCR試験局「コンピューティング」科のGCSE試験問題は，筆記試験（40％）と実践調査（30％），プログラミング・プロジェクト課題（30％）の3

図2.4　飛び出す本のデザイン
（グラフィックデザインと機械制御）

図2.5　建築環境（建築デザインとモデル制作）

種類である（カッコ内は，配点比率）。特に，実践調査とプログラミング・プロジェクト課題は，各学校の通常の授業時間において，各20時間以内で実施する。「筆記試験」は，試験の公平性を保つために，同一日時に，各学校で一斉に実施する。問題例では，コンピュータの構成と基本的な情報処理の仕組み，情報通信ネットワークにおける基本的な情報利用の仕組み，簡単なブール論理と，回路やプログラミング上におけるブール論理の活用法，データ構造の適切な利用などの出題例と採点例が示されている。「実践調査」では，「筆記試験」で求められる学力を基に，「ウェブによる調査（web-based enquiry）」「IT専門家への質問（contact with IT professionals）」「コンピュータ専門誌を用いた調査研究（research using computer industry publications）」が求められている。「プログラミング・プロジェクト課題」は，3つの課題が設定されている。課題1（15点）は，「スクラッチ・プログラム（迷路ゲームの機能として，プレイヤーの簡単な操作で上下左右の動作ができるプログラムの作成と動作試験）」である。課題2（15点）は，「システム・パスワード（一定の機能を持つパスワードを受け入れてテストするためのシステ

表2.1 「プログラミング・プロジェクト課題」の評定基準と配点割合

評定基準	配点割合	達成度		
		低	中	高
プログラミング・テクニック (15点)	(1) プログラミング・テクニックの活用	1〜2点	3〜4点	5〜6点
	(2) プログラミング・テクニックの効率的活用	1〜3点	4〜6点	7〜9点
デザイン (9点)	課題解決策の根拠が分かる、課題解決に必要かつ詳細な分析がある。問題の各部分への解答を表現している。完全な組み合わせがある。課題解決試行と成功規準の詳細な言及がある。「変数」と「配列」について、明確に理解している。	1〜3点	4〜6点	7〜9点
構成・展開 (9点)	コードをほとんど、または全く記述していない。プログラム作成のための課題を達成するために、情報処理の手順を使った「注釈」と「変数」が書かれていない。プログラムがほとんど、構造化されていない。	0〜3点	4〜6点	7〜9点
試験と評価 (9点)	プログラムの動作試験とトラブルシューティングに関する具体的な記述が全くない。あるいは、評定に関する…	0〜3点	4〜6点	7〜9点

出典：General Certificate of Secondary Education Computing Unit A453 を基に、筆者らが再構成した。

ムをデザインし、そのプログラム動作の試験と評価）である。課題3（15点）と、「高得点データベース（ユーザー名とその最高得点を保存・管理できるシステムのプログラムのデザインと動作試験）」である。計3課題（合計45点）の評定基準と採点基準を表2.1に示す。

　表2.1より、評定基準が3種類設定されている。個々の評定基準には、「プログラミング・テクニック」を除き、到達すべき姿が具体的な文章で表現され、達成度（配点割合）が3レベルに区分されている。各レベルが「0〜0点」のように、一定の数字で区切られていることから、評定に柔軟性を持たせていることが分かる。

(3) 18歳時受験のGCE-Aレベル試験の概要

　イギリスでは、通常18歳の生徒が受ける資格試験をGCE-Aレベル（通常はAレベル試験と呼称）と言う。この試験の成績により、高等教育への進学の可否が決まる。多くの大学は、Aレベル試験で、最低限3科目以上でC以上の資格取得を要求する。

　日本の大学入試に相当するが、内容は極めて高度である。エンジニアリング関連の学部を受験する学生の中には、「数学」・「物理学」・「デザインと技術」・「コンピューティング」の中から3教科を受験する受験生が多い。

4. 技術科教育の実際

　ポートフォリオとは、児童生徒の作品、自己評価の記録、教師の指導と評価の記録などを、系統的に蓄積していくものである。ポートフォリオは、「元ポートフォリオ（ワーキング（パーマネント・ポートフォリオ）」と「凝縮ポートフォリオ」からなる。元ポートフォリオは、学習の過程で生じたすべての産物をファイリングしたものである。一方、凝縮ポートフォリオは、元ポートフォリオの中から重要なことや、意味ある発見などを凝縮して再構成したものである（図2.6, 2.7）。我が国では、鈴木敏恵が、凝縮ポートフォリオと、元ポートフォリオの作成における実

際をわかりやすく紹介している。「デザインと技術科」の凝縮ポートフォリオは、GCSE試験の課題研究の評定対象である。

　生徒は、凝縮ポートフォリオを、製作品とともに制作する。凝縮ポートフォリオの記載事項は、デザイン概要（デザインの動機・必要性）、デザインにおける重視事項（安全性・外観など）、デザイン・製作における必要な情報（使用する材料とその特徴など）、アイディア集とアイディアの精選過程、構想図、製作中に気づいた事項や修正点、作品の評価、改良案などである。

　凝縮ポートフォリオとは、総合的な学習におけるポートフォリオを中心とした学習活動全体を

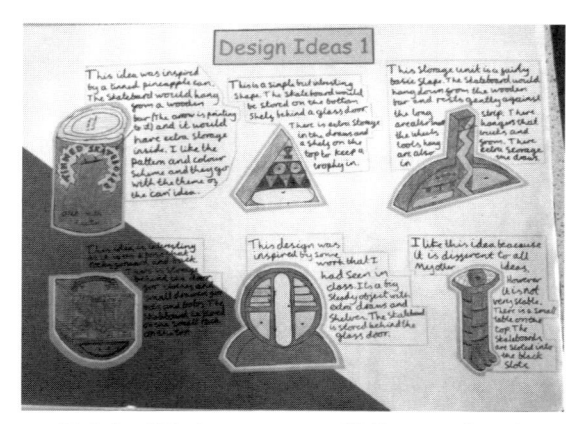

図 2.6　凝縮ポートフォリオ（複数のアイディア）

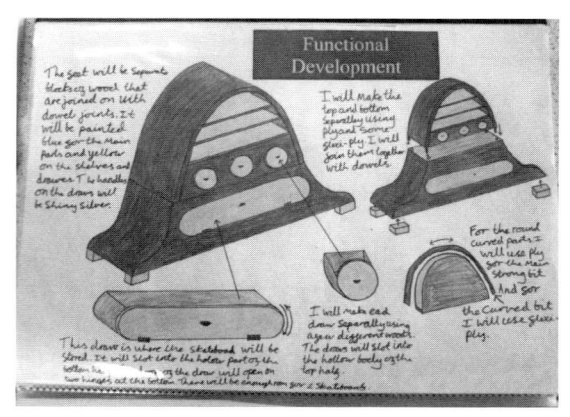

図 2.7　凝縮ポートフォリオ（最終案）

通じて，自己の学習の振り返りや仲間との関わりにより，常に自己・他者評価が行われている。授業者は，授業中にポートフォリオや作品の状態を随時評価し，必要に応じて指導計画を改善する。ポートフォリオ制作と評価で，「デザインと技術」科の「学習指導と評価の一体化」と，指導の改善といった

PDCA サイクルが絶え間なく展開する。

　本章は，「イノベーション力を育成する技術・情報教育の展望，編者：森山潤・菊地章・山崎貞登，ジアース教育新社」の一部を引用している。

1. 中国の「労働と技術」教育の歴史的な変遷

中国の現行の学校義務教育においては，6年間の小学校と3年間の初級中学校の計9年間は日本の小中学校と同じであるが，「技術」と称される教科名はなかった。本章では，日本の技術科教育の内容との類似性と関連性を勘案し，中国の小中学校の「労働」あるいは「労働と技術」教育を取り上げ，歴史的な変遷から振り返る。

中国では建国以来，計8回の基礎教育改革が行われてきた。第1期（1949～1952年）では初めて新中国の小中学校カリキュラムを作り上げた。第2期（1953～1957年）では，既存教科の授業時数を削減した上，小中学校で「労働」の授業が新設されるようになり，教科書も国より正式に発行され，特に手作業能力の育成が重要視されるようになった。第3期（1958～1965年）では，政治運動の多い中，「労働」教育の形態や，時間数，内容などが大きく変わりつつ，第4期（1966～1976）の10年間は文化大革命となり，基礎教育に甚大なダメージさえ与えた。中国の教育改革の重要な時期とも言える第5期（1977～1985年）の基礎教育改革では，『全日制10年制小中学校教学計画（試行案）』により，小学校5年と中学校5年の全国統一教科書も1980年に出版された。1981年4月教育部からの『全日制6年制重点中学校教学計画（試行案）』の発表により，「労働と技術」と教科名も改められた。第6期（1986～1991年）では，1987年に公布された『全日制小中学校労働と技術教学大綱（試用案）』より，正しい労働観，労働習慣および労働や労働者を愛する感情を養うとともに，生産労働の知識と技能を身に付けさせることが，「労働と技術」教育の目標として定められた。1989年に国家教育委員会は，すべての小中学校は教育計画に従って「労働と技術」の授業を含む社会実践活動を実施しなければならないと通

達した。第7期（1992～2000年）では，『中華人民共和国義務教育法実施細則』の試行が1992年に告示され，計画的に職業指導の予備教育を視野に入れた労働技芸教育の実施が規定された。同年8月と9月には試行の9年義務教育全日制の初級中学校と小学校の「労働と技術」の教学大綱が頒布され，10月には教育部により「労働と技術」の優秀教材の選定も行われ，義務教育の本格的な授業実施に伴う環境整備が始まった。1998年6月に教育部から通達された『普通初級中学校における労働と技術教育管理の強化に関する意見』により，「労働と技術」の教育目標から，担当教師，実施の場所，設備の確保，管理方法までが明らかに定められ，さらに各地方の教育部門と学校，および学校責任者に対する評価項目に「労働と技術」教育の実施状況も加えられた。このような管理責任体制の強化から，義務教育における「労働と技術」の重要な位置付けが一層明確となった。

21世紀の新時代に適応する社会基盤づくりとして，義務教育の第8期の教育改革が2001年よりスタートし，「徳・知・体・美・技」の全面発達の人材を育成する社会的ニーズに応じ，「素質教育」が全面的に推し進められた。2001年1月，教育部より「義務教育課程設置実験方案」が公示され，新課程が同年の秋から導入され，4年の試行を経て，2005年の秋から全面実施が果たされた。新課程の目玉となる「素質教育」は「総合実践活動」の実施であり，「研究的学習」，「地域奉仕と社会実践」，「労働と技術」，「情報技術」の4つに枝分かれしている。

現行の義務教育課程と時数配分を示す表3.1より，外国語と同じく授業総時数の6～8％を占める「総合実践活動」は，重要な位置付けにあることが確認できる。これは，変化の激しい社会に求めら

表3.1　中国の義務教育課程と時数配分

学年	1	2	3	4	5	6	7	8	9	総時数の割合（％）
教科	道徳と生活		道徳と社会				思想道徳			7〜9%
	―	―	―	―	―	―	歴史・地理と社会			3〜4%
	―	―	科　学				科学（生物・物理・化学）			7〜9%
	国　語									20〜22%
	数　学									13〜15%
	―	―	外　国　語							6〜8%
	体　育						体育と健康			10〜11%
	芸術（音楽・美術）									9〜11%
	―	―	総合実践活動							6〜8%
	地方と学校課程									10〜12%
週間総時数	26	26	30	30	30	30	34	34	34	274
年間総時数	910	910	1050	1050	1050	1050	1190	1190	1120	9522

学年総時数は年間34週間であるが，5年生以下と以上の1時数あたりの授業時間はそれぞれ35分と45分である。

れている中国の教育改革の一環として，知識偏重の教育体制を見直し，能動参画型，体験実感型，実践探究型の学習スタイルをより多く取り入れ，思考判断力，課題解決能力，独創性，豊かな人間性を育む「素質教育」を学校義務教育の早期から実施する狙いがある。素質を評価する第1尺度の態度，情意，価値観，第2尺度の知識と技能，第3尺度のプロセスと方法，第4尺度の行為学的習慣の観点から，「総合実践活動」は小学校の3年次から必修とし，授業時数は地方と学校課程と合わせて，総授業時数の16〜20％とする柔軟な対応が求められている。

　本章では，日本の技術教育的要素が含まれる中国の「総合実践活動」における「労働と技術」に焦点を絞り，教育目的と授業内容，教員研修と国際協力，学習成果の発表および評価，並びに新たな取組みについて概説する。

2.「労働と技術」の教育目的と授業内容

　現行の『労働と技術教育課程標準』で示される実施指針では，作業性学習の形態，キャリア活動の課題，生活指向の特徴，ならびに知識の総合活用などの基本理念に基づいてカリキュラムを開発すること，正しい労働観の醸成，積極的な生活態度の育成，実践を通して現代技術に関する基礎知識と基本技能の習得，技術への興味・関心および学習意欲の喚起，将来の職業訓練の準備となることが目標に掲げられている。

　小学校3年生から実施される「労働と技術」教育の内容は，家政と技術初歩の2つに分けられる。労働を積極的に体験させ，良好な労働習慣と技術的素養を養う目的に主眼を置く。週時数2とする授業の特徴は操作性にあり，耳，目，手，脳の活動を通して労働に関する必要な基礎知識の習得，また日常的な労働工具の使用，および基本的な労働技能の体得により，初歩的な技術的思考と作業能力の素質を備

えさせる。技術初歩として，3年生には紙，ハサミ，カッター，スティックのり，両面刃など一番簡単な工具と材料による紙工作を行う。4年生からは，紙工作とともに陶工も習い始め，紙の精巧な繊維質と粘土の重厚な素朴感に対する鮮明な対比により，審美観を養う狙いである。5年生になると，木材，プラスティック，常用金属なども手工用の材料と認識させ，木工用手のこ，しらき，研磨紙，金工用ペンチ，金槌，スパナ，またプラスティック用アルコールバーナーなどの用具も使い始める。特に，6年生になると，身近でさまざまな材料並びに電子部品も取り入れ，日常生活に役に立つ創作を練習する。よって，小学校では，3年生より単純な紙工作から始め，4，5年生では徐々に問題の予想から加工と製作に課題を与え，さらに6年生になると，需要と設計，加工と創作，使用と補修まで技術素養教育の質に展開していく。図3.1に示す小学校用教材

図 3.1　小学生用テキスト例の表紙

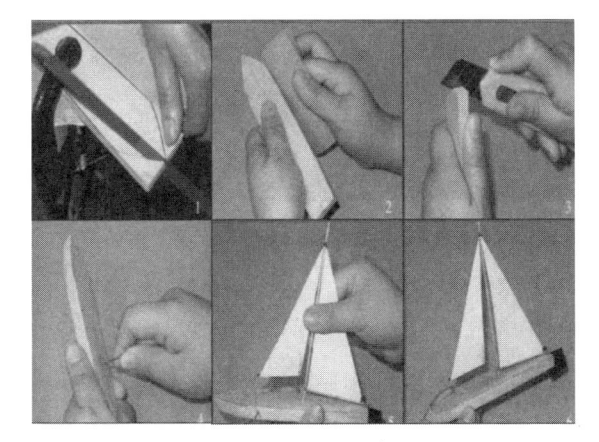

図 3.2　6 年生の帆船モデルづくり

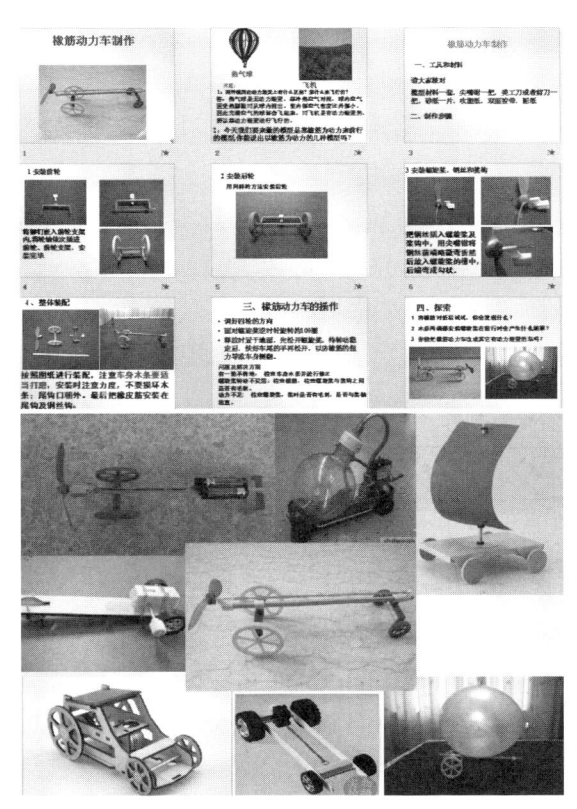

図 3.3　中学 1 年生の動力に関する学習例

の例の表紙からも手作業の特徴が目立っている。

　図 3.2 には 6 年生の労働と技術の授業例として，帆船モデルづくりを示す。製作課題には必要な材料と加工，工具の安全な使用と効果的な組立ての方法が図示され，児童には部材加工と組み立て，仕上げと完成に各自の工夫が課せられている。

　一方，初級中学校では，「労働と技術」の授業総時数は 200，週および学年あたりではそれぞれ 2 と 64 ～ 68 である。授業内容には，技術基礎，家政と職業指導が含められ，技術基礎では伝統工芸と基本技術に分類される。伝統工芸の刻印，彫刻，陶芸，編み物，刺繍からは 1 項目，基本技術の木工，金工，電子電気，簡単な機械の点検と保守，農業機具の使用と補修，裁縫，農作物・花の栽培，写真撮影，養殖，農業副産物の貯蔵と加工，農作物の優良品種の繁殖と育成，樹木栽培から 2 項目，また家政の栄養と調理，家庭用電子電気器機の使用と保守，家庭の金銭管理と消費から 1 ～ 2 項目を選択必修とする。図 3.3 には中学 1 年生の基本技術に関する動力学習の 1 例を示し，輪ゴムによる動力カーの模型の製作

体験を通して，飛行機や，熱気球などの異なる動力を比較し，知識の定着と理解を図る。また，基本技術としての構造設計の授業では木材による製作活動による学習も行われている。

　「労働と技術」の学習成績は知識理解のテストのみならず，授業および製作への取組みの態度，興味感心度合，技能習得度，創意工夫などの観点から総合的に評価する。また，教員の授業に対しても，計画の合理性，目標の明確性，分かり易さ，教学双方向度，体験作業度，学習の楽しさなどの評価項目があり，学校所在の市で主催される「労働と技術」の公開授業も行われ，選ばれた優秀授業は公表される。

　なお，職業指導では，生徒の就職，社会調査，および技術基礎の学習に応じて行われ，同時に，課外活動に社会奉仕などのボランティア体験学習を取り入れることも望まれている。

　近年，小中学校の「労働と技術」教育に関する国際交流が試みられる動きがあり，今後，「労働と技術」の教育資源の共有により，グローバル社会に適

応できる技術素養教育の国際協力の効果も期待され　る。

---

3. 教員研修と国際協力

　日本と異なり，中国では，小学校から国語，数学などの主要教科は専門の教員により授業される。しかし，「総合実践活動」は専任教員ではなく，主要教科の教員による兼担が主流であり，性格上日本の学校で行われている「総合的な学習の時間」によく似ている。一方，日本の中学校では，専門養成された技術科教員により授業が実施されるが，中国の「労働と技術」教育は「総合実践活動」の一部として実施されるため，担当教員の適確性に課題があった。

　そのため，1994 年中国教育学会中小学校労働技術教育専門委員会が設置され，教育部の重点課題として 2002 年から小中学校における労働技術教育の発展の研究が行われた。中央から地方まで労働技術教育を研究研鑽するネットワークが構築され，全国各地の教育委員会と学校と連携して，山積する課題に取り組んだ。2005 年から，労働技術教育センターの機能性充実と管理条例の制定および教材開発に関する研究成果が，中国教育学会中小学校労働技術教育専門委員会の専門誌「労働技術教育通信」，中国教育科学研究院の学術誌「総合実践－労働技術教育」および「北京労働技術教育」，江蘇省の「労働と技術教学研究」などの地方の専門誌に公表され，関連の教育研究情報が発信されてきた。

　同時に，各地で設立された労働技術教育センターが主体となり，教材研修会や，授業経験交流会，シンポジウム，事例研究発表会，および研究授業の公開なども定期的に行われ，「労働と技術」教育の教員研修の実施施設と運営体制としての役割を果たしてきている。ここで，天津市を例に取り上げる。初期では天津市教育局が各学校から一定の実践力と専門技術を有する教員を選び出し，短期の研修を受け

させて労働技術教育センターの専任または兼任教員に任命し，市内の「労働と技術」の教員の研修，公開授業，教材研究の指導を任せてきた。また，天津市教育局は，すべての区において小中学校の児童と生徒の活動，あるいは建築面積が 6,000 ～ 8,000 m^2 の教員の研修施設の労働技術教育センターを設置する通達も下した。天津市河西区の教育委員会の対応では，廃校となった小学校の校舎を改築し，料理，電気，機械など 13 の実習室を備えた労働技術教育センターを設置し，教員研修，専門分野の研究，実験施設として年間利用者が 17,500 人を超える収容施設が確保できるようになった。

　また，教育改革が絶えず進む中，「労働と技術」教育の推進と質の改善がますます重要視され，義務教育における「労働と技術」教育を促進し，中国の教育改革を確実にサポートしようとする中国とドイツの協力プロジェクトが 1994 年から発足し，蘇州教育学院（現，蘇州市職業大学）に中独協力労技教員研修センターが立ち上げられ，江蘇省の小中学校における「労働と技術」の教員研修の役割を果たしてきた。このプロジェクトは，当センターと蘇州教育学院，並びにドイツのブレーメン大学労働指向普通教育研究所の 3 機関が交わした国際協力プロジェクトとして，ドイツの研究者がリーダーとなる協力体制のもと，センターのスタッフの訓練と研修，授業の指導と検討会の実施，およびドイツの関連教育機関との短期交流と視察の手配などが実施された。その後，ドイツでの留学研修を終えたスタッフが，「労働と技術」の教材編集，授業研究，学校実習などの教員研修を担い，現地の小中学校の「労働と技術」教育の導入と推進に大きな役割を果たしてきた。

---

4. 学習の成果発表と評価

　技術知識の学習と応用，労働技術に対する意識，態度と習慣の育成など，「労働と技術」の学習成果の質が重要視され，基礎教育の発展性，全面性，過

程性，多角性の観点から評価する場として，全国小中学生「労働と技術」教育の創作競技大会が年間行事として開催されている。競技は 2 日間の日程で盛

大に行われ，全国各地の予選を通過した小中学生たちは，日頃の学習成果である知識の活用能力と工具機器を駆使する技能を大いに発揮し，「素質教育」がもたらした問題解決能力を示し，各部門で競い合っている。優秀創作の学生とともに指導教員も表彰され，労働と技術教育に従事する教員のモチベーションの向上を図るとともに，学校，家庭，地域社会へ情報発信し，教育資源の共有と波及効果により全国各地の「労働と技術」の教育レベルアップを促進されている。

5. 新たな取組み

2015 年教育部から『新時代における小中学校労働教育の強化に関する意見』が公布され，「労働と技術」に対する興味感心度，安全意識と労働観，忍耐力・積極性・自立性・協調性，並びに技術的素養が新時代の人材育成に必要不可欠と強調され，国語，数学，理科，社会などの他教科との連携教育，学外から職人，技術者らを招く作業学習，また企業，地域社会に出向く体験活動など，教育資源に工夫をしてほしいと促している。

一方，進学受験がますます激化する中国では，これまで高校の入試科目に「労働と技術」教育の取扱いがほとんどないため，小中学校の管理者，教員と学生の取組みの意欲，保護者の理解，また，社会からの認知度にも課題を抱えてきた。近年，このような現状を打破する動きとして，入試では「労働と技術」教育の学習成果を学生の技術素養として評価する高校も現れ，今後このような進学システムの改善からもたらされる効果に注目したい。

中国では，学校教員の資質の向上対策として，教員養成機関スタッフの学歴向上や，教育学修士課程カリキュラムの設置と刷新，また，学校での教育実習の充実を図るほか，現職教員の 5 年ごとの研修も義務付けられ，教育段階ごとに教員の役割・知識・専門性を規定する各種基準の制定や教員資格の更新制度も確立しつつある。特に，小中学校における「労働と技術」教育の担当教員の資格認定試験を実施する地方も現れ，適格な「労働と技術」教員の確保が重要視されれば，素質教育の効果的な質保障にも確実につなげられていく。

新たな教育改革は『全民科学素質行動計画綱要実施方案（2016 ～ 2020 年）の通知』より，すでに始めれている。学生の創造意識，学習力と実践力を向上する目標に向けて，小中学校の科学技術教育を大幅にレベルアップするために，学科横断型（STEAM: Science, Technology, Engineering, Arts or Agriculture, and Mathematics）教育を積極的に行う教育施策のもと，各地の小中学校を含め，DIY（Do it yourself），DIWO（Do it with others）および DIT（Do it together）による創作（Maker）教育の実施が求められている。このような国際社会的ニーズに応じ，中国の教育学者の発起により，世界創作教育連盟（WMEA: World Maker Education Alliance）を 2016 年 3 月に正式に設立した。なお，世界創作教育連盟に関する詳細な情報は公式ウェブブサイト（http://www.makermembers.org/）を参照されたい。

STEAM 教育の創始者であるアメリカの Georgette Yakman 史及び国際技術工学教育者協会（International Technology and Engineering Educators Association）の代表 William Dugger 博士を含む 30 ヵ国と地域からの代表が連盟のメンバーとなり，毎年世界創作教育フォーラムを開催し，グローバルな教育情報を交換・共有し，また，国際社会への情報発信の役割も果たしていく。2016 年 11 月には中国南寧でフォーラムの後，異文化を視野に入れた創作教育と題したパネルディスカッションが行われ，登壇者と現地からの参加者が一体となり，活発な質疑を通して，国際交流を図り，多角的な視点から知恵を絞って諸課題への対策を練り出した。その成果が今後大いに期待される。

第4章　ドイツ

1. 技術教育の位置付け

　よく知られているように，ドイツは連邦国家である。1990年に東西ドイツが再統一し，現在は16の州から成る。全16州の前期中等教育段階には，技術教育が何らかの形態で位置付けられているものの，その様相は必ずしも同じではない。というのは，ドイツでは行財政制度やカリキュラム編成などの教育上の権限が各州に委譲されているためである。

　そこで，まず前期中等教育段階の諸学校における技術教育の位置付けを確認してみたい。州によって学校制度も多様であるが，各州の前期中等教育段階は概ね三分岐型が基本であると言ってよい（図4.1参照）。つまり，前期中等教育段階の学校は，生徒の卒業後の主たる進路に直結する形で，①ギムナジウム（ギムナジウム上級段階で大学入学資格取得後，大学へ移行），②実科学校（実科学校修了証取得後，職業専門学校ないしデュアルシステムへ移行），③基幹学校（基幹学校修了証取得後，デュアルシステムへ移行）の3つの学校に区分されているのである。

　以上のような三分岐型学校制度の改革を企図して，従来，3つの学校を統合した総合制学校を設置する州も見られたが，近年に至っては，基幹学校と実科学校を包括した複数課程学校種（学校名称は州によって多様）を設置する州が増加しつつある。

　これらの学校種のうち，ギムナジウムを除く学校種のカリキュラムには，履修期間（学年）や時間数に若干の違いはあるものの，技術教育が位置付けられている。ただし，各州における技術教育関係教員の養成・採用数が恒常的に少ないという問題から，免許外教員が技術教育を担当している学校も少なくない。また，学校によっては，技術教育のために不可欠な教室や施設・設備が十分に整備されていないケースもある。

　ギムナジウムの場合，技術教育をカリキュラムの一部に組み込んでいる州自体が少ない。技術教育が位置付けられている場合であっても，他の学校種と比較して，履修期間（学年）や時間数はそれほど多くない。ドイツでは，学校種に関係なく，すべての生徒に技術教育を教授することが教育学者ばかりでなく，労働組合や経済諸団体などからも幾度となく要求されてきたにもかかわらず，いまだに実現されていない。

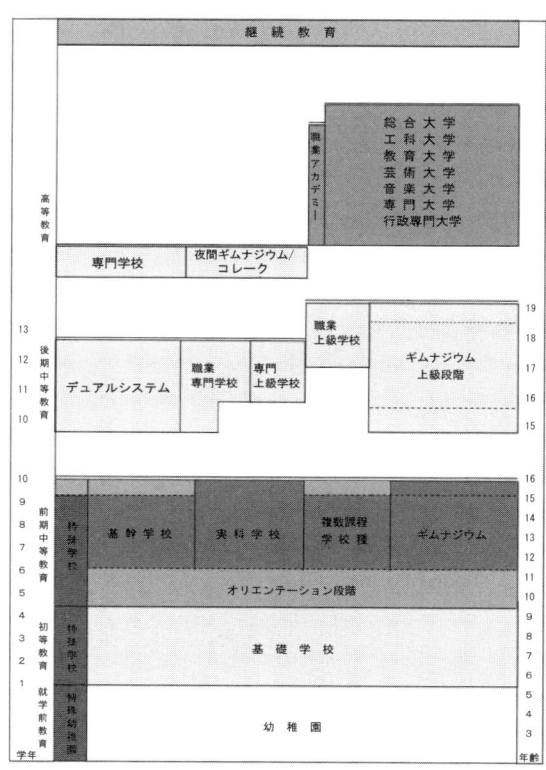

KMK（Hrsg.）: *Das Bildungswesen in der Bundesrepublik Deutschland 2011/2012*, Bonn 2013, S.30 の図を参考にして筆者が独自に作成。

図 4.1　ドイツの標準的学校体系図

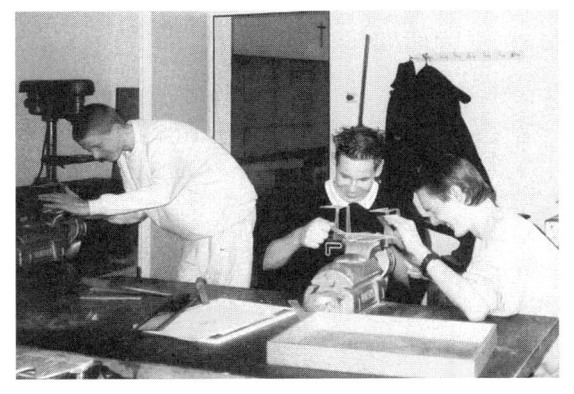

図 4.2　ドイツの技術教育の授業風景

2. 技術教科の設置形態

　つぎに，各州が採用している技術教育に関係する教科（技術教科）の設置形態について確認してみよう。ドイツの技術教科は設置形態という側面から見れば，技術領域を，①統合教科の一要素として包摂する「統合教科型」，②一定の枠組みのもとで相対的に独立した１つの教科（領域）として組織する「教科協同型」，③単独で教授する「独立教科型」の３つに大別することができる。

　「統合教科型」は，技術や経済などの各領域を１つの教科の中で組み合わせて教授する形態である。したがって，「技術」「経済」「家庭」といった個別の教科（領域）は存在しない。そのため，技術教育が単独で教授されることはほとんどない。また，「統合教科型」の場合，基本的に１人の教員がすべての授業（領域）を担当している。

　「統合教科型」を採用している州は，ベルリンやブランデンブルクなどである（特定の学校種）。教科名称としては，「労働科」や「経済－労働－技術」などが用いられている。

　「教科協同型」は，「技術」「経済」「家庭」などの各領域の固有の内容を個別に教授することを保障しつつも，「労働・経済世界への手ほどき」という上位目標への到達を目指すために協同領域を形成して

いる形態である。それは，主として３教科（領域）ないし２教科（領域）で構成される。

　「技術」などの各領域は，それぞれの担当教員によって授業が実施される。各州の学習指導要領において，各教科（領域）によって個別に目標設定が行われている所以の１つがここにある。なお，各教科（領域）の実施学年や実施時間があらかじめ定められている州もある。

　この「教科協同型」を採用している州は，ノルトライン・ヴェストファーレンなどである（特定の学校種）。教科名称としては，「家庭－技術－経済」や「人間－自然－技術」などが用いられている。

　「独立教科型」は，「経済」や「家庭」との関連を持たずに，全く単独で技術教科が位置付けられているタイプである。言うまでもなく，教科専門の教員がその授業を担当している。この形態には，「工作」や「技術」といった教科が該当する。こうした「独立教科型」の技術教科を設置しているのは，シュレスヴィヒ・ホルシュタインなどである。

　現在，教員養成やカリキュラム構成の困難さから，「統合教科型」よりも，「教科協同型」や「独立教科型」を設置する州の方が多数を占める状況にある。

3. 授業テーマ構成

　さらに，設置形態ごとの授業テーマの特徴につい　　て，各州の学習指導要領に即して検討してみたい。

3.1 「統合教科型」の特徴

　「統合教科型」を採用している州では，多かれ少なかれ，多様な側面から労働ないし労働世界の問題を生徒に理解させ，その問題を解決するために必要な基本的な能力を付与することが目指されている。その狙いに沿って，現実の生徒を取り巻く労働ないし労働世界に関する問題を中心として，それに関係する技術的，経済的知識などを盛り込むことによって授業テーマが構成されているのである。

　では，各州の技術教科の学習指導要領では，実際にどのような授業テーマが位置付けられているのだろうか。

　ここでは，一例として，ヘッセンの基幹学校の生徒が学ぶ必修の授業テーマに注目してみたい。同州の学習指導要領では「自転車——交通手段そして余暇の対象物」（5学年）や「利用対象物の計画・製作・呈示」（6学年）といった授業テーマが取り上げられている。たしかに，こうした授業テーマでは，技術的知識・技能を活用した加工・製作学習といった側面が中心に位置付けられている。しかしながら，各授業テーマでは，技術科教育的内容あるいは家庭科教育的内容などといった，ある1つの教科内容の学習だけが必ずしも強調されているわけではない。

　ここでは，授業テーマ「工具と機械」（8学年）のケースを一例として示そう。同授業テーマでは，まず，工具や機械の構造および使用法などが生徒に教えられる。だが，指導項目はこれにとどまらない。たとえば，工具や機械の発展によって，一方では高い品質・生産性がもたらされたとともに，他方ではさまざまな問題が生じたことを生徒に認識させることも企図されている。さらに，合理化の進展が人間に及ぼす影響や労働条件の改善（労働の人間化），それを実現するための新たな利益代表（制）や共同決定の必要性などについても生徒に伝達することになっている。

　このように「工具と機械」という授業テーマの中で，工具や機械の発展に関わり生じた諸問題を，技術的，経済的，政治的側面から認識できるように指導項目が工夫されているのである。

3.2 「教科協同型」の特徴

　「教科協同型」を採用している州では，技術の基礎的な知識・技能を系統的に生徒に習得させるという狙いに沿って，授業テーマが構成されている。つまり，「教科協同型」の一部として位置付けられている「技術」の授業テーマ構成は，全体として工学などの学問の知識体系をとくに重視する傾向が強いと言える。「技術」の授業では，基礎的な技術的知識・技能を可能な限り系統的に生徒に伝達する「一般技術教育」が目指されているのである。

　以下，具体的に「教科協同型」を採用している州の技術教科の学習指導要領において共通に位置付けられている「技術」の必修の授業テーマについて見てみよう。

　まず，各州の「技術」の授業テーマを比較すると，必修の授業テーマとして，技術（科）教育においていわば伝統的であるような，木材・金属などの材料の加工に関する授業テーマや，機械・電気に関する授業テーマがほぼ例外なく位置付けられていることが分かる。その他に，とくに1980年代以降進行したME化や情報化に伴う情報技術の技術分野への浸透という状況に対応して，「情報・通信技術」「調整・制御」「オートメーション」などの授業テーマが，各州の「技術」の学習指導要領において重視されている。

　また，「環境」や「エコロジー」のような用語を含む授業テーマを単独で掲げている州も多い。各州の学習指導要領では，「テクノロジーと環境保護」「エコロジー循環における生産」「簡単な技術システムの探求とその環境への影響」などの授業テーマが挙げられている。こうした「技術」における環境教育という点で，エネルギーに関する授業テーマが位置付けられていることも見逃せない。これらの授業テーマの中でも，エネルギーの需要や有効な利用あるいはリサイクルとの関連で，環境・エコロジー問題が取り上げられているのである。

　ドイツでは，1980年代以降本格的に環境教育が実践されるようになっているが，このように「技術」の授業でも環境意識の形成に対する教授学的関心が高く，実際に環境に関する授業テーマが取り入れられている。

3.3 「独立教科型」の特徴

ここでは，「技術」という名称の独立教科を設置している，シュレスヴィヒ・ホルシュタインの事例を紹介しよう。

同州の「技術」の学習指導要領（基幹学校・実科学校・総合制学校用）は，1980年代以降から，ドイツの技術教育界を席巻している「多視点的技術教授」と呼ばれる授業計画論（授業の目標・内容・進行過程の計画論）を体現したものとなっている。

この「多視点的技術教授」では，技術的知識・技能だけでなく，環境問題などにかかわる技術の社会・経済的知識も統一的に教授することが重視されている。なぜなら，一方で技術が物質的財貨の創出に貢献するとともに，自然環境や人間社会に対して影響を及ぼすことと，他方で技術的課題が単独ではなく，経済的・政治的な領域を含む複合的な領域の中に存在していることが配慮されているためである。

同授業計画論では，さまざまな能力から構成される行為能力を生徒に付与することが，授業目標として設定される。シュレスヴィヒ・ホルシュタインの学習指導要領の場合，この行為能力は，①専門能力（技術的知識や技能を正しく認知する能力），②方法能力（技術的課題の解決を実行することにかかわる能力），③自己能力（技術が及ぼす影響を判断・評価する能力），④社会的能力（技術的課題の解決における環境保護や男女平等などへの配慮の重要性を認知する能力）といった4つの能力から構成されている。

こうした行為能力は，「技術的問題・行為分野」ないし「行為分野」と呼ばれる諸分野から選択される。一般に，これらの分野は，工学などの学問構造と生徒を取り巻く生活状況の分析から導き出される。ここに言う生活状況には職業領域（製造技術，機械技術）だけでなく，私的領域（家庭技術）や公的領域（交通技術，エネルギー供給）なども含まれる。職業領域に限定しないのは，労働世界に関係す

る技術の問題だけでなく，生活経験などから生じる生徒の関心をないがしろにしないためである。また，職業生活への準備という側面を超えて，技術の諸現象ないし技術的課題を生徒に広く理解させるという狙いとも関係している。

シュレスヴィヒ・ホルシュタインの学習指導要領では，「行為分野」として「労働と生産」「輸送と交通」「建築と作られた環境」「供給とゴミ処理」「情報と通信」という5つの分野が挙げられている。

さらに，同州の学習指導要領では，行為分野ごとに授業テーマが設定されている。たとえば，「建築と作られた環境」には，「架橋工事を例とした建築の今と昔——静力学の基本原理・材料選択・人間と環境に対する影響」や「人間を保護し守る——保全システムの昨日・今日・明日」という授業テーマなどが，「供給とゴミ処理」には，「技術的・エコロジー的・経済的視点からみた家庭の供給とゴミ処理」や「包装は環境を汚染する——ゴミ処理・包装のコンセプト・節約によるゴミ減量・リサイクルによる環境保護」といった授業テーマなどが位置付けられている。

以上のように，「独立教科型」としての「技術」は，「経済」や「家庭」などとの関連を持たずに，全く単独で位置付けられているとはいえ，その教科の中で「技術的側面」の他に，技術の「経済的側面」「エコロジー的側面」「人間・社会的側面」などを考慮して，単なる技術的知識・技能だけではなく，生産様式や労働形態に機械技術や情報技術の発展が及ぼす影響なども生徒に伝達することが企図されている。

総じて，技術教育の位置付けについては必ずしも十分とは言えないものの，いずれの設置形態であれ，ドイツの技術教育において技術的知識・技能ばかりでなく，技術が自然環境や人間社会に及ぼす影響についても生徒に伝達しようとしている点は，我が国の技術教育の理論と実践にとっても注目に値すると思われる。

第5章　フィンランド

1. フィンランドの特徴

　フィンランド（正式国名：フィンランド共和国）は，1917年にロシアから独立し建国された。スカンジナビア半島の東部に位置し，国土は33.8万km^2（日本から九州を除いた程度の面積）で，人口は約550万人（2017年1月末時点）である。「フィン人の国」を意味する英語名「フィンランド」に対して，フィンランド語の「スオミ」は「湖沼」を意味する。「森と湖の国」と称されるように国土の70％近くを森林が占め，18万とも言われる湖を持つ。主要産業には，紙パルプ工業と金属工業，ハイテク産業などがある。1990年代，ソビエト連邦の崩壊をきっかけとする経済不況にあったフィンランドは，国の復興を図るために，「知識社会」という将来ビジョンを掲げた。これに基づいて大規模な構造改革を実施した結果，状況は好転し，現在はそのモデルとして国際的に知られるまでになった。また，2000年から開始されたPISA（OECDの生徒学習到達度調査）において，常に上位を維持している教育立国でもある（表5.1）。

表5.1　PISA 2015 の結果における順位

順位	科学的リテラシー	平均得点	読解力	平均得点	数学的リテラシー	平均得点
1	日本	538	カナダ	527	日本	532
2	エストニア	534	フィンランド	526	韓国	524
3	フィンランド	531	アイルランド	521	スイス	521
4	カナダ	528	エストニア	519	エストニア	520
5	韓国	516	韓国	517	カナダ	516
6	ニュージーランド	513	日本	516	オランダ	512
7	スロベニア	513	ノルウェー	513	デンマーク	511
8	オーストラリア	510	ニュージーランド	509	フィンランド	511

2. フィンランドの教育制度

　フィンランドの教育政策における基本原則は，年齢や居住地，貧富の差，民族的背景，性別などにかかわらず，すべての国民が平等で質の高い教育や職業訓練を受ける機会を提供することである。この原則に基づき『基礎教育法』では以下の3つの教育目標が掲げられている。

- 人として，社会の一員としての成長
- 生きるために必要な知識と技能
- 教育の機会均等の推進と生涯学習の基盤づくり

　これらの目標を達成するために，教育文化省と国家教育委員会がフィンランドの教育課程基準である，『全国教育課程基準』を定め，さらに学校段階・校種別に編成されたそれぞれの基準を示している。

　フィンランドの教育制度（図5.1）は，義務教育である基礎学校（ペルスコウル），義務教育後の一般教育および職業教育，高等教育（大学・大学院教育），成人教育から成り立っている。2001年8月より就学前教育（エシコウル）も義務化され，各保育所で6歳児を対象に実施されている。また，スウェーデン語を話す少数派の人（人口の約6％）にも同等の教育機会が保障されている。

2.1　基礎学校

　フィンランドでは，義務教育を修了することは，基礎学校を卒業することを意味する。この学校は，フィンランドの教育理念の1つである，誰もが1つ屋根の下で学ぶという「総合制学校」として1970年代に設立された。7歳（特別な場合は6歳）で就学し，その後16歳まで学ぶ。就学前学校を含めると10年間が義務教育となる。当初は，小学校（アラコウル：「下の学校」の意）と中学校（ウラコウル：「上の学校」の意）と別名称で呼ばれていたが，

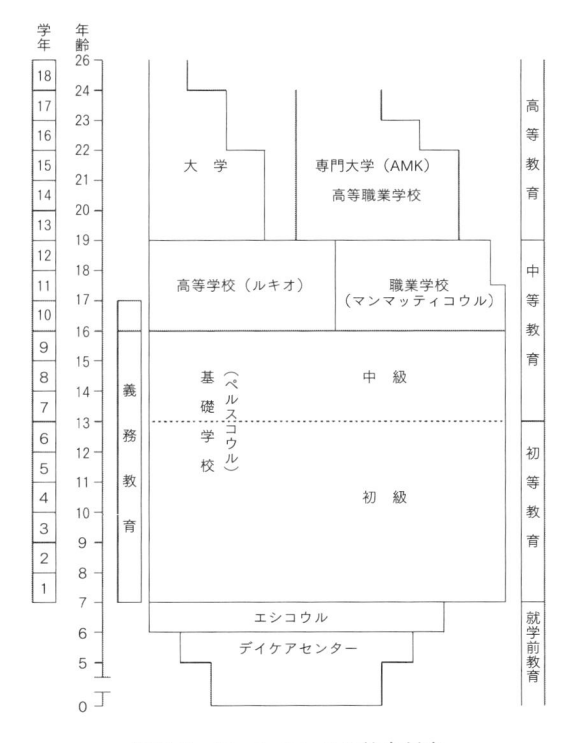

図 5.1　フィンランドの教育制度

表 5.2　基礎学校での授業時数

教科・領域＼学年	1	2	3	4	5	6	7	8	9	合計（時間）
母国語	14		18				10			42
外国語（A言語）	·	·	·	9			7			16
外国語（B言語）	·	·	·	2			4			6
算数・数学	6		15				11			32
環境	4		10							
生物・地理							7			31
物理・化学							7			
健康教育							3			
宗教／倫理	2		5				3			10
歴史・社会	·	·	·	5			7			12
音楽	2		4				2			
美術	2		2				2			56
手工	4		5				2			
体育	4		9				7			
家庭科	·	·	·				3			3
芸術系選択科目			6				5			11
進路指導（キャリア教育）	·	·	·				2			2
選択科目	(9)									9
最小授業時間数	19	19	22	24	25	25	29	29	30	222
自由選択（A言語）	·	·	·	(12)						(12)
自由選択（B言語）	·	·	·	·	·	·	·	·	(4)	(4)

1998 年の基礎教育法制定以降，これらの学校名称が廃止され，9 年一貫型の学校が増えつつある。参考に教育文化省の提示する基礎学校の教育課程における授業時数を，表 5.2 に示す。

　義務教育は，すべての児童・生徒にも保証されており，特別な支援を要する子どもにおいても同様で，フィンランドでは特別支援教育は通常教育の中で行われるべきものと考えられている。通常の基礎学校で教育を受けられない児童は，6 歳から 2 年間の準備教育を経て 11 年間，個々の障害の程度に応じて専門的な教育を受けるか，特別学校や特殊学校へ通う。また，保護者は，義務教育段階での子どもの履修状況が不十分だと判断した場合，「付加教育」と呼ばれる第 10 学年が設定されており，そこでの再履修を希望することができる。

　基礎学校での教育は，国の総合教育方針と教育課程の指導基準に従って行われるが，地方自治体が実際の教育カリキュラムを編成し，各学校は年間の履修計画を立案している。1994 年度の教育課程制度の改革以降，より自由な科目編成の権限が学校側に与えられるようになった。

基礎学校を卒業した生徒は，高等学校または職業学校に進学する。義務教育終了後の進路として，職業学校の卒業資格取得と高等学校の教育カリキュラム修了の両方を可能にする，幅広い選択肢を提供しようとする試みも行われている。そこでは，生徒が職業学校と高等学校の両方から授業を選択することができるとともに，両方の卒業資格を兼ねた修了書が与えられる。

2.2　高等学校

　高等学校（ルキオ）の生徒は，卒業までに「大学入学資格」に合格することを目指している。ただし，この資格は高校の卒業を意味するのではなく，生徒は卒業までに最低 75 単位を取得する必要がある。1 単位は 38 時間相当（1 時間＝ 45 分以上）で，必修単位数は 47 〜 51 単位である。教科として，「母国語と文学」，「外国語と第二外国語」，「理数科」（数学，物理，化学，生物，地理），「人文社会」（歴史，現代社会，哲学，心理学），「宗教・倫理」，「保健体育・芸術」（体育，音楽，芸術，保健），「進路指導」があり，科目別の単位制で授業は行われ，学年制はない。また，生徒の学力によるクラス分けはなく，4 年以内に各自の進度で単位を取得する。

　生徒は，高等学校で 3 年間勉強した後，国が行う「大学入学資格試験」を受けるか，イギリスのポリテクニック（総合技術学校）に類似した専門大学（AMK），あるいは職業専門学校で勉強を続けるかを

選択する。

　高等学校の教育課程は，かなり均一化されているが，語学，科学，スポーツ，音楽，美術に特化した専門高校もある。1994年の教育課程改革後，選択科目の範囲が広がり，各学校が以前よりも特色を出せるようになった。

2.3　職業学校

　職業学校（マンマッティコウル）の生徒は，各分野における基礎的な資格となる「初期職業資格」の取得を目指している。提供している分野は，職業資格枠組みに基づいて，①文化，②人文科学と教育，③自然資源と環境，④自然科学，⑤社会科学・ビジネス・行政，⑥社会福祉・健康・スポーツ，⑦科学技術・運輸・通信，⑧観光・ケータリング・サービスの8分野52種の資格を120のプログラムで提供している。修了するには2〜3年を要する。以前は高等学校と職業学校のプログラムは独立していたが，近年は科目履修などにおいて相互交流が進んでいる。具体的には，初期職業資格と大学入学資格の取得を目指す「ダブル・ディグリー」プログラムや，これに加えて高校の修了資格を目指す「トリプル・ディグリー」プログラムを設けている学校がある。さらに，1990年代に職業型の高等教育機関である専門大学が設立され，近年職業学校に進学を希望する生徒が増えている。

2.4　大学教育

　大学に入学するには，春・秋の年2回実施される全国統一試験を受けなければならない。必修科目である母国語と，その他の科目を3科目選択し，合計4科目に合格する必要がある。連続して3回以内（18ヵ月以内）の試験で条件を満たせば大学入学者候補として登録される。ただし，人気学部や難関学部に合格するには上位の成績を修めることが求められる。なお，大学の授業料は無償である。

　フィンランドの大学は，すべて国立で教育文化省の管轄下にあるが，教育・研究のみならず，学内の問題については広範な自治が認められている。教育文化省との年次ごとの交渉により，採用学生数を調整し，すべての学問分野に「制限入学」などの規定が定められている。大学進学希望者のうち，入学が認められるのは半数以下で，入学者数は学科によって大きく異なる。大学は独自の選考基準に従って，志望者の中からこの基準に適合した者を合格者として選定する。

2.5　専門大学（AMK）・高等職業学校

　専門大学に入学するためには，①大学入学資格試験に合格していること，②基礎職業資格か同等の資格を有すること，③職業成人教育法に示された継続職業資格・専門職業資格のいずれか，もしくは同等の資格を有すること，④海外で高等教育に進学する教育を受けていること，のいずれかの資格を満たすことが求められる。出願は全国統一システムを用いて行われているが，選抜方法については各機関に一任されている。この専門大学の創設は，フィンランドの高等教育への進学率を飛躍的に向上させたが，大学への進学は今もなお狭き門である。

　この他にも，フィンランドの職業教育はさまざまな機関によって提供されている。産業関係向けの職業教育は，通常多くの専門分野を有する高等職業学校によって提供され，それぞれの機関がその専門分野に特化している。しかし，より広範囲な学問分野を提供するために，より学際的な高等職業学校が専門分野の高等職業学校を吸収合併することにより誕生している。

3. 成 人 教 育

　成人教育は，正規の教育機関や一般教育施設で，あるいは社員教育として受けられるが，ほとんどの成人教育は通常の教育システムから離れた，職場や個々の継続教育機関での仕事に関連した職業訓練教育が一般的である。受講目的は，各種資格の取得や勉学の継続，余暇の利用，自己啓発など，さまざまであるが，特に職業教育の受講者が増加しており，仕事に就いている成人が主に受講している。成人教育は，大都市に偏る傾向はあるが，地方にも普及しつつある。

各種教育機関によって提供される一般成人教育は，国の助成金で賄われる他，地方自治体や教育機関の経営団体，および受講者からの受講料によって補われている。職業学校，並びに専門教育機関での成人教育の費用は，国と地方自治体が共同で負担している。職業訓練は，国が出資し，社員教育は主に雇用者が負担する。また，全日制の成人教育を受ける人には，国の教育補助制度が各種用意されている。その中でも，成人向け職業教育は，ほとんどの高等職業学校で行われているが，成人職業教育センターや成人のための専門職業教育機関でも提供されている。これらの機関には職業資格と免許資格を目指すコースがあり，能力ベース（職業訓練学校の職業資格と職業上級資格，専門家資格）の資格制度を設定している。同時に，継続教育や社員教育も行われている。受講者の多くは，自己啓発のためのコースを選択するか，雇用者側が用意したコースに参加している。

4. 教員養成

フィンランドでは，1979 年の教員養成改革法により，教員養成は大学に移行し，さらに教員資格を得るには修士号を取得することが求められるようになった。それ以前は，高等学校終了後，2 年ないし 3 年間の実習を主とする訓練を受け，学校に配属されていた。このように教員資格取得が厳格になったにもかかわらず，教職は若者にとって最も魅力ある職業の 1 つとなっている。実際，2010 年に教員養成大学 8 大学の定員が 660 人であったのに対し，6,600 人が応募している。この理由として，教員には職業的自主性が広範囲に認められている，たとえば，自分で教科書やその他の教材を選び，自分で授業を計画することができる。また，社会における教員の地位は高く，親や地域社会からの信頼も厚い。以上のように，教員養成大学には優れた人材が多く集まり，優秀な教員として全国に配属されていることが，フィンランドを世界有数の教育立国とした要因の 1 つであると考えられる。

5. フィンランドの技術教育の実際

技術教育の 1 つとして手工教育がある。この教育は，スウェーデンのオットー・サロモン（1849 〜 1907）によりスロイド（手工）教育として世界に広まり，日本にも大きな影響を与えた。しかし，この手工教育の発祥の地がフィンランドであり，世界で初めて公教育に位置付けた国であることはあまり知られていない。フィンランドにおいてこの手工教育を提唱した人物は，ウノ・シグネウス（1810 〜 1888）で，聖職者にして哲学者であり，その生涯を国民教育の改善に尽力した。1861 年にシグネウスが公表した，フィンランドの国民教育を組織化するという提言は，フィンランドの教育の転換点となった。それを契機に，万人のための統一的な基礎教育が提案され，机上の学習だけではなく手工や実践的スキルにも重点が置かれ，今なおその伝統は継承されている。この背景として，フィンランドでは真冬の農閑期に生活に必要なものを自給自足で作る文化が色濃く残っていることが挙げられる。このことにより，小学校段階において手工科という科目が位置付けられている。内容は，大きくテクニカルワークとテキスタイルに分かれており，テクニカルワークでは木材や金属などのさまざまな材料を主に手工具を用いて加工し，テキスタイルは布地で衣類を作製する。手工科は，第 3 〜 6 学年で週に 5 時間実施されている。ここではその一例として，2007 年に参観した第 3，4 学年での授業を紹介する（図 5.2 〜 5.4）。

授業を受けている児童の人数は 10 名程度で，半学級で行われていた。もう一方の半学級は，テキスタイルの授業を受けていた。材料には，ツーバイフォー工法の住宅材として多くが使用されている SPF 材（Spruce: エゾ松, Pine: 松, Fir: モミの 3 種が混在した木材）を使用しており，工具として手工具以外に電動ドリルを用いているのが特徴的である。施設面では，加工に必要な工具・機械が十分に整備されており（図 5.4），日本の義務教育段階の学

図5.2　手工科での実習の様子（第3学年）

図5.3　手工科の実習で，のみを用いて木材を加工する児童の様子（第4学年）

図5.4　実習室の工具収納庫

校ではあまり見られない，溶接機や帯鋸盤，木工旋盤なども設置されていた。また，教室は実習室と機械室，塗装室があり，加工作業に応じて児童は場所を自由に移動して使用することができる。安全面では，必要に応じて安全めがねや防音ヘッドセットを

使用し，塗装では専用の上着を着用していた。作業終了後は，工具の後片づけはもちろんのこと，教室の清掃を各自で行っており，ものづくりだけではなく，行動規範も培われていることがうかがえる。

　児童への指導は，本校の教員と教員養成の継続教育を受けている2名の計3名で行われていた。実習では，日本の小学校段階でほとんど使われていない，のみを用いて板材に溝を掘る加工が行われていた（図5.3）。この発達段階でこのような作業が行われている背景には，フィンランドにおける手工教育の伝統があると考えられる。

　また，フィンランドの教育の特徴として，1985年版の教育課程基準よりコア・カリキュラムとして教科横断的な内容が記載されている。2004年度版では，そのテーマとして，①人間としての成長，②文化的アイデンティティと国際主義，③メディアスキルとコミュニケーション，④参加的市民性と起業家精神，⑤環境・福祉・持続可能未来への責任，⑥安全と交通，⑦科学技術と人間の7つが設定されている。これらのテーマの中で技術教育に関わる，③

表5.3　教科横断的な内容のテーマと学習内容

テーマ	学習内容
メディアスキルとコミュニケーション	・自身の意見や感情の表現，多様な表現方法や様々な場面におけるそれらの活用 ・メッセージの内容や手段の分析と解釈，コミュニケーション環境の変化，マルチメディア・コミュニケーション ・メディアの役割と社会に与える影響，メディアの描く世界と現実の関係 ・メディアとの連携 ・情報源の信頼性，情報の安全性，言論の自由 ・情報通信技術ツール，その多様な活用法，インターネット倫理
参加的市民性と起業家精神	・学校コミュニティや公共セクター，産業界や各種団体の活動や役割についての基礎知識 ・社会や地域社会における民主主義の意義 ・市民として社会に参加し，影響を与える方法 ・自身の福利及び社会の福利を促進するためのネットワーク化 ・学校や地域の活動への参加と影響及び自らの行動のインパクトについての評価 ・起業家精神とそれらの社会にとっての意義，職業としての起業についての基礎知識，働くことについての手ほどき
環境・福祉・持続可能未来への責任	・学校や地域社会において，環境にやさしく，経済的で，文化的，社会的に持続可能な開発 ・人間の福利と生活環境に対する個人と社会の責任 ・環境的な価値と持続可能な生活習慣 ・製造や社会，日常生活における環境効率及び製品ライフサイクル ・消費行動，世帯ごとの管理，消費者としての影響を与える方法 ・望ましい未来とそのために求められる選択・行動
科学技術と人間	・日常生活・社会・地域の生産における技術 ・科学技術の発展，様々な時代・様々な文化・様々な生活の側面において科学技術の発展に影響を与える要因 ・科学技術的なアイディアの発展・形成・評価，製品ライフサイクル ・情報通信技術と情報ネットワークの活用 ・科学技術に関する倫理・道徳・福利・平等性の問題 ・未来の社会と科学技術

メディアスキルとコミュニケーション，④参加的市民性と起業家精神，⑤環境・福祉・持続可能未来への責任，⑦科学技術と人間の学習内容を，表5.3に示す。

　我が国の学習指導要領にも示されている，ESD（持続可能な開発のための教育）や技術倫理教育，情報教育などがテーマとして挙げられており，技術教育に係わる教科の取組みだけではなく，学校教育におけるすべての活動を通して育成するものとして位置付けられている。

6. 起業家教育

　フィンランドの教育で取り組まれている特徴的な教育の1つに，起業家教育がある。フィンランドでは1990年代初頭のソビエト連邦の崩壊による大不況から，すべての学校教育（幼稚園から大学）において起業家教育に取り組むようになった。この教育の目的について，教育文化省は次のように概説している。

　「起業家教育の目的は，市民が起業を望むのであれば企業設立を可能にするためのビジネスに関する知識を高め，起業家教育とその訓練を施し，さらに職業選択としてビジネスの魅力を増加させることである。なお，この教育の対象はすべての教育システムに及ぶ。」

　この教育では，大きく『外的起業家精神』（独自ビジネスの創業と経営）と『内的起業家精神』（起業しようとする態度と資質）を育成することを目標としている。中でも『内的起業家精神』では，チャレンジ精神やリスク警戒心，創造性，情報収集・分析力，発想力，企画力，共同行動力（チームワーク力），プレゼンテーション力，その他（コミュニケーション力，判断力，実行力，マネージメント力など），起業するのに必要と考えられる素養を育成することを狙いとしている。

7. 我が国の教育への示唆

　フィンランドの教育について，教育制度から各種学校の概要，成人教育，教員養成，技術教育の実際，特色ある教育などを俯瞰した。最後に，フィンランドの教育から我が国が学ぶべきことを以下に示し，まとめとする。

- フィンランドの教育の基盤には，すべての国民に対し，徹底した教育の機会均等と平等を保障するという強い理念が位置付けられている。
- フィンランドの技術教育には，伝統的な手工教育の文化が色濃く残っており，世界の技術教育から考えると時代遅れのように思われるが，そこには世界で初めて手工教育を公教育に位置付けた理念（手作業を通しての人間発達）が今なお堅持・継承されている。
- 伝統的な手工教育を継承しつつ，社会の状況やその時代に応じた教育（起業家教育やESD，情報教育，技術倫理教育など）に迅速に対応して教育改革を推進している。
- 世界有数な教育立国として存在し続けている大きな要因として，質の高い教員養成と教員研修，それに裏付けられた教員の自主性，さらにはそれを支える地域社会や保護者からの尊敬と信頼がある。

　これらのことは，日本の教育に大きな示唆を与えてくれるとともに，今後早急に検討すべき重要な課題を提示している。我が国においても，フィンランドの教育が示すように，教育における不易と流行を見極め，揺るぎない教育理念の基に，一人ひとりの教師が自主性を有し，日々の教育実践に邁進していくことが求められている。

第6章 台 湾

1. 学校教育の概略

　台湾の教育制度を図6.1に示す。就学前教育は幼稚園で行われ，教育期間は1年ないし2年である。

　義務教育は，国民教育と呼ばれる国民小学校6年間と国民中学校3年間及び「12年国民基本教育」の方針のもとで2014年度から高級中学校（高等学校）3年間の計12年間となっている。

　高等学校では，普通教育を行う高級中学と職業教育を行う高級職業学校の両立を原則としている。また，中高一貫校として完全中学が設置されている。学校の課程は，2学期制（上学期：8月1日〜1月31日，下学期：2月1日〜7月31日）をとっている。

　2014年教育部統計による各学校種の年齢，学年および就学率は以下の通りである。

① 国民小学：6歳〜12歳，1年生〜6年生，就学率98.8％

② 国民中学：13歳〜15歳，1年生〜3年生，就学率99.2％

③ 高級中学及び高級職業学校：16歳〜18歳，1年生〜3年生，就学率99.6％

　学校の形態として，普通型，技術型，総合型，単科型の4類型が置かれている。そのうち技術型は，専門別に農業，工業，商業，家政，水産，看護などがある。

④ 義務教育以降

・5年生専科学校：16〜20歳，1年生〜5年生
　2年生専科学校もあり

・大学または独立学院（単科大学）：18〜22歳，1年生〜4年生

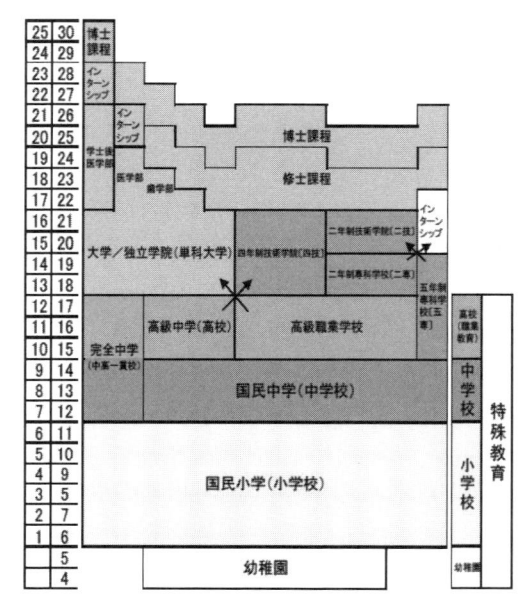

図6.1　台湾の教育制度

・技術学院：18〜22歳，1年生〜4年生
　2年生専科学校＋2年生技術学院もあり

　多くの生徒は高級中学から大学または独立学院（単科大学）に，高級職業学校から技術学院にそれぞれ進学する。なお，高級中学から技術学院へ，高級職業学校から大学または独立学院に進学も可能である。

　教育に関係する行政機関としては，教育部，文化部，科技部があり，特に教育部（日本の文部科学省に相当する）が教育全般を統括している。

2. 技術教育の現状

2.1　技術教育の構成と内容

　中学校学習課程において，2002年以前には技術教育は生活科技として単独の教科で展開されてきた。小学校（1～6学年）と中学校（7～9学年）の学習課程の連携を求める声を重視して，1997年に台湾の教育部は教科の統合を公布した。すなわち，21の学習科目が7の学習領域に統合された。技術教育は理科と統合され，自然科学・生活科技という学習領域の一部となった。一方，近年教科編成の見直しがあり，新カリキュラム・ガイドラインが公表され，2016年度にこの改訂が完了した（表6.1）。理科と統合された教科であった技術教育は新しい学習領域（副学習領域）として2つのコース，すなわち生活技術と情報技術として再編された。授業時間は次のように割り当てられている。

　① 7～9学年（中学校）において週あたり2時間，すべての生徒は生活技術と情報技術をそれぞれ2学期学習する（表6.2）。

　　　また，この改正により，小学校と高等学校は以下の通りとなった。

　② 1～6学年（小学校）において正規ではないが，学習コースが割り当てられている。すなわち，1～2学年では「生活」で日常生活における基礎的な生活技術を，3～6学年ではフレキシブル学習コースで週あたり2時間学習するように示されている（表6.2）。

　③ 10～12学年（高等学校）において，生活技術と情報技術がそれぞれ2学期履修単位として割り当てられ，さらに選択として技術教育が8学期履修単位を充当されている（表6.3）。

　小学校，中学校，高等学校の技術教育の目的は，「生徒が最近，また将来の技術教育に興味を持つために，技術を意識し，探求し，理解し，利用し，管理する能力の発展を支援する」と示されている。すなわち台湾では，2つのコース（生活教育と情報教育）を通して主に実行され，1～12学年の全生徒が技術教育を学習することが学習指導要領の指針（すなわち，学習課程）に規定されている。

表 6.1　学習指導要領における生活技術の位置付け

生活	自然科学と生活技術	自然科学と生活技術	自然科学と生活技術
1・2学年	3－6学年	7－9学年	10－12学年
小学校		中学校	高等学校

表 6.2　1～9学年における技術教育の授業時間数

小学校						中学校		
第一学習段階		第二学習段階		第三学習段階		第四学習段階		
1	2	3	4	5	6	7	8	9
－	－	2（フレキシブル学習コース）				2	2	2

（時間／週）

表 6.3　10～12学年における技術教育の授業時間数

コース	学習領域		高等学校　学年・学期					
			10		11		12	
			1	2	1	2	1	2
必修・普通課程	技術教育	生活技術	2					
		情報技術	2					
選択・普通課程	技術教育	生活技術	8					
		情報技術						

（時間／週）

　① 技術教育は，3～9学年で自然科学と生活技術で，同様に1～2学年では生活で，10～12学年では生活技術単独コースで履修することになっている。

　② 情報教育は，1～9学年の生活および生活技術に統合されている。一方10～12学年では単独の学習領域として設定され，情報教育が重視されていることが分かる。

　1～9学年の生活技術の学習内容は，技術文明を基盤として食物，材料，機械的応用，電気とその応用，情報と情報伝達，住居，輸送，エネルギーの開発と利用，創造性と組立て能力などを統合する能力に焦点を置いている。10～12学年では，生活技術が核として要求される科目である「技術と生活」（2学期履修単位）を含み，次の5つの主題からなっている。

　①伝達技術，②建築技術，③ものづくり技術
　④輸送技術，⑤エネルギーと力

　全生徒はこれらのうちの2～6学期履修単位を習得しなければならない。

2.2　技術教育の教科書

　生徒が使用する技術教育の教科書は，教育部の検

定制度により日本と同様に教科書の改訂ごとに検定が行われている。従来国民中学校の生活科技の教科書は，学年別に作成され，3分冊であった。現在は3学年通しとなり，日本と同様に1冊に統合されている。

3. 技術教育のカリキュラム・フレームワーク

　台湾国立高等教育研究所は，生活技術のカリキュラムのフレームワークとして図6.2を提案している。大きく3つのカテゴリー「思考」，「製作」，「使用」からなり，「思考」→「製作」→「使用」→「思考」……をサイクルとして循環させている。各カテゴリーは知識，スキル，統合能力，性向の各要因を包含する構造となっている。

　図6.2で示されている概念的フレームワークに基づき，小学校レベル（1〜6学年）における生活技術は，毎日の生活における技術的製品を知ること，理解することおよび応用を強調する「生活応用」に焦点を当てている。中学校レベル（7〜9学年）における生活技術は，生徒の創造性やデザイン能力を発展させ，生徒が技術の発展と技術および生活の関係を理解するために簡単な「道具の使用」とものを作るための材料加工の方法に関わる「創造的デザイン」に焦点を当てている。

　高等学校レベル（10〜12学年）における生活技術は，生徒に学びの学際的知識統合，すなわちSTEM教育（S：科学，T：技術，E：エンジニアリング，M：数学）などを取り入れている。具体的には，技術と工学の分野においてエンジニアリング・デザインを通してキャップストーン・プロジェクトを遂行することにより，デザイン，イノベーション，クリチカル・シンキングの高度な能力を発展させる。

　情報コースは，核としてコンピュータの使用を設定している。情報コースの学習は，コンピュータ科学の学習を通して生徒の論理的思考，系統的思考を発展させ，情報技術の設計と実践を行い，生徒の計算思考，問題解決，チーム作業，創造的思考の向上を図ることを目標としている。

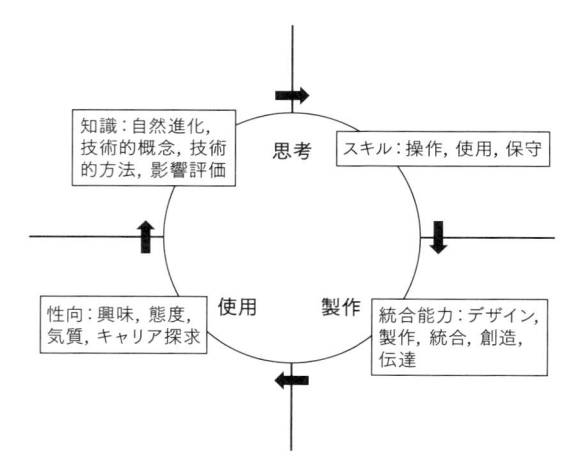

台湾国立高等教育研究所からの引用

図6.2　生活技術のカリキュラム・フレームワーク

　①中学校レベル（7〜9学年）における情報技術は，計算思考と情報技術を用いて生徒の問題解決能力を発展させることに目標を置いている。

　②高等学校レベル（10〜12学年）における情報技術は，アプリケーションのさらなる統合のために，計算思考の原理を理解するためにコンピュータ科学を探究することに目標を置いている。さらに，生徒たちに情報技術関連の項目を通して情報社会における市民の適切な態度と対応を発展させることを目標としている。

　現在，大部分の生活技術と情報技術の教育者は，将来単独の学習領域，すなわち技術教育を持つことに満足している。しかしながら，情報技術は技術の領域ではあるが，生活技術よりもより大きく注目される傾向にある。したがって，多くの生活技術教師は，情報教育が将来の技術教育学習領域を支配するのではないかと懸念している。

4. 生活技術能力コンテスト

　中学生の技術教育で学習した技能を総合的に評価するために，公私立中学生活技術成果コンテスト大会，いわゆる中学生ものづくりコンテストが，台北市で毎年開催されている。公立中学校，私立中学校から生徒自らがチームを作り参加している。教師は生徒をコーチするが，主体は生徒である。2014年までは，本大会は台北市教育局（教育委員会）が主催し，国立台湾師範大学と中華民国工業科技教育学会が共催していたが，2015年から台湾全国に拡大されて開催されるようになった。コンテストでは，生徒にチーム単位で設計させ，ものづくりを通して生活技術について課題を探求させ，技術に対する関心を刺激する。そして，生活技術コースで学んだ知識を用いて，日常の課題をいかに解決するかを学ばせることを目標としている。また教師は，生徒をコーチする過程で，互いに観察し，実演し，競争する機会を与え，また活動を通して各学校で体験してきた情報を交換できる。

　コンテストの形態は，中学生が個人でものづくり技能を争うのではなく，小集団（実際には3人）で競い合う。課題解決までの構想や協議の内容の記録，アイデアスケッチ，製作品など，ものづくりの過程において，生徒たちの技術的問題解決能力が総合的に評価される。

　具体的な大会状況は以下の通りである。時間は午前と午後の部に分けられ，中学生は所定の時間内に与えられた課題（毎年異なっている）の製作を行う。製作した作品は，大学の教員を中心に，課題に対する設計の意図，加工精度などを基準に評価される。また，生徒を引率していた教員は，競技中に生徒と関係を持たないように隔離され，別会場で生活技術や情報技術に関する研修を受ける仕組みになっている。

5. 技術教育教師の努力

5.1　工業技術教育学会

　台湾工業技術教育学会の活動的なメンバーは，小学校と中等学校の生活技術を支援するために，積極的に技術教育の促進活動を行っている。学会本部は国立台湾大学の技術応用人的資源学部に置かれている。学会の目標は，研究と教育を指導し，全構成員と密接な連絡を取り，工業技術教育を発展させることにある。学会の活動は，年1回の大会，生活技術の教育・研究を促進するために共同活動および支援，国際学術団体との連携を行っている。また，技術教育分野において際だった業績を挙げた人々を表彰している。

5.2　技術教育担当教師

　また，技術教育を担当する教師は，技術教育を促進するために次のことに努力している。

　①　毎年の全国生活技術成果コンテストの誕生

　2015年以来，全国生活技術成果コンテストが毎年開催されている。このことについては，第4項で既述している。

　②　中学校における生活技術の有効性を調査するための学校訪問の実施

　中学校における生活技術の有効性をチェックするために，教育部の支援によって行われる学校訪問団に何人かの技術教育者が参加している。

　③　生活技術の可視化を増加するために，メーカの運動に協力

　メーカの運動は広がっている。多くの生活技術教育者は，生活技術の可視化を増加するために，メーカの活動に積極的に参加する。

　④　技術教育研究プロジェクト

　国家科学委員会の基金により，教授方略，学習評価，科技教育教師用試験法を開発する。

　⑤　技術学習活動計画

　新カリキュラムを支援する技術教育活動計画をウェブ上あるいは印刷物で公開する。

　⑥　技術教育雑誌

技術教育月刊誌を出版し，担当教師は無料で入手し，学習できる。

　⑦　技術専門協会

工業技術教育協会を運営し，技術教育担当教師を組織化している。

　⑧　技術教育担当教師用ワークショップの開催

専門性を発展させるワークショップを，複数の場所で，複数のレベルで開催している。

5.3　教員研修

公的な教員研修制度について，日本では国の指導の下で教員免許状更新講習による免許更新制度が平成21年度から実施されている。台湾でも類似の制度があり，講習の受講が義務付けられている。ただし，受講する講習時間により，甲と乙の類別があり，この種別はボーナスに影響してくる。

6. 技術教育上の課題

前述のように，技術教育の教師は努力しているにもかかわらず，技術教育，特に生活技術は次の問題に直面している。

　①　生活技術に対する印象は悪い

一般に中学校もしくは高等学校は，台湾の教育制度において進学や就職の準備的な役割を持っている。これらの学校の主な目標は，高等学校や大学レベルの学習に備えることにある。中学校の技術教育は，高等学校あるいは大学入試の科目の一つとして含まれていない。教育課程の効果を批評するとき，「試験なし，教えなし，学習なし」の考えが主張され，入試にない教育課程を従属課程として多くの台湾人は無視している。不幸にも，台湾の技術教育は従属課程であり，この学習に対して好印象を抱いていない。すなわち，これらの教科は副教科として軽視され，技術教育の発展に大きく悪影響を及ぼしている。

　②　小学校における不適切な教師

1〜9学年の新学習指導要領により，生活技術が小学校において副学習領域になった。従来小学校教員養成課程で充実したカリキュラムがなかったため，大多数の現場教師は技術教師教育を受けていない。そのため，小学校レベルにおいて技術教育は現在でも広く受け入れられていない。

　③　中等学校における活力のない教師

中学校の大多数の生徒が入試の勉強に時間を費やすとき，技術教育の教師は学校管理者，同僚の教師，生徒の保護者から良い支援を得ることが困難である。中等学校，特に科学教育によって技術教育が包み込まれた中学校では，活力のない教師が顕在化している。

　④　薄められた技術教師教育プログラム

1990年以来，多くの大学は教師教育プログラムを提供してきた。この開放構造において，伝統的な教員養成大学や単科大学は自分たちのミッションを達成しなければならず，技術教師を養成する専門学部は教員養成以外のプログラムを提供し始めた。例えば，専門技術や人的資源開発プログラムが，工業や企業の要求を満たすために付加されている。技術教師教育の確立された学部のプログラムが多様化した結果，技術教員養成やそれに関係する研究や開発が希薄になっている。

10〜12学年の最近の技術教育プログラムは素晴らしいが，上述の課題を有する1〜9学年のプログラムは脆弱となり，危険性を伴っている。生活技術教育の現状について次の大きな課題が指摘されている。

　①　生活技術の資格を持った教師は不足気味であるが，大部分の学校は生活技術の資格保持の新人教師を積極的に採用しようとはしない。

　②　生活技術教師の資格を有する教師が他の専門や教科，領域に変わると，生活技術は教えない。

　③　生活技術コースが残る学校は少なく，他の教科，領域を教えることに熱心で，また資格を有しない生活技術の教員が無関係に中学1学年用として配置されている。

　④　生活技術に割り当てられるべき授業時間の大部分は，科学教師によって支配されている。そのため生活技術に関するカリキュラムのガイドラインは誤った方向に導かれ，悪い方向で実施されている。

7. 日本の技術教育への示唆

現在日本の中学校の技術・家庭，技術の授業時間数は，中学1および2学年は週1時間，3学年は週0.5時間であり，適切な教育を行うには不適切であると言わざるを得ない。これを改革するために，もし教科を編成する議論が生じれば，台湾が経験してきた教育事情が参考になると言える。すなわち，科学技術の名の下に，学習内容が類似している技術と理科が統合することになれば，台湾の轍を踏むことになる。本来理科教育と技術教育は学問体系が異なり，必然的に子どもに習得させる学力も異なっているので統合はなじまない。

次に，台湾の中学校の技術教育は週2時間が割り当てられ，1時間は生活技術，もう1時間は情報技術である。日本では，情報技術が技術教育の中に包含されていて，技術全般の学習内容が窮屈である。情報教育は技術教育と分離して並列で実施した方が学習効果も上がるため，台湾の教育状況が参考となる。

一方，台湾の生活技術の教員の資質に大きな課題が指摘されている。技術教育に対する認識の低さなどは日本と同様であり，教員養成および技術教育の在り方として両国が共同で検討すべきであろう。

用 語 集

(本文に記載されている用語以外に，その章の内容に関連している用語も収録)

第 1 部　目的・目標編

第 1 章　技術科教育の目的と今日的課題

- **ものづくり**
  社会においては，主として製造に関連した仕事を総称している。技術科教育では，教育目標を達成する際の基本となっている学習活動の 1 つ。
- **技能（スキル，Skill）→第 5 部「比較教育編」**
  材料や道具の特徴，くせを修得し，それを使いこなして目的を解決する技。個人が体得している能力の割合が大きいので見聞だけでは伝承し難い。人文社会科学，芸術，体育，文化活動などで幅広く用いられる。
  技術科教育では，認知と身体を統合させて，技術の課題を遂行する技能。
- **技術（テクノロジー，Technology）→第 5 部「比較教育編」**
  自然界にある資源およびエネルギーを利用してものをつくり目的を達成すること。また，技術の成果や情報を操作して次の目的を達成する手段。
  国際技術教育学会（ITEA, 2000）によると，①問題解決と人間の可能性を拡大するシステムを発展させる知識とプロセスの生成を含む，人間活動による革新。②人間のニーズと欲求を満たすための，自然環境に対する革新，改善，改良。
- **国際技術・工学教育学会（ITEEA）**
  2011 年に，国際技術教育学会（ITEA）が，改名したもの。
- **技術教育（Technology Education）**
  技術に関わる知識，理論および技能を身に付けさせること。普通教育と職業教育がある。普通教育では人格形成の素養を目的にする。

第 2 章　技術科教育の系譜

- **性別履修指定制**
  男女別に教え学ぶ内容を指定するジェンダー別制度のこと。男女別学制の一種。
- **戦後改革**
  1945 年のポツダム宣言後の日本において，連合国の占領政策の一環として実施された一連の大規模な諸改革のこと。
- **総力戦**
  戦争当事国が，軍事力だけでなく，自国内の人的・物的などのあらゆる資源を総動員する戦争。
- **プロジェクト学習（Project Method）→第 3 部「学習・評価編」**
  1918 年にアメリカで開発されたプロジェクト法とそれに類似したプラグマティックな教育活動の総称。
  技術科では，教科が設置された当初から，プロジェクト（作業）を計画，実行，評価の流れで学習する方法が採用されてきた。近年の技術科における設計（計画），製作（制作，育成），評価などの課題解決型の活動は，キルパトリック（Kilpatrick, W. H.1871-1965）によるプロジェクト法の考え方を起源する学習法として考えることができる

- **6・3・3・4 制**
  日本国憲法・教育基本法体制下の 6 年制の小学校，3 年制の中学校と高等学校，4 年制の大学から成る単線型学校制度。

第 3 章　これからの科学技術教育

- **エンゲルス（Friedrich Engels 1820-1895）**
  エンゲルスはカール・マルクス（1818-1883）と協力し，科学的社会主義運動の理論的支柱であった。
- **生活概念，科学的概念**
  子どもは幼児期から外界に働きかけ，例えば「歩くと月が付いてくる」というような生活概念を獲得するが，それを正しい科学的概念に移行させることが教育の重要な役割の一つである。
- **ジグ（治具，Jig），当て定規**
  ジグは作業で工作物を固定する用具で，Jig の日本語表現である。当て定規は型紙のようなものであり，これをジグと表現する誤りが時として見られる。
- **ヴィゴツキー（Vygotsky, L. S. 1896-1934）**
  ヴィゴツキーはロシアの心理学者。彼の理論「発達の最近接領域」が近年再び注目されている。
- **カリキュラム・マネジメント（Curriculum Management）→第 2 部「教育過程編」**
- **PDCA サイクル（PDCA Cycle）**
  マネジメント・サイクルの 1 つで，計画（Plan），実行（Do），評価（Check），改善（Act）のプロセスを順に実施し，act の結果から，最初の plan の内容を継続・修正・破棄のいずれかにして，次回の plan に結び付ける。このらせん状のプロセスを繰り返すことによって，活動内容をより良く推進するマネジメント手法。
- **技術ガバナンス（力）→第 3 部「学習評価編」**
  国民が自ら技術の光と影に対して理解し，技術を判断・発言・行動できる力を言う。新学習指導要領では，技術ガバナンス力は，技術を評価，選択，管理・運用する力と表記している。
  立場の違いや利害関係を有する人たちがお互いに協働し，問題解決のための討議に主体的に参画し，意思決定に関与するシステム（日本産業技術教育学会による定義）。
- **技術イノベーション（力）→第 3 部「学習評価編」**
  発明などの技術革新により，新たな知的・文化的価値を創造すること，それらの知識を発展させて，経済的・社会的・公共的価値の創造に結びつける技術革新力。新学習指導要領では，技術イノベーション力は，技術を改良，応用する力。
  科学の発見や技術の発明による新たな知的・文化的価値を創造すること，それらの知識を発展させて，経済的・社会的・公共的価値の創造に結びつける革新（日本産業技術教育学会による定義）。
- **テクノロジー（技術，Technology）→第 5 部「比較教育編」**
- **エンジニア（Engineer）とエンジニアリング（Engineering）**

エンジニアは，社会安全への配慮と公正な倫理観に基づき，技術と科学の知識を活用しながら，現実社会の問題を解決する専門職。エンジニアリングは，エンジニア専門職の知識体系。

- テクニック（専門技法，専門技量，専門技巧，専門技）
人文社会科学，芸術，体育，文化活動などで幅広く用いられる。技術では，テクニシャンの専門技や専門技巧，テクノロジーやエンジニアリングの知識を伴った専門技量・技法をはじめ，多種多様な文脈で用いられる多義語である。

- スキル（技能，Skill）→第5部「比較教育編」

- **STEM 教育**
科学，技術，工学，数学（Science, Technology, Engineering, Mathematics）の教育分野を総称する用語。

- 理工系人材育成
産業界で求められている人材の育成や育成された人材の産業界における活躍の促進方策などについて，産学官それぞれに求められる役割や具体的な対応を検討する。

- 工作
ものをつくることを指すが，特に小学校段階におけるものづくりをさす。理科工作，科学工作，自由工作という使い方もされる。

- 図画工作
小学校において芸術（美術）の教科とされている。成立の経緯や技術科との関連から見て，技術の教育としての役割も担う教科。

- 中央教育審議会
教育の振興及び生涯学習の推進を中核とした豊かな人間性を備えた創造的な人材の育成やスポーツの振興に関する重要事項を調査審議する機関。学習指導要領の基本的な改訂の方針がこの機関から文部科学大臣に答申として示される。

- 生活科（Life Environment Studies）
小学校低学年に科される教科。他の教科と異なり，子どもの体験を重視した内容構造を持つ。幼児教育との円滑な接続も担う。

- 情報教育の目標の3観点→第4部「内容編」
高等学校学習指導要領の改訂（平成11年3月）により新設された教科「情報」では，体系的な情報教育の実施に向けて，情報教育の目標の観点を「情報活用の実践力」，「情報の科学的理解」，「情報社会に参画する態度」の3観点として整理した。

- 共通教科情報科→第4部「内容編」
高等学校学習指導要領の改訂（平成21年3月）により，必履修教科としての普通教科「情報」は共通教科情報科へ，専門教育に関する専門教科「情報」は専門教科情報科へと呼称が変わった。

- 技術リテラシー（技術的素養，Technological Literacy）
技術を理解し，活用し，管理する能力（ITEAによる定義）。または，技術と社会との関わりについて理解し，ものづくりを通して，技術に関する知識や技能を活用し，技術的課題を適切に解決する能力，および技術を公正に評価・活用する能力（日本産業技術教育学会による定義）。

第2部　教育課程編

第1章　教育課程の意義と編成

- 教育課程（カリキュラム，Curriculum）
教育目標に即して生徒の学習活動を指導するために学校が計画的・組織的に編成して課す教育内容。生徒の実情や発達と授業時数との関連において目標，内容の組織教授学習の方法，評価の4要素を備え，体系化された知識や，知識技能および，情意的内容の複合物。教育課程と同義語としたのは，1951年の学習指導要領（試案）からである。

第2章　教育課程の展開

- 学習指導要領
学校教育法などに基づき，文部科学省が定めた，各学校で教育課程を編成する際の基準。学校段階などごとに，教科などの目標や教育内容などを示している。

- 見方・考え方
どのような視点で物事を捉え，どのような考え方で思考していくのか，というその教科等ならではの物事を捉える視点や考え方

- 技術の見方・考え方
生活や社会における事象を，技術との関わりの視点で捉え，社会からの要求，安全性，環境負荷や経済性などに着目して技術を最適化することなど

- 主体的・対話的で深い学び（アクティブ・ラーニング）
新学習指導要領（平成29年告示）で示された授業改善の方向性。

第3章　教育課程の評価

- 学校評価
児童・生徒がより良い教育を享受できるよう，その教育活動の成果を検証し，学校運営の改善と発展を目指して行われる評価活動。

- 教育課程の評価
編成，実施された教育課程の適切さを，教育目標の達成状況に関する客観的資料を収集し，評価するとともに，新たな課題を明らかにする活動。

- カリキュラム・マネジメント（Curriculum Management）
児童・生徒及び学校の実態，また，地域の実情などを踏まえて設定する教育目標を実現するため，教育課程を核として教育活動や組織運営など，学校の全体的な在り方を改善していく取組み。

- アクティブ・ラーニング（主体的・対話的で深い学び）
「課題の発見・解決に向けた主体的・協働的な学び」を指す。形式的に対話型を取り入れた授業や特定の指導の型を目指した技術の改善に留まるものではなく，児童・生徒の質の高い深い学びを引き出すことを意図するもの。

第4章　教育課程と行政

- 行政
行政とは，法の下に，公共の目的の実現を目指して行われるもの。そのうち教育に関わるものを教育行政と言い，国を担うのが文部科学省，地方自治体を担うのが教育委員会。

- 学校管理規則
「地方教育行政の組織及び運営に関する法律」の規定に基づき各区市町村立幼稚園，小学校，中学校及び高等学校の管理運営に関し，学期，休業日など必要な事項を各区市町村教育委員会が独自に定めたもの。

- 学校評価

　学校評価は，子どもたちがより良い教育を享受できるよう，その教育活動などの成果を検証し，学校運営の改善と発展を目指すための取組み。学校教育法・学校教育法施行規則により規定されている。

第3部　学習・評価編

第1章　技術科の指導計画

- 3年間を見通した全体的な指導計画

　教科の目標を達成するために，地域，学校および生徒の実態などを考慮し，学習内容，授業時数，指導項目の学年配置などを定めて作成したもの。

- 題材単位の指導計画

　指導項目，指導順序，配当時間，指導方法，製作題材，評価基準，評価計画，評価方法，教材・教具，使用する工作機械や道具，工具，治具などを定めて作成した計画。

- 授業単位の指導計画

　授業案や学習指導案とも呼ばれ，各授業単位の具体的な指導計画のこと。

第2章　技術科の授業設計

- 授業設計（**Instructional Design**）

　授業の目標を達成できるように，学習者の学習活動や教師の指導・援助の仕方を構想・設計すること

- 教材研究

　題材や授業で取り上げるべき内容について，学習の対象となる可能性を持つものを素材（学習材）と言う。また，題材に関わる学習者の生活経験や知識・技能などの素地力，興味・関心や技術の学び方の傾向性などを把握することを学習者の実態把握と言う。この両者を踏まえ，学習者に適応する学習となるように構想し，教科や分野の目標に迫るための手立て（方略）を吟味して決めだすことを教材化という。これらの3点を検討すること。

- 学習問題

　問題解決的な学習で学習者が解決すべきこと。技術科の場合，これを課題という場合もある。

- 学習課題

　学習問題を解決するために，学習者が具体的に学習活動で追究（究明・実践）すること。

- 課題把握

　学習者が授業目標を達成するために，追究（究明・実践）すべき着目点とその具体的な方法の両者を理解すること

- メタ認知（**Meta Cognition**）

　人が自らの情報処理活動をモニタリングし，コントロールするための認知。自律的な活動能力の基幹をなす。

第3章　技術科の授業分析

- 授業分析

　授業における教師と児童生徒の発言・活動など，授業を構成する諸現象を詳細に観察・記録し，明らかにすること。

- 授業観察

　授業における教師の指導，児童生徒の活動，授業の構成・展開，教室環境などを目的をもって観察すること。

- トランザクション（**Transactive Discussion**）

　相互作用のある対話のこと。相手の考えを確認する表象的なものと，自身や相手の考えを変化させる操作的なものがある。

第4章　技術科の学習指導

- プロジェクト法（**Project Method**）→第1部「目的・目標編」
- 学習意欲（**Learning Motivation**）

　行動を誘起させ，方向付け，目標の達成まで持続させる働きを持つ。動機づけと同義。

- 創造性（**Creativity**）

　思考やアイディアとして新しいものを生み出す力，またはその過程。「特殊な才能の創造性」と「自己実現の創造性」とがある。

第5章　技術科における「教材」「教具」「題材」

- 教材（**Teaching Materials**）

　教育内容（学習内容）が具体的に展開される学習材料。理解しにくい教育対象（教育内容）を教師によって単純化し，分かりやすく系統的に整理し，指導過程に位置づけたもの。

- 教具（**Teaching Tools**）

　教具は学習指導のために活用する媒介物を示す。授業や学習活動の中で，学習内容の理解の支援や，学習意欲を喚起するために用いられる具体物。

- 題材（**Projects**）

　題材とは，教科の目標および各分野の目標の実現を目指して，各項目に示される指導内容を，例えば，生徒の身近な生活と関連させるなど，指導単位にまとめて組織したものである。

第6章　技術科の学習評価

- 観点別学習状況

　生徒の資質・能力の学習状況を，設定された観点ごとに分析的に把握して評価資料にしようとする方法。現在の学校教育においては，観点別学習状況による評価を基本として，生徒の達成度や到達度を把握し，A，B，Cの記号で示すことになっている。

- 評定（**Assessment**）

　観点別学習状況による評価の結果を総括して，生徒の資質・能力の実現状況を総括的に把握しようとする方法。現在の学校教育においては，評定を5～1の5段階で示すことになっている。

- パフォーマンス課題（**Performance Tasks**）

　生徒の思考力・判断力・表現力や情意面などの学力（いわゆる「見えない学力」）を把握するために，生活に近い文脈を与え，さまざまな知識や技能，思考力などを総合して問題解決させる学習課題を指す。

- ルーブリック（**Rubric**）

　パフォーマンス課題などの総合力を図るための学習課題について，生徒の学習状況を分析的に把握しようとする際に利用される評価の基準表を指す。表の縦軸に資質・能力を分析的に質的な規準（criteria）を，横軸に各規準ごとに生徒の到達度に応じた判断基準（standard）を設定し，表中には生徒の具体的な姿や成果物の様子を詳細に説明する。

第7章　技術科の安全管理と指導

・安全指導
技術科における安全指導は，「身体の安全」「心の安全」「感覚の安全」の3つの内容があり，これらを総合的に取り組む必要がある。

・安全管理
技術科における安全管理は，健康・行動観察などの「人的管理」と，教室環境，工具の整備などの「物的管理」の両面から取り組む必要がある。

第8章　技術科固有の資質と能力

・資質・能力（Competency）
資質・能力は国立教育政策研究所によると「学び始めには学習に使う手段，学び終わりでは学習内容も含み込んだ次の学習のための手段である」と定義している。

・内容知（Knowing That）と方法知（Knowing How）
ここでの教育の内容知と方法知とは，内容知は基礎的な知識技能を指し，方法知は思考力，判断力，表現力を高めるための活動を通して，内容知に基づいて，一定のスキルに高めるための手段と位置付ける。

・数学的活動
数や図形の性質や考え方を見いだそうとしたり，学んだ数学を課題の解決に利用しようとしたり，資料の収集整理，観察，操作，実験したりする活動のことを指す。

・科学的な見方・考え方
科学的な見方は，自然の事物・現象を主として量的・関係的，質的・実態的，多様性と共通性，時間的・空間的な視点等で捉え，科学的な考え方は探究の過程を通じた学習活動の中で，事象の中に何らかの関連性や規則性，因果関係等が見いだせるかなどについて多面的，総合的，発展的に考えたりすることを指す。

・科学的なリテラシー
科学的リテラシーは，2016年の報告書「すべてのアメリカ人のための科学」などによって広く知られるようになったが，ここでの科学リテラシーは，科学の社会における役割を万人が実用レベルで理解すべきであるという意味合いで捉えている。

・技術ガバナンス
技術ガバナンスは，科学技術革新の成果が広く深く社会と生活に浸透した21世紀において，国民が自ら技術の光と影に対して理解し，判断・発言・行動することを指す。

・技術イノベーション
技術イノベーションは，科学技術の革新を引き起こすための技術開発や価値創造によるイノベーション（革新）へ結びつく創造性のことを指す。

・技術の概念
技術の捉え方には，技術論としての労働手段体系説や意識的適応説などの諸説に基づく考え方があるが，ここでの技術の概念は，科学的な原理・法則を活用し，新たな仕組みを創り出す上で，社会からの要求，使用時の安全性，環境への負荷，費用の側面などの社会的な制約条件との間で，トレードオフの関係によって最適な条件が導き出されること（最適化）を技術と定義する

・プロジェクト法（Project Method）→第1部「目的・目標編」

第4部　内容編

第1章　各内容における課題解決学習と，技術と社会との関わり

・課題解決学習
問題解決学習（Problem Solving Learning）は，学習を能動的なものとし，自ら問題を見いだし，課題を設定し，学習課題化したものを解決していく能力を身に付けていくこととしている。ここでの課題解決学習は，問題解決学習と同義と言える。一方，「課題」を与えられ，「課題」を達成させていく学習は，課題解決型学習（Project Based Learning）とされる。

・技術と社会
社会は，その時代の科学・技術に基づくとともに，科学・技術の研究は，必然的に社会の研究を含んでいる。社会の形成者の行動には，科学的・技術的な判断や行動が求められる関係にあるとされる。

第2章　材料加工技術

・合板（ごうはん，Plywood）
薄く切削した単板（ベニヤ）を，1枚ごとに繊維方向がほぼ直交するようにして奇数枚を接着した人工材料。単板にはスライス単板とロータリー単板がある。

・パーティクルボード（Particleboard）
木材の削片（チップ）に接着剤を加えて，熱と圧力で固めた材料。質が均一で表面が硬い。

・ファイバーボード（Fiberboard）
植物の繊維質に接着剤を加え，繊維のからみ合いを利用して作った材料。軟質板・半硬質（中比重）板・硬質板などの種類がある。

・集成材（Glued Laminated Timber）
小幅の板材を同じ繊維方向に，幅・長さを継ぎ合わせて，一定の厚さに積層，接着した材で，天然材の欠点を除去した長大材の改良木材。

・間伐材
木の成長を助けたり，採光を良くしたりするために，適切な間隔で木を伐採することを間伐と言い，その際伐採された木材を間伐材と言う。

・LVL（単板積層材，Laminated Veneer Lumber）
合板と同様に単板を接着して貼り合わせて製造するが，縦方向の強度を重視して，繊維方向を揃えて製造された材料。単板積層材とも言う。

・材料（Material）
ものの元となるものである。ここでは固体状態にあるものを示す。また，形状としては粉状，塊状などもあるが，ここではものづくりで最も利用されている板，棒（線），管状のものを示す。

・破断（Rupture）
材料に力を加えると，最終的に大きなのびが生じて分断すること。

・破壊（Fracture）
材料に力を加えて，2つ以上の部分に分断すること。大きなのびがなくとも生じる場合がある。

・切削（Cutting）
材料の一部分を削り取ることを言う。切削によって材料を2つに分断する場合，切削によって削り取られた部分の体積が減少したり，変形したりする。そのため設計や材料取りの段

階において切削加工をする場所において注意が必要である。

- 切断（Cutting; Parting）

材料を2つ以上に分離することを言う。切断の場合には切断部分の体積の減少はない。あるいは少ない。

- 接着（Adhesion; Bonding）

2つのものを点または面で分離しないようにすることを言う。ここでは，接着剤を用いて2つの材料を1つにすることを意味する。

- 溶接（Welding）

2つの金属材料を接合面において金属結合が生じるようにすることを言う。金属を高温にして接合する手段が多い。

- 機械的接合（Mechanical Bonding）

物理的な力を使って2つの材料を1つにする方法である。例として，ボルトとナットによる接合，釘打ち，ゴムバンドや紐で結ぶことなどがある。

- プラスチック

高分子物質を主原料として人工的に有用な形状に形作られた個体である。ただし，繊維・ゴム・塗料・接着剤などは除外される。

第3章　エネルギー変換技術

- 自由電子（Free Electron）

電子とは負の電荷を持った素粒子である。物質内部にある電子は，物質内部にある原子に拘束されている電子と原子の拘束を離れて自由に物質内を移動できる電子に分けることができる。後者の電子を自由電子と呼ぶ。

- 半導体（Semiconductor）

半導体とは常温で電気を流すことができる物質である。不純物を含まない真性半導体と不純物を含む不純物半導体に分けることができる。ダイオードの整流性はp形とn形の2種類の不純物半導体を化学的に接合して得ることができる。

- 発光ダイオード（Light Emitting Diode: LED）

p形半導体とn形半導体を化学的に接合して得ることができる半導体素子のうち，p形半導体からn形半導体に向かって電流を流すことで光を放出する。原料となっている半導体材料によって発光する色が異なり，発光するために必要になる電圧もそれに応じて変化する。

- DC/DC コンバータ

直流の入力電圧を必要な直流の電圧に変化するための変換器をDC/DC コンバータと呼ぶ。近年の携帯型電子情報機器の普及によりさまざまな場面で電圧を増加させる昇圧回路や減少させる降圧回路が利用されている。

- リセッタブルヒューズ

一定以上の電流を流し続けることで抵抗値が急激に変化する素子であり，ヒューズの代用品として使用することができる。通常のヒューズとは異なり，高抵抗化しても電流を取り除くことで元の状態に回復する。

- 機械（Machine）

複数の部品で構成され，外部からエネルギーや動力の供給を受け，各部品が限定された運動を行うことで，目的とする機械的仕事をなすもの。

- 原動機（Prime Mover）

自然界のさまざまなエネルギーを動力に変換する機械・装置の総称である。他から動力を供給される作業機械とは区別される。

- 機構（Mechanism）

機械に限定されたある運動を行わせる部品の組み合わせのことである。機械的な仕組み，からくりと同義である。

- ロボットコンテスト

設定された競技課題を達成するように，製作されたロボットを使って行われる競技大会である。通称ロボコンとしてさまざまな大会が行われている。

- 知的財産（Intellectual Property）

発明，考案など，人間の創造的活動により生み出されるものであり，特許などの法令により権利化された知的財産権より範囲が広く，子どもたちの技術的アイデアなども含まれる。

- アクチュエータ（駆動器，Actuator）

外部のエネルギーを機械的なエネルギーへと変換して取り出すものであり，モータが代表的である。

- 意匠造形

造形に際し，美術的な美しさよりも，機能や操作性を高めることを目的としたプロダクト・デザインの考え方。

- 模擬特許制度

アイデア創出の活性化および知財の活用や尊重の教育を狙いとして，実際の特許出願を模擬した学校や学級内などにおけるアイデアの出願・共有活動である。

第4章　生物育成技術

- バイオ燃料

生物資源を原料とした燃料。サトウキビ・トウモロコシ由来のバイオエタノール，ナタネ由来のバイオディーゼルなどが実用化されている。

- 動物・植物セラピー

生き物と触れ合うことによって情操教育や健康維持に寄与させようとする行為で，農業の発展型ともされる。

- 外部経済効果

市場を介さずに，他の経済活動に及ぼす影響。農業の多面的機能は，対価が払われることなく，他の主体にプラスの効果を与えている。

- 家庭菜園

趣味のために主に自宅で野菜や果物を育てること。庭を耕したり，通路，ベランダ，室内窓際などで鉢やプランターを用いたりする。また，ガーデニングとして行われることもある。

- 土壌改良剤

土壌の排水性や保水性の向上，土壌微生物の多様化・活性化，土壌の酸度調整などが目的となる。資材として，土，砂，石などの系統の各種用土，動物糞や食品残渣による栄養を含む堆肥，腐葉土などの植物系堆肥，各種石灰などが用いられる。

- 接ぎ木苗

異なる植物体の切断面同士を合わせて接着させた苗。接着面は完全に癒着する。主枝・側枝を成長させる上部を穂木，根を伸ばす下部を台木と呼ぶ。例えば，穂木はキュウリ，台木は，耐病性が高く，生理障害も起きにくいカボチャとする組み合わせがある。

- マルチング

土壌の表面を覆う栽培技術。効果は教科書を参照。資材には有機物やポリフィルムが用いられる。有機物には草（クサマルチ），藁（ワラマルチ），落ち葉（落ち葉マルチ）などが用いられる。ポリフィルムは黒（防草効果），透明（地温上昇），

シルバー（害虫忌避）など目的に応じて選択される。

- 支柱立て
棒などを土壌などに刺して，植物が倒れないように支える柱にすること。茎と支柱をひもなどで結ぶ（誘引）ことが多いが，つるを支柱に巻き付け自ら体を固定する植物もある（キュウリなど）。剛性が高めるために支柱を組み合わせることがあるが，直立式や合掌式などがある。

第5章　情報システム技術

- 情報活用能力
情報および情報手段を主体的に選択し活用していくための個人の基礎的資質を意味し，狙いとして情報活用能力の3観点をバランス良く育成することとしている。

- 情報活用能力の3観点
情報教育は情報活用能力の育成を図るものであり，情報教育の目標について「情報活用の実践力」「情報の科学的な理解」「情報社会に参画する態度」の3つに整理され，これが情報活用能力の3観点である。

- 共通教科情報科
2008年の中央教育審議会答申において2013年度から高校教科「情報」から改訂された教科。科目構成は，「社会と情報」と「情報の科学」の2科目に再編された。

- 解像度（Resolution）
画面や画像がどれくらいの点の数で構成されているか，すなわち点の細かさを示す。画面の解像度を示す場合には，横の画素数×縦の画素数という積の式で表される。デジタルカメラの場合は，この積の値を総画素数として示す。プリンタやスキャナなどの場合は，dpi（dot per inch）という1インチ当たりの点の数で示される。

- 階調（Gradation）
濃淡変化の滑らかさ，すなわち濃淡の段階の細かさを示す

- VRAM（Video RAM）
画面表示に関する処理を行うためのメモリ（記憶装置）。この容量が大きいほど映像に関する処理をたくさん行うことができる。ノートパソコンなどでは，メインメモリの一部をVRAMに割り当てて利用するものもある。

- 標本化周波数（サンプリングレート，Sampling Rate）
連続した信号を1秒間に何回計測するかを示す値。

- 量子化ビット数（Quantization Bit Rate）
連続した信号の大きさをどれくらい細かく表現できるかを示す値。値が大きいほど音の大小を精彩に表現できる。

- ビットレート（Bit Rate）
1秒間にどれだけのデータを扱うか・送受信するかを示す値。単位はbps（ビット・パー・セカンド，Bits Per Second）。

- MIL論理記号
米国軍用規格（MIL標準，Military Standard）による論理回路記号。JISとしての記号もあるが，事実上の標準として用いられている。

- プログラム
処理の手順を定式化したものがアルゴリズムであり，それを何らかのコンピュータ上で動作する言語体系で記述したものがプログラムとなる。

- 計測・制御
センサ（計測器）を介して外部システム出力の物理情報を取り込み，コンピュータ内部で扱われるディジタル情報に変換し，その数値情報や論理情報を利用して対象システムが目的の挙動となるようにコンピュータ内部で値を計算し，そのディジタル情報を物理情報となるアナログ情報に変換し，変換された電圧を外部のアクチュエータ（駆動器）でエネルギー供給して対象システム入力として操作すること。

- シーケンス制御（Sequential Control）
あらかじめ定められた順序または手続きに従って制御の各段階を逐次進めていく制御。

- フィードバック制御（Feedback Control）
人間がコンピュータ内に設定した目標値に対象システム出力が合うように，対象システム操作を行うことができる値をコンピュータ内で計算し，対象システムを操作すること。

- PID制御（Proportional-Integral-Differential Controller）
対象システムを操作する値の計算を，人間が設定した目標値と対象システム出力の差を利用し，差の比例・積分・微分を重み付けて加算し，対象システム入力であるコンピュータから操作する値を計算する方法。制御方策は簡単であるが，比例・積分・微分の各々のパラメータ設定が煩雑となる。

- 最適制御（Optimal Control）
制御したい対象システム出力が人間の設定する目標値と同じになるときに対象システム出力が0と見なせるよう数理システムを変換し，制御の際の入力エネルギーと出力エネルギーの重み付け和が最小となるように，対象システム入力であるコンピュータから操作する値を計算する方法。PID制御に比べて制御方策は複雑であるが，一度システムパラメータを設定できれば安定した利用が可能となる。

- 情報モラル
「情報社会で適正に活動するための基となる考え方や態度」のことであり，「情報社会における正しい判断や望ましい態度を育てること情報社会で安全に生活するための危険回避の方法の理解やセキュリティの知識・技術，健康への意識」などが内容として含まれる。

- 技術に関わる倫理観
知的財産を創造・保護・活用していこうとする態度や使用者・生産者の安全に配慮して設計・製作したりするなどの倫理観のことであり，これの育成が重視されている。

- カリキュラム・マネジメント
各学校において，生徒や学校，地域の実態を適切に把握し，教育の目的や目標の実現に必要な教育の内容等を教科等横断的な視点で組み立てていくこと，教育課程の実施状況を評価してその改善を図っていくこと，教育課程の実施に必要な人的または物的な体制を確保するとともにその改善を図っていくことなどを通して，教育課程に基づき組織的かつ計画的に各学校の教育活動の質の向上を図っていくこと。

- 情報セキュリティ（Information Security）
情報セキュリティは，JIS Q27000によって，「情報の機密性（2.12），完全性（2.40），可用性（2.9）を維持すること」と定義されている。

- サイバーセキュリティ（Cyber Security）
サイバーセキュリティ基本法第2条によって，電磁的方式による記録，発信，伝送，受信における情報の漏えい，滅失または毀損の防止その他の当該情報の安全管理のために必要な措置並びに情報システム及び情報通信ネットワークの安全性および信頼性の確保のために必要な措置が講じられ，その状態が適切に維持管理されていることと定義されている。

第5部　比較教育編

第1章　アメリカ

- **STEM（Science, Technology, Engineering, and Mathematics）**
  STEMとは，学校教育において新しい学際的なテーマとして科学，テクノロジー，工学，および数学の統合することである。

- **科学（Science）**
  自然界にすでに存在しているものにかかわって生物学，化学，天文学，地質学などを取り扱う。自然界の意味を模索する過程は，「探求」，「何かの発見」，「探索」，および「科学的な方法」などを用いる。

- **技術（Technology）**
  技術は非常に，人間の必要や欲求を満たすために自然界の材料や物質をデザインし，加工し，持続することにかかわっている。これらの人間の必要や欲求は，自然世界を変えることに技術で使用されることで人間の適応過程を刺激することが不可欠である。

- **工学（Engineering）**
  工学とは，研究，経験，および実践によって得られた数学と自然科学の知識が人類の利益のために経済的に自然の材料と力を活用する方法である。

- **数学（Mathematics）**
  数学と，パターンにかかわる科学である。これは，技術，科学，工学のための正確な言語である。コンピュータなどのような技術の開発は，数学の発展がしばしば技術の革新を強化するのと同様に数学を刺激する。その一例は，提案されたシステムが動作することができる方法をシミュレートすることで技術の設計を支援することができる数理モデルである。

第2章　イギリス

- **アセスメント（Assessment）**
  イギリスでは，一般的に，目標に準拠した「基準（スタンダード）」を尺度として，授業者や採点者が，学力を測定し評定することの意味で用いる。（辰野千壽ら監修：『教育評価事典』，p.26, 2006）

- **エバリュエーション（Evaluation）**
  イギリスでは，学習者が，一連の学習過程や学習の振り返りにおいて，自己や他の学習者の活動の調整・改善に有用な情報収集と価値判断を行う意味で用いる。カリキュラム評価でもエバリュエーションの用語を用いる（前掲書）。

- **ポートフォリオ（Portfolio）**
  イギリスでは，ポートフォリオは，「ポートフォリオ制作品や一連の制作活動」と，「ポートフォリオ評価法」の2つの意味で用いる。学習者の一連の課題解決学習過程，自己・他者評価，授業者の学習指導と評価の記録などを時系列的に蓄積した物をワーキングポートフォリオ，凝縮した物をパーマネント・ポートフォリオという（前掲書）。

- **目標準拠評価法**
  目標項目の達成度を，尺度基準（スタンダード）によって，学習到達状況をアセスメントする方法（前掲書）。

- **評価規準**
  日本の「規準（クライテリオン）」の意味は，教育目標を評価目的により，その文脈に従って細目化・具体化した評価目標のこと。文部科学省や国立教育政策研究所の刊行物などは，「評価基準」の漢字表記は使わず，「評価規準」（量は質の一属性であるという考え方）の表記で統一している（前掲書他）。

第3章　中国

- **素質教育**
  2001年よりスタートした義務教育の第8期の教育改革では，「徳・知・体・美・技」の全面発達の人材を育成する社会的ニーズに応じ，「素質教育」が全面的に推し進められ，「総合実践活動」の新設が特徴的である。

- **総合実践活動**
  総合実践活動は「研究的学習」，「地域奉仕と社会実践」，「労働と技術」，「情報技術」の4つに枝分かれ，日本の「総合的な学習の時間」と類似性があり，「個性」，「自主性・実践能力」を育むための教科外の特別活動と位置づけされている。

- **労働と技術**
  正しい労働観の醸成，積極的な生活態度の育成，実践を通して現代技術に関する基礎知識と基本技能の習得，技術への興味・関心および学習意欲の喚起，将来の職業訓練の準備となることが目標に掲げられている。

- **創作教育（メーカー教育，Maker Education）**
  興味駆動型の学習形態であり，実習，製作などの体験プロセスを通して，創作の目標達成に必要な情報収集や実践能力などのスキルを身に付けさせる教育とされ，アメリカMITのFab Labが代表の一つである。

- **世界創作教育連盟（WMEA: World Maker Education Alliance）**
  2016年3月に設立され，30ヵ国と地域からの代表が連盟のメンバーとなり，毎年世界創作教育フォーラムが開催され，グローバルな創作教育情報の交換・共有，並びに国際社会への情報発信の役割が期待されている。

第4章　ドイツ

- **労働科**
  ドイツの前期中等学校に設置されている，労働・経済世界への手ほどきを目的とした教科（群）。

- **多視点的技術教授**
  技術的知識・技能と技術の社会・経済的知識を統一的に教授することを重視するドイツの授業計画（論）。

- **企業実習**
  ドイツの前期中等学校の生徒を対象として，通常2～3週間実施される職場体験学習。

第5章　フィンランド

- **PISA（The Programme for International Student Assessment）**
  学習到達度調査の略で，OECD（経済協力開発機構）加盟国が2000年から3年ごとに，義務教育終了段階の15歳の生徒を対象にして実施している調査である。数学的リテラシー，読解リテラシー，科学的リテラシー，問題解決能力の4領域の知識と技能について調査する。

- **ESD（Education for Sustainable Development）**
  「持続可能な開発のための教育」と訳されている。ESDとは，これらの現代社会の課題（環境や貧困，人権，平和，開発な

ど）を自らの問題として捉え，身近なところから取り組む（think globally, act locally）ことにより，それらの課題の解決につながる新たな価値観や行動を生み出すこと，そしてそれによって持続可能な社会を創造していくことを目指す学習や活動である。2015 年に取り組むべき持続可能な開発目標（SDGs）が提示された。

- **起業家教育・企業家教育（Entrepreneurship Education）**
  起業（会社づくり）のプロセスを擬似的に体験したりする過程で，起業家精神を養うとともに，起業的資質と能力を育成することを主な目的とした教育のことである。

第 6 章　台湾

- **教科編成の見直し**
  理科と統合されていた技術教育が，2016 年に 2 つの新しい学習領域である生活技術と情報技術に編成された。
- **生活技術能力コンテスト**
  技術教育の時間に学習した技能を総合的に評価するために，台湾全国の公私立中学校から代表者が集って技能を競う生活技術成果コンテストが台北市で毎年開催されている。

文　献

第1部　目的・目標編

第1章　技術科教育の目的と今日的課題
1）大輪武司：技術とは何か，オーム社，1997
2）桐田襄一：子どもの生活と技術，近代文芸社，2001
3）間田泰弘：科学リテラシーと技術教育との関わり，科学教育研究，第32巻第4号，pp.299-304，2008
4）北原和夫他：21世紀の科学技術リテラシー像―科学技術の智プロジェクト報告書―，科学技術の智プロジェクト，2008
5）間田泰弘：科学教育とは―科学技術教育における不易の理念と教育課程との係わり―，日本産業技術教育学会中国支部，テクノロジー教育第3巻第3号，pp.29-32，2013
6）間田泰弘：科学教育とは―科学技術教育における不易の理念と教育課程との係わり―，科学教育研究，第41巻第1号，pp.3-4，2017
7）鈴木堯士：今，何故「ものづくり」なのか―IT革命と教育・環境問題を背景にして，日本図書刊行会，2001

第2章　技術科教育の系譜
1）文部省教育調査部編・発行：義務教育年限延長に関する参考資料，pp.201-202，1937（高等小学校進学率とは，前年度の尋常小学校卒業者に対する高等小学校入学者の割合）
2）並木正吉：農村は変わる，岩波書店，pp.4-5，1960
3）細谷俊夫：教育方法（第2版），岩波書店，p.208，1969
4）文部省調査普及局調査課編：新制中学校実施の現状（教育調査資料集4），刀江書院，p.20，1949
5）徳山正人・奥田真丈：学校教育法施行規則の一部改正および学習指導要領の総則について，文部時報，第975号，p.45，1958
6）成田龍一：大正デモクラシー，岩波書店，p.59，2007
7）戦後日本の食料・農業・農村編集委員会編：戦時体制期，農林統計協会，p.19，2003
8）島田喜知治：明治以降農業教科書総目録，岩手大学農学部附属農場研究室，p.195，1975
9）国立教育研究所編：日本近代教育百年史，第7巻・社会教育1，教育研究振興会，p.951（小川利夫），1974
10）坂口謙一：農山漁村経済更生運動下の青年期教育における農業実習のプロジェクト活動，産業教育学研究，第45巻第2号，pp.17-24，2015

第3章　これからの科学技術教育
1.　子どもの発達との関わり
1）寺内定夫，遊びが育てる自由な手，子どもの遊びと手の労働，子どもの遊びと手の労働研究会，あすなろ書房，pp.14-19，1976
2）村松貞次郎：大工道具の歴史，岩波新書，p.3，1973
3）エンゲルス：「猿が人間になるについての労働の役割」，大月書店国民文庫，p.37，1974
4）学研総合教育研究所：小学生白書WEB版（2015年10月調査），調査テーマ「小学生の日常生活に関する調査」，http://www.gakkenn.co.jp/kyouikusouken/whitepaper/201510/chapter6/01.html　最終確認日2017/05/30
5）須藤敏昭：子ども・青年に技術をどう教えるか，教育，No.378，p.92，1979
6）土井康作：新技術科教育総論，日本産業技術教育学会技術教育分科会，pp.23-27，2009
7）技術教育及び職業教育に関する条約（仮訳），www.mext.go.jp/unesco/009/003/015.pdf　最終確認日2017/05/30
8）奥野信一・盛屋勝博・上田正紘：福井県小学校教諭の木工作指導に関する調査研究，日本産業技術教育学会誌，第41巻第2号，pp.93-101，1999
9）L. S. ヴィゴツキー：子どもの心理発達における遊びとその役割，ごっこ遊びの世界―虚構場面の創造と乳幼児の発達，神谷栄司訳，法政出版，1989
10）M. チクセントミハイ（大森弘監訳）：フロー体験入門　楽しみと創造の心理学，世界思想社，p.42，2010
11）クリチェンコ他（小山書店編集部訳）：巧みな手，生活百科刊行会，p.140，1954
12）松友一雄・大和真希子，言語活動の質を向上させるための教師のインターベンションに関する研究―言語・非言語コミュニケーションの観点から―，福井大学教育実践研究，第37号，pp.1-10，2012

2.　教育課程について
1）中央教育審議会：幼稚園，小学校，中学校，高等学校及び特別支援学校の学習指導要領等の改善及び必要な方策等について（答申），2016

3.　他教科などとの関連
1）文部科学省：小学校学習指導要領（2017）
2）文部科学省：中学校学習指導要領（2017）
3）中央教育審議会：幼稚園，小学校，中学校，高等学校及び特別支援学校の学習指導要領等の改善及び必要な方策等について（答申）（2016年12月21日）
4）文部科学省：中学校学習指導要領解説　技術・家庭編，2017
5）文部科学省：中学校学習指導要領解説　総則編，2017
6）中央教育審議会教育課程部会：家庭，技術・家庭ワーキンググループの審議のまとめ（2016年8月26日）
7）Bybee, R.: "What Is STEM Education?", Science, Vol. 329, Issue. 5995, p. 996, 2010

4.　比較研究の観点から
1）田中圭治郎編：比較教育学の基礎，ナカニシヤ出版，pp.3-5，pp.5-9，2004
2）日本産業技術教育学会，21世紀の技術教育（改訂）：各発達段階における普通教育としての技術教育内容の例示，http://www.jste.jp/main/data/21te-nex.pdf　最終確認日2017/03/03
3）日本産業技術教育学会：今，世界の技術教育は？（新版），http://www.jste.jp/main/data/sheet4.pdf　最終確認日2017/03/03

4）二宮皓編：世界の学校：教育制度から日常の学校風景まで，学事出版，pp. 8-15, 2009

5）文部科学省：教育指標の国際比較（平成 20 年版）第 2 部教員 10. 教員 1 人当たりの児童・生徒数，http://www.mext.go.jp/b_menu/toukei/001/08030520/010.htm 最終確認日 2017/03/04

6）Apple, Swift Playgrounds, http://www.apple.com/swift/playgrounds/ 最終確認日 2017/03/13

7）WRO Japan, http://www.wroj.org/2016/最終確認日 2017/03/13

8）堀田のぞみ：科学技術政策と理科教育：初等中等段階からの科学的人材育成に関する欧米の取組み，科学技術政策と国際的な動向［本編］，科学技術に関する調査プロジェクト調査報告書，pp. 121-134, 2011

9）文部科学省：理工系人材育成戦略，2015, http://www.mext.go.jp/a_menu/koutou/sangaku2/1351875.htm 最終確認日 2017/03/15

10）郡司賀透：アメリカの科学教育改革　スタンダードに基づくカリキュラム設計と STEM 教育の振興，科学と教育，第 63 巻第 10 号，pp. 480-483, 2015

11）丸山恭司・磯崎哲夫・古賀信吉・三好美織・影山和也・渡辺健次：STEM 教育の発展可能性に関する研究，広島大学大学院教育研究科共同研究プロジェクト報告書，13 巻，pp. 23-30, 2015

13）大島まり・川越至桜・石井和之：大学と企業の協働によるアウトリーチ活動を基盤とした STEM 教育，科学教育研究，Vol.39, No.2, pp. 59-66, 2015

14）松田稔樹：数学・理科の教員に STEM 教育的指導への取り組みを促す方策の検討，日本科学教育学会年会論文集，Vol. 38, pp. 485-486, 2014

5.　小学校との連携

1）森下一期：図画工作科の成立経過について，名古屋大学教育学部紀要―教育学科―，第 32 巻，pp. 231-251, 1985

2）学習指導要領解説図画工作編，p. 108, p. 115, 2017

3）森山潤：技術教育における小中連携の考え方，技術イノベーション力の育成を図る小学校段階における技術教育実践の開発と展開，日本産業技術教育学会小学校委員会報告書，pp. 24-32, 2017

4）日本造形教育研究会：わくわくするね　ずがこうさく 1・2 上，pp. 44-45（2016），みんなおいでよ　ずがこうさく 1・2 下，できたらいいな　図画工作 3・4 上，思いをこめて　図画工作 3・41 下，心をつないで　図画工作 5・6 上，ゆめをひろげて　図画工作 5・6 下，開隆堂，2016

5）日本造形教育研究会：図画工作 5・6 下「ゆめを広げて」，開隆堂，pp. 20-21, 2016

6）文部科学省：小学校学習指導要領，1998

7）文部科学省：幼稚園，小学校，中学校，高等学校及び特別支援学校の学習指導要領等の改善について（答申）p. 89, 2008

8）藤田剛志・日向彩子：ものづくり活動を取り入れた理科教材の開発に関する研究―実践的指導力の育成をめざした教員養成の試み―，千葉大学人文社会科学研究，第 28 号，pp. 13-31, 2014

9）文部科学省：小学校学習指導要領，理科，pp. 77-91, 2017

10）みんなと学ぶ小学校理科 3 年，学校図書，pp. 70-115, 2016

11）石谷清幹：工学概論（機械工学大系〈53〉），コロナ社，p. 168, 1972

12）森下一期：技術科教育の方法，改訂版技術科教育法，学文社，p. 44, 1994

13）内田洋行：理科 UCHIDAS 2016, pp. 164-165, 2016

14）文部科学省：中学校学習指導要領　技術・家庭，p. 119, 2017

15）文部科学省：小学校学習指導要領　生活，p. 95, 2017

16）日本産業技術教育学会小学校委員会：小学校ものづくり学習教員向け指導書～小学校図画工作科と中学校技術科との連携～，2015

17）鈴木隆司：生活科における栽培の授業開発―アクティブ・ラーニングから子どもの学びを読み解く―，千葉大学教育学部紀要，第 64 巻，pp. 69-75, 2016

18）文部科学省：小学校学習指導要領　社会，pp. 31-46, 2017

19）文部科学省：小学校学習指導要領　総合的な学習の時間，pp. 160-163, 2017

20）文部科学省：小学校学習指導要領解説　総合的な学習の時間編，p. 35, 2008

21）鈴木隆司：小学校 2 年生国語科「ものをつくる」の授業の技術教育からの検討，技術科教育の研究，第 20 巻，pp. 9-16, 2015

22）飯島淳・久本綾：小中学校教育課程における表現活動に関する研究ものづくり・音づくり・音楽づくりを連携した創造的表現活動の試み，社会とつながる学校教育に関する研究（2），pp. 43-53, 2014

23）鈴木隆司：小学校におけるものづくり教育の内容構成―授業実践からの考察―，技術教育学の探究，第 6 号，pp. 16-24, 2009

24）鈴木隆司・岩井奈々：製鉄工場を 10 倍楽しむ方法，千葉大学教育学部鈴木隆司研究室自主編成テキスト，2015

25）坪田耕三・ハンズオンマス研究会：楽しい算数的活動の授業（ハンズオンで算数しよう），東洋館出版，2000

26）小笠原喜康：ハンズオン考　博物館教育認識論，東京堂出版，2015

6.　高等学校との連携

1）文部科学省：高等学校学習指導要領，2009

7.　技術ガバナンスと技術イノベーション

1）国際技術教育学会（ITEA）著：国際競争力を高めるアメリカの教育戦略～技術教育からの改革～，教育開発研究所，2002

2）P. F. ドラッカー：マネジメント［エッセンシャル版］―基本と原則，ダイヤモンド社，2001

3）K. R. カールソン：イノベーション 5 つの原則，ダイヤモンド社，2012

4）D. シルバースタイン：発想を事業化するイノベーション・ツールキット，英治出版，2015

5）城山英明編：科学技術ガバナンス，東信堂，2007

6）森谷正規：技術進展のアセスメント，朝倉書店，1997

7）小林傳司：誰が科学技術について考えるのか―コンセンサス会議という実験，名古屋大学出版会，2004

8）森山潤・菊地章・山崎貞登編著：イノベーション力育成を図る中学校技術科の授業デザイン，ジアース教育新社，2016

第 2 部　教育課程編

第 1 章　教育課程の意義と編成

１）中学校学習指導要領解説総則編：文部科学省，平成 20 年
　　7 月（2008 年）
２）新・教育心理学事典：依田新監修，金子書房，1985 年 10
　　月（昭和 60 年）
３）文部科学省：中学校学習指導要領，平成 29 年 3 月（2017 年）
４）中央教育審議会：幼稚園，小学校，中学校，高等学校及び
　　特別支援学校の学習指導要領等の改善及び必要な方策等につ
　　いて（答申），平成 28 年 12 月（2016 年）

第 2 章　教育課程の展開

１）文部科学省告示第 64 号：平成 29 年 3 月 31 日
２）文部科学省：中学校学習指導要領解説技術・家庭編，平成
　　20 年 9 月
３）中央教育審議会：幼稚園，小学校，中学校，高等学校及び
　　特別支援学校の学習指導要領等の改善及び必要な方策等につ
　　いて（答申），平成 28 年 12 月 21 日
４）文部科学省告示第 64 号：平成 29 年 3 月 31 日
５）中央教育審議会教育課程部会　家庭，技術・家庭ワーキン
　　ググループ：家庭，技術・家庭ワーキンググループにおける
　　審議のとりまとめ，平成 28 年 8 月

第 3 章　教育課程の評価

１）今野喜清：現代学校教育大事典，第 2 巻，p.28，ぎょうせ
　　い，1999
２）文部科学省：学校評価ガイドライン〔平成 28 年改訂〕，p.
　　62，http://www.mext.go.jp/a_menu/shotou/gakko-hyoka/index.
　　htm　最終確認日 2017/04/13
３）西田春彦・新睦人編著：社会調査の理論と技法（1），pp.
　　96-98，川島書店，1976
４）上之園哲也・森山潤：技術科教育における学習経験の生活
　　応用力の構造的把握，日本産業技術教育学会誌，第 52 巻第
　　4 号，pp. 17-24，2010

第 4 章　教育課程と行政

１）文部科学省：中学校学習指導要領解説（平成 29 年 7 月）
　　総則編

第 3 部　学習・評価編

第 1 章　技術科の指導計画

１）文部科学省：中学校学習指導要領解説技術・家庭編，教育
　　図書，平成 20 年
２）文部科学省：中学校学習指導要領解説技術・家庭編，文部
　　科学省，平成 29 年

第 2 章　技術科の授業設計

１）寺田一清編著：森信三一日一語　人生に処する知恵，致知
　　出版社，2008，p. 42
　　＊「果（はか）ない」のルビについては，寺田一清編著：森
　　　信三　教師のための一日一語，致知出版社，2015，p. 184
２）野中郁次郎・竹内弘高：知識創造企業，東洋経済，1996，
　　p. 95
３）中央教育審議会：幼稚園，小学校，中学校，高等学校及び
　　特別支援学校の学習指導要領等の改善及び必要な方策等につ
　　いて（答申），http://www.mext.go.jp/b_menu/shingi/chukyo/

chukyo0/toushin/1380731.htm　最終確認日 2017/03/12
４）高垣マユミ編著：授業デザインの最前線Ⅱ，北大路書房，
　　2010，pp. 23-25
５）宮川洋一・森山潤：中学校における生徒の「技術」に対す
　　るイメージと技術科の学習意欲との関連性，日本産業技術教
　　育学会誌，第 58 巻第 2 号，pp. 65-71，2016
６）森山潤・渡辺勝由・宮川洋一：技術科教育における生徒の
　　つまずきに対する意識，日本産業技術教育学会誌，第 51 巻
　　第 4 号，pp. 255-262，2009
７）三宮真智子編著：メタ認知　学習力を支える高次認知機
　　能，北大路書房，2008，pp. 9-12

第 3 章　技術科の授業分析

１）的場正美・柴田好章編：授業研究と授業の創造，渓水社，
　　2013
２）南部昌敏：教育実習生の内省を支援するための授業観察シ
　　ステムの開発と試行，日本教育工学雑誌，第 18 巻第 3 号，
　　pp. 175-188，1995
３）宮川洋一他：教職実践演習における模擬授業のあり方と
　　ICT を活用した評価方法に関する研究，岩手大学教育学部附
　　属教育実践総合センター研究紀要，第 14 号，pp. 219-230，
　　2015
４）松下佳代：日本における授業研究の方法論の体系化と系譜
　　に関する開発研究，科学研究費補助金基盤研究（B）報告書，
　　2003
５）谷田親彦：技術教育の実習場面で行われる学習指導・評価
　　の目標・内容・方法に関する実証的研究，科学研究費補助金
　　若手研究（B）報告書，2011
６）河野義章編著：授業研究法入門，図書文化，pp. 36-47，
　　2009
７）上田邦夫・宮野高広：技術科における生徒を主体とした実
　　習の授業分析，日本産業技術教育学会誌，第 39 号第 3 巻，
　　pp. 167-176，1997
８）高垣マユミ・中島朋紀：理科授業の協同学習における発話
　　事例の解釈的分析，教育心理学研究，第 52 巻第 4 号，pp.
　　472-484，2004
９）谷田親彦・相澤崇：技術を評価する対話の分析に基づく学
　　習指導の検討，日本教科教育学会誌，第 34 巻第 1 号，pp.
　　17-26，2011
10）杵淵信・安藤明伸・鳥居隆司・奥野亮輔：コンピュータに
　　おける教授行動の空間分析，日本教科教育学会誌，第 23 巻
　　第 4 号，pp. 11-19，2001
11）三浦利仁・守江達彦・谷田親彦：タブレット端末を用いた
　　学習評価システムの検証，コンピュータ＆エデュケーショ
　　ン，vol.36，pp. 50-55，2014
12）板垣翔大・安藤明伸・安孫子啓・堀田龍也：かんな掛け動
　　作の学習を支援するスマートフォンアプリケーションの開発
　　と家庭学習における有用性の評価，日本産業技術教育学会
　　誌，第 58 号第 1 巻，pp. 39-47，2016
13）松浦正史編著：生徒の認識過程に基づく技術科の授業形
　　成，風間書房，1997

第 4 章　技術科の学習指導

１）Kilpatrick, W. H.: The Project Method, Teachers College Re-
　　cord, 19(4), pp. 319-335, 1918

2）中央教育審議会：幼稚園，小学校，中学校，高等学校及び特別支援学校の 学習指導要領等の改善及び必要な方策等について（答申），2016 http://www.mext.go.jp/b_menu/shingi/chukyo/chukyo0/toushin/__icsFiles/afieldfile/2017/01/10/1380902_0.pdf 最終確認日 2018/03/05

3）文部科学省：中学校学習指導要領，http://www.mext.go.jp/component/a_menu/education/micro_detail/__icsFiles/afieldfile/2017/06/21/1384661_5.pdf 最終確認日 2018/03/05

4）幼稚園，小学校，中学校，高等学校及び特別支援学校の学習指導要領等の改善及び必要な方策等について（答申）別添資料，別添 11-2，http://www.mext.go.jp/component/b_menu/shingi/toushin/__icsFiles/afieldfile/2017/01/10/1380902_3_1.pdf 最終確認日 2018/03/05

5）藤川聡・安東茂樹：木材加工において簡便な部材の組み合わせから多様な設計を可能にする題材の開発及び実践，技術科教育の研究，第 17 巻，pp.45-53，2012

6）森山潤：「３.技術科の学習指導」，新技術科教育総論，日本産業技術教育学会 技術教育分科会，pp.90-97，2009

7）Vygotsky, L. S.: Educational Psychology Lecture, 1926，柴田義松（訳），教育心理学講義，新読書社，p.303，2005

8）田島信元ほか４名：認知発達とその支援，ミネルヴァ書房，p.36，2002

9）柴田義松：ヴィゴツキー入門，寺子屋書店，pp.25-27，2006

10）中央教育審議会：平成 28 年 7 月 2 日 教育課程部会 総則評価特別部会 資料 1，http://www.mext.go.jp/b_menu/shingi/chukyo/chukyo3/061/siryo/__icsFiles/afieldfile/2016/07/20/1374453_1.pdf 最終確認日 2018/03/05

11）加藤幸一・永野和男，他 58 名：新しい技術・家庭 技術分野，東京書籍，p.32，2012

12）藤川聡：「第Ⅲ章 教材開発の視点」，技術科教材論（安東茂樹編），竹谷出版，pp.55-73，2014

第 5 章 技術科における「教材」「教具」「題材」

1）佐藤学：教材と単元の構成原理，柴田義松編，教育課程編成の創意と工夫原理編，学習研究社，1980

2）近藤義美：教材開発の条件と望ましい教材の視点，技術教育の研究，Vol.4，No.1，pp.93-98，1998

3）安東茂樹ほか：技術科教材論，武谷出版，2012

4）城戸幡太郎：教材，下中弥三郎編，教育学事典 第 2 巻（所収），平凡社，pp.153-154，1955

5）柴田義松：現代の教授学，明治図書，1967

6）藤岡信勝：授業づくりの発想，日本書籍，pp.64-69，1989

7）井出耕一郎：理科教材・教具の理論と実際，東洋館出版，pp.23-25，1988

8）岡本奎六：教材・教具の定義，両者の関係について（シンポジウム資料），日本教材学会年報，第 1 号，pp.72-73，1990

9）沼野一男：三研究部会第 5 回報告「教材とは何か」，日本教材学会年報，No.5，pp.12-13，1990

10）山本利一：技術科教育における技能の形成と支援，開隆堂出版，2010

第 6 章 技術科の学習評価

1）橋本重治原著，応用教育研究所編：2003 年改訂版 教育評価法概説，図書文化，pp.106-111，pp.29-30，p.34，2003

2）文部科学省：小学校，中学校，高等学校及び特別支援学校等における児童生徒の学習評価及び指導要録の改善等について（通知），2010

3）国立教育政策研究所：評価規準の作成，評価方法等の工夫改善のための参考資料 中学校技術・家庭，教育出版，p.70，p.12，pp.14-17，2011

4）千葉県教育研究会技術・家庭科教育部会君津支部：エネルギー変換に関する基礎的・基本的な知識及び技術の習得を図り，生活に生かす学習指導の在り方，第 52 回全日本・関東甲信越地区中学校技術・家庭科研究大会千葉大会要録，pp.73-80，2013

5）中央教育審議会：幼稚園，小学校，中学校，高等学校及び特別支援学校の学習指導要領等の改善及び必要な方策等について（答申），中教審第 197 号，2016

6）西岡加名恵・石井英真・田中耕治編：新しい教育評価入門 人を育てる評価のために，有斐閣コンパクト，pp.133-138，2015

7）中村祐治・堀内かおり・岡本由希子・尾崎誠編著：これならできる 授業が変わる 評価の実際 「関心・意欲・態度」を育てる授業，開隆堂，2007

8）辰野千壽：改訂増補 学習評価基本ハンドブック―指導と評価の一体化を目指して―，図書文化，p.103，2001

9）北尾倫彦監修：平成 24 年版 観点別学習状況の評価規準と判定基準［中学校技術・家庭］，図書文化，pp.62-66，2013

10）日本産業技術教育学会：21 世紀の技術教育（改訂），p.6，p.133，2012

11）田中耕治：新しい「評価のあり方」を拓く―「目標に準拠した評価」のこれまでとこれから―，日本標準ブックレット，No.12，pp.23-31，2010

12）鈴木秀幸：スタンダード準拠評価―「思考力・判断力」の発達に基づく評価規準―，図書文化，pp.198-200，2013

13）尾崎誠・渡邊茂一・行天健・中村祐治：技術的課題解決力と技術的課題の難易度とを適合させる段階案の作成，日本産業技術教育学会誌，第 58 巻第 1 号，pp.11-20，2016

14）尾崎誠・北村聡・中村祐治：「工夫し創造する能力」を評価するペーパーテストの問題レベル，教材学研究，第 22 巻，pp.113-120，2011

15）尾崎誠・中村祐治・上野耕史：「技術を評価・活用する能力と態度」の到達レベルの設定とそれに基づく授業実践事例の分析，日本産業技術教育学会誌，第 55 巻第 1 号，pp.43-52，2013

第 7 章 技術科の安全管理と指導

1）文部科学省：中学校学習指導要領解説 技術・家庭編，教育図書，平成 20 年 9 月

2）文部省：中学校指導書技術・家庭編，開隆堂，pp.233-236，1970

3）文部省：中学校技術・家庭科指導資料，指導計画の作成と学習指導の工夫，開隆堂，pp.109-112，1991

4）埼玉県教育局義務教育課：家庭科，技術・家庭科 安全指導の手引（一部改訂）平成 29 年 3 月

5）日本産業技術教育学会：新 技術科教育総論，技術教育分科会編集，pp.114-120，2009

6）文部科学省：学校安全の推進に関する計画，平成 24 年 4

月27日

第8章　技術科固有の資質と能力
1）教育課程企画特別部会：論点整理，文部科学省，2015
2）国立教育政策研究所：資質・能力を育成する教育課程の在り方に関する研究報告1，2015
3）国立教育政策研究所：育成すべき資質・能力を踏まえた教育目標・内容・評価の在り方に関する検討会（第6回）配布資料，2013
4）文部科学省：OECDにおける「キー・コンピテンシー」について，http://www.mext.go.jp/b_menu/shingi/chukyo/chukyo3/004/siryo/attach/1399302.htm　最終確認日2018/03/05
5）文部科学省：中学校学習指導要領解説数学編，教育出版，2008
6）文部科学省：中学校学習指導要領解説理科編，大日本図書，2008
7）American Association for the Advancement of Science, Science for All Americans, Oxford University Press, 1989
8）科学技術の智プロジェクト，科学技術の智プロジェクト総合報告書，科学技術振興機構，pp. 1-1，1 2008
9）白石勲司：技術教育をどう進めればよいか，数学教室，78（2），pp. 146-151，1961
10）大谷忠：技術・家庭科成立時における理科教育と技術教育の系統的な科学技術教育の試み，科学教育研究，26（2），pp. 113-120，2012
11）鈴木寿雄：技術・家庭科の研究と実践，東京書籍，1981
12）鈴木寿雄：技術科教育史，開隆堂出版，pp. 238-240，2008
13）大谷忠：技術分野における基礎・基本の性質，KGKジャーナル，Vol. 48-4，2012
14）日本産業技術教育学会：技術教育の理解と推進，リーフレット，2014
15）文部科学省：中学校学習指導要領解説技術・家庭編，教育図書，2008

第4部　内容編

第1章　各内容における課題解決学習と，技術と社会との関わり
1）Reigeluth, C.M.: Instructional-Design Theories and Models Volume II, Lawrence Erlbaum Associates, Publishers, Mahwah, New Jersey, pp. 1-674, 1999
2）上田邦夫・竹野英敏：情報教育の実践的研究－中学校におけるインターネットの教育的利用について－，広島大学学校教育学部紀要第I部，第22巻，pp. 71-78，2000
3）鈴木克明：詳説インストラクショナルデザイン：eラーニングファンダメンタル，NPO法人日本イーラーニングコンソーシアム，2004
4）向後千春：教育工学の「世界の構成」と研究方法，日本教育工学雑誌，第26巻3号，pp. 257-263，2002

第2章　材料加工技術
1．木材
1）山下晃功ら：（技術研究選書）木材の性質と加工，p.9，pp.28-41，開隆堂出版，1993
2）橘田紘洋：普通教育における木材加工教育の役割と教育適時性について，愛知教育大学研究報告，39，pp. 85-96，1990

3）日本産業技術教育学会：21世紀の技術教育―技術教育の理念と社会的役割とは何か　そのための教育課程の構造はどうあるべきか―，日本産業技術教育学会誌，第43巻3号別冊，1999
4）村松貞次郎：大工道具の歴史，pp. 43-46，岩波書店，1973
5）林野庁：森林・林業白書，http://www.rinya.maff.go.jp/j/kikaku/hakusyo/　最終確認日2018/03/05
6）宮川秀俊：技術科教育における教材開発，第一法規，pp. 183-208，1990
2．金属
1）文部科学省：新学習指導要領（平成29年3月公示），2017
2）豊田政男：インターフェイスメカニックス，理工学社，1991
3）千葉範夫，制振鋼板の現状，鉄と鋼，1985
4）文部科学省検定済教科書「技術・家庭　技術分野」，開隆堂，2016
5）文部科学省検定済教科書「新しい技術・家庭　技術分野」東京書籍，2016
3．プラスチック
1）野菊雄：プラスチック材料の本，日刊工業新聞社，pp. 10-11，2016
2）北条英光他：プラスチック材料活用事典，産業調査会　事典出版センター，p. 630，2002
3）佐藤功：はじめてのプラスチック，森北出版，pp. 1-2，2011
4）アン・ニューマーク：化学，東京書籍，pp. 54-57，1993
5）ジャームズ・ガラット（高坂文雄：訳）：デザインとテクノロジー，株式会社コスモス，pp. 240-255，2004
6）佐藤功：はじめてのプラスチック，森北出版，pp. 5-7，2011
7）北条英光他：プラスチック材料活用事典，産業調査会　事典出版センター，p. 632，2002
8）佐藤功：はじめてのプラスチック，森北出版，pp. 68-69，2011
9）北条英光他：プラスチック材料活用事典，産業調査会　事典出版センター，p. 638，2002
10）日本プラスチック工業連盟：http://www.jpif.gr.jp/5topics/topics.htm　最終確認日2015/06/11
11）大石不二夫：プラスチックのはなし，日本実業出版，p. 114，1997
12）安孫子啓・安藤明伸：「技術とものづくり」における製作題材に関する一提案，技術教育の研究，44(2)，pp. 77-84，2002
13）原雄司：3Dプリンター導入＆制作　完全活用ガイド，技術評論社，pp. 40-41，2014
14）原雄司：3Dプリンター導入＆制作　完全活用ガイド，技術評論社，pp. 43-54，2014
15）水野操：自宅ではじめるモノづくり超入門，SBクリエイティブ，pp. 26-31，2014
16）文部科学省：中学校学習指導要領解説　技術・家庭編　平成20年9月，教育図書，pp. 16-22，2008
17）堀田謙一他：自作集成材とアクリル板を利用した整理箱の製作，日本産業技術教育学会第34回全国大会講演要旨集，p. 39，1991
18）山本利一：材料加工における題材開発と授業実践―木材，

金属，新素材を利用したデータフォルダーの製作―，技術
教育の研究，Vol. 3，pp. 63-68，1997

19）渡邉翔太・紅林秀治：プラスチックを使用した「材料と加
工の技術」の提案，日本産業技術教育学会　第 57 回全国大
会　講演

第 3 章　エネルギー変換技術

1.　エネルギーと社会

1）http://www.klimadiskurs-nrw.de/fileadmin/content/PDF/
Dokumentation_KLIMA.SALON_03.07.2014/PPT_Andreas_
Kuhlmann.pdf　最終確認日 2017/04

2）横山明彦；スマートグリッド，日本電気協会新聞部，2010

3）諸住哲；日米スマートグリッド共同実証研究，NEDO 海
外研究レポート，1054，2009

4）資源エネルギー庁平成 27 年度新エネルギー等導入促進基
礎調査，国内におけるスマートコミュニティ普及動向に関す
る調査報告，平成 28 年 2 月

5）瀬下裕介ら：日本産業技術教育学会第 56 回全国大会，
2Ea5，2013

6）足立芳寛：エントロピーアセスメント入門，オーム社，
pp. 1-45，1998

7）藤本登ら：長崎大学教育学部附属教育実践総合センター紀
要，pp. 73-78，2016

8）藤本登ら：日本産業技術教育学会第 56 回全国大会，
1Ha7，2013

2.　電気に関するエネルギー変換

1）山口昌一郎：基礎電磁気学改訂版，オーム社，2002

2）平山博・大附辰夫：電気回路論［3 版改訂］，オーム社，
2008

3）鈴木雅臣：定本トランジスタ回路の設計，CQ 出版社，
1991

4）三宅和司：抵抗＆コンデンサの適材適所，CQ 出版社，
2000

3.　機械（原動機，変換機構）

1）富塚清：機械工学概論　改訂版，森北出版，1979

2）工業教育研究会編：機械用語辞典，日刊工業新聞社，1978

3）齋藤二郎：技能ブックス(15)／機構学のアプローチ，大
河出版，1984

4）技能士の友編集部編：技能ブックス(15)／機構学のアプ
ローチ，大河出版，1976

5）技能士の友編集部編：技能ブックス(17)／機械要素のハ
ンドブック，大河出版，1977

6）森田鈞：機構学，実教出版，1975

4.　ロボット製作の基礎・基本

1）村松浩幸・竹野英敏：ロボット製作学習に関する技術科教
員研修プログラムの開発と評価，日本産業技術教育学会第
49 巻 2 号，p. 145，2007

2）宮川秀俊監修：中学生のためのロボットコンテスト―そ
の考え方，進め方―，東京書籍，p. 7，2001

3）村松浩幸：体験的知的財産学習法によるロボット製作学
習，イノベーション力育成を図る中学校技術科の授業デザイ
ン，ジーアス教育社，pp. 271-279，2016

4）森政弘監修・鈴木泰博編著：はじめてのロボコンマニュア
ル，オーム社，2000

第 4 章　生物育成技術

1.　生物育成の定義とその性質

1）安東茂樹編：アクティブ・ラーニングで深める技術科教
育，開隆堂，pp. 104-127，2015

2）技術・家庭科学習指導書　内容編C　生物育成に関する技
術，開隆堂，pp. 5-9，2016

3）文部科学省：小学校学習指導要領解説　図画工作編，日本
文教出版，p. 58，2008

4）新潟県：農林水産業　県土・自然環境の保全などの役割
http://www.pref.niigata.lg.jp/nogyosomu/ 1226001697162.html

5）松尾英輔：社会園芸学のすすめ　環境・教育・福祉・まち
づくり，農山漁村文化協会，2005

2.　生物を育てる技術の授業実践について

1）Akihito KITO: Students' awareness on plant cultivation learn-
ing in technology education, The Second Asian Conference on
Education（ACE）Official Conference Proceedings 2010, pp.
665-672, 2010

2）Akihito KITO, Kimihito TAKENO: Students' knowledge of
plant cultivation activities in technology education, International
Journal of Innovations in Engineering & Technology, Special Is-
sue ACEIAT & JTSTE Thailand 2014, pp. 86-92, 2015

第 5 章　情報システム技術

1.　情報

1）本村猛能・森山潤：我が国の初等中等教育における情報教
育のカリキュラム研究の課題と展望（Ⅰ）情報教育の成立過
程，群馬大学教科教育学研究紀要，第 13 巻，pp. 49-58，
2014

2）森山潤・本村猛能：我が国の初等中等教育における情報教
育のカリキュラム研究の課題と展望（Ⅱ）情報教育における
カリキュラム研究の流れ，群馬大学教科教育学研究紀要，第
13 巻，pp. 59-68，2014

2.　ディジタルと情報技術

1）日本学術会議：21 世紀を豊かに生きるための「科学技術
の智」報告，http://www.scj.go.jp/ja/info/kohyo/pdf/kohyo-20-
h64-3.pdf　最終確認日 2018/03/05

2）21 世紀の科学技術リテラシー像〜科学技術の智〜プロ
ジェクト：情報学専門部会報告書，http://www.jst.go.jp/csc/
science4All/minutes/download/report-jyouhou.pdf　最終確認
日 2018/03/05

3）日本音響学会，http://www.asj.gr.jp/qanda/001050.html　最
終確認日 2018/03/05

4）TOSHIBA: Logic Symbols and Truth Table, https://toshiba.
semicon-storage.com/info/docget.jsp?did=7537　最終確認日
2018/03/05

3.　計測・制御のプログラム

1）菊地章：プログラムによる計測・制御，日本産業技術教育
学会技術教育分科会編，新技術科教育総論，ブラザー印刷株
式会社，2009

2）菊地章・鎮革：PIC-GPE，http://www.naruto-u.ac.jp/facult-
ystaff/kikuchi/pic/index.html　最終確認日 2018/03/05

3）井上淳一：情報教育としての技術・家庭現職研修の在り
方，昭和 63 年度鳴門教育大学大学院修士論文，1989

4）加部昌凡：問題解決能力の育成を目的としたプログラムに
よる計測・制御学習のための PIC-GPE 教材の開発，平成 28

年度鳴門教育大学大学院修士論文，2017

4．情報モラル教育（情報セキュリティ教育も含む）

1 ）中央教育審議会：「幼稚園，小学校，中学校，高等学校及び特別支援学校の学習指導要領等の改善及び必要な方策等について（答申）（中教審第 197 号）平成 28 年 12 月 21 日」，2016，http://www.mext.go.jp/b_menu/shingi/chukyo/chukyo0/toushin/1380731.htm　最終確認日 2018/03/05

2 ）文部科学省，「教育の情報化に関する手引」について，http://www.mext.go.jp/a_menu/shotou/zyouhou/1259413.htm　最終確認日 2018/03/05

3 ）文部科学省，次期学習指導要領（平成 29 年 3 月公示），http://www.mext.go.jp/a_menu/shotou/new-cs/1383986.htm　日本工業標準調査会，データベース検索　JIS 検索，http://www.jisc.go.jp/　最終確認日 2018/03/05

4 ）総務省，情報セキュリティ管理基準（平成 28 年改正版），http://www.meti.go.jp/policy/netsecurity/downloadfiles/IS_Management_Standard_H28.pdf　最終確認日 2018/03/05

5 ）長谷川元洋監修・著　松阪市立三雲中学校編著，無理なくできる学校の ICT 活用，学事出版，2016

6 ）東京書籍，情報社会のモラル＆リテラシー，2017

7 ）札幌市立平岡中学校，札幌市立平岡中学校開校 30 周年記念研究紀要〜 9 年間の校内研究と情報モラル教育のまとめ〜，2015

第 5 部　比較教育編

第 1 章　アメリカ

1 ）Dennis R. Herschbach: "Technology Education: Foundation and Perspectives" American Technical Publishers, Inc., 2009

2 ）Snyder, J.F. & Hales, J.A.: Jackson's Mill Industrial Arts Curriculum Theory, 1981

3 ）Savage, Ernest, Ed.; Sterry, Leonard, Ed.: A Conceptual Framework for Technology Education, 1990

4 ）International Technology Education Association (ITEA), Standards for Technological Literacy: Content for the Study of Technology, ITEA, 2000
国際技術教育学会著，宮川秀俊・桜井宏・都築千絵編訳，国際競争力を高めるアメリカからの教育戦略　技術教育からの提言，教育開発研究会，2002

5 ）Greg Pearson and A. Thomas: Technically Speaking, National Research Council, 2002

6 ）角和博・岳野公人・白濱弘幸・Phillip・Cardon, Bill・Rae：EdyD 教育における STEM 教育の実践：ミシガン州のレイク・フェントン中学校の事例　佐賀大学教育実践研究 Vol.33 佐賀大学文化教育学部附属教育実践総合センター，pp. 211-215，2016

第 2 章　イギリス

1 ）Department for Education: The National Curriculum for England, https://www.gov.uk/government/organisations/department-for-education/series/national-curriculum　最終確認日 2018/03/05

2 ）Edexcel.: GCSE in Design & Technology 1970-1974（Full Course) for First Examination 2003, Coursework guide, London, England, U.K.: Author, 2001

3 ）GENERAL CERTIFICATE OF SECONDARY EDUCATION COMPUTING UNIT A453, http://www.ocr.org.uk/Images/819 43-unit-a453-programming-project-controlled-specimen.pdf 最終確認日 2018/03/05

4 ）鈴木敏恵：これじゃいけなかったの !?　総合的な学習，学習研究社，2002

第 3 章　中国

1 ）蘭州一中教研処：新中国成立後の 8 回の基礎教育課程の改革，https://wenku.baidu.com/view/93498abacaaedd3382c4d3a 2.html　最終確認日 2018/03/05

2 ）易娜：中国の「総合実践活動」における行政からの支援状況と学区運営実態に関する考察—地方段階の取り組みに焦点をあてて—，九州大学教育学部教育経営学研究紀要，第 10 号，pp. 63-68，2007

3 ）中華人民共和国教育部：労働と技術教育課程スタンダード

4 ）世界創作教育連盟の公式ウェブサイト：http://www.makermembers.org/　最終確認日 2018/03/05

第 4 章　ドイツ

1 ）吉留久晴：ドイツ連邦共和国における普通教育としての技術教育の授業計画—多視点的技術教授のコンセプトに即して—，名古屋大学大学院教育発達科学研究科紀要（教育科学），第 47 巻第 1 号，pp. 67-77，2000

2 ）クリスチャン・ハイン／ミヒャエル・ラートマッヒャー（著），佐々木英一（訳）：今日のドイツにおける技術教育の状況と課題，技術教育研究，No.68，pp. 1-8，2009

第 5 章　フィンランド

1 ）文部科学省：諸外国の初等中等教育，明石書店，pp. 218-240，2016
経済協力開発機構（OECD）編：PISA から見る，できる国・頑張る国，明石書店，pp. 155-180，2011

2 ）フィンランド国家教育委員会：フィンランドの教育，http://www.oph.fi/download/124282_education_in_finland_japanese.pdf　最終確認日 2017/04/09

3 ）フィンランド教育・文化省・フィンランド国家　教育委員会：フィンランド教育概要，http://www.oph.fi/download/15127 7_educati on_in_finland japanese_2013.pdf　終確認日 2017/04/09

第 6 章　台湾

1 ）外務省：台湾　諸外国・地域の学校情報，http://www.mofa.go.jp/mofaj/toko/world_school/01asia/infoC18100.html

2 ）Chang, Y. T. &Lee, L. S. (2016): A micro-political analysis of the curriculum implementation of living technology in junior high schools. Curriculum and Instruction, 19(1), 27-58

3 ）Lee, L.S.(2009, November 11-12): Challenges and opportunities facing technology education in Taiwan. Proceedings of the International Conference on Technology Education in Asian and Pacific Region(ICTE 2009)(pp. 78-81). National Taiwan Normal University, Taiwan

4 ）National Academy for Educational Research(2015). An explanation of the development of the curriculum guideline draft of technology learning area for grade 1-12., http://12basic-forum.naer.edu.tw/?q=node/701

執筆者一覧

「技術科教育概論」編集委員：
田口浩継・山本利一・紅林秀治

執筆者（執筆順）			担　当
田口	浩継	熊本大学	第1部第1章
坂口	謙一	東京学芸大学	第1部第2章
奥野	信一	福井大学	第1部第3章1
市原	靖士	大分大学	第1部第3章2
山﨑	貞登	上越教育大学	第1部第3章3
岳野	公人	滋賀大学	第1部第3章4
鈴木	隆司	千葉大学	第1部第3章5
工藤	雄司	茨城大学	第1部第3章6
森山	潤	兵庫教育大学	第1部第3章7
藤木	卓	長崎大学	第2部第1章
上野	耕史	国立教育政策研究所	第2部第2章
上之園哲也		弘前大学	第2部第3章
長谷川	洋	広島市教育センター	第2部第4章
橋爪	一治	島根大学	第3部第1章
宮川	洋一	岩手大学	第3部第2章
谷田	親彦	広島大学	第3部第3章
藤川	聡	北海道教育大学	第3部第4章
山本	利一	埼玉大学	第3部第5章
尾﨑	誠	厚木市立荻野中学校	第3部第6章
原田	信一	京都教育大学	第3部第7章
大谷	忠	東京学芸大学	第3部第8章
竹野	英敏	広島工業大学	第4部第1章
福田	英昭	琉球大学	第4部第2章1
塚本	光夫	熊本大学	第4部第2章2
紅林	秀治	静岡大学	第4部第2章3
藤本	登	長崎大学	第4部第3章1
改正	清広	静岡大学	第4部第3章2
有川	誠	福岡教育大学	第4部第3章3
村松	浩幸	信州大学	第4部第3章4
平尾	健二	福岡教育大学	第4部第4章1
鬼藤	明仁	横浜国立大学	第4部第4章2
本村	猛能	群馬大学	第4部第5章1
安藤	明伸	宮城教育大学	第4部第5章2
菊地	章	鳴門教育大学	第4部第5章3
長谷川元洋		金城学院大学	第4部第5章4
角	和博	佐賀大学	第5部第1章
磯部	征尊	愛知教育大学	第5部第2章
楊	萍	熊本大学	第5部第3章
吉留	久晴	鹿児島国際大学	第5部第4章
魚住	明生	三重大学	第5部第5章
谷口	義昭	奈良教育大学	第5部第6章

技術科教育概論

2018 年 4 月 16 日　　初版発行

編　者　日本産業技術教育学会・
　　　　技術教育分科会

発行者　五十川　直行

発行所　一般財団法人　九州大学出版会
　　　　〒 814-0001　福岡市早良区百道浜 3-8-34
　　　　九州大学産学官連携イノベーションプラザ 305
　　　　電話　092-833-9150
　　　　URL　http://kup.or.jp/
　　　　印刷・製本／城島印刷株式会社

ISBN978-4-7985-0233-5